ZHONGGUOMINGRENCHENGCAIGUSHI 中国名人成才故事

科学发明企业家
成才故事

竭宝峰◎主编

辽海出版社

责任编辑：于文海　孙德军

图书在版编目（CIP）数据

中国名人成才故事/竭宝峰主编．—沈阳：辽海出版社，2011.1
（2014.4重印）

ISBN 978-7-5451-0645-9

Ⅰ．中…　Ⅱ．竭…　Ⅲ．名人—生平事迹—中国—青少年读物　Ⅳ
．K820-49

中国版本图书馆 CIP 数据核字（2009）第 095208 号

中国名人成才故事

科学发明企业家成才故事

主编：竭宝峰

出　版：辽海出版社		地　址：沈阳市和平区十一纬路25号	
印　刷：三河市刚利印务有限公司		字　数：400千字	
开　本：720mm×960mm　1/16		印　张：33	
版　次：2011年1月第2版		印　次：2014年4月第2次印刷	
书　号：ISBN 978-7-5451-0645-9		定　价：89.40元（全3册）	

如发现印装质量问题，影响阅读，请与印刷厂联系调换。

前 言

中华民族是一个有悠久历史的文明古国，在这个漫漫的历史长河中，为了中华民族的发展和兴旺，一批批优秀人物前赴后继，不懈努力，才换来了我们今天的幸福生活。这些卓越人物中有腹藏治国良策的政治家，有胸怀万卷兵书的军事家，有发明创造的科学家，有吟诗作画的文学家和艺术家，还有那些为建立新中国而奋斗的老一辈无产阶级革命家。在他们身上，传承着中华民族的优良传统，展示了中国人民的优秀品质。从他们身上表现出来的人格魅力，教育了一代又一代的炎黄子孙，同样也会继续激励我们为中华崛起而读书，为了祖国的繁荣和富强而奋斗！

从古到今，正是这些伟大的人物促进了历史的发展，带来了人类的进步。阅读他们的成长故事，有益于我们熟悉历史，认识社会，懂得道理，明白人生。

从他们身上，我们能够汲取激励人心，催人上进的力量。他们成功的人生之路，能够激发我们更高的人生追求。借鉴他们的成功经验，吸取他们前进道路上的教训，能够使我们事半功倍。在成长之路上，天赋固然重要，但人生的磨炼、社会的感染、环境的熏陶，自身的努力等，都影响着人生智力的发展和才能的表现。人与人的天生智力并没有多大的不同，但随着后天的学习与培养，不同的人就表现出不同的才智，只有把这种才智积极地运用于实践和创造活动中，才能发挥神奇的作用，才能创造出真正的社会财富。

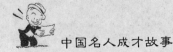

    本套书精选荟萃了中国历史上最具有代表性的也最具有影响力的名人，编辑成了这套《中国名人成才故事》（共3册），即《政治军事谋略家成才故事》、《文学艺术思想家成才故事》、《科学发明企业家成才故事》等，这些故事既有趣味性，又蕴含深刻的道理，能够带给我们深刻的启迪，是青少年课外不可缺少的精神食粮。

    以上图书设计精美，格调高雅，非常适合青少年阅读和收藏，也非常适合图书馆装备陈列。

目 录

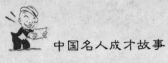

第一章　著名科学家的故事

张仲景

　　张仲景（生卒年不详），汉末医学家。名机，南阳郡（今河南南阳）人。相传曾任长沙太守。当时伤寒流行，病死者很多。他钻研《内经》、《难经》、《胎胪药录》等，广泛收集有效方剂，著《伤寒杂病论》。其书辗转流散，经后人多次收集整理，成《伤寒论》、《金匮要略》两书，分论外感热病与内科杂病。倡"六经分证"和"辩证论治"原则，阐述寒热、虚实、表里、阴阳的辩证及汗、吐、下、温、清、和等治法，总结了汉以前的医疗经验，对中医学的发展有重大贡献。

　　张仲景自幼好学，博览群书，掌握了丰富的知识。当时的读书人都想着如何当官，不关心民间疾苦，张仲景很瞧不起这类读书人。当时迷信盛行，人们有了病不去求医而相信巫师作法可以治好病。张仲景从小立下志向，想当个医生，为乡亲们解除疾病。为此，他拜同郡名医张伯祖为师，学习治病救人的本事，几年后便在乡里为人治病。汉灵帝时，张仲景被选拔出来做官，一直做长沙太守。他为官清廉，为老百姓做了很多好事。

　　东汉末年，由于战乱频繁，瘟疫大面积流行，很多人得病去世。张仲景的家族，原有 200 多口人，不到十年时间，就病死了五六十人，其中十分之七的人是患伤寒这种流行病死的。那时候所说的伤寒病，包括霍乱、肺炎、痢疾、流行性感冒一类的急性传染病。当时，大多数医生对这种流行病还没有有效的治疗方法，所以人们成

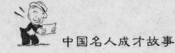

千上万地被伤寒病夺去了生命。

张仲景为了解救人们的疾苦，他下决心要找出一套治疗伤寒病的办法来。他总结自己给人治病的经验，对伤寒病的各种症状都做了详细记录，还细心地询问病人伤寒病发病的原因和服药以后的各种变化。经过一段时间的努力，张仲景终于总结出了一套关于伤寒的诊断、治疗、用药的方法。他认为伤寒病从初起到病危，有一个逐渐发展的过程，在不同的阶段，对不同的病人，应当有不同的治疗方法。有的病人需要让他出汗，有的病人则不能出汗；有的病人应当让他下泻，有的病人则绝对不能下泻；有的病人可以用针灸，有的病人则千万灸不得。

张仲景说："如果不应当发汗的病人服了发汗药，那就会使病人的津液枯竭，断送性命；应该发汗的病人不让他服药把汗发出来，那就会使病人的毛孔闭塞，窒闷而死。不应当泻下的病人服了泻下药，会使病人开肠洞泄不止而死；应当泻下的病人不服泻下药，就会使病入腹胀烦乱，浮肿而死。不当灸的病人一灸，就会使病人火邪入腹，加重其烦恼而死；当灸的病人不灸，会使病人经脉阻塞，无法消散而死。"总之，给人治病必须弄清楚病人起病的原因，病症发展到了什么程度，曾经服过什么药，只有把这种情况全都了解清楚了，才能对症下药，药到病除。

为了要弄清楚病人的全部情况，张仲景反对当时医生治病时墨守成规而又十分草率的做法。他说："人命关天，治病救人必须谨慎。"张仲景给人看病，很好地运用了早在春秋战国时期就已经发明了的望、闻、问、切四诊法。望是观察病人的气色，闻是细心听病人说话和呼吸的声音，同时询问病人的自我感觉和饮食大小便等情况，切是由轻到重地按病人两手的脉搏。张仲景认为只有很好地运用四诊法，并且把通过四诊得到的各种情况进行综合分析，才能得出病情已经发展到了什么程度的结论，从而才能制订出正确的治疗方案，开出对症下药的方剂。

张仲景通过长期的行医生涯，仔细研究，已经能够根据四诊法分辨病人的症状是阴症，还是阳症；病在浅表，还是已经深入脏腑；是虚症，还是实症；是寒症，还是热症。这阴阳、表里、虚实、寒热，被称为中医诊断学的八纲。四诊八纲辩证施治的理论原则是中医学的核心思想。张仲景对这个理论原则的奠定，做出了极其重大的贡献。

除了伤寒病以外，张仲景对其他疑难杂病也下了很大功夫去探求治疗方法。杂病的范围很广泛，大致上以内科病为主，也包括妇科、儿科和外科等疾病。张仲景治病不一定都给病人用内服药，也经常采用针灸、温熨、药摩、浸足、吹耳、喷鼻等等治疗方法。他认为对于一些疾病来说，这些治疗方法的效果也许会比内服药更好。

张仲景主张有病要及时治疗，无病要及早预防。他说，预防疾病的方法是饮食有节，劳逸适当。能做到这两条，基本上就能保持身体健康，远离疾病了。

张仲景一边行医一边总结自己的临床经验，记录下许多有效的方剂。他撰著了一部《伤寒杂病论》把医治伤寒病的方法告诉大家。后来，晋朝的名医王叔和，在仔细钻研了张仲景的《伤寒杂病论》以后，把这部重要的医书分开改编为《伤寒论》和《金匮要略》两部书。《伤寒论》专门分析伤寒病的病理，提出治疗方法，附有治疗的药方。《金匮要略》则是治疗各种杂病的药方汇集，这两部医书都是中医的经典著作，张仲景以他自己对医学的杰出贡献被后人尊称为"医圣"。

祖 冲 之

祖冲之，我国南北朝时期著名的数学家、天文学家。他是世界上将圆周率精确到小数点后七位的第一人，这一研究发现比西方早了1100多年。

祖冲之字文远，原籍范阳遒县（今河北涞源县），后来为了躲避北方战乱，祖先迁居江南。他出生于一个士大夫家庭，父亲和祖父对天文、历法都很有研究。祖冲之受家庭的影响，从小就热爱科学。成人之后，祖冲之决定致力于圆周率的研究，计算出更加准确的圆周率。

圆是自然界中最常见的几何图形，许多物体都是圆形。可是怎样计算圆的周长和面积呢？古人很早就进行了研究和探索。古人发

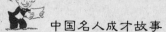

现圆的周长与直径的比是一个常数，称为圆周率。如果能准确地求出圆周率，再用直尺量出直径的长度，圆的周长和面积就容易求出来了。圆周率到底是多少呢？我国古代有一本算书叫《周髀算经》，这是我国最早的数学著作之一，书中提出了"径一周三"的概念，这个圆周率称为古率，这当然太粗略了。两汉末年的刘歆求出圆周率的值为 3.1547。东汉张衡计算出的圆周率为 3.1622。三国末年刘徽创造出包含有极限思想的"割圆术"，计算出了内接正 192 边形的周长和面积，得出圆周率为 3.14。后来他又计算出圆内接 3072 边形的周长和面积，得出圆周率为 3.1416（3927/1250）。

祖冲之认为前人的这些计算结果还是太粗略了，误差很大。但他并没有蔑视前人的研究成果，而是对他们的研究方法进行了认真的研究与思考。后来，他在前人研究成果的基础上，对计算圆周率的方法进行了革新，这种新的计算方法被命名为"缀术"。运用此方法，祖冲之比较精确地计算出了圆周率在 3.1415926 到 3.1415927 之间，并用 22/7（疏率）和 355/113（密率）这两个分数值来表示。这是当时世界上最先进的圆周率。西方直到 1573 年才由德国奥托较为精确地计算出圆周率，比祖冲之晚了 1100 多年。

祖冲之准确地计算出圆周率后七位数字以后，很快在实践中得到了运用。他自己曾用他的圆周率研究过度量衡的问题，并用之于鉴定古量器的计算。北周武帝保宝元年（公元 561 年）所制的玉斗就是以 3.1415926 为圆周率计算出来的。祖冲之将他的研究成果写成了《缀书》一书。隋唐时期，《缀书》一直是数学教育的基本内容之一。可惜后来因为战乱该书失传了，这是我国数学史上的一大损失。

除了数学外，祖冲之在天文学上也颇有建树。由于从小就受到祖父和父亲的影响，祖冲之学到了一些天文学方面的知识。长大后他兴趣不减，经常进行一些实际测量和推算。他曾说过："亲量圭尺，躬察仪漏，目尽毫厘，心穷筹策。"意思是说，他经常亲自观察测量日影长短的圭尺，用以校订节气，测定一年的时间到底有多长；也常常亲自察看古代计时用的器具"漏刻"，从而证实日月星辰的升落时辰；他还经常摆弄用于观测、计量实验和检验的各种仪器。祖冲之有着严谨的治学态度，每次观察，他都非常认真，尽量避免任何细小的误差，在此基础上认真进行思考、计算，想出解决问题的办法。

祖冲之将他在天文历法上的观测数据和其他资料做了认真的整理，自己摸索出一些规律。他发现传统的《元嘉历》中有很多错误，于是根据自己的观察做了修改，编成了一本新历法——《大明历》，并向朝廷上奏，希望在全国推行。当朝皇帝是宋孝武帝刘骏，他自己不懂历法，于是组织了一些懂得历法的大臣在金殿上进行"廷议"，号令祖冲之参加，让他与大臣们就两种历法的优劣进行辩论。

　　公元462年的一天，一场关于历法的大辩论展开了。双方的代表人物是祖冲之和戴法兴。戴法兴首先提出："日有恒度，宿无改位，这是万世不变的，你并无变法之理。"

　　祖冲之马上反驳道："旧历法十九年七闰，每二百年就会相差一天，如果改用大明历，每三百九十一年设一百四十四个闰月，就能与天数符合了。"他又接着说道："旧历法的夏至和冬至都比天象早，五星（金、木、水、火、土）的出现和隐伏也比实际天象差40多天。历法不符合天象，当然要改革。"

　　"日月星辰的长落，自有其天数，非凡夫所能测定。"戴法兴不甘心自己的失败。

　　"日月星辰皆有形可检验，有数据可以推算，并非出于神性，怎么能说凡夫不能测定呢？在下十多年的观测发现每年夏至与冬至的圭尺都没有误差。"他又转身向宋孝武帝道："据臣推算，每45年11个月要后退1度。"

　　"你这是削闰坏章，诬天背经。"戴法兴有些恼羞成怒了。

　　"商朝时的历法是三年一闰，周朝时改为五年二闰，春秋中叶起，才确定十九年七闰，难道他们是削闰坏章吗？至于历法，在《元嘉历》之前已经有《太阳历》，后来才改的，这是不是也是诬天背经呢？"

　　辩论最终以祖冲之的大获全胜而告终。经过进一步的研究，证实了《大明历》的科学性。于是宋孝武帝颁布诏书，通令全国于公元465年起改行新历。遗憾的是宋朝不久就发生了战乱，《大明历》实际上并未推行。祖冲之死时仍沿用《元嘉历》。

　　梁武帝时，祖冲之的儿子祖暅上奏朝廷，请求皇帝下令启用《大明历》。梁武帝派人深入研究，证实了《大明历》的优越性后，颁令于公元510年起施行《大明历》。祖冲之在天文学上的成就最终得到了认可。

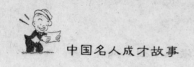

李时珍

少年学医

李时珍，字东壁，号濒湖，明代正德十三年出生，湖北蕲州（今间接蕲春县）人。

李时珍的祖上是摇着铜铃走街串巷的铃医（走方郎中）。虽然李家世代行医，但没有多大名气，祖父在李时珍很小的时候，就去世了。

李时珍的祖父攒下了点钱，于是供李时珍的父亲李言闻读书，并考取贡生，跨进儒林。但由于在乡试中屡试不第，便弃儒从医，继承祖业。李言闻饱读医书，因此医术大有长进，加之医德高尚，成了当时蕲州一带有名的医生。李时珍的母亲张氏，是一个贤慧的家庭妇女，由于身体虚弱，生了李时珍以后不久就病倒了。李时珍还有一个哥哥叫李果珍。

幼年时期的李时珍身体瘦弱，经常咳嗽发烧，他深深体会到生病的痛苦，立志长大后做一个像父亲那样医术高明、医德高尚、为人解除痛苦的医生。

可是，李时珍的父亲却另有想法。明代嘉靖二年（公元1523年），李时珍5岁时，父亲便把自己的打算告诉儿子。一天，李言闻把儿子叫到跟前，告诉他说：医生这个行业虽然可供温饱，但是社会地位不高。自古以来就是"万般皆下品，惟有读书高"。所谓"医卜近贱"，在士、农、工、商四行中排在最末一等。历代史书里都把行医列在"方伎列传"里面，称之为"小道"、"贱业"。李言闻列举了李家祖上世代都是摇铃走街的铃医，社会地位低下，饱受歧视。李家从他起，为了摆脱低下的社会地位，学读书全力奋斗，想改变门庭，只是科举考试连连失败，才弃儒从医。李家从他起始由铃医晋升为坐堂医生，虽高了一等，还是不能与读书人家相比。他见李时珍聪颖，才智过人，便把求取功名、光宗耀祖的希望寄托在儿子身上。为了让李时珍立志奋发读书，李言闻给他讲了古代有名的医界大师的遭遇。

李时珍听完父亲的话后，便暗下决心奋发看书，同时，扁鹊的故事也让他终生难忘。

明代嘉靖六年，李时珍9岁，开始上私塾学习八股文，为日后的科举考试作准备。

做完功课，李时珍常替父亲抄写药方，跟父亲上山采药，认得了许多医书上记载的和没有记载的药草。遇到不太了解的，他都一问到底，直到弄懂为止。李言闻却责怪儿子，读书像这么努力就好了。但是，他仍旧满足了儿子的要求。只是不时提醒儿子，读书才是他的正业，不要把过多的精力放在医药上面。可是，由于耳濡目染的关系，李时珍仍然对医学十分入迷。

李时珍捧着父亲写的《蕲艾传》在家里后院的药圃中看个没完。这个小小的药圃是父亲精心培植的。父亲医术高明，医德高尚，是蕲州一带的名医，后来曾经被推举当过太医院吏目，官不大，是个正九品，但也算国家的医官了。李时珍的父亲对医学有很深的造诣，著有《四诊发明》、药书《人参传》、《蕲艾传》等。父亲对研究药草具有浓厚兴趣，李时珍深受影响。

一天，李时珍蹲在药圃的一个角落里，专心地研究栽在墙角的蕲艾。他手捧父亲写的《蕲艾传》，对照药圃中的实物仔细观察。父亲著的书上对蕲艾的描述既准确又细致，与实物丝毫不差。李时珍想：自己以后做学问，也应该向父亲学习，一丝不苟。

由于父亲的著作中记述得十分详尽，李时珍越看兴趣越浓，决定采一篮艾叶回去炮制。他很快便采满一篮艾叶，突然脚底滑溜溜地，紧接着一条白花蛇突地从蕲艾丛中探出头来，李时珍惊得尖叫起来。

正在危急之时，父亲突然出现在李时珍身边，只见他从地上抓了一把泥沙，往白蛇身上一撒，那蛇立即瘫了下去，摆成之字形，接着父亲扬起药锄，一锄就把蛇头斩了下来。蛇身在地上扭动了一会儿，便再也不动了。

父子俩都松了一口气。李言闻拽着死蛇说："这就是我常和你说的蕲州白花蛇。蕲蛇是我们蕲州的特产之一，与新艾、蕲龟、蕲竹齐名。由于当今皇上患有风湿病，指定要蕲蛇治疗。官府为了讨好皇上，命令百姓大量捕蛇，蕲蛇被捕得越来越少，如今要找到一条蕲蛇都很困难。为了向官府交蛇，老百姓苦不堪言，编了首民歌诉苦：'白花蛇，谁叫你能辟风邪！上司索你急为火，州中大夫只逼我，一时不得皮肉破，积骨如巴陵，杀尔种族绝，白花不生祸始灭。'蕲蛇如今稀罕得成了宝了，现在我正好用它来制造咱们家传的白花蛇酒。这种酒可以治中风伤湿、半身不遂、口目歪斜、骨节疼痛以及陈久性的疥癣、恶疮、风癫等等。"

说着，李言闻从李时珍手里接过白花蛇，用钉子将蛇身钉在木板上，用小刀截掉尾巴，小心地剥掉蛇皮剔去蛇骨，然后，用药锄挖了一个坑，将蛇皮、蛇骨、蛇头和蛇尾放进坑中，并指着蛇头对李时珍说："你看，这条蛇的眼睛还是睁着呢。蛇死后一般眼睛都是闭着的，唯有蕲州白花蛇死后眼睛是睁着的，这是辨别真假蕲蛇的办法。蛇头、蛇皮、蛇骨都有剧毒。剖完蛇后要将它们小心掩埋，以免伤人。捕到的蛇经过处理后，便可以用来炮制白花蛇酒了。来，我把祖传的制作方法教给你。"

父亲提着蛇，李时珍挎着竹篮，一起走进了他们家的药材炮炙房。

李时珍从记事起，就跟着父亲在炮炙房里学制中药，这一次，他向父亲学习制作祖传白花酒的方法。仔细观察父亲将白花蛇放在一个瓷体内，倒了一瓶糯米酒入内，用手把白花蛇反复用酒洗涤，直到糯米酒把它浸润得透亮，才把它放入一个小细瓷坛中，然后配药：羌活2两，当归2两，天麻2两，秦艽2两，五加皮2两，防风2两。用锉刀将药锉成细粉，装进生绢袋中，用麻绳扎紧封口，把它放进白花蛇的瓷坛中，再倒进一瓶糯米酒，用箬叶密封坛口。最后，父亲将瓷坛放入一个盛有水的大锅中。

李时珍仔细观看父亲制作的全部过程，并牢记在心里，他觉得炮制药材真是趣味无穷。先前还是那么可怕的毒蛇，经过加工炮制，几天以后就成了药效显著的药酒，简直不可思议。趁着兴致，他就在炮炙房里用采来的艾叶制药，于是，他再将父亲的《蕲艾传》看了一遍，默记下制药的方法。然后，将艾叶扬去尘埃、残屑，放进一个大石臼中，用一根木制捣杆捣碎，捣成艾茸后，去掉渣滓，再把剩下的白色艾叶捣成柔烂得像棉花为止。捣好艾叶，他找来硫磺末，加入艾叶中拌匀，然后，将艾叶、硫磺糊制成细条，装在一个簸箕中，拿到屋外放在屋檐下阴干，常用的硫磺艾便制成了。从这以后，李时珍常到炮炙房，帮助父亲炮制各种药材。为了不影响学业，他把书带进炮炙房，一面看书，一面学制药。

童年时代的李时珍，从采药、制药中，既感到制药的艰辛，又体会到制药的乐趣。父亲的一言一行，默默地影响着他，李时珍对祖国医学的知识是从父亲教导、阅读父亲写的书开始的。父亲写的《蕲艾传》不仅使他了解了家乡的特产蕲艾，还知道了家乡所产的蕲蛇、蕲龟、新竹等药材都是闻名天下的。尤其是父亲严谨的治学精神和实事求是的作风，潜移默化地影响着李时珍。后来，李时珍在编著伟大的药物学著作《本草纲目》时，常常引用父亲写的书、父亲说的话。李时珍编著的《濒湖脉学》也是在他父亲著作上"选精择华"融汇己见而成的。李时珍的另一部著作《蕲蛇传》也是受父亲《蕲艾传》的影响，从而得到启迪撰著的。

父亲，成了李时珍走上医学道路的第一个启蒙老师。

求取功名

明代嘉靖九年（公元1530年），李时珍12岁。经过几年私塾学习，他已经刻苦地把四书、古诗等课业读熟，并学习写诗，做八股文了。

第二年，蕲州知府周训看中了李时珍，将他选送到黄州去应"童试"。

李言闻带着儿子，来到热闹非凡的黄州府，李时珍无暇去观赏府城的风光，专心致志地应试。"童试"考两门，一为"四书义"（八股文），一为"试帖诗"。李时珍两门考试的成绩都属优秀，一举考中秀才。秀才，是科举考中的"生员"的俗称。凡考中生员的人，便跨入了儒林，在府、州、县学的学生名额中占据了一席之地。取得生员资格，便能进一步考举人、贡生、进士，一步步登上儒林的高峰。进士是朝廷选拔官吏的首选对象。全省会考中乡试第一名解元、全国会考中的第一名会元、殿试中的第一名状元，是历代文人在各级考试中追猎的目标。特别是状元，一中便会"夺魁天下"，是科举中的最高荣誉，是士子们追求的最高目标。

李时珍13岁中秀才，少年得志，前程似锦，父亲感到莫大的欣慰。他及时告诫李时珍："中了秀才固然可喜，但距离举人进士的目标还差得很远。"他要李时珍奋发努力，去参加在武昌举行的三年一届的全省统考。

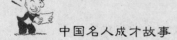

明代嘉靖十三年（公元1534年），16岁的李时珍兴致勃勃地跟随李言闻，坐船逆江而上，来到省城武昌，参加三年一度的全省统考——乡试。这三年来，他勤奋好学，饱读诗书，由于他生性聪慧，记性很好，读书过目不忘，已经把四书五经背得滚瓜烂熟，做起文章来也头头是道，常得到父亲赞许。父子俩都有必胜信心，举人似乎已是唾手可得。

发榜的日子终于到了，父子俩早早起床，赶到书院的大门外。大门外的广场上早已人山人海。秀才们和他们的亲属都在这里翘首等待。李时珍怀着忐忑不安的心情，在广场上站着等了1个多时辰，书院的官差才打开大门，将一张张黄榜张贴在大门外的粉墙上。

闹哄哄的广场顿时变得寂静下来，千百双眼睛都在搜寻着自己或亲人的名字。李时珍踮着脚尖，目光从攒动的人头上扫视过去，只见告示上密密麻麻的黑字。他在黑字中粗略地搜寻了一遍，没有发现自己的名字，心中一阵发紧。他赶紧从头到尾，一个一个名字地细看起来，没有自己的。他仍然不甘心，又从后面往前仔细地一个字一个字地看，再从前面往后先找到李字，再仔细看李后面的名字，直到看得两眼发花，仍然没有发现自己的名字。父亲叹着气硬把他从人堆里拉了出来，他怎么也不相信，自己的名字怎么会没有。

李时珍垂头丧气地跟在父亲身后，回到了客栈。面对着无精打采的儿子，李言闻强压下自己心头的失望，鼓励儿子道："考举人不是轻而易举的事，有的人考到六七十岁才中举，你还年轻，下次乡试时，也才19岁。我们收拾书籍回家去吧！苦读3年，再来应试！"

3年之后，李时珍仍由父亲陪同，再次上武昌参加乡试，这一次又以失败告终。父亲送儿子回家以后，掩饰不住失望的心情，愤愤地离家行医去了。

6年面壁的劳累，科举失利的苦恼，困扰着李时珍，他病倒了。他患的是当时叫"骨蒸病"的肺结核，咳嗽不止，时而咳出血来。他全身发烧，身上火燎燎的，吃不下饭，睡不好觉。新过门的妻子吴氏急坏了，不知如何是好。李时珍找来医书翻阅研究，自己开了药方，吃遍了柴胡、麦门冬、荆介这些书上说能治骨蒸病的药，谁知病情不见好转，反而越来越重了。

幸亏这时父亲行医回来了。父亲听妻子张氏说儿子患了重病，马上进屋探病。父亲望着脸色憔悴的儿子，心里十分难过，怪自己不该在儿子生命攸关的时刻外出，使儿子的病拖了1个多月没有得到很好的医治。他赶紧摸了摸儿子的脉，虽然脉息如疾雨沾沙，病蚕食叶，涩而无力，但无死相，还有希望。他忙坐下来仔细探视。李时珍看着父亲为自己诊病，眼睛一亮，他知道自己有救了。李时珍从小就佩服父亲的医术，他在10岁前，身体十分虚弱，全靠父亲用药调养，10岁以后身体才好起来。父亲摸脉以后，询问儿子这1个多月来吃了些什么药。

李时珍把自己开的药方给父亲看，父亲摇了摇头："错了，错了！柴胡虽是治劳乏羸弱之药。但劳有五劳。若劳在肝、胆、心，是必用之药；或者，脾胃有热；或者，阳气下陷，柴胡也是引清气、退热的必用药。但是，惟有劳在肺、肾者，不可用柴胡。你既有肺热，又在病中新婚，肾劳而虚。此二者柴胡都是禁药，难怪你的病势越来越沉重。"

父亲说完，立即开了一个药方，只有黄芩一味药。李时珍心中好生奇怪，但也不敢多问。

说来也怪，吃了父亲开的药，第二天烧就退了，咳嗽也好了些。又喝了几天父亲开的黄芩汤，竟能下床行走，咳嗽病也痊愈了。

李时珍想起自己从小对医药就抱有极浓厚的兴趣，父亲一味黄芩治好了自己患了1个多月的沉疾，使他对父亲的医药学佩服得五体投地。想到考场上的失利，他不由得萌发了学医继承祖业的念头，但被父亲断然拒绝。父亲严厉地告诫他："科举虽然两次受挫，但不能垂头丧气，还要作最后的努力，你天资聪慧，再苦熬3年，一定能功成名就。"

李时珍望着父亲坚定的信念，听到那不容商量的口气，只得叹了一口气，不作声了。为了李氏家族的荣誉，为了改换门庭，他不得不收起学医的念头，再苦斗3年作最后一次拼搏。

弃文从医

明代嘉靖十九年（公元1540年）一个秋天月夜，在浩淼的长江上，一叶孤舟顺水漂流。李时珍和父亲坐在船头，喝着闷酒。李言闻望子成龙的科举梦又一次破灭了，他想不通儿子才华四溢、满腹经纶，竟然不为主考看重，落得个榜上无名，第三次赴武昌应乡试，仍然失败而归。

李时珍看着父亲面色憔悴、神情沮丧的样子心里很不好受。为了转移父亲的情绪，他把一直藏在心里，已经思考多时的医学问题谈了出来。他对父亲说："《孟子·告于篇》上讲：'心之官则思，'《内经》上也说：'心者，君主之官，神明出焉。'这两部书里都是说，心脏是主管人的思维活动的。儿仔细思考了这个问题，觉得不对。本来，《内经》上说过，'脑为髓之海……髓海不足，则脑转耳鸣，胫疫眩冒，目无所见，懈怠安卧。'按这种讲法，是人脑主宰我们的视觉、听觉和运动器官的。再往深处想，我们思考问题时，是心在想，还是动脑子想呢？读书读久了，是头昏头痛，还是心昏心痛呢？显然这主要是前者。所以，儿以为，脑才是六神之府，思之官。"

李时珍这番独出心裁的言论使父亲颇为震动。《内经》是祖国最早的一部医学典籍，产生于战国和秦汉之间，它运用精气、阴阳、五行学说，总结和阐述了中医的基本理论，两千年来中医理论的发展，可以说都起源于《内经》。《内经》上提出的心是思之官，千百年来有学问的人都视为真理，医经、儒经都这么叙说。儿子却敢向传统挑战，提出怀疑，真不简单！李言闻并不保守，他仔细一琢磨，儿子所说何尝没有道理。李言闻不由得感叹："真是有心栽花花不活，无心插柳柳成荫。我这几年来，天天督促儿子面壁苦学，尽了最大努力，发奋读书，几乎丢了命。但是，老天不遂人意，3次应试都名落孙山。万万没有想到，儿子仅凭着家族的影响，自己平时关于医药学有意无意随便说说，就记在心里，对'心之官则思'竟动了脑筋，作了如此深刻的见解。自己行医数十年，也曾著书立说，但对于这么重大的医学问题，却从未产生疑虑，真是庸才！儿子果然聪明颖悟，才智过人，勇于探索。其实七十二行，行行出状元，既然儿子在医学上能够如此钻研，何不让他跟着我学医呢？别让他像我那样了，为了科举白白耗费了青春，到头来还是竹篮打水，一场空！"

李时珍见父亲沉默不语，便把自己想放弃科举考试，跟随父亲学医的想法说了出来。这个念头在他心里许多年前就有了，但是为了显耀门庭，不辜负父亲的期望，他藏在心里不忍心说出来。看来，科举仕途与李家这一代还是无缘，自己的志向也不在这里。于是，李时珍趁父亲思想已经转变，便把多年来深思熟虑的话说了出来。

李言闻看着为应试累得瘦弱不堪的儿子，心头不禁涌出无限爱怜，觉得儿子的选择不能说最佳，但也算是条好的出路了。于是，他默默地点头同意。

这样，从 23 岁开始，李时珍就弃文从医，继承父业，走上了医学的道路。

李时珍青年时代关于"脑为六神之府"的想法，经过尔后几十年的行医实践的检验，获得了充足论证证实。最后，写进了他的药学巨著《本草纲目》卷三十四·辛夷条。"脑为六神之府"说，在我国历史上第一次明确指出脑是思维的器官，从而改变了传统的"心之官则思"的错误认识。

时代为李时珍铺了一条不平坦的道路，那艰涩的八股文扼杀了多少热血青年。但李时珍并非凡人，他坚定不移地走上了医药之路，并最终实现了自己的价值。

苦心学医

李时珍在他伟大的一生中，在医药事业领域，能获得如此巨大成功，出于他有幸遇到了两位恩重如山的老师。

第一位恩师是他的启蒙老师，父亲李言闻。

他的父亲李言闻在当地玄妙观坐堂行医，医案旁设了一个座位，是他给收为徒弟的儿子专门设下的。李言闻每当自己看病诊脉后，都口授药方，让李时珍笔录药方，按方抓药，并同时向他传授不同方剂药物的匹配用量情况，药物间的协同作用，以及如何抑制药物的毒性等等。比如每个药方的用药都是按"君、臣、佐、使"的配合规则。"君"药是方剂中治疗主症，起主要作用的药物，根据需要可用一味或几味。"臣"药是协助主药以加强其功效起治疗作用的药物。"佐"药是协助主药治疗或抑制主药的毒性和剧烈的性味，或是反佐的药物。"使"药是引导各药直达疾病所在或有调和各药的作用。一般小病，开一个处方，抓几剂药即可治疗好。大病或重病则需有步骤地进行治疗，先怎么处方，用哪些主副药物，病情见好后再换处方，改换用药，到治疗痊愈。

李时珍跟随父亲从开方、抓药学起，不仅认识了许多药，还进一步了解到药的四气、五味升降浮沉等特征。所谓"四气"，就是指寒、热、温、凉 4 种药性，药性的寒凉和温热是与病症性质即热性病症、寒性病症相对而言的。李时珍了解到：能够治疗热性病症的药物，属于寒性或凉性，如黄连是寒药，治热病泻痢；因陈蒿微寒，

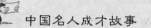

即是凉药，治黄胆身热。能治寒性病症的药物，属于热性或温性。如附子是热药，能治因大汗而阳气衰竭、四肢寒冷等；草果是温药，能治因胸腹冷病而发冷较重的病疾。药物还有辛、甘、酸、苦、咸5种味道，辛味能散能行；甘味能补能缓；酸味能收能涩；苦味能泻能燥；咸味能软坚润下，还有淡味能渗湿利小便。药物作用的趋势又分升降浮沉。升是上升，降是下降，凉是发散上行，沉是泻痢下行。升药上行而向外，有升阳、发表、散寒等作用，沉降药下行而向内，有升阳、降逆、收敛、清热、渗湿、泻下等作用。

父亲还常常结合一桩桩鲜活的医案，将治病救人的道理讲给李时珍听。两人不多久便把李时珍因科场失利造成的烦恼忘得一干二净，父亲仔细热心传授医道，儿子认真踏实努力学习，父子俩情投意合，享受到无穷乐趣。

李言闻向李时珍讲解中国医学中辨证施治的道理：所谓"辨证"，就是综合病人所出现的各种症状，以及一切与疾病有关的因素加以分析，来探求病变的性质和转机，从而了解疾病的本质，作为施治的准则。李言闻说：东汉医学家张仲景在《内经》等古代医学典籍的理论基础上，运用辨证施治的医疗规律，进一步丰富和发展了治疗外感病及其他杂病的医学理论和方法。张仲景在多年临床诊断中，总是先检查病人的身体，观察病人的气色，倾听病人的声音，然后询问病人的症状，再检查病人的脉搏，最后综合检查结果分析病情（即望、闻、问、切），从而得出一个阴、阳、表、里、寒、热、虚、实的"辨证施治"方法。

父亲告诫李时珍说："医药学里的学问大得很，多得很，要成为一个受人欢迎医术高明的医生，除了从前人书籍中吸取营养外，还要重视积累临床实践和搜集民间流传的经验。"

也就从这时起，李时珍在父亲的指导下，涉猎了大量医书：《素问》、《灵枢》、《伤寒论》、《金匮要略》、《脉经》、《诸病源候论》、《千金方》等等。

为了帮助李时珍更好地研读医学著作，父亲又送他到顾家拜师，亲自领他去拜见第二位恩师。这位恩师姓顾，名问，字日岩。顾问18岁便中了进士，在福建当了多年大官，是全国为数不多的理学名家。顾问是蕲州人，归隐后回到家乡讲学，在阳明、崇正两座书院中开课授徒。由于顾问名气很大，全国各地都有人慕名到蕲州拜他为师，已有学生数百人。

顾家有一座藏书楼，楼内装满了经、史、百家的书籍成千上万卷。顾问告诉李时珍："这个书库是我家最有意义、最有价值的财产。我教学生，第一个要求就是每个人必须涉猎群书，搜罗百氏，这样才能在前人积累的知识基础上，有所创造，做成一番事业。"

李时珍牢记老师教诲，在顾家的藏书楼里，他精读深研了医药学方面的经典著作，葛洪的《抱朴子》、王安石的《字说》、陆羽的《茶经》、贾思勰的《齐民要术》、陶弘景的《名医考源》、盖说的《食疗本草》等等。同时，还旁及其他各类丛书，举凡子、史、经、传、声韵、农圃、医卜星相、乐府诸家，无不广泛阅览。经过几年的广收博采，学问大有长进。

青胜于蓝

李时珍在顾问那里广收博采，同时又随父临床治病，共同研讨，这种理论与实践相结合的方法，使李时珍进步神速。

有一天，父亲出外巡诊，留李时珍守药铺。忽然，几个官差风风火火地来到玄妙观，说是荆穆王的宠妃胡氏得了急病。他们见李言闻不在，拉了李时珍就走。

李时珍来到荆王府，只见王妃躺在床上呻吟不止，痛苦得在被褥中翻滚挣扎。荆穆王在屋内束手无策，急得团团转。原来，王妃在饭后和家人发生口角，生气引发了心痛。随后，3日不通大便，腹痛难忍。王府请了不少医生，吃了不少药都不见效。有人说玄妙观的李言闻医术高明，便派了官差来请，谁知李言闻不在，便抓了李时珍来交差。荆穆王"病急乱投医"，顾不得许多，便叫李时珍治病。

李时珍照父亲教的办法，"望、闻、问、切"以后，心想：南北朝时期的药典《雷公炮炙论》中说：心痛欲死，速觅延胡。何不用"延胡索"这种中药试一试！于是，他开了一个"延胡索三钱"的药方，叫王府派人去抓药。

以前给王妃看病的医生开的药方都很复杂，少则几味，多则十几味、几十味，一抓就是一大包，可是李时珍的药方上只有一味药，药量又少。王府的差人拿着药方甚为犹豫，便去请示荆穆王。荆穆王也没有办法，只好死马当作活马医，命令差人照方抓药。药抓来后，李时珍叫人温好一壶酒，用温酒调好延胡索末，请王妃服下。

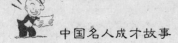

奇迹出现了，王妃服下药后不一会儿，便解了大便，心腹痛全部止住了。荆穆王大喜，留李时珍在王府住下，直至王妃的病全好后，才重重酬谢了他，送他回家。

李时珍将治疗王妃心痛病的经过向父亲述说之后，父亲大为赞许。于是父亲在玄妙观内为李时珍单独设了一个医案，让他独立行医。但为了病人的安全，李时珍遇到大病或疑难病症，都把开的处方交给父亲过目以后，方才给病人抓药。

明朝嘉靖二十一年（公元 1542 年），24 岁的李时珍，正式开始独立行医。嘉靖二十四年，蕲州一带发生大水灾，河水倒灌，江河横流，淹没了方圆几百里的房屋树木，山洪暴发吞噬了无数的村庄田园。

蕲河两岸一片汪洋，无边无际的水面上漂浮着茅草、枯枝、桌椅板凳、死猪、死牛、饿殍（饿死的人）被水泡得胀鼓鼓的，在水中一沉一浮地漂荡着，令人生畏。

好不容易等到大水消退，外出逃荒、讨饭的人陆续返回家园。由于抛尸荒野的饿殍无人收敛，加上腐烂的残枝败叶，淹死的牲畜在烈日的曝晒下蒸起腥风恶臭，迅速地酿成了传染病，并四处流行开了。

父亲的诊所被病人包围，他从早到晚忙于诊治，弄得精疲力竭。谁知病人非但不见减少，反而越来越多。

一天晚上，父亲看完最后一个病人，回到家中，已是半夜时分，李时珍刚好从外地诊治回来看望父亲。李时珍兴奋地说："我在瓦硝坝试行了一套驱逐瘟疫的新方法，很奏效。现在瘟疫在蕲州城南的 15 个村庄已经制止住了。明早我陪你去看一看！"

父亲心想：要是真能创造出一套办法控制住瘟疫，百姓们就有救了。现在瘟疫流行，当官的都不顾人民死活，不闻不问，一个良医应如良相一样，应该负起济世救人的职责。

第二天清晨，父子俩各饮了一杯能避瘟疫的松叶酒，便出门察访去了。他们离开镇子，来到城南的村子，只见村里被洪水冲坏的房屋，已经有人着手修葺，村子中来往行人也多起来，这是大瘟疫流行以来少见的复苏景象。

父子俩随意走进一座四合院，只见院内弥漫着一缕淡淡的烟雾，飘散着一阵阵烟薰的香味。李时珍告诉父亲，村内家家户户每天都要用苍术熏烟。

父亲点头说："苍术可以除山岚障气，去鬼邪。"

四合院的主人见熟悉的郎中父子进院，忙迎了出来。这是一对老年夫妇，老汉身体强健，鹤发童颜，老婆婆正在往一口大灶添柴火，灶上的大铁锅中放着一副蒸笼，冒着腾腾热气。老汉见李言闻诧异，忙笑着说："蒸笼里蒸的不是馍，是按着贵公子的吩咐，将病人的衣服用蒸笼蒸过，这样，一家人都不会传染疾病了。"

李时珍接着告诉父亲："这是我琢磨出来的，古书上没有记载过这种方法，我想为什么一人染病，全家都会传染上呢，不外乎病能够传播。通过什么途径传播呢？我以为，一是衣物，二是食物，三是身体。于是我就用蒸笼蒸病人衣服，用苍术熏烟避瘟，用兰草（泽兰）烧汤沐浴，将麻子仁、赤小豆置于井水中驱邪，饮松叶酒、淑目酒除瘟病。采用这套办法后，瘟病的传播就逐渐缓慢下来了。"

李言闻回去后，把儿子在村子里采取的防治办法在疫区推广，果然瘟疫迅速得到了扑灭，百姓重新安居乐业下来。

李时珍认为，医生给人治病固然重要，但预防疾病更为重要。他在《本草纲目》中，仅"瘟疫"一项，就收集有预防传染病流行的中草药达130种之多，并制定既有煮沸消毒，亦有烟熏避疫，汤浴除瘟，又有内服防病等多种多样的预防措施。在16世纪中叶，李时珍能够提出蒸气煮沸消毒的方法，这是一个历史的创举。

当官府在瘟疫面前都束手无策时，李时珍作为一个民间医生却领着百姓扑灭了瘟疫，而且取得了决定性的胜利。李时珍的名声开始在蕲州一带传播开了。

李时珍对中医基础理论《内经》和中医辨证论治的经典著作《伤寒论》（张仲景著）尤为精通，并在此基础上博览群书，去粗取精，去伪存真，形成了自己系统的中医理论体系，既继承发展了诸家学说，又在自己的行医生涯中，灵活地运用于临床实践。

一天深夜，李时珍被一阵急促的敲门声惊醒。他开门一看，只见一个中年佣人提着灯笼站在门外，乞求说："请先生快去救救我家少夫人。"

李时珍跟着来人来到一个村庄，一户人家敞开大门，几个人正在门前焦急地等候。丫环将李时珍引进内室，只见一个少妇躺在床上，奄奄一息，一家人围着她急得团团转。李时珍用手探了探鼻息，

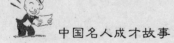

已无一丝气息。他又切了切脉，觉察到了一点极微弱的脉息，便说："拿些葱黄和酒来。"

丫环从厨房取来一把葱和一瓶酒。李时珍选了一根又长又粗的葱，剥去外层，将葱缓缓插入少妇的鼻中，然后又将酒灌入少妇的口中，突然，那少妇打了一个喷嚏，居然活了过来。满屋发出一片惊喜之声。

李时珍叫人取来文房四宝，开了一张药方，众人一看大吃一惊，一位老者问："巴豆乃下泻之药，我家少夫人有溏痢之症，泻肚子已3月之久，再用泻药……"

李时珍笑了笑，解释道："巴豆性热，味辛，生药猛，熟药缓，能吐能下，能行能止，是可升可降之药。巴豆多用则有勘乱劫病之功，微用亦有抗缓调中之妙。巴豆为泻药，这种认识并不全面。只要配合得当，药病相对，巴豆何尝不能止腹泻？夫人之病，其脉沉而滑，此乃脾胃损伤，冷积凝滞所致，以热下肢，则去寒止痢。"

果然，病人服药后，溏泻便立止了。

李时珍不仅能辨证地异病同治，也善于同病异治。

有一个有钱人，夏天饮酒达旦，以致腹泻数日不起，同样是腹泻，李时珍根据病因、病机之不同，采取同病异治的方法。他看了以前医生的处方，多是用利消导升提药，反而使病情加重。李时珍认为，病是由饮食不节，损伤脾胃，阳气阻遏，水湿内停而导致腹泻，所以用小续命汤之大祛风药，鼓荡被遏之阳气上升，于是收到了奇效。（《本草纲目》卷十五·麻黄条）

李时珍在临床实践中，灵活地运用并发展了祖国医学中辨证施治的理论，很快成了一个远近闻名的良医。

楚王府行医

一次，李时珍接待了一个病人亲属，看了前次一位铃医的处方有一味药错了。但是那人却是按《本草》来的，从中，李时珍知道《本草》有错误的地方。

《本草》是我国古代专门讲药物的书，所谓本草就是中药材的代名词。中药材的种类极为繁多，鸟、兽、虫、鱼、金、石、草、木，很多都可以入药，其中以草本类植物占多数，所以称中药材为本草，将介绍中药材的书称为《本草》。我国流传最早的药书是汉代的《神农草本经》，它总结了秦汉以前我国古人研究药物的成果，记载了 365 种药物。从那以后到明代的一千多年里，本草学有了很大的发展，人们掌握的可以治病的药物逐渐增多，分类也日趋严密。

例如，南朝时期的医学家陶弘景写了本《名医别录》，在《本草》原有基础上，补充了魏晋时期治病常用的药物 365 种，唐朝的李勋、苏恭等人，奉皇帝旨意，参照前人的《本草》，又增添新药 114 种。宋朝的刘翰、马志编著的《开宝本草》，掌禹锡、林忆编著的《嘉佑本草》，均增加了许多外国药物，其他如《图经本草》、《证类本草》、《救荒本草》、《食物本草》、《海药本草》等，都从不同方面有所增益，特别是名医唐慎微编著的《证类本草》，采古今单方，收入经、史、百家中有关药物多达 1558 种，是李时珍的《本草纲目》问世以前最完备的药书。

但是，即使是唐慎微的《证类本草》，这本在当时医药界公认的"全书"，仍然瑕疵不少。书上将葳蕤说成是女萎，其实，这是两种形态、药性都不同的植物。葳蕤的叶子像竹叶，治虚热燥咳及一切不足之症。女萎的叶是对生的，开白花，可以治霍乱、痢疾。《证类本草》上还将虎掌、南星这两个同种异名的药草，当作两种不同的药物记载，陶弘景的《名医别录》中，将旋复花当作山姜。冠中爽的《本草衍义》中，把卷丹和百合混为一谈。有一次，一个医生给癫狂病人开了一服药，其中用了一味药叫防葵，没料到病人吃了很快就死了。又有一次，有个医生给一个身体虚弱的病人开了味叫黄精的补药，病人吃了也死了。李时珍对这两件事作了深入研究，发现有本药书上把防葵和狼毒、黄精和勾吻搞混了。狼毒和勾吻都是毒性很大的药，把它当成补药，还能不死人？又如，泽泻这种药，不能久用，但有的药书上都说："久服面生光，能行水上"；"泽泻久服身轻，日行五百里"。这种方士骗人鬼话竟被收进医书里，不知有多少人深受其害！

另外，从《证类本草》问世到李时珍时代已经过了 400 多年。在这 400 多年中，药物知识有了很大发展，医生和民间都发现了许多新药；由于矿业生产的发展，还出现了许多矿物新药；同时，由于明代对外贸易和航海事业的发展，从国外传来许多新药，叫做"番药"，这些新药在一些杂书上有零星记载，但错误百出，需要审定。

李时珍想，由于《本草》的混乱造成药物的混乱，即使我们的

19

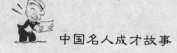

药方开得再好，药抓错了，也会弄巧成拙，甚至成为杀人帮凶。看来，重修《本草》已经成了刻不容缓的事，他把自己的想法告诉了父亲。

李言闻听了儿子的话，思考良久，方说：修《本草》这个建议很好，但是工程太浩大了。要重新编一部新《本草》，不仅要把历代《本草》和诸子百家的书籍研究透彻，还要把全国出产的药物——重新考察清楚，需要花很大的力气。历代《本草》的修订，大多是朝廷出面修的。黄帝命令歧柏调查百草药效，定《本草经》、著《神农本草经》，编著《名医别录》的陶弘景，原来就做过官，后来退隐深山，但仍和梁武帝交往密切。唐高宗命令大臣李勋，组织苏恭等人，在《名医别录》等药书的基础上，将《本草》从三卷增加到七卷方成《唐本草》。宋太祖命令医官刘翰重新详校《本草》，宋仁宗再下诏令补注《本草》，这才有了《开宝本草》、《嘉祐本草》。所以，父亲告诉李时珍："只有朝廷出面，才有重修《本草》必需的人力、财力、权力。有的人虽是以个人名义修《本草》，那也是因为这些人有钱有势，得到朝廷扶持。像我们这样的人家，历史上还从来没有人修成《本草》的。"

李时珍听了父亲的话，更清楚了修《本草》的艰辛。他想：前人可以请求朝廷帮助修《本草》，我们也可以找机会上奏朝廷。即使朝廷不支持，我也仍然要重修《本草》，事在人为，谁也动摇不了我的决心。

明代嘉靖二十九年，即公元 1550 年，这一年李时珍 33 岁，他立下了雄心壮志，不怕任何艰难险阻，一定要重修《本草》。

李时珍深深懂得，要实现重修《本草》的宏伟志愿，依靠现有学识、经验是远远不够的，于是一个庞大的计划在他心中逐渐成熟了：

一、苦读十年书。从"子、史、经、传、声韵、农圃、医卜星相、乐府诸家"的现有典籍中积累知识。

二、广采四方，漫游天下，增长见闻。他从猎户那里学习有关野兽的知识，从樵夫那里学习有关山野植物的知识，从农民那里学习有关农业生产的知识，从游方铃医那里学习有关防病治病的单方验方……

李时珍为自己所规定的博览群书的范围很广，父亲的藏书，顾家及郝家的藏书显然已不能满足他的需要，他正在为之苦恼的时候，想不到的机会却来了。

原来，湖广首府武昌，住着一个皇帝的宗室叫朱烩，受封为楚王。楚王的儿子患了抽风病，经常犯病昏倒，找遍武昌名医都未能治好。由于李时珍的医术高超，名气越来越大，传到了武昌，楚王知道后，便派人到蕲州把李时珍请去，为儿子治病。

李时珍被请到楚王府立即为世子诊病。世子是个10岁左右的孩子，长得瘦骨嶙峋。经过望、闻、问、切诊断后，李时珍开了一个药方交给王妃。王妃看后不肯收下，叫他去面见楚王。

楚王看了李时珍的药单子，不解地问："以前医生开的药方多用沙参，你为何用人参？"

李时珍对楚王解释说："世子患的是癫痫病，治起来很麻烦。这种病可分为两类，一类是因热引起的，一种是因虚引起的。世子的病属于后者。沙参用于驱火邪，除肺热，是首选主药，但世子是风虚引起的，需补肺虚，人参则是对症的主药。我查了以前医生为世子开的药方，他们都是将世子的病当作因热起，把药用反了。本来，肺虚当补，反而当成肺热开泻药驱火邪，怎么治得好世子的病呢？"

李时珍继续说："现在我以人参为君，做主药，以辰砂、吟粉为臣，做辅药，以猪心血九为佐药。人参甘温，能补肺中之气。肺气旺则四脏之气皆旺，精气自生而形自盛。辰砂能够养精神、安魂魄、润心肺、止抽风，帮助人参治癫痫症。再发挥吟粉、猪血的作用，世子的病自然会痊愈的。"

李时珍这番话，说得楚王连连点头。世子服药后，果然身体日渐好转。楚王大喜，于是又请李时珍为自己治病。原来，楚王患有便秘症。每逢解便，疼痛难忍，苦不堪言。30多年来，请了不知多少名医诊治，都没有显著效果。李时珍观察楚王，只见他身体肥胖，平时脾气又大，肝火极旺。李时珍明白，这是三焦阻塞之症。于是，他用牵牛末、皂荚膏丸给楚王治病。牵牛能顺气，通三焦。果然，对症下药，药到病除。楚王服药后，立竿见影，当天就顺顺当当地解了大便，心里说不出地痛快。

楚王和王妃在王府花园设宴酬谢李时珍。楚王在宴席上端起酒杯向李时珍敬酒，发话说："郎中，你救了我的儿子，又医好了我多年的顽疾，我不知如何答谢你，你有什么要求，就请尽管说，只要

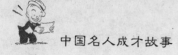

我能办到的，一定尽力！"

李时珍沉吟片刻，忽然想起父亲说过的话，要修《本草》必须依靠皇帝支持，这楚王是当今皇上兄弟，正好求他帮忙，机不可失，时不再来。于是，李时珍起身向楚王深深一揖，不卑不亢地说："谢王爷盛情。我正有一事要求王爷相助。王爷，我立志要写一部药书，由于得不到朝廷帮助，困难重重。如果王爷能奏请朝廷，助我重修《本草》，时珍将终生感谢王爷。"

楚王也是个读书人，听了李时珍的要求，不由微微一愕。他见到的郎中差不多都是贪图钱财、官爵，而眼前这个郎中却与众不同，想干一番利国利民、惊天动地的事业。他想了想，叹了一口气说："郎中，我佩服你有这么宏伟的志愿，我一定把你的要求向皇上转奏。不过，据我所知，皇上近来迷于炼丹求长生之术，对于重修《本草》这样的大事，未必有兴趣过问。我希望你在我这里住下来，我的祠奉所正有个缺，你就当个祠奉工兼管良医所。王府藏书楼中药书颇多，闲来无事，你尽可以随便出入，为你修《本草》寻些资料，待有机会，我再保举你进京供职，找机会向皇上提出重修《本草》这个心愿。"

李时珍接受了楚王的意见，在王府里住了下来。果然如楚王所料，楚王转奏李时珍心愿的奏折送到皇上手中后，皇帝批了个"留中"，便如石沉大海，杳无音信了。

太医院辞职

明代嘉靖三十七年（公元 1558 年），朝廷命令地方举荐名医，入太医院补缺。楚王记起了自己的诺言，虽然全家看病都离不开李时珍，十分割舍不下，但为了李时珍的事业，仍然将李时珍推荐到京师太医院供职。

李时珍在王府呆了近 3 年，在这三年中，他有机会进入楚王府藏书极为丰富的书库，阅读了不少民间难见到的医药经史百家书籍，为重修《本草》积累了大量资料。闲暇时，他常去蛇山观音阁，与一高僧谈天，并为烧香拜佛的居士看病开药，向他们讨教各地的方药，增长了不少见识。要他离开楚王府，真的还有些舍不得。但他想到去京师进入太医院以后，可以有机会出入御药库、寿药房，能见到许多皇家才拥有的珍贵稀有的药物，对重修《本草》大为有利。再加上他对皇帝还存在幻想，盼望进太医院后有机会直接向皇上递奏折，请皇帝下令重修《本草》，于是李时珍愉快地接受了楚王的举荐。

太医院是朝廷掌管全国医药大政的机构，也是朝廷最高的医院。皇族有病，都请太医院医生看病。李时珍进太医院不久，便被富顺王请去为富顺王的孙子看病。

患者是个小孩，面黄肌瘦，看着摆了一桌子的美味佳肴没有胃口，却指着席上的红蜡烛又哭又闹。大人只好迁就他，用剪刀将红蜡烛上烧结的灯花绞下来，吹冷了放进小孩口中，小孩子才破涕为笑，津津有味地将灯花嚼碎，吞进腹中。李时珍在诊病中遇到过多起这样的病例，他作过细心研究，发现这种喜吃灯花怪病的事，是由于肚子里有寄生虫引起的。于是，他给富顺王孙子开了一剂以使君子、百部等杀虫药为主药的处方，病人服药后，打下了许多虫子，再也不吃灯花了。李时珍治好王孙的怪病在京城传开后，皇族中有人生病，许多人都指名请李时珍出诊。

李时珍的名气在京城越来越大，朝廷封了个正六品太医院院判给他当。官不算小，也有了权。李时珍利用这点职权，可以出入太医院的药王庙、寿药房和御药库了。

药王庙里保存着一个针灸铜人模型，它是北宋针灸学家、太医王惟一总结了历代针灸医家的实践经验，设计铸造的。王惟一在模型上面刻出穴位，标注名称，并且写了《新铸铜人腧穴针灸图经》作为文字说明，这就大大方便了针灸的实际操作。明代又复制了一个针灸铜人，供在药王庙里。李时珍以前就读过《新铸铜人腧穴针灸图经》和《铜人针灸经》，现在有机会通过实际模型仔细辨认人身上的各个穴位的实际位置，他感到莫大的兴奋，他虽不是针灸医生，但仍旧把每个腧穴、经络的理路都临摹下来，这对他后来撰著《奇经八脉考》等书，打下了坚实的基础。

太医院所属的寿药房和御药库里存放着许多全国各地进贡的药材和从外国进口的药材珍品。如人参、鹿茸、虎骨、宝石、辰砂、珍珠、石燕、石蛇、石蚕、水晶、玛瑙、珊瑚、泰山石蕊、琅牙云母、峨眉天麻、庐山云雾茶等等，各种名贵药材、丸散膏药、宝玉连珠，琳琅满目。这些药有的生在海南岛之崖，有的长在长白山之麓，有的来自西域敦煌，有的出自异国他邦。

在太医院里，李时珍开阔了眼界，增长了见识。他带着历代药书里发现的问题，认真鉴别，刻苦钻研，为不少问题找到了答案。比如人参，李时珍虽然读过前人许多医书里的论述，仔细研究过父亲写的《人参传》，但都限于见闻，没有条件将各种不同的实物进行比较，一些关于人参的错误论述也无法纠正。现在，他看到了来自各地的人参，如高丽紫参、辽东红参、潞州党参及泰山、江淮间产的人参实物。此外，他还看到了类似人参的荠苨、桔梗等实物，后来，他在重修《本草》时，对人参的叙述特别详尽，并揭露奸商用荠苨、桔梗冒充人参的骗人勾当，他在《本草》中写道："伪者皆以沙参、荠苨、桔梗根系造作乱之，沙参体虚无心而味淡，荠苨体虚无心，桔梗体坚而味苦。人参体实有心而味甘，微带苦，自有余味……"

李时珍除了读书和考察药物外，一有空便到北京四郊采访。他用南方人的眼光来研究北方的风土习尚，对于出产在北方的药材、制药和用药的方法，以及民间的单方验方，起居饮食，都很感兴趣。他把北方农家如何栽种果树、窖藏白菜、培育韭黄等一一记录下来，准备收入他自己编著的《本草》中。

李时珍经过一番思考和准备，写了一道奏折，连同自己整理的笔记，上奏朝廷，建议由朝廷主持重修《本草》。不料，奏折送上去后，不仅如同在楚王府遇到的情况一样，石沉大海杳无音信，而且还受到太医院的同僚们的种种诬蔑和讽刺。太医院的医官们大多是世袭的，他们不学无术，掌握太医院的大权，排斥经地方官吏推荐进太医院的医官，李时珍陷入了他事先未曾料及的人际纠纷中。

朝廷不支持不采纳李时珍重修《本草》的建议，但这没有动摇他的决心。他早作了两手准备，他通过多年埋头苦干，又得到了旁人没有过的在楚王府、太医院奉职的机会，积累了许多宝贵材料，认定自己有能力重修《本草》。他在博览群书时，发现各种药书互相矛盾，光靠在寿药房、御药库比较实物还不能解决疑团，越来越觉得需要出去，去野外进行实地调查研究，采集标本，像神农尝百草那样亲尝药物，这样重修出的《本草》才有价值，才会流芳百世，造福后人。

明代嘉靖三十八年（公元 1559 年），李时珍深感呆在北京已是浪费时光，便托病辞职，返回家乡蕲州，开始了专心重修《本草》的艰辛劳动。

李时珍南归故乡，沿着驿路经过琢州、安阳、徐州等地。他摆脱了太医院任职中的各种矛盾和烦恼，在广阔的原野上，见闻所及处处是学问的宝藏。

在路过一个驿站时，他遇到一群北上的驿卒，正在用小锅煮着一把粉红色的小花。李时珍走到跟前，仔细一看，这是一种别名叫鼓子的旋花。此花在南方随处都可见到，过去从来没听人说这种花有什么用途，各种《本草》上也没有记载，他好奇地问驿卒："你们为什么煮食这种东西？"

驿卒回答说："常在外奔走的人，筋骨劳累容易受损伤。吃了这东西可以治疗，这是我们的祖传秘方。"李时珍记在心里，回到驿所屋子便在笔记上记下了驿卒的话。

一路上，李时珍边走边搜集民间流传的单方验方和治病的草药。特别是民间传说的顺口溜，李时珍听到后便记在笔记本上。像人们常说的"穿山甲，王不留，妇人吃了乳长流"，指这两种药有发奶的功效。"槟榔、浮留，可以忘忧"，指这两种药有兴奋神经的作用。"七叶一枝花，深山是我家，痈疽若遇着，一似手擒拿"，这是说蚤休（七叶一枝花）产地在深山，这种药材有解毒去痈的疗效。李时珍将这些顺口溜记在笔记本上，如获至宝。他感叹：民间流散着多少宝物啊！我一定要广采博收。他用记下的资料，给人治病，经过验证，确实疗效好的，后来都收入到《本草》中了。

李时珍离开京城，离开那争权夺利的官场，返回故乡继续着自己的事业。

李时珍走出京城，一身轻松，飞快地赶回家中，却发现父亲已久病在床，父亲没有告诉做官的儿子自己病重的消息。

李时珍见父亲卧床不能起身，便决定暂时不再外出，一边在家侍奉父亲治病，一边改善居住条件，为著书立说准备条件。

随着人丁的繁衍，李家那所老宅已显得狭小了。李时珍在雨湖边选了一块地，亲自规划设计，盖起了一座宽敞轩亮、环境幽静、景色宜人的新宅院，既适合父亲养病，也适宜自己潜心研究、撰著。

这时候，李时珍的大儿子建中，按着父亲的安排，已考中举人，走上仕途，为李家改换了门庭。李时珍说服父亲，将二儿子建元、三儿子建方留在身边学医。小儿子建木年岁还小，仍在读书。李家到李时珍这一代，已是人丁兴旺，成为新州医学世家、读书人家了。

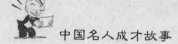

李时珍从雨湖引来一股湖水，美化院落，使得这一座幽雅的宅院里有花有水，生意盎然。不仅家里就有清溪流水、花草繁茂，推开窗户，还能看见碧绿清澈的雨湖，望见湖上飘满的点点渔帆，听到悠扬的渔歌和小鸟的鸣叫。李时珍引用《诗经》里"考般在阿，硕人之过"（硕人为盛德之人，过为宽厚的意思）两句诗的立意，在自己的门前题了"过硕馆"三个大字。同时，给自己取了个别名叫"濒湖山人"，借以抒发无官一身轻，专心致志著书立说的抱负。

李言闻为了支持儿子完成重编《本草》的大业，将自己多年积累的大量资料和撰写的几十卷著作，全交给了李时珍。老人还抱病与儿子一起探讨医学、药学中的各类问题，审阅儿子的著作，他相信儿子能为李家给后世作出惊人贡献。

李时珍精心照料父亲，使父亲的病开始好转。在此时间里，他完成了《濒湖医案》、《三焦客难》、《命门考》、《五藏图经》、《濒湖脉学》、《奇经八脉考》等著作。这些著作都凝聚着李时珍父子之间的深情厚谊。比如，《濒湖脉学》就是李时珍在父亲《医学八脉法》、《四诊发明》的基础上写成的。

中医的脉学，自《内经》开创以来，历代都有论述。东汉张仲景对评脉的辨证论述，散见各篇，未成专著。两晋王叔和著有脉经12卷，因时代久远，散失太多，到《旧唐志》只留下两卷。李时珍本着"涉猎群书，搜罗百代"的治学精神，除广收经典外，还涉及上自太仓、启玄、叔和之学，下至唐宋金元诸名流脉学著作达48家之多，在此基础上删繁就简，写成了集脉学著作大成的《濒湖脉学》。第一次以27脉"歌诀"及"四言举要"，解决了通俗切用的难题，并批判了《脉诀》的谬误。

《濒湖脉学》全书仅2万多字，然而字字斟酌，深入浅出，句句通俗，且俗不伤雅。以脉论医，明理切用，音韵协调，易读易记，故风行天下成为后世脉学的指南。我们今天全国中医院校的脉学教材，大多取材于这本经典著作。

在这个时期里，李时珍还写了《命门考》、《奇经八脉考》等著作。

与此同时，他对《内经》、《抱朴子》、《千金要方》等古籍，以及药王庙中的针灸铜人进行了深入的研究。

明代嘉靖四十三年（公元1564年），李言闻旧病复发，医治无效去世。临终前，他嘱咐李时珍要克服困难，尽快地将《本草》重修好。

几年以后，李时珍同哥哥李果珍一起，将父亲与去世已久的母亲张氏合葬在雨湖畔的蟹子地。至今，这座合葬墓还在美丽的雨湖之滨。

浪迹天涯为《本草》

明代中叶以后，讲求实际，崇尚实践，主张经世致用的社会思潮兴起，王阳明的"知行合一"、"知行并进"的观点，对李时珍有很大的影响。所以，在重修《本草》时，他就强调，本草虽曰"医家药品，其考释性理，安吾儒格物之学"，他主张："医者贵在格物"。所谓格物就是推究事物的道理。在这种思想的指导下，李时珍决定深入到穷山僻壤、荒山野地、贩夫走卒、平民百姓中去实地考察，访采四方，取得第一手资料。

父亲逝世后，明代嘉靖四十四年（公元 1565 年），李时珍时年47 岁，开始了筹划已久的"搜罗百世，访采四方"之行。他带着徒弟庞宪和次子建元出去作药物查访。庞宪曾患重病，经李时珍诊治，无恙后拜李时珍为师。他为人忠厚老成，踏实肯干，又聪慧伶俐，不仅医学上长进快，而且药学上也很有见识。李时珍因陪父治病，不能分身，庞宪常受李时珍之托，到各地采集许多药物标本。次子建元，擅长绘画，可以帮助李时珍现场绘制药物标本图样。

他们三人结伴从蕲州出发，先到汉阳，然后取道襄河北上。他们有时搭船，有时乘车，有时徒步，有时雇毛驴骑着漫游。三人每天行止不定，遇到药物样本多的地方，就细心考察，多采一段时间；沿途遇到病人，就停下给人看病，管治不收钱；遇到贩夫、走卒、铃医，三三五五一起同行，可以提供单方、草药、医疗信息的，就向他们请教，收集可以采录的资料。因此，他们往往是走走停停，住宿也无一定，全随考察需要而定。

有一次，李时珍三人乘坐一条渔船出去搜集资料，一位老渔夫听说李时珍是郎中，就从鱼篓中提起一条半大的鲤鱼问李时珍："郎中先生，你说说，这么大的鲤鱼能治什么病？"李时珍谦虚地说："我知道一些，但是不全。请大伯告诉我。"

老渔夫说："这么大的鲤鱼，用它煮着吃，可以治咳嗽，利小便。用来熬粥可以治突然发作的耳聋；用三升醋煮一条大鲤鱼，熬成汁吃，可以消水肿；用鲤鱼血，可以治小儿火疮；把鲤鱼的肠子烧成灰可以驱逐爬进耳朵里的小虫子；用火焙干研成末，用凉开水冲服，可以治卡在喉咙里的鱼刺，那鱼刺会自动跳出来，可神了。"

李时珍笑着说："老伯前面讲的，我听说过一些。最后两条，我还真不知道。不过以后我会找机会试试。"李时珍凡事都实事求是，知道的就说知道，不知道的就说不知道，从不说假话。

有一回，李时珍为了搞清楚"舍命吃河豚"到底是怎么回事，向一位渔民请教。这位渔民为了报答李时珍给他治好过重病的恩情，特别做了一道鲜鱼给李时珍吃。这条鱼肉质又细又嫩，味道实在鲜美。吃过后，渔民才告诉李时珍说这是河豚，李时珍第一次领略到河豚的可口，只是他仍不知为什么叫"舍命吃河豚"。渔民告诉李时珍，吃了河豚的脂油、内脏，会使人舌头发麻；吃了河豚的鱼子，会使人的肚子发胀；吃了河豚的眼睛，会使人眼睛发花。总之，吃河豚不得法，就会送命的。李时珍根据渔民介绍的经验，他使用"油麻，子胀，眼睛花"的谚语来告诫人们，吃河豚千万要小心，这些部位不清除干净，吃了就会中毒，甚至死人。

李时珍还亲自下过煤窑，到过炼铅炼汞的作坊，研究矿山工人中毒现象和职业性疾病。他把许多植物连根采回来仔细研究比较，发现萃、莃、萍属同一类，猪羔草、稀莶草、地菘也属于同一类。李时珍从药农那里搞清楚了泽漆和大蛾不是历代本草记载的那样是同一药物，而是两种药物。他从道士那里学习了异汞、土黄（砒剂）的制作方法和药用价值；他从铃医那里知道了麻黄、蟾酥毒的药用方法；他从猎人渔夫那里知道了许多动物脏器的药用价值。李时珍、庞宪、李建元三人背着药筐，到山林、田野、江湖、工矿去观察、采集药物标本，广泛收集民间治病的经验，虚心向各地老百姓学习、请教。农民、渔夫、猎人、樵夫、药农、果匠、工匠、矿工、串街铃医、山野道士，都成了他们的老师和朋友。

有一次，李时珍借住在一户人家，这户人家有个小孩，脸颊发黄肿胀，一副无精打采的样子。李时珍心想，从外表看，这小孩可能得了"小儿积食"，等这次上山采药回来，得空给这小孩子治治。

十来天后，李时珍一行三人从山上回来了。李时珍正惦着给这孩子治病呢，谁知道他发现孩子走近他时，竟然红光满面，欢蹦乱跳没有一丝病容了。李时珍好生奇怪，便忙问孩子的父亲：

"大叔，你这孩子服过什么药，好得这么快?"

这个四十开外的庄稼汉，回答得十分干脆："这孩子没有服过什么药。不瞒您说，我们家太穷了，哪来钱请郎中、买药呢?"

李时珍十分纳闷，又找来这孩子问道："这十来天，你除了在家吃饭外，还吃过什么东西?"

小孩摇摇头，没有说话。他把手伸进衣兜里，忽然，好像想起了什么似的："啊，我想起来了。"一面说，一面从衣兜里摸出几个小红果子来："前几天，我到山上玩，看见小树上结着这种红果子，摘下一尝，酸甜酸甜的。这几天我天天都上山摘它来吃。不信，你尝尝。"孩子把果子递给李时珍。

李时珍接过果子一看，认出这是十分普通的野果——山楂。

小孩的父亲见李时珍端详山楂，便说道："这几天，见他衣兜里常装着这种果子，我没在意。我也纳闷，小孩的胃口怎么好了，面色也好多了，敢情是吃了这种果子吧。"

于是，李时珍在笔记里，把孩子的病状及吃了山楂的变化详细地记了下来。山楂能开胃健脾，从此便被推广开了。

明代穆宗隆庆元年（公元 1567 年），李时珍这时已年过半百，仍带着徒弟和儿子继续出外采药。这一次，他注意搜集药用植物标本，特别重视发现历代《本草》中未曾记载过的药物。凡是民间流传采用的药物，他都尽量搜集记载下来。比如朱砂，今天已是消热解毒的重要药物，就是当年李时珍第一个在民间发现，并记载入《本草》的；其他如月季花、凤仙、玉簪、谈竹叶等二百余种新药，都是李时珍从流散在民间、疗效明显的药方中发现，作为药材首次载入《本草》的。还有"三七"，李时珍是这么介绍的："此药近时始出，南人军中为金疮要药，云有奇功。"并说："凡是杖外伤损，淤血淋漓者，随即嚼烂，咽之即止，青肿者即消散。"这说明当时军队中已用三七治疗杖扑损伤的出血症。同时，对血崩、无名肿毒、虎蛇咬伤等症，疗效也很显著。三七作为一种重要的中药材，自李时珍发现载入《本草》以来，至今一直是临床研究的热门药材。

李时珍记录这些药物的疗效，不仅听人说，还效法神农尝百草那样，亲自试用。

古书上说，绿豆能解毒，他为了作试验，先给小狗吃了毒物，再吃绿豆解毒，结果并没有救活。后来他经过反复试验，自己亲自

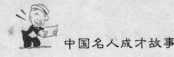

尝试，才发现绿豆要加上甘草，熬成汤才有解毒效力。

李时珍为了弄清传说中有毒的药草，他亲自品尝了复盆子、莓、蛇莓、悬钩子等数种类似的药草。传说蛇莓有毒，经过品尝，他在《本草纲目》中作了记录："俗传食之能杀人，亦不然，止发冷诞耳。"

李时珍还尝过鹅肠草和鸡肠草，以区别这两种相似的药物。他在《本草纲目》中说："繁缕即鹅肠草，非鸡肠也。二物盖相似，但鹅肠味甘，茎空有缕，花白色；鸡肠草味微苦，咀之涩滑，茎中无缕，色微紫，花亦紫色。以此为别。"

"麻沸散"是华佗为病人做手术发明的麻醉剂，可惜配方失传。李时珍少年时曾听父亲说曼陀罗花是麻沸散的主药，但未曾亲自见到，不敢妄下断语。因此，他一直记在心里要寻找曼陀罗这种药物，试验它的药效是否属实。可惜几十年来，他走遍一座座村镇，翻过了一道道山岭，渡过了无数条小溪大河，都未找到曼陀罗花的下落。

这一年秋末，李时珍采药归来，顺道去河南光山县看大儿子建中。建中依照祖训，实现了李家改换门庭的愿望，乡试中了举人，当上了光山县的教谕。教谕是一种学官，负责文庙的祭祀，教育所属生员。建中的官虽不大，但住在纪念孔夫子的文庙内，环境十分幽雅。他由于自小受到父亲的熏陶，虽然做了官，仍然喜欢种植药草。李时珍在文庙的后花园中发现了一种开白花，状如牵牛，叶如茄子的植物，便问建中是什么花。

建中告诉父亲，这里的人把它叫做山茄子，或者风茄儿。

李时珍点点头，顺手摘了一枝花，仔细地观察起来。这种叫山茄子的植物，绿茎碧叶，独茎直上，高 1 米多，花有 6 瓣。这使李时珍突然想起在茅山道观中见到的陀罗星使者塑像来，陀罗星使者手中持的花同这花的形态十分相似，难道这就是曼陀罗花？他兴奋地叫来庞宪、建元，说："你们看，走遍天涯无觅处，得来全不费功夫，这不就是曼陀罗花吗？"

庞宪大惑不解，问道："师傅，你根据什么认定这就是曼陀罗花？"

李时珍说："《法华经》上讲，佛说法时，天上曾经降下曼陀罗雨，后来，道家将北斗七星中一颗星叫做陀罗星，陀罗星使者手中常持曼陀罗花。我在茅山道观中看到的陀罗星塑像，手中拿的白花和这株花十分相似。不过，要确认这是曼陀罗花，还得亲自尝一尝。相传，在采曼陀罗花时，如果采花人在笑，用此花酿成的酒入饮后就会发笑，采摘的人如在舞，用此花酿酒饮后则会令人舞。我们不妨一试！"

建中忙劝阻说："父亲不可造次，万一此花有毒，岂不糟糕？"

李时珍兴致很高，一面采花，一面哈哈大笑："古时神农敢尝百草，我要重修《本草》，怎能畏首畏脚？"

为了避免中毒，李时珍叫建元准备了解毒药。李时珍将花放进酒杯，揉碎，然后将酒倒入杯中。李时珍举杯将曼陀罗酒饮了一大口。过不多时，李时珍觉得自己有了恍恍惚惚的感觉，周身舒畅，欢愉异常，竟哈哈大笑，并失态狂呼："真是曼陀罗花！真是曼陀罗花！"

建元见真是曼陀罗花，高兴得手舞足蹈，也去采了一朵花来，放在酒杯中探碎，盛上酒，一饮而尽，果然也兴奋得跳起舞来。李时珍随即将曼陀罗花的性状详细记录下来，叙述了发现的经过，并叫建元仔细地绘制了曼陀罗花的的图样。李时珍经过反复试验，最后用曼陀罗花和火麻子花制成了类似华佗"麻沸散"的药剂，并在《本草纲目》中将这一段经历作了如下记述："相传此花笑采酿酒饮，令人笑；舞采酿酒饮，令人舞。予尝试之，饮至半酣，便令一人或笑或舞引之，乃验也。八月末采此花，七月采火麻子花，阴干，等分为末。热酒调服三钱，少顷昏，如醉，割疮灸火，宜先服此，则不觉苦也。"

已经年过半百的李时珍，立志修改《本草》，皇帝不支持，朝廷不赞助，他自己花钱带着徒弟，访采四方，遍尝百草。他冒着生命危险，亲自服用有毒药物，为的是获得第一手资料。他说："医者贵在格物，方士固不足道，本草其可妄言哉？"这种求实、探求真理的敬业精神，身家性命置之度外的奉献品质，是值得我们永远学习的。

明代隆庆二年（公元 1568 年），李时珍三人来到久已向往的太和山（即今武当山）。太和山位于湖广均州（现属湖北）西南，方圆 400 千米，山中有 72 峰、24 涧，层峦叠峰，林木丛生，满山是珍禽异兽，遍地是奇花异草，是一座天然的动植物药库。

李时珍三人在太和山一晃就是数月，采得无数药物标本。一天黄昏，他们来到紫霄宫附近，在大树参天、荒草没顶的小径行走。

忽然，建元发现一棵榔树上结着一种奇怪的果子。

李时珍驻足一看，见榔树上果实累累，果实形状既像桃，又似杏。他从低垂的树枝上摘下一个，咬了一口品尝，那果子极为香甜，略带酸味，有点像熟透的梅子。他突然明白了这是什么东西，脸色都变了："糟了，我们吃了皇上下令百姓不准偷吃的禁果——榔梅！"

庞宪觉得奇怪："榔梅有什么稀奇，百姓尝一下都不可以？"

李时珍叹了一口气，说："其实，榔梅没有什么奇特，不过是将梅树枝嫁接到榔树上，从而结出的果实。只不过果实的形状奇特一些，味道也不错罢了。问题出自当今皇帝信奉道教。关于榔梅有一个传说：真武大帝当年在太和山修道时，折了一枝梅枝插在榔树上，对天祈祷说：'吾道着成，开花结果！'后来，那株榔树果然开了花，结了果子。道士们每年秋天将果子摘下来，用蜜炮制，向皇帝和王爷进贡，说吃了能成仙得道，长生不老。以后，皇上便下令将榔梅定为禁果，只准进贡朝廷，百姓不得偷吃，偷吃便视为犯法！"

李时珍话还未说完，一群道士提着木棍走来。李时珍连忙迎上去，解释道："我们是郎中，进山采药，误食禁果，万乞原谅！"

众道士中，走出一个德高望重的人，看来是道长。他询问李时珍："你是什么地方来的，为何到此？"李时珍说："我是蕲州郎中李时珍，为重修《本草》，来此查访药物……"道长得知李时珍是蕲州来的，便向他打听李言闻的情况。当他得知李时珍便是李言闻的儿子时，便异常高兴地告诉李时珍，他和言闻是刎颈之交。于是，干戈立即化为玉帛，道士视李时珍为侄辈，邀他到道观一叙。

李时珍三人随道长进入紫霄宫。只见紫霄宫内香烟缭绕，大殿正中，有一个巨大的炼丹炉，炉火正旺。李时珍告诉道长："我想在重修《本草》时，将炼丹家炼制各种丹药的方法和药效记载上去，请道长指教。"道长非常爽快，愿意满足李时珍的要求，将他所知的炼丹术和盘托出，供李时珍参考，并亲自领李时珍观看炼丹过程。李时珍干脆就在紫霄宫住了下来，详细记录各种丹药的制作过程和疗效，同道长讨论各种丹药和矿物药的功效和弊病。道长思想很开明，并不保守，两人谈得很投机，不只谈丹药，还谈诸子百家，常常交谈至深夜。道长是个学识渊博的人，他把李时珍视为难得的知己，竟将紫霄宫秘传的"武当行步功"授给了李时珍，使李时珍获益不浅。

通过几年野外采集工作，李时珍发现了前人没有记载、经过考察证明可作药用的植物、动物、矿物药数百种，记述了上千种药物的性状、治疗效果。像今天已广泛运用的动物药材如牛黄、狗宝、牡蛎、珍珠等，都是他第一个编进《本草》的。

通过野外考察，李时珍记述了许多矿物学知识，他说："金有山金、沙金两种，其色七青、八黄、九紫、十赤，以赤为足色，和银者性柔，试石则色青；和铜者性硬，试石则有声。"是现代冶金仍在运用的一种"比色法"。他记述了试验金子成色的方法，即用试金石在金子上划一条线，凭线的颜色和标准样品的颜色比较，就能够估量出金子的含金量。并说明此法只可用于金银合金，不能用于金铜合金，还补充了区别这两种合金的办法。他还记述了铝粉制法的原理和步骤，这是世界上最早的关于铝粉的制作方法的记录。他还发现了许多新的矿物药，如石炭等。

通过实地考察，记录民间药方，为《本草纲目》的完成起了巨大作用。

《本草纲目》问世

李时珍经过大半生努力，收集了几个屋子的丰富资料，其中有从八百多部书籍中摘录下来的文字，有成千上万份植物、动物、矿物标本和绘图。现在等待他去做的，是如何将这些文字和实物，有条理有系统地写进他重修的《本草》中去。

李时珍仔细地研究过前人所编《本草》成功的经验与失败的教训。从《神农本草经》到唐慎微的《证类本草》，诸多版本的主要成就在于：概述本草理论与载录药物相结合；描述药物形态与绘制药图相结合；引证前人论述强调注明出处；汇集单方验方于药物之后等等。虽然如此，李时珍深感各种《本草》有一个通病：对于药物的分类，都是沿用《神农本草经》的方法，把药物分为3类，上品、中品、下品。即上药"主养命以应天，无毒，多服久服不伤人"；中药"主养性以应人，无毒，有毒，斟酌其宜"，下药"主治病以应地，多毒，不可久服"。李时珍在钻研典籍，实地考察中，痛感这种分类方法弊端极多。用这种分类方法，草石不分，虫兽无辨，杂乱无章。"或一药而分数条，或二物而同居一处，或木居草部，或虫入木部；水土共居，虫鱼杂处；玉石不分；名已难寻，实何由觅。"究竟用什么方法来重修《本草》呢？李时珍为此已研究了十多年，而且已经理出头绪来了。

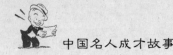

李时珍 35 岁时，在阅读朱熹的《通褴纲目》中，发现《通监纲目》的分类方法很科学，朱熹和其弟子们在编撰中建立的"纲目"体例，以"纲"带"目"的分类法很有参考价值，何不以"纲目"体系来重修《本草》呢？李时珍经过反复研究后，认为这个体系很好，干脆把书名也叫做《本草纲目》。于是，李时珍重修的《本草》建立了崭新的分类体系。李时珍把从典籍中抄录的资料，考察中采集的标本、绘制的图样，都按自己拟定的"纲目"体系分门别类保存。经过十多年来的探索，几经调整，逐渐定型下来，建成一套查找、保存都十分方便的科学分类方法。

李时珍把近两千种药物，按照自己建立起来的科学体系，设立了 3 个纲目系统，要检索某一味药，了解它的产地、性状、主治、修治方法，就如同从《辞源》中查找一个词条，非常简便。

它的 3 个纲目是：一、以部为纲，以类为目；二、以类为纲，以药为目；三、以药为纲，以 8 项分析为目。

《本草纲目》还编写了《百病主治药》的纲目系统。李时珍以病名为纲，以辨证用药为目，将药物按其性能和主治进行分类，组成了《百病主治药》的纲目系统。共立 113 项病症，包括内科、外科、儿科、妇科、五官科等。每项病症下列举主治药物，供医家临床选用，按病查药，一目了然。《百病主治药》实际上是一部独立的医学著作，这一部分编在《本草纲目》正文前面，主要是为了促进医药结合。

于是，这部明代中叶的巨著《本草纲目》在李时珍一家四代辛勤努力下，由李时珍主编，李言闻参谋，长子建中和次子建元帮助校正书稿，三子建方和四子建木进行重订，孙子树宗、树勋、树声等进行分类分项类编，树木帮助誊写，书中 1 千多幅精美的插图，是次子建元亲手绘成。李时珍的两个弟子，庞宪和瞿九思，则是从头到尾得力的助手。

《本草纲目》在李时珍的奋力拼搏下，从搜集资料开始，整整经历了 27 个春秋，三易其稿，于明万历六年（公元 1578 年）秋，脱稿完成。

这一年，李时珍 60 岁。人们永远也忘不了这一年。

公元 1579 年，李时珍带着作品四处联系出版事宜。最后，李时珍怀着一线希望，到江苏太仓去找王世贞。

王世贞曾任过湖广按察使，是一个学识渊博、谈吐风雅，思想开放的文人。李时珍曾为他看过病，两人颇谈得来。

到了王世贞家，李时珍说明来意，打开自己的行囊，将书稿放在书案上，请王世贞过目。李时珍向王世贞详细陈述了自己重修《本草》的缘由与目的，介绍了全书内容及 27 年来的写作经历，恳求王世贞以他的名望鼎力扶植、推荐，使《本草纲目》得以印刷发行，流布天下，造福世人。

王世贞打开书稿，仔细阅读。《本草纲目》包罗万象、博大精深、丰富多彩的充实内容，高屋见瓴、纲举目张、眉目清楚的编排方式，每味药物所作的详尽介绍，既典雅又通俗的文笔，以及精美细致的 1 千多幅插图，深深地吸引住了他。王世贞想：这需要作者付出多少的心血啊！他抬起头来打量李时珍，只见李时珍虽年过花甲，但面色红润而有光彩、谈吐幽默而富风趣，不由暗暗称道：真可称得上是南国第一人啊！

王世贞由衷地希望这部著作能尽早地刻版印刷成书，供人们学习研读，并用来济世救人，可惜他力不从心，刊刻这么一部巨著是需要很多钱的。他的父亲被奸臣严嵩所害，他自己也因对朝廷发表了不满言论，被免职还家，家产被抄一空，自己平时也只能靠卖字画糊口度日，对于李时珍，真如常人所说：自顾不暇，爱莫能助。他只好挽留李时珍在家住了几天，怀着十分遗憾的心情，送走了李时珍。临行前一再嘱咐说："千万不要急躁，不妨在南京长住下来，慢慢寻找机会出书。"

李时珍带着儿子在南京住了下来，一边为人看病，继续搜集从外国流传进来的药物，一边寻找机会出书。当时，正是三宝太监郑和七下西洋凯旋归来，被任命为南京守备太监的时候。郑和在南京狮子山兴中门外，建造静海寺和天妃宫，作为他晚年的休养处所。他把从南洋带回的大部分珍贵奇物，贡献给皇帝玩赏，将大部分药用植物，种植在静海寺内，这些都是李时珍研究"番药"的绝好材料。所以，李时珍在南京时，常到静海寺实地观察、鉴别，加以分析和总结。

李时珍在南京一住就是几年，没有寻找到愿意刻书的书商，但是经过几个春秋的努力，他搜集了几十种"番药"，充实进了《本草纲目》。像珊瑚、玳瑁等可入药的珍宝；伽蓝香、降真香、黄连香、金银香等香药；芦荟、胡椒、荜拨、奇捕香等名贵药材，都是在南京几年新搜集到的。

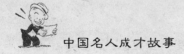

李时珍在南京没有找到刻印书商，只好失望而归，回到蕲州度晚年。李时珍晚年在家，继续以高超的医术为人民造福，间或与师友往来，饮酒赋诗自娱。李时珍70大寿时，长子建中从四川蓬溪知县任上赶回，全家团聚。李时珍的《过硕馆诗集》出版（失传）。

李时珍72岁高龄时，仍然不顾年老体弱，再次去南京联系刻印《本草纲目》事宜。这时，王世贞已为《本草纲目》写好了序，他盛赞此书是传世之宝。可惜这个宝物竟然无人识货，得不到刊刻的机会。

天无绝人之路，一个偶然的机会，李时珍结识了南京有名的富商胡应龙，两人相见如故。胡应龙几年前便在朋友家看过《本草纲目》的手抄本。胡应龙询问书刊印出来没有，李时珍将几年来所遇到的酸甜苦辣百感交集地向胡应龙倾诉出来。

胡应龙听到这样的好书竟无人肯承印，大为不平。他当场表示，不仅慷慨解囊，负担刻印《本草纲目》的全部费用，而且还要负责监督、解决刻印过程中的一切问题，争取早日将《本草纲目》出版问世，以酬知遇之恩。

李时珍受到胡应龙的盛情款待，心中不由大喜，奔波了10年的问题，终于迎刃而解。这真是，踏破铁鞋无觅处，得来全不费功夫。

由于胡应龙的大力支持，《本草纲目》在明代万历十八年（公元1590年）开始刻版，这部全文190万字，插图1千余幅的巨著，单刻板就进行了3年才告完成。而我们这位为撰写和出版《本草纲目》花费了毕生精力的李时珍老人，此时已重病缠身，回到老家蕲州。他虽然卧床不起，仍焦急不安地期待着他倾注了全部心血的宏伟巨著出版。

公元1593年，李时珍去世，终年75岁。

《本草纲目》是李时珍毕生的心血，永为世人所流传。这部旷世巨著漂洋过海，造福全人类。他永远活在人们心中。

徐霞客

徐霞客（1587～1641），明代地理学家。名弘祖，字振之，号霞客，南直隶江阴（今属江苏）人。幼年好学，博览图经地志。因明末政治黑暗，不愿入仕，专心从事旅行，足迹所到，北至燕、晋，南及云、贵、两广，旅途中备尝艰险。其观察所得，按日记载。死后由季梦良整理成富有地理学价值和文学价值的《徐霞客游记》。

徐霞客从小就对一些介绍地理游记的书籍感兴趣。有一次，徐霞客把一本《山海经》带到了学堂上，被老师发现打了他一顿竹板。他的两只小手肿得像两个小馒头，但这并没有改变他对地理游历的兴趣。

经过了10年寒窗，他的同学都先后去赶考了，惟有徐霞客仍一心向往着祖国山川，耐心地读着那些山水游记的书。同伴们劝他去参加考试，徐霞客考虑了半天，为了不使父母太伤心，决定去试一试。

通过这次考试，徐霞客看到了官场种种的腐败现象，对当官更没有兴趣了。他决心走自己的路。他对母亲说："我要实现我的理想去走自己的路。"母亲是个开明的人，她对儿子说："好男儿志在四方，你不愿考取功名，我也不强求你，你走吧，不要担心我。"在母亲的支持下，徐霞客收拾好行装，开始游览祖国的名山大川。

徐霞客对家乡附近的太湖进行了考察，发现太湖中心的龟山是天目山的余脉。他又考察了林屋洞钟乳石的形成。随后，徐霞客北上登上了"五岳之尊"的泰山，看着群山尽收眼底，对祖国大好河山的热爱之情油然而生。徐霞客游历不是为了游山玩水，他对走过的江河湖泊、三山五岳都进行了实地考察，做了大量的研究，收集了很多宝贵的资料。徐霞客经常虚心地向别人请教。一次他游完雁荡山在归途中，顺便拜访了一个朋友，朋友给他讲了许多雁荡山峰顶的美景，徐霞客十分不好意思，因为他没有登上峰顶。从朋友家出来后他又返回雁荡山，登上了峰顶，一看，真如朋友所说的一样，徐霞客高高兴兴地回到朋友处兴奋地说："多亏你的提醒，雁荡山峰顶真是一个美妙的地方。"

从雁荡山回来之后，徐霞客又继续游览了济南、南京、黄山等地，留下了大量的记录。他的游历日记加起来，有一人那么高了，就在这个时候，他的母亲去世了，徐霞客悲痛地回到家中，为母亲守孝3年之后，他又匆匆踏上征途。

徐霞客这次出行的第一站便是中岳嵩山。他先游览了周公庙，

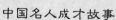

继而游览了中岳庙、嵩阳书院等地，最后，游览了以武功著称的少林寺。在这之后，他又陆续探访了西岳华山、北岳恒山以及五台山、庐山、天台山等各大名山，进一步增强了他对祖国大好河山的热爱之情。

当徐霞客已经年过半百的时候，本应该过几天清静的日子，安享晚年了，可是他的心仍牵挂着祖国西部的那些名山大河。崇祯九年（1636 年）的九月，徐霞客带着两名仆人踏上了他一生中最后一次，也是最出色的万里征程。徐霞客这一次远行，和前几次有很大的不同。他这次出行的主要目的是对地理现象的考察。因为他在阅读古书时，有记载与事实不符的现象。他要以自己的实地考察给后人一个满意的答案。

西部地区人烟稀少，路途艰险，到这里游历更需要一种不怕吃苦、勇敢无畏的精神和坚韧不拔的毅力。经历了一次次的艰难险阻，徐霞客来到了风景优美的岩溶地貌分布区，他从底部的石峰到上游的暗河，一步步、一层层地仔细观察、绘图，把河流和周围的地形结合在一起进行了研究，阐明了水文和岩溶地貌的关系。同时，徐霞客以自己的实际行动破除了多少年来束缚着人们的迷信思想。

徐霞客白天进行实地考察，晚上就借着火光记下了考察的情况和自己的看法，有一次他写着写着就睡着了，第二天醒来的时候发现笔墨已经把纸都弄黑了。

徐霞客一生走遍了大半个中国，留下了几十万字的第一手地理考察资料。在他死后，他的好友将这些资料整理出版了富有地理学和文学价值的《徐霞客游记》。英国李约瑟博士看过这本书后曾发出这样的感慨："《徐霞客游记》读来并不像 17 世纪写的，倒像是 20世纪一位野外勘测家写的考察记录。"

詹天佑

1890 年，清政府想要修一条从北京到沈阳的铁路，这条铁路由英国总工程师金达指挥。在经过滦河的时候，要修一座桥，这个工程却让这位大名鼎鼎的英国工程师大伤脑筋。经过几天的观察和思考，这位英国工程师只好把这个工程交给了日本和德国的一些承包人来完成，结果他们都以失败而告终。

其实中国早在1887年就已成立了自己的铁路公司。但是当时执政的清政府对自己的技术人员不信任，总是把修铁路的大权交给外国人。

对滦河大桥束手无策的英国工程师金达找到了中国铁路公司的工程师詹天佑，他一脸愁苦地对詹天佑说：

"詹先生，这个滦河工程看来我们老外是拿不下来了，你看你们中国人是不是有新的办法。如果能行的话我就把这个工程交给你了。"

詹天佑在看完金达的设计图纸后说：

"如果你的设计方案能改动的话，这个工程我会很快完成的。"

着急的金达看见詹天佑已经同意承接这个工程，高兴得连忙答道："可以，可以。"

詹天佑经过反复的研究和考察，发现滦河的建桥地点选得不是地方，因为这一带滦河的土质有问题。詹天佑改变了建桥地点，并大胆地采用了压汽沉箱的办法，让中国的潜水员下河操作，终于成功地打下了桥桩。就这样滦河大桥在詹天佑的指挥下建成了，那些外国工程师都目瞪口呆，不得不对中国工程师另眼相看。

詹天佑1861年生于广东南海，童年在私塾读书。旧时的孩子上学主要的课本就是四书和五经一类的古书，詹天佑自小并不喜欢这些东西，他喜欢的是用泥土做各种各样的玩具，并常常和小伙伴们到附近的一些工厂里去拾小螺帽，詹天佑因此收集了各种各样和不同型号的螺帽。

十一岁那一年，詹天佑来到了香港，并考取了技艺学校，他在技艺学校刚上了一年的学，就碰上了清政府在上海设出洋局，政府需要招收一批儿童到美国留学。詹天佑的父亲听说这件事以后，便去替儿子报了名，就这样詹天佑在香港参加了考试，并顺利地通过了考试。

1872年7月，十二岁的詹天佑作为中国第一批留美官费生前往美国去读书，在那里他先后读完了小学、中学并以良好的成绩考取了著名的耶鲁大学。在耶鲁大学里他攻读了土木工程和铁路工程专业，并于 1881 年以优异成绩学成回国，那一年他只有 20 岁。

当时中国守旧派官僚们对于铁路修建事宜既恐惧又反感，认为是"破坏风水、冲动地脉、让我们的祖宗在地下不得安宁"。这一来就使得学业刚结束的詹天佑英雄无用武之地。詹天佑只好改行到福建水师学堂学习驾驶海船，然后分配到福建水师"扬威"号旗舰上去担任驾驶官。

1884 年，中法战争爆发，詹天佑驾驶的"扬威"号参加了战斗，因为"扬威"号的指挥官张成半路逃跑，詹天佑主动担任了指挥官，并将敌人的旗舰狠狠地教训了一顿。

几年后，随着中国铁路公司在天津成立，詹天佑才得以旧梦初圆。滦河工程的建成不仅为中国人争了光，同时也为詹天佑以后的工作打下了一定的基础。

在这之后，中国决定修建北京到张家口的铁路，因为铁路所经之地是我国的经济和军事重地，所以英国和俄国都争着要修这一条铁路。后来双方争执不下，就对当时执政的清政府表态：

"这条铁路除非由中国人自己来修，我们就不过问此事了。"

清政府于是决定自己来修建这条铁路。1903 年，清政府终于起用了中国自己的铁路工程师詹天佑来修建京张铁路。外国人听到这个消息以后，都大为惊讶，他们认为按中国人的实力再过 50 年也完成不了这个工程。以至于詹天佑在给自己美国的一位老师写信的时候说："如果京张铁路工程失败了，它不仅是我一个人的不幸，同时它也会给中国人民带来巨大的损失，我想我会用我所有的精力和时间来完成这一工程，这也是我坚持担当这一工程的一个重大原因。"

从北京到张家口的铁路全长二百公里，这条铁路不仅要经过崇山峻岭的燕山山脉，同时还得穿过号称天险的居庸关、青龙桥、八达岭一段，这些困难没有把詹天佑吓倒，他决定用穿山洞打隧道的办法，穿过燕山山脉。京张铁路仅在燕山山脉就打了四条隧道，最长的隧道有 1091 米。

打隧道虽然是一个解决火车如何穿过燕山山脉的一个方法，但是这个方法对贫穷的中国来说有些难处，因为这样一来，消耗的资金不仅很多，同时还占用过多的劳力。经过反复的研究和探讨以后，詹天佑在修建居庸关、青龙桥、八达岭一段时便采取了"人"字形的方法铺铁轨，让火车用两个大马力的火车头前拉后推，然后到交又点以后再调换方向。这样循环交替，结果火车就能平平稳稳地上山了。后来人们为了纪念詹天佑的伟大壮举，在青龙桥车站为他立了铜像。

1909 年 8 月 11 日，京张铁路终于完工通车了，并且比原计划提前两年完成。詹天佑的方法为国家节余了 28 万两银子。这条铁路的修建成功也使得外国人交口称赞。接着詹天佑又担任了川汉粤川铁路总工程师，并都圆满地完成了任务。詹天佑为中国铁路事业作出了巨大贡献。

李 四 光

1889 年 10 月 26 日，李四光出生于湖北省黄冈县一个贫苦的农民家庭。父亲是一个教书先生，收入微薄，不得不在教书之余种些田地。他为人耿直，乐于助人，他的这种性格给了李四光有益的影响。

李四光的母亲是父亲的后妻，粗通文墨。从四五岁起，李四光就跟着母亲打柴、推磨、担水，从小就养成了吃苦耐劳的习惯。1895 年，中日甲午战争以中国失败而告终，6 岁的李四光就立下了发奋学习为国争光的志向。小学时期，李四光读书勤奋，肯动脑筋，学习成绩一直名列前茅。

1904 年，求知心切的李四光便向父母提出去武昌求学的要求。

1904 年 7 月，李四光以优异成绩被选送到日本留学，先在弘文学院普通班学习，后入大阪高等工业学校船用机械专科学习。

1910 年 7 月，李四光学成归国，但在战火连绵的旧中国，他难以找到施展才华的机会，于是愤闷之余，李四光决定再次出国，到英国留学。

1917 年，李四光获得学士学位。一年后，即 1918 年 5 月，李四光凭借《中国之地质》的长篇论文获得自然科学硕士学位。

1920 年 5 月，李四光婉言谢绝了恩师的挽留和一家印度矿山公司的高薪聘请，毅然回到了祖国，就任北京大学地质系教授。

1931 年和 1932 年的夏天，李四光两次到庐山考察，又发现了一

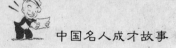

些冰川 U 形谷和冰川泥砾堆积物。他将野外资料分析整理后，提出庐山在第四纪地质时期，至少经过两次冰期。中国第四纪冰川主要是山谷冰。1936 年 8 月，李四光又带着助手第四次赴庐山考察，获得大量证据：在白石嘴发现了第四纪冰川的确凿证据——冰溜条痕石。1937 年李四光将在庐山考察所得写成专著《冰期之庐山》，为我国第四纪冰川地质的研究打开了大门。

另外，在研究地壳的起源问题时，李四光不畏国外权威的说教，终于以几十年艰苦的探索研究，创立了一门新学说——地质力学，从而使李四光成为我国地质学家以创造性思想登上国际地质论坛的第一人。

1952 年，地质部成立，李四光被任命为部长。从此，李四光便开始为新中国地质事业忘我地工作了。

毛主席、周总理等中央同志就石油远景问题询问李四光时，李四光肯定地说："找油的关键不在于'陆相'、'海相'，而在于有没有生油和储油的条件。我国有大面积的沉降带，都有良好的储油条件，肯定能找到石油。"

国家按照李四光的理论，立即开展寻找石油大会战。终于在东北、华北、中原一带发现了储量丰富的石油。

地震能不能预报？这是地质力学理论面临的又一个严峻问题。

1966 年，河北邢台地区发生了强烈地震，给国家和人民造成重大的损失。周总理多次召集科学家商讨对策。李四光认为地震和任何事物一样，不是偶然的，也是有一个过程的，并且是可以预报的。从此以后，他便投入了探索地震预测的工作。

李四光是我国卓越的自然科学家，世界当代最杰出的地质学家之一。他打开了中国第四纪冰川地质研究的大门，创立了地质力学。他把毕生的精力都献给了祖国和人民，他的精神永远鼓舞着中国人民。

茅以升

世上有谁没见过桥呢？从家乡潺潺流过的小河上的石板桥、木板桥，到跨越大江大河的钢铁大桥；从红军飞跃大渡河的铁索桥，到黄浦江上的钢索斜拉桥；从崇山峻岭中跨越深涧的铁路桥，到繁华闹市的公路立交桥……可以说，路长必有桥，桥是道路的咽喉。

可是，朋友，你知道怎样建桥吗？过桥很容易，但建桥就不那么容易了，这是一门大学问。每当我们轻松地越桥而过时，不能忘记建桥的人。尤其是不能忘记我国现代建桥史上最著名的科学家——茅以升。

人之初

长江，这条世界第三大河，从遥远的青藏高原雪山脚下流出，到达江苏省镇江市，已走过了万里征程，从涓涓细流，变成了大浪排空、水天相连的巨川大河了。

1896年1月9日（农历乙未年十一月二十五日），就在这江边重镇镇江市的一个读书世家，诞生了一个男孩。欣喜中，祖父茅谦给孩子取名"以升"。这是为了寄托他在那动乱年代向往"国家升平"的美好愿望。有谁能够想到，就是这个男孩，竟是60年后，在万里长江之上飞架第一桥的主要设计者之一呢？

茅以升诞生的这年10月，全家迁往南京。在这里，他度过了自己的幼年、少年时代。

茅以升自幼聪慧好学，凡事喜欢刨根问底，具有极大的好奇心。他常常一人独坐院中观察蚂蚁搬家，常常遥望天空静静思索：月亮为什么有圆有缺？太阳为什么会东升西落？大自然的奥秘，总是搅得他心神不宁，驱使他去寻找答案。

7岁那年的元宵节，他和大人一起上街看花灯。好漂亮的花灯啊！五光十色，挂满了大街两旁。他笑着，走着，看着，心里别提多高兴了。忽然，他两眼直直盯住一盏灯，再也不走了。这是一盏走马灯，透过灯内的烛光，他看见画在灯笼四壁上的人呀、马呀不停地旋转着。

"太奇怪了！为什么别的灯不转，这个灯却自个儿转个不停呢？"他百思不解，定要买一个瞧瞧。爸爸满足了他。他拿着灯看啊想啊，还做了个比较：放两个蜡烛，比放一个转得更快，吹灭蜡烛，灯也就不转了。他终于初步搞清了点燃的蜡烛和走马灯旋转的关系。茅以升的这种好奇心，陪伴了他一生，成为无休止探求大自然奥秘的动力。

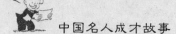

他9岁那年的端午节，发生在秦淮河上的一件事，影响了他的一生。按习惯，这一天要吃粽子，划龙船。秦淮河上也举行了划龙船比赛。有成千上万的人站在河两岸及桥上观看，大家兴奋异常，助威呐喊，充满了欢乐的气氛。突然，不幸的事情发生了！河上的文德桥轰隆一声栏断桥塌，许多人掉进河里淹死了，其中还有他的小伙伴。

这消息使他难受极了，久久站在文德桥旁，心想：我长大了，一定要造桥，一定要造更结实、永远不垮的桥！

坚实的基础

茅以升7岁入小学，10岁即以优秀的成绩考上了当时在全国知名的"江南商业学堂"。学校开的课程，对一个10岁的孩子，是很深很难的。但是凭着奋斗的精神，他却成为学校的佼佼者。数学、物理是他的拿手好戏，历史、地理更不在话下。他对古文、古诗、书法也有浓厚的兴趣。夏天的南京，是个大火炉，他却能在屋里背古诗，练书法，一呆就是半天。一个暑假过去，上百首古诗、十数篇古文即可出口背诵。

茅以升的英文、法文进步极快，时间不长就可读外文书籍了。《鲁滨孙漂流记》、《孤星血泪》等成了他的常读之书。

他特别喜欢做各种实验，把这当成最大的乐趣。他还经常把坏了的钟表、留声机打开看个究竟，并把它修理好。在他看来，每做成一件事，就多知道了一个奥秘。

茅以升的奋斗精神，还表现在对体育的爱好上。在常人看来，酷爱读书的人，都是书呆子。用这个眼光来看茅以升可就错了。在足球场上，这个小个子像游鱼一样穿插奔跑，总能找到机会破门得分；在骑马场上，他又是一个技术不错的骑手。他还在那时养成了洗冷水澡的习惯。这个习惯，一直坚持到晚年。他认为体育活动是构成男子汉性格的重要组成部分。

茅以升成长的年代，祖国正处于灾难深重之中。甲午海战（1894年），小国日本打败了泱泱大清帝国；本世纪初（1900年），八国联军的铁骑又踏遍了北京城。腐败的清王朝，成了帝国主义的帮凶。但是中国人民的反抗也从来没有停止过。继义和团之后，民主革命的伟大先行者孙中山，成立同盟会，提出革命纲领，在全国各地发动武装起义。

茅以升深受影响，幼小心灵已深深播下救国救民的种子，萌发出强烈的反抗精神。在纪念秋瑾、徐锡麟两位民主革命志士遇害的集会上，他慷慨陈词，泣不成声；在慈禧太后、光绪皇帝"驾崩"举行"国哀"之时，他和伙伴们学鸡叫，学狼嚎，大闹祭堂，并在此后毅然剪掉了脑后的长辫子。少年时的奋斗，给他打下品德、身体、学识的牢固基础。

苦 学

15岁那年，茅以升抱着"以詹天佑为榜样，为中国人争气，造一流大桥"的志向，考入当时有名的工科大学——唐山路矿学堂。入学仅三个月，伟大的辛亥革命爆发了，两千年的帝制被推翻，茅以升在高兴激动之余，打算弃笔从戎当一名革命军人，但母亲劝阻了他。特别是孙中山到路矿学堂对师生的一次演讲，又使茅以升安下心来读书。孙中山先生认为：国民革命需要举行起义建立民众政权，也需要学习世界先进科学技术。并说：同学们学习采矿、筑路、造桥，也是为了革命。孙先生的话，成为他奋发学习的不竭动力源泉。

那时，学校讲课，全用英语，没有正式课本，讲一节课，就要看10多本参考书，还要自己整理笔记。不少同学在困难面前毫无办法，而茅以升却有条不紊。5年时间，共整理出工整的笔记200余本，约900万字。摞起来，足以高过屋顶。这样多的字，就是每天抄4000个字，也要抄7年啊！1916年茅以升以破格的120分最高成绩毕业，紧接着以考试第一名的资格，成为当年清华学堂（即清华大学）招收的10名留美研究生之一。这年他仅20岁。

他进入美国康奈尔大学时，校方怀疑这个小个子中国青年，要他重新考试。令他们惊异的是他当场考核的结果，比最优秀的美国学生还好。使人更惊异的是仅仅一年，他就取得了硕士学位。以至校长发毕业证书时当场宣布："以后唐山路矿学堂来读研究生的一律免试！"紧接着，他又投入了极度紧张的实习。在某桥梁公司，他先绘图，搞设计，后在工厂做工。金工、木工、油漆工，造桥的全部工种技艺，他都装在心里。同时他又报考了加理基工学院夜大学。

仅仅两年，他不但完成了实习，还写出了具有世界水平的论文《框架结构的次应力》，成为加理基历史上第一位博士生。在美3年，他以超人的奋斗精神，完成了常人需要六七年才能完成的学业。

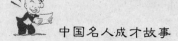

1920 年 1 月 5 日，24 岁的茅以升学成博士回国。

丰　碑

1933 年 3 月，正在天津北洋大学教书的茅以升，忽然接到担任浙赣铁路局长的老同学的一封信，告知他"浙赣铁路已由杭州通至玉山，一两年后即可通至南昌。钱塘江一水，将浙省分成东西，铁路公路无法贯通。兴建钱塘江大桥，时机已成熟，拟将此重任，寄诸足下，务望即日来杭，面商一切。"

见到此信，茅以升兴奋得彻夜难眠！这是他回国后苦苦等了十几年的事啊！近代以来，在中国的大地上，尚少有中国人自己设计建造的大桥。外国人曾断言：中国人自己造不了现代化大桥。在历史上曾是世界造桥技术最发达的中国，怎不为此感到耻辱！茅以升想：洗刷耻辱打破偏见，在此一举！一座现代化大桥，一般由三个主要部分组成：桥梁、桥墩、桥基。

桥梁，是桥最显眼的部分，人来车往均从桥梁上面通过。桥梁的设计建造关键，是要符合力学原理，能经受住火车、汽车等重物通过而不会断裂，跨度越大，要求越高。桥墩，是用来支承桥梁的，它把来自桥梁的压力传给下面的桥基。桥基，深深埋在河水下的泥沙之中，人们是看不见它的。然而，它却是建桥的关键。它承受着大桥自身和人马车辆的重量，稍不稳固，上面的桥墩、桥梁，不是歪，就是裂。因此，桥基不能建在河底的泥沙上，必须穿透厚厚的泥沙，牢牢建在泥沙底部的岩石之上。如果从河底岩石算起，桥的高度，往往比我们实际所能看到的桥的高度要高得多。

在钱塘江上建桥困难非常大。因为这里地处世界有名的钱塘江大潮所在地，再加上常遇台风，所以风浪特别大。另外江底泥沙层深达 40 多米。茅以升带领全体科技人员和工人，依靠科学技术和大家的智慧，战胜了一个又一个困难，把工程推向前进。

江底泥沙太厚，必须穿过泥沙打 30 米深的桩，以达到把压力最终传到江底岩石上的目的。打桩谈何容易！劲小了不进；劲大了断桩。一天只打进三根，照这个速度，全桥 1500 个桩，就要打一年半！这决不行。茅以升想出了"射水法"，用高压水猛冲打桩的地点，不长时间，就把泥沙层层剥离，形成一个深深的洞穴，再把桩子放进去打，工效一下提高 10 倍。当把在岸上做好的沉箱浮在水面拖向墩址时，遇到了更大的困难。江面风大浪高，沉箱像一匹脱缰的野马，一会儿被冲到上游，一会儿又被荡到下游，挣断了铁链，撞坏了码头。整整4个月，也没使一个沉箱就位。茅以升又带领大家出主意想办法，研究大风和海潮的规律，找出定位失败的原因。他们终于想出了在涨潮时浮运，落潮时就位，然后用10吨重的大混凝土锚代替3吨重的铁锚定位，解决了这个难题。

在建桥总体施工组织中，茅以升创造了基础、桥墩、钢梁三大工程上下并进、一气呵成的方案，使工程进度大大加快。

经过两年多的艰苦奋战，钱塘江大桥终于在抗日战争的隆隆炮火中建成了！茅以升创造了两个之最：工期最短——两年半，费用最低——160万美元。钱塘江大桥达到了当时的世界水平，超过了所有外国人在中国建成的大桥。

新中国成立不久的1955年，党和政府又把建设武汉长江大桥技术顾问委员会主任的重担压在他身上。这个在长江边上长大的专家，那时已是60岁的老人了。

长江，无论从宽度、深度、水量、流速，都远非钱塘江可比，建桥的难度也远远超过以往中国建的任何一座大桥。中国当时所有大河上都已建了大桥，唯独剩下这道"天堑"，还阻碍着南北的交通。长江上建桥，最困难的，仍然是水下基础工程。原来所有的方法，在这里都不能用。必须寻找新的方法。这个方法，被充满智慧和创造精神的茅以升找到了。他提出用"大型管柱钻孔法建大桥基础"。这方法是"在每个桥墩墩址，用30多根直径1.5米的大型空心水泥管，穿过江底泥沙直触岩层，再从管内放入钻机，在岩石上钻孔，使管柱深深插入岩石；然后在管内注满钢筋混凝土，将管柱与岩石紧密联成一体；最后，把这30多根管柱联在一起，围成一个更大的圆柱体，这就形成了一个坚不可摧的牢固基础，好像从江底岩石上长出一个擎天大柱，把大桥稳稳托起。这一技术，获得了巨大成功。其它十几个关键性技术难题，也都一一得到解决。仅两年时间，万里长江第一桥正式通车！武汉大桥建造成功，标志着我国建桥技术跨入了世界先进行列。

钱塘江大桥、武汉长江大桥，是茅以升的两座丰碑，也是中国现代建桥史上的两个里程碑。

良师益友

茅以升不仅是建造过许多桥梁的工程专家，还是一个培养过无

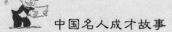

数人才的优秀教育家。他在这方面的贡献，甚至超过了他亲自造桥的贡献。他把中国造桥的优秀传统与世界最先进的造桥技术融于一体，形成了自己的独特理论体系，以此为据，他培养了一批又一批的中国桥梁专家。他的学生遍天下。在中国现代建桥史上的影响，他无疑处于首位，"一代桥梁大师"他当之无愧。

他的教育方法独树一帜，在课堂上，他叫学生问老师，谁的问题提得深，给的分就高。一次某学生问他"应力与应变谁先谁后？"他当场给了这个学生 100 分，同学们都很惊讶和兴奋。凡他教的学生，主动学习，探讨问题，蔚然成风。

他特别重视在实际中学习。按一般方法，是先学再实践，"学而时习之"。他却强调"习而时学之"，先在实际中锻炼，再进一步学理论。他比喻说："哪个人是从书本上学会游泳的？都是先跳进水里，边学边看边想，慢慢学会的。但理论也重要，没有理论指导，游泳也难以提高成绩，打破纪录。"他总结的"博闻强记，多思多问，勤于实践，勇于创新"十六字诀，是学习的好方法。"博闻强记"还有个故事：一次校庆联欢，要他出节目，他没唱歌没跳舞，却一口气把圆周率 π 的数值背到小数点后第 100 位，这个节目引起了师生的热烈欢迎和敬佩。

茅以升一生写过大量关于桥的著作：《桥话》、《二十四桥》、《名桥谈往》、《人间彩虹》这些书，资料丰富，生动有趣，通俗易懂，产生了巨大影响。他有无数的青少年朋友，许多人因此而成了"小桥迷"，最终走上了造桥之路。

晚　霞

茅以升以热爱中国、振兴中华的精神和大无畏的奋斗精神，走过了他漫漫的人生之路。他曾在回忆录中写到："人生一征途耳，其长百年，我已走过十之七八。回首前尘历历在目。崎岖多于平坦，忽深谷，忽洪涛，幸赖桥梁以渡。桥何名欤？曰：奋斗！尤为令人敬佩的，是他在 90 高龄时，加入了中国共产党。这无疑向世人宣告，他的最终奋斗目标，是要实现人类最壮丽的事业——共产主义。

1989 年 11 月 12 日，茅以升在北京逝世，终年 94 岁。

竺可桢

竺可桢，著名科学家，中国现代气象学的开拓者。一生发表了近 300 篇论著，写了 800 万字极有价值的日记。在台风、季风、中国区域气候、物候学、气候变迁等众多领域都取得了重大成果，堪称气象学的一代宗师。

竺可桢于 1890 年 3 月 7 日出生于浙江绍兴东关镇。小时候的竺可桢受到了良好的家庭教育。1910 年，竺可桢以优异的成绩取得了赴美留学的资格。在选择专业时，他考虑到农业的重要性，选择在伊利诺斯州立大学农学院学习农业。

在学习过程中，他觉得气象学对农业的发展影响极大，而在当时的中国，气象学还是空白，因此在农学院毕业以后，他又来到哈佛大学专攻气象学。

竺可桢在美国期间，学习非常刻苦，同时十分关心祖国的情况。报刊上有关祖国的报道，他都认真阅读，并将气象和自然灾害方面的内容一一记录下来。当他看到台风、干旱和雨涝不断给祖国人民带来巨大损失时，他感到非常难过，同时感到自己肩负的责任十分重大。他决心以中国的雨量和风暴作为自己的研究专题，认真收集和整理相关的资料，并进行深入的分析和思考。1916 年，他发表了自己的第一篇气象学论文：《中国之雨量及风暴说》。1918 年，竺可桢又以《台风中心的若干新事实》的论文，获得哈佛大学的博士学位。

获得博士学位以后，竺可桢满怀希望回到了祖国。然而迎接他的却是军阀混战的衰败局面，气象事业几乎为零。面对困难，竺可桢并不气馁。1921 年，他在东南大学任教，带领学生在校园东南角建立了中国的第一个气象站。随后，他又以不畏艰难的闯劲，在全国各地建立了四十多个气象站和一百多个雨量观测点，组建起粗具规模的气象观测网，奠定了我国现代气象事业的基础。

1925 年，竺可桢担任了全国气象研究所所长。当时的气象研究

49

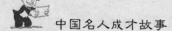

中国名人成才故事

所设在南京市的北极阁，条件非常简陋。竺可桢来到这里后，亲自动手修建了一座气象台。不论严寒酷暑、刮风下雨，他始终坚持在第一线进行实地观测，并进行数据记录。

此外，竺可桢还一百六十多次放飞高空气球进行观测，终于掌握了南京地区天气的一些规律，写出了《南京三千米高空之风向与天气预测》的论文。

竺可桢还十分注意物候的观察和研究。在长期观察中，他发现南京的桃李开花在3月31日左右，而北京的桃李要到4月19日才露出花瓣，南北相差近20天，但是到了5月下旬以后，南京和北京的物候现象相差就没有几天了。这是什么原因呢？竺可桢从气候上进行了分析。他认为中国是典型的大陆型气候，冬末春初，南北温差相当大，而初夏后南北温差比较小。例如：南京和北京，3月份温差达到4摄氏度，而到了5月份，就几乎没有明显差别了。

后来，竺可桢将他几十年对物候现象的观察和研究结果写成了一本专著《物候学》，这也是对我国气象学的一大贡献。竺可桢不仅为我们留下了大量的科学著作和论文，还留下了800万字的日记，从1936年到1974年2月6日，共计38年37天，几乎一天也未间断，而1936年以前的日记则在搬家过程中散落了。竺可桢的日记，内容极其丰富，文采亦很好。很多日记，只要稍加整理便是一篇精彩的科技文章。

竺可桢有一个习惯，就是随身携带两件宝：气温表和高度表。每到一处，就利用这两件宝贝进行观测，并用笔和本子记下来，这成了他日记的重要内容。他那几十年如一日的严谨治学精神，是许多人所缺乏的，也是我们需要学习的。

1974年2月6日，身患重病的竺可桢躺在了床上。当他从昏迷中醒来时，正听到收音机里广播北京地区天气预报，他用颤抖的手在日记本上写下了人生的最后一篇日记："气温，最高零下1摄氏度，最低零下7摄氏度。东风一至二级。晴转多云……"

华罗庚

　　华罗庚 1910 年出生在江苏省金坛县，他的父亲开了一个小杂货店，生意并不好，一家人艰难度日，勉强供华罗庚上学读书。华罗庚自幼酷爱数学，他在金坛中学上学时，遇上了一位独具慧眼的数学教师王维克，王老师发现了华罗庚很有数学天赋，于是对他格外精心培养，他借给华罗庚很多的数学书籍，课余还经常对他单独辅导，使华罗庚在数学上进步很大。

　　1925 年华罗庚中学毕业后，由于父亲无力供他上大学，就考取了上海中华职业学校，他的父亲千方百计地凑了点钱把华罗庚送到了学校，但是华罗庚并不能适应这里的教育，有一天上课时一位老师将刚刚看完的作业放在讲课桌上，就声色俱厉地喊道：

　　"华罗庚！这么简单的题你为什么没做对？"

　　华罗庚看着满脸怒气的老师站起来说："老师，我没有做错题，我这样做是有理由的。"

　　"还有理由？"老师更来气了，冲他摆摆手说："那你上来给我讲讲。"

　　于是华罗庚走上了讲台，他拿起粉笔不假思索地将自己独特的解题方法写在了黑板上，然后又转过身对着同学们讲了讲他的解题思路，他讲完后同学们都小声嚷起来："他做的没有错。他的方法很好，一定是老师看错了。"

　　满脸怒气的老师一时下不了台，他很恼火地看着华罗庚，随便找了个理由将他训了一刻多钟，这让华罗庚对学校的教育十分不满。再加上后来家里经济困难，没有钱交学费，于是上了一年学后华罗庚就退学了，连毕业证都没拿到。华罗庚回到家里后就帮助照料店里的生意。

　　虽然不再上学了，华罗庚依然没有停止对数学的钻研。他经常站在柜台边，一边卖东西算账，一边翻看着数学书，不时还演算起来，有时遇到难题，不分白天黑夜地进行钻研。由于他经常心不在

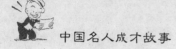

焉，小店的生意越来越差。一次，一位顾客来买毛巾，问道：多少钱一条？

"26867。"华罗庚看也不看随口就把刚才演出的一个得数说了出来。

顾客一听莫名其妙，扭头就走了。

在一旁的父亲看在眼里，火冒三丈，抢过来就要把华罗庚手中的数学书和演算题的纸给烧掉。他认为儿子是让这些东西给弄傻了。

华罗庚18岁的时候，由于生活艰难和饮食不良，他不幸染上了流行的伤寒病，虽然后来在家人的精心照料下活了下来，可是他的左腿关节变形，再也无法像正常人一样走路。认识他的人看到他一瘸一拐地走在路上，都不禁为他的遭遇叹息。可是华罗庚却十分坚定地想：既然不能干别的工作，那么我还是钻研数学吧，这一行不需要什么设备，只要有一支笔，一张纸就够了。

此后华罗庚全身心地投入了数学，他节衣缩食省钱订份《科学》杂志，又买了很多的数学书籍，坚持学数学，同时他开始写一些有关数学的文章，投到杂志上。尽管刚开始有很多文章退了回来，但他没有灰心，依然继续写着。1930年他在上海《科学》杂志发表了一篇论文，论文中对一位数学教授的理论进行了质疑，当时清华大学数学系主任熊庆来看到这篇文章，大加赞赏，当他得知这篇文章出自一位年仅19岁的失学青年时，震惊不已地说："这个年轻人不简单，应该请他到清华来。"

1931年，华罗庚在熊庆来的安排下到了清华，在数学系当了一名助理员。他平时的工作只是整理图书，收发文件。这样就有了更多的时间去听课和学习数学。在熊庆来的悉心指导下，华罗庚进步很快，他在努力工作的同时，拼命地学习，只用一年半就攻下了数学系的全部课程，还自学了英语、德语、法语。他寄出了3篇论文，都在国外的杂志上发表了。在当时，大学的教授都很难在国际的杂志上发表论文，于是清华大学决定聘请华罗庚做教师，就这样，一个年仅24岁，只有初中毕业文凭的人，进入了清华大学教师行列。

后来，在熊庆来的帮助下，华罗庚获得到英国剑桥大学进修的机会。他在那里刻苦学习，在博采世界诸家成果的同时，他一连写出了18篇论文，提出了自己的观点。华罗庚的论文在当时数学领域一些悬而未决的难题上连连取得了突破，使当时世界级的数学权威们都赞叹不已。

1950年，华罗庚回国后被聘为清华大学的教授，虽然工作生活条件十分艰苦：一家7口人挤在两间小旧房子里。但是他还是在昏暗的小油灯下，先后写出20多篇数学论文，还完成了他的一系列学术著作。

回顾自己的成长历程，华罗庚写下这样的几句话：埋头苦干是第一，熟练生出百巧来。勤能补拙是良训，一分辛苦一分才。这也可以看做是他从一个初中毕业生到饮誉世界的数学大师的成长秘诀吧。

钱 学 森

钱学森，当代中国著名的物理学家、力学家、火箭专家。1991年被国家科委评为"国家杰出贡献科学家"，受到了党和国家的最高表彰。

钱学森是浙江杭州人。1934年毕业于上海交通大学铁路机械工程专业。1935~1938年在美国麻省理工学院和加州理工学院航空工程系学习。1938年获加州理工学院航空工程博士学位。

1947年，钱学森回国，与我国著名军事战略家、教育家蒋百里的第三个女儿蒋英女士完婚。婚后夫妇二人同赴美国。钱学森先后在麻省理工学院和加州理工学院航空系任教授，兼任加州理工学院喷气推进中心哥达特客座教授。

1950年2月，美国参议员麦卡锡在参议院提出了臭名昭著的"麦卡锡法案"，企图在全美煽起一股反共的"十字军运动"。此时正值朝鲜战争的激战时刻，为配合战场上的斗争，美国国内经常发生对大学和政府机构工作人员进行审查和威胁的事件。反共"十字军"运动也波及加州理工学院，该院马列主义小组书记威因鲍姆被捕。由于钱学森与威因鲍姆私交不错，因此也受到美国联邦调查局的"审查"。更令钱学森不满的是，1950年7月，美国政府取消了他参加美国军方秘密研究的资格，并指控他是美国共产党员，还犯

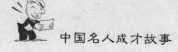

有非法入境罪等莫须有的罪名。钱学森再也无法忍受这种污辱，决定返回祖国。

做好必要的准备之后，钱学森马上去晋见主管他研究项目的美国海军部官员金布尔将军。他开诚布公地说道："我要辞职，准备回国探亲。"金布尔听后大为震惊，一方面好言好语地进行挽留，一方面又做好了其他"必要的准备"。他对海军部的另一位官员说："我宁可把他枪毙，也不能让他离开美国！"他认为钱学森知道的美军机密太多了，绝不能让他回到中国。金布尔马上将这件事通知了移民局。

钱学森做好了回国的准备工作，买好了从加拿大飞往香港的机票，并把行李交给搬运公司装运。正当他们全家准备离开美国洛杉矶时，突然接到了美国移民局的通知："不准离开美国！"没办法，钱学森只得又回到了加州理工学院。此时，他家日夜都有人进行监视。1950 年 9 月 6 日，钱学森突然以莫须有的罪名被捕，拘留在看守所。在此期间，钱学森受到了非人的待遇，15 天内体重减轻了 30 磅。后来他的老师冯·卡门和其他一些朋友募集了 1.5 万美元才把他保释出来。虽然走出了看守所，钱学森仍然没有获得正当的人身权利，移民局不允许他随便离开住宅，还定期或不定期地查问他。

钱学森后来回忆说："在回国前的那几年，我和蒋英时刻备有三只轻便箱子，装上必要的行李，随时准备回国。我们那时租的房子每次只签一年的合同，五年内我们一共搬了五次家。"

钱学森要求回国的正义斗争，得到了党和政府的高度重视和热情支持。周总理曾多次做出重要指示，一定要让钱学森平安回到祖国。1955 年 8 月 1 日，王炳南大使在日内瓦中美大使级会谈时特别同美方提出了钱学森回国的问题。经过多次交涉，正义的斗争终于取得了胜利，美方最后被迫同意钱学森回国。

1955 年 9 月 17 日，钱学森和夫人蒋英带着一对儿女乘坐美国"克利夫兰总统号"邮轮离开美国，回到了阔别多年、朝思暮想的祖国。

回国后的钱学森将他的全部爱国热情和杰出才能都倾注在了我国的国防建设上，为我国国防事业的发展做出了不可磨灭的贡献。1991 年，党和政府授予他"国家杰出贡献科学家"的荣誉称号。这是党和国家对他个人贡献的最高肯定。他获得这一殊荣也是当之无愧的。

钱伟长

钱伟长，中国著名物理学家，中科院院士，在力学研究上成果显著。

1912 年 9 月，钱伟长出生于江苏省太湖岸边的一个小村庄。父亲是一名小学教员。母亲是一个善良而又勤劳的农村妇女，整天靠挑花、糊火柴盒、养蚕来挣取微薄的收入补贴家用。

钱伟长家有兄妹六人，家庭经济负担很重，很不富裕。钱伟长小时候经常和小伙伴们到处玩耍，启蒙教育并不很好，直到 9 岁时，他才有机会上学。在学校，他刻苦学习，放学后还得帮母亲挑花，挣一点上学费用。

15 岁那年，父亲在贫病交加中去世了，这对于这个贫困的家庭来说更是雪上加霜，钱伟长只得弃学在家帮助母亲挑起家庭的重担。但他的一位叔父觉得他很聪明，就这样辍学在家务农太可惜了，于是资助他上了苏州高级中学。

苏州高级中学是省内很有名气的一所省立学校，课程比较全面、数学水平高。在这里，钱伟长第一次接触到了几何、代数、物理、化学和外语。由于以前根本没学过，因此最初钱伟长对这些新鲜的课程兴趣不大，成绩也不好。但学校的老师对他的要求十分严格。在老师的严格要求和同学的帮助下，钱伟长的数理化成绩在中学毕业时终于及格了。

中学毕业的那年，钱伟长凭借自己在文科方面的才华连续考取五所大学。但最后，他却选择了清华大学的物理系继续深造。

入学时，钱伟长见到了清华大学理学院院长叶企孙和物理系主任吴有训。吴有训先生把他叫到跟前，不解地问道："你的数理化成绩不够好，而文科成绩却很出色，你为什么要弃文学理呢？"

在外人看来，这的确是一件很令人费解的事。但钱伟长自有想法。他礼貌地回答道："我觉得文学对付不了侵略者的洋枪洋炮。中国要富强起来，必须发展自己的科学技术。"停了一会儿，他又接着

55

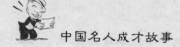

说，"我的数理化成绩虽然不好，但我有决心赶上去。"

吴有训教授理解这个年轻人的心情，轻轻地点了点头，像是同意他的看法，又像是赞许他的决心，然后温和地说："那你就先学一年看看吧，如果一年以后，你的普通物理和微积分还达不到 70 分，再改学文科也还来得及。"

就这样，钱伟长走上了科学技术的道路。

钱伟长懂得自己所面临的处境，他奋起直追，在科学的海洋中奋臂前进。在夜深人静的晚上，或是晨光熹微的清早，在教室的灯光下，或者在校园的路灯旁，人们总能看到这个瘦弱的年轻人的身影。一年之后，他的理科成绩终于赶了上来。

1935 年，钱伟长以优异的成绩领到了清华大学物理系的毕业证书。吴有训教授十分欣赏这个年轻人的志气和毅力，招收他为自己的研究生。1939 年，钱伟长拿到了加拿大多伦多大学的公费留学的通知书。刚到多伦多，他的导师就热情地问他："你在国内是学什么的？做了一些什么工作？"钱伟长如实答道："我是学物理的，现在主要研究板壳的统一理论。"导师一听，非常高兴，连声说道："很好，很好！我也一直在考虑这个问题。我们是不是把研究情况交流一下？"

1943 年，由钱伟长和他的导师共同署名的论文《板壳的内禀统一理论》发表在美国航空力学家冯·卡门的祝寿纪念文集上。29 岁的钱伟长的名字，与世界上很多知名学者（包括爱因斯坦等）的名字一起，同时出现在这本文集上，成为该文集最年轻的一位作者，这篇论文使钱伟长获得了博士学位。1942 年的春天，钱伟长从加拿大来到美国加利福尼亚理工大学，在著名物理学家冯·卡门领导的喷射推进技术研究所工作。在冯·卡门的指导下，钱伟长的科研水平迅速提高。

几年中，他在美国的《应用数学》季刊上连载了 12 篇新论文。国际力学界认为这是把张量分析用于弹性板壳问题上的富有成果的开创性工作。这项工作中所提出的浅壳理论的非线性微分方程组被誉为"钱伟长方程"。这一系列研究成果，奠定了钱伟长在世界力学界的地位。

面对鲜花与掌声，钱伟长并没有陶醉。他无法忘记那片养育了他二十几载的故土，总希望有朝一日回到祖国去。当他把自己的想法告诉冯·卡门时，冯·卡门立刻严肃地回答道："你是知道的，我们喷射推进技术研究所是美国极端保密的军事管制单位，他们能够让你离开吗？另外，从学术上考虑，我本人也不同意你走。"

钱伟长觉得冯·卡门说得很有道理，马上明白了自己应该怎么做。不久，他以"探亲"的名义提出回国申请，终于得到了批准。就这样，他搭乘从洛杉矶开往上海的货船，回到了久别的祖国，担任了清华大学的教授。

新中国成立后，钱伟长的研究工作迎来了春天。1954 年，他的著作《圆薄板大挠度问题》终于问世了。这是国际上第一次成功地利用系统摄动方法处理非线性方程，被公认为是最简捷、最经典、最接近于实际的解法，以致于力学家们把它称为"钱伟长法"。这一著作，使钱伟长荣获 1955 年国家科学奖。

1955 年，钱伟长由清华大学的教务长晋升为副校长，此外，他还担任了全国人大代表等二十多个职务。繁忙的行政工作并没有使他放松科学研究。1956 年，他的论文《弹性柱体的扭转理论》发表。同年，他的另一部科学著作《弹性力学》也出版了。

然而，1957 年，他却被错划为"右派"。"文革"期间，他也受到了迫害。但任何艰难困苦都没有使他放松科研工作，他的论文手稿与日俱增。1979 年是钱伟长扬眉吐气的一年，他多年的汗水终于得到了世人的承认。他连续发表了 15 篇科学论文，创造了 1946 年回国后发表论文的最高记录。

"人生的价值在于奉献，而不在于索取。"钱伟长用他的一生对这句话作了最好的诠释。无论是一帆风顺，还是身处逆境，钱伟长从未考虑过向社会索取，而是在科学征途上默默无闻地为社会、为人类奉献着。

钱 三 强

为什么名叫"三强"

钱三强出生在 1913 年。起初他父亲钱玄同给他起的名字叫钱秉

中国名人成才故事

穹，但为什么以后改名叫钱三强呢？这得从头说起。

钱三强出生在一个书香世家。父亲钱玄同，不满 4 岁就开始天天站在祖父的书桌前认字背书。青年时代，他留学日本早稻田大学学习师范。回国后，先在一些著名的中学任国文教员，后到北京担任北京高等师范学校和北京大学教授，是我国近代著名语言文字学家。他由于接受了章太炎、秋瑾等革命党人的思想影响，竭力主张推翻清朝统治。随后他又与陈独秀、李大钊、严复、胡适等一批有进步思想的教授一起，投入了"新文化"运动，是进步刊物《新青年》的积极支持者和轮流编辑。

在这样的家庭环境中成长起来的钱三强，从小就接受了良好的教育和进步思想的熏陶。为培养钱三强，在他 7 岁时，父亲送他进了由蔡元培、李石曾、沈尹默等北京大学教授们创办的子弟学校——孔德学校（孔德是法国哲学家的姓）。

孔德学校是一所开明的新式学校。学校除抓德、智、体三育外，还强调美育与劳动，对音乐、图画、劳作课也很重视。而且孔德学校师资力量较强、阵容整齐，老师们的水平足以胜任高中教学工作。可以说，钱三强童年时代得到的教育条件，是得天独厚的。

钱三强在这样的环境中，接受老师的教育，通过自己的努力，逐渐成为一个兴趣广泛的学生，对音乐、体育、美术，钱三强都有两下。刚进初中，年方 13 岁，就成了班上"山猫"篮球队的队员，在比赛中，他的拼搏精神和集体意识得到了同学们的一致好评。

一次，一个体质不如钱三强的比较瘦弱的同学给钱三强写信，信中自称"大弱"，而称当时还叫"秉穹"的为"三强"。这封孩子们之间互称绰号的调皮信，恰巧被秉穹的父亲钱玄同看见了。

"你的同学为什么叫你'三强'呀？"钱玄同风趣地问道。

"他叫我'三强'，是因为我排行老三，喜欢运动，身体强壮，故就称我为'三强'。"秉穹认真地回答了父亲的询问。

钱玄同先生一听，连声叫好。他说："我看这个名字起得好，但不能光是身体强壮，'三强'可以解释为立志争取德、智、体都进步。"

在父亲的肯定下，从此，"钱秉穹"就正式改名为"钱三强"了。

重大的转折

1929 年，钱三强在父亲的支持下考入了北京大学理科预科，同时还听本科的课程。吴有训教授的近代物理学、萨本栋教授的电磁学吸引着钱三强。两位学者的博学及严谨的治学精神也深深教育着钱三强。

科学的发展，给变化万千的世界增添了色彩。三强决定学习物理，报考了清华大学物理系，求读在吴有训教授门下。清华大学享誉国内外，培养出一代代优秀学子、国家的栋材。校内充满浓厚的学术空气，教学严谨，学风端正，激励着三强以顽强的精神，刻苦攻读。他以吴有训教授的作风为楷模，吴教授严谨的治学精神与教学方法滋润着三强的心田。

1936 年钱三强以毕业论文 90 分的优异成绩毕业。经吴有训教授的推荐，钱三强大学毕业后，便到北平研究院物理研究所著名的物理学家严济慈所长的手下做一名助理员，从事分子光谱方面的研究工作。钱三强能在这样的高师手下工作，心中感到无比欣慰。

刚刚开始工作，严老师交给他做一些服务性的工作和管理图书。钱三强不因工作的繁杂细小而敷衍了事，而是认真完成老师交给的每项工作，把图书馆管理得井井有序，受到大家称赞。人家照相，他就帮助冲洗、放大，还用照相底版做分析研究工作。渐渐地钱三强能够独立地、熟练地进行照相底片的分析，并掌握了照相技术。

一个周末的下午，同学都离开了实验室，只剩了钱三强一个人留在那里做分子光带分析。从南京开会回来的严老师进了实验室，看钱三强仍在聚经会神地工作，又看了看分析的数据结果，与国外的资料数据大致相同，心中无比高兴。他更加喜欢这位年轻人了。

一天，钱三强正在图书馆查资料，严教授匆匆走来对他说："你会法语吗？"钱三强说："初中学过。""还记得吗？""忘了不少，查查字典能查资料。""那好，我考考你。"严教授说着，便从书架上拿出一本法文杂志："你念一段，再翻译过来。"钱三强按着老师的话去做了。严老师很满意地说："还行嘛。"这时才告诉他："中法教育基金会，要招考公费留学生，你把手中的工作整理一下，用主要精力准备迎接考试吧！"

钱三强万万没有想到会有这个好机会，他从心里感激自己的老师。时间紧迫，10 年没有读的法语，要尽快捡起。钱三强下定决

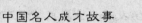

心，要克服困难，认真地准备应考。考试完不久，严老师兴致勃勃地告诉他："你考取了，考得不错。"

钱三强收拾行李，就要离开生他养他的土地，就要离开重病在身的父亲，离开关心他抚育他的老师，他依依不舍。芦沟桥事变爆发，国难当头，又增加了他心头的沉重。他犹豫不决，不忍离开自己的故土。父亲忍着离别的痛苦劝导他："这是一次难得的学习机会，你学的东西会对祖国有用。报效祖国，造福社会，路程远得很哩！男儿立志，不能只顾近忧啊！"

1937年8月的一天，一艘远洋客轮载着钱三强，离开了上海港，驶向了波涛汹涌的大海。

难忘的11年

人的一生有几个11年？然而，钱三强的这11年，是收获巨大的11年，是决定他一生的11年，也是使他难忘的11年。

1937年9月，钱三强在导师严教授的引荐下，来到巴黎大学镭学研究所居里实验室攻读博士学位。该实验室是居里夫人创建的，居里夫人谢世后，由钷的发现者德比爱纳教授任主任。但是实际上是居里夫人的大女儿伊莱纳主持。

伊莱纳·约里奥—居里夫人就是钱三强的导师。伊莱纳像她的慈母居里夫人一样，潜心于科学研究，忘我勤奋，作风严谨，品格高尚，待人谦和、热忱。在这样一个导师的教导下学习，的确是一个难得的好机会。

钱三强的住处距实验室较远。每天，天蒙蒙亮，钱三强就起床，匆匆吃点东西，赶乘地铁，到实验室，一直很晚才回住处。每天坚持十几个小时的工作学习，钱三强并不觉得辛苦与单调，反而感到特别的充实愉快。

钱三强在实验室里主要是做"物理"工作，而放射源是要用化学方法制备的。因此，他很希望兼作"化学"工作。

一天，约里奥—居里夫人问钱三强："钱先生，那位化学师你不是认识吗？如果你回国做放射源，就需要学会'化学'工作，你就去和她学学吧！"

钱三强心里十分高兴，他想导师为我想得多么周到！于是欣然答应了。

化学师葛勤黛夫人是一位有名望的科学技术专家。她放手让钱三强独立做钋的放射源。钱三强一丝不苟仿效着化学师的方法开始工作。化学师每隔一段时间便过来询问指导。接着，又连续让他做了4个放射源样品。做完后，化学师帮助钱三强测完放射源的强度，并告诉钱三强："成了，3个基本一样，1个略微差一点，但在允许误差范围内。"

化学师的评价，对钱三强的工作做了肯定。而他的勤奋与好学，又赢得了化学师和同伴们的信任，同时也使他获得了真诚的合作。这一来就大大拓宽了他的科学研究领域。不久，他写出了30多篇科研论文。

为了使钱三强有更多的学习机会，约里奥—居里夫人又提议，让钱三强到其丈夫约里奥先生主持的法兰西学院的原子核化学研究所学习，并允许他一段时间在这里工作，一段时间到那里工作。

在约里奥先生实验室工作，不仅向先生学到科学技术，还学到他的科学思想、科学道德。这将使钱三强受益终生。

1939年1月的一天，约里奥教授让钱三强看一张照片，原来这是一张用云雾室拍下的铀受中子轰击后产生裂变的碎片的照片。这是当时第一张直接显示裂变现象的照片，是十分珍贵的。

不久，约里奥—居里夫人又邀请钱三强和她合作证明核裂变理论。在两位导师的指导下，钱三强很快完成了博士论文——《α粒子与质子的碰撞》。

1940年钱三强获得了法国国家博士学位。

钱三强是幸运者，能在两位世界第一流科学家的教诲下学习、工作，使他很快进入了科学研究的前沿，还使他亲眼目睹了人类一次伟大的科学发现——核裂变。

1946年春，钱三强与他的同行合作，经过反复实验，终于发现了铀核的三分裂和四分裂。这一发现不仅反映铀核特点，而且使人类能进一步探讨核裂变的普遍性。导师约里奥骄傲地说："这是第二次世界大战后，他的实验室的第一个重要的工作。"为此，1946年底，钱三强荣获法国科学院亨利·德巴微物理学奖。1947年升任法国国家科学研究中心研究导师。

毅然决定回国

11年的勤奋使钱三强获得了最高的奖赏，也赢得了留法中国人中学术水平最高的地位。在这样优越的工作条件与生活条件下，他却要回国。

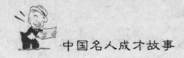

1948 年，钱三强找到中共驻欧洲的负责人刘宁一，提出要求回国的心愿。刘宁一鼓励他，"回国大有作为。"

钱三强也把自己要回国的打算告诉了导师约里奥。听了学生的要求，身为法国共产党员的约里奥满意地说："要是我，也会作出这样的决定。"钱三强又去向约里奥的夫人话别。约里奥—居里夫人语重心长地说："我俩经常讲，要为科学服务，科学要为人民服务，希望你把这两句话带回去吧！"

导师的话，成为他一生的座右铭。

钱三强临行前，两位导师在自己的花园里为钱三强夫妇饯行。

1948 年 5 月钱三强和他的夫人何泽慧，抱着刚半岁的女儿，带着丰硕的科研成果，带着导师的重托和法国同行的深情厚意，离开了巴黎回国。还随身带着一份珍贵的文件，这就是导师给钱三强在法国学习与工作的鉴定。

鉴定是这样写的："钱先生表现出科研人员所具有的特殊素质，在我们共事期间，他的这些素质又进一步得到加强。他已完成了大量的研究工作，其中有些是非常重要的。他心智敏慧，对科学既有满腔热忱，又有首创精神。我们可以毫不夸张地说，在我们实验室实习并在我们领导下工作的同一代科学家中，他是最优秀的。我们曾委托他领导几批研究人员，他用自己的才华出色地完成了这项困难的任务，并受到他的法国和外国学生的爱戴。""我们的国家对于钱先生的才干业已承认，并先后赋予他重任，先是任命他为国家科学研究中心的研究员，接着又聘任他为研究导师。他同时也是法兰西科学奖的获得者。""钱先生还是一位优秀的组织者。他具备了研究组织工作的领导者所特有的精神、科学和技术素质。"

1948 年夏，钱三强带着法国朋友的友谊和祖国人民的殷切期望，回到了阔别了 11 年的祖国，迈上了新的里程。

珍贵的 5 万元美金

1949 年 3 月的一天，钱三强忽然接到一个通知，他要作为代表到巴黎出席保卫世界和平大会。钱三强想：这次去巴黎开会如果能遇到约里奥—居里老师，请她代为订购一些原子核科学研究的仪器设备，以及图书资料该有多好。钱三强抱着试试看的心理，向代表团联系人提出，需要约 20 万美元。4 天后，钱三强接到电话，请他到中南海。

在中南海，等候钱三强的是中央统战部部长李维汉，他热情接待了钱三强，并说："三强，你的想法很好，中央研究过了，决定给予支持。清查了一下国库，还有一部分美金，先拨5万美元供你使用……"听了李部长的话，钱三强心里久久不能平静，他埋怨自己太书生气。战争还没有结束，城市要建设，农村要发展，国家经济困难……哪有那么多外汇呢？

不久，钱三强拿到了为发展原子核科学事业的美元现钞，心中万分激动、兴奋。他深深地晓得这美元是经历了火与血的战乱，是刚刚从潮湿的库洞中取出来的，是来之不易的。

拿着这沉甸甸的美元，钱三强思绪万千，深深感到科学工作任重而道远。

重要的会议

中国科学院近代物理研究所成立后，钱三强先后担任了副所长、所长职务。

1955年1月14日，钱三强和地质学家李四光应周总理召见来到总理办公室。周总理听取了李四光介绍我国铀矿资源的勘探情况，又听取了钱三强介绍原子核科学技术研究状况。周总理全神贯注地听完后，提出了有关问题。最后告诉钱三强和李四光，回去好好准备，明天毛主席和中央其他领导要听取这方面情况，可以带些铀矿和简单的仪器，做现场演示。

第二天，钱三强和李四光来到中南海的一间会议室，里面已经坐着许多熟悉的领导人，有毛主席、刘少奇、周恩来、朱德、陈云、邓小平、彭德怀等。这是一次专门研究发展我国原子能的中共中央书记处扩大会议。

会议开始了，毛主席开宗明义："今天，我们做小学生，就原子能问题，请你们来上课。"

李四光先讲了铀矿资源以及与原子能的关系。钱三强汇报了几个主要国家原子能发展的概况和我国这几年做的工作，并做了演示。大家看着实验，会场十分活跃。主席点上了一支烟，开始做总结：我们的国家，现在已经知道有铀矿，进一步勘探，一定会找到更多的铀矿来。我们也训练了一些人，科学研究也有了一定基础，创造了一定条件。过去几年，其他事情很多，还来不及抓这件事。这件事总是要抓的，现在到时候了，该抓了。只要排上日程，认真抓一下，一定可以搞起来。

会后，大家用饭，毛主席举着酒杯站起来大声说：为我国原子能事业的发展，大家共同干杯。

拿出自己的原子弹

1959 年 6 月 26 日苏共中央来信，拒绝提供原子弹的有关资料及教学模型。8 月 23 日，苏联又单方面终止了两国签定的新技术协定，撤走了全部专家，还讽刺："中国人 20 年也搞不出原子弹，只能守着一堆废钢铁。"

讽刺变成了动力，愤怒化作力量。中国科技工作者没有被吓倒。"自己动手，从头做起，准备用 8 年时间，拿出自己的原子弹"成了中国人民的誓言。钱三强作为原子核物理专家，和无数科学工作者一样，在困难面前没有低头，组织起数万名科学工作者及技术工人，向研制第一颗原子弹进军。

在苏联专家撤走后，周光召在国外召集数十名海外专家、学子，联名请求回国参战。他们归国后先后参与主持了理论的研究与实验研究工作。为了研究一种扩散分离膜，由钱三强领导成立了攻关小组，经过 4 年的努力研究成功，成为继美、苏、法之后第 4 个能制造扩散分离膜的国家。同时成功地研制了我国第一台大型通用计算机，成功地承担了第一颗原子弹内爆分析和计算工作。

在原子弹的整个研制过程中，浸透了钱三强的智慧与心血。他不仅为原子弹的研制做出了贡献，也为我国原子能科学事业的发展呕心沥血，为培养我国原子能科技队伍立下了不朽的功勋。

1964 年 10 月 16 日，我国西部上空一朵蘑菇云升起——我国第一颗原子弹爆炸成功了。

中国人民终于造出了自己的原子弹。

陈景润

在厦门大学刻苦钻研

1956 年，毛泽东向全国知识界科技界提出了一个响亮的口号：

"向科学进军!"

接着,周恩来亲自主持制定了国家科学发展的远景规划。

厦门大学深受鼓舞,根据国家科学发展的远景规划,组织数学系制定自己的科研工作规划,提出在 12 年内赶上或达到国际先进水平。

此时,陈景润是厦门大学数学系的一名资料员。他一边工作,一边研究数学问题。

数学系的领导根据陈景润的科研方向,除了让他在资料室工作外,特地安排他担任"复变函数论"的助教,希望他借此可以得到锻炼。

此时,陈景润才 23 岁。他住在名叫"勤业斋"的教工宿舍。

"勤业斋"是一排矮小的平房,共有 10 来个小房间,住在这里的都是身体比较差或患有慢性病的教工,每人一小间,每间 7 平方米。

"勤业斋"背山面海,周围的环境非常幽静。

陈景润的邻居们常常早起,爬上房后的大山,尽情地享受着自然的美景和清新的空气。到了夏季,他们就结伴去海滨游泳场,泡泡海水,晒晒太阳,显得十分悠闲自在。陈景润却从来不参加这些活动。

当时的陈景润几乎没有作息时间表,不论上班、下班、白天、黑夜、走路、吃饭,他都在不停地构想和思索,尝试用各种可能的方法推演运算,在一张张稿纸上书写、涂改……

陈景润几乎停止了其他一切与数学无关的行动。

为了提高自己的理论水平,陈景润设法找来大量的数学著作,认真地学习着,思考着。

每天晚上,陈景润都会在灯下苦读。他担心夜晚开灯读书太迟,会影响别人的休息,就做了一个巨大的黑色的大灯罩,然后在蒙上了大灯罩的电灯下刻苦攻读数学著作。

由于陈景润做灯罩的手艺不太高明,灯罩做得不端正,又有漏洞,这才泄露了秘密。

有一次,夜已深了,整个"勤业斋"静悄悄的,在一片朦胧的夜色中,却有一个窗口漏出了一点微弱的光。

两个担任巡逻的学生经过这里,感到非常奇怪,他们小声地议

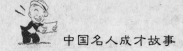

论着：这是怎么回事？是老师在开夜车吗，他为什么不把电灯开亮？

两个学生走近窗口，向里窥视：一个很大的黑色灯罩，不但遮住了灯光，也遮住了灯下的人。

这种情景越发让人生疑。

两个学生终于忍不住敲开了房门。

门开了，刚从沉思中清醒过来的陈景润惊讶地望着两位不速之客。

原来，陈景润又在熬夜钻研他的数学问题。两个学生了解其中缘由之后，才放心地离开了。

后来，陈景润在谈到自己在厦门大学潜心读书的情景时，他说："我读书不只满足于读懂，而是要把读懂的东西背得滚瓜烂熟，熟能生巧嘛！我国著名的文学家鲁迅先生把他搞文学创作的经验总结成：'静观默察，烂熟于心，凝思结想，然后一挥而就。'当时，我走的就是这样一条路子，真是所见略同！当时我能把数、理、化的许多概念、公式、定理，一一装在自己的脑海里，随时拈来应用。"

陈景润在资料室工作期间，只要有空，他都会埋头于各种数学专著之中。他到底读过多少书，实在很难计算。

陈景润知道：要想攀登科学高峰，必须打下坚实而深厚的功底。

当时，不少数学著作又大又厚，携带十分不便，陈景润就把它们一页页拆开来，随时带在身上，走到哪里读到哪里。

就是用这些方法，陈景润把不少优秀的数学著作读得滚瓜烂熟。

据陈景润的同事后来回忆：

这些书，陈景润从头到尾钻研七八遍，重要的地方甚至阅读过40遍以上！

此外，陈景润还广泛阅读国内外数学刊物，努力吸收前人的成果。

数学系的老师时常看到陈景润拿着一页页散开的书在苦读，以为他把资料室的书拆掉了。

后来，经过查实，大家才知道陈景润拆的书全是自己的。

对于公家的书，他惜之如金，从不去拆。

陈景润后来说："白天拆书，晚上装书，我就像玩钟表那样，白天把它拆开，晚上再一个原件一个原件地装回去，装上了，你才懂了。"

陈景润的好朋友林群说："陈景润的治学精神和研究风格都使我钦佩。"

陈景润的朋友罗声雄后来也说："陈景润的刻苦，不是常人能做到的，或者说，不是常人能忍受的。"

此时，陈景润的住处离大海近在咫尺，多少人流连于大海之滨，尽情领略着大海的宽广壮阔之美，陈景润却从来无暇到海边游玩。

痴迷于数论的研究

除了出去上班，陈景润总是躲进图书馆或自己的那间小屋里，学习数学知识，潜心钻研数论。

年轻的陈景润胸怀大志，毅然选择数论作为突破口，但一直苦于无从突破。

一天，李文清老师到资料室来查资料。

李文清是陈景润最信赖的老师之一，陈景润时常向他请教问题。

当陈景润向李文清询问该读什么书时，李文清说："要研究数论，你该读一读华罗庚的书，特别是《堆垒素数论》，如果你能改进华先生的任何定理，你就会在中国的数学界受到重视。"

陈景润对华罗庚的《堆垒素数论》十分感兴趣，时常读到痴迷的地步。

《堆垒素数论》像一块砖那么厚，为了方便阅读，陈景润又按照自己的阅读习惯，把它一页页拆开了。对于书中的每一个公式、定理，陈景润都进行反复的计算、核实。

《堆垒素数论》是当代数论精萃汇聚的结晶。它全面论述了三角和估计及其在华林－哥德巴赫问题上的应用。全书十二章，除西革尔关于算术数列素数定理未给证明外，所有定理的证明均包含在内。

据陈景润后来回忆：

《堆垒素数论》我一共读了20多遍，重要的章节甚至阅读过40遍以上，

华先生著作中的每一个定理我都记在脑子里了。

陈景润初出茅庐，就勇敢地向世界级的数学大师华罗庚挑战。他悉心攻读华罗庚的《堆垒素数论》，希望自己能够将华罗庚的成果向前推进一步。

厦门大学数学生活经验一位主讲"复变函数"的老师热情地鼓励陈景润："为什么不可推进前人的成果呢？不必顾虑重重了。现在

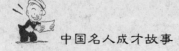

的数学名著，它们的作者当然都是著名的，这些著作是他们的研究成果，但后来的年轻人如果不敢再进一步研究，写出论文来，数学又怎能向前发展呢？"

这位老师的话，让陈景润深受鼓舞，他向数论进军的决心更加坚定了。

住在勤业斋的人们，很少看到陈景润的身影，他们只看到陈景润的门一天到晚都关着，偶尔看到他出来买饭，但只见人影一闪，陈景润又走进了那间只有 7 平方米的小屋。

此时，陈景润的生活简化得只剩下二个字：数论。他日夜兼程地驰骋于数论的天地里，几乎到了废寝忘食的地步。

为了心爱的数学研究，陈景润对自己的要求几乎达到近乎苛刻的地步。他的睡眠时间很少。在他的头脑里，没有失眠二字，陈景润多次对别人说："失眠，就意味着不需要睡觉，那就爬起来工作吧！"

在夜间钻研数论的时候，如果实在太疲倦，陈景润就和衣一躺，一醒来，又继续工作。

有时，人们会好奇地来到陈景润的小屋中，想看看这个深居简出的怪人到底是怎样生活的。他们惊讶地发现陈景润的小屋里遍地都是草稿纸。

数论的许多领域，是靠极为抽象的推理演算的。为此，陈景润不分昼夜地演算着。他到底演算了多少道题，连他自己也没法计算了。

陈景润最美好的青春年华，完全消融在单调、枯燥而又神妙无穷的一次次推理和演算之中。似乎只有陈景润，才能领略其中的苦涩与欢乐。

当时，盘踞在金门岛的国民党残兵败将，不甘心自己在大陆的失败，时常无端地向厦门打炮，敌机也时常前来骚扰。

陈景润似乎对这些危险全然不知。

当凄厉的警报声响起的时候，陈景润仍然在数学王国中神游，一直到全副武装的民兵，焦急地推开他的窗户，大声地命令他立即撤离到屋后的防空洞时，他才惊醒过来，恋恋不舍地离开小屋。

临走时，陈景润还不忘捎上几页书。

防空洞中，人声嘈杂，陈景润却借着微弱的光亮，认真地阅读着令自己心醉神迷的数学书籍。

在拥挤而嘈杂的防空洞里，陈景润竟然完全沉浸在奇妙的数学王国里了。

就这样，陈景润以滴水穿石的精神和超凡的韧劲，终于把华罗庚这本极难啃的《堆垒素数论》吃透了。

攻克他利问题的难关

陈景润熟读华罗庚的《堆垒素数论》全书之后，他发现用第五章的方法可以用来改进第四章的某些结果。这便是当时数论中的中心问题之一"他利问题"。它跟哥德巴赫问题一样，吸引着数论学者的注意和探讨。

陈景润决心攻克"他利问题"。

陈景润的好朋友罗声雄后来回忆说：

在五六十年代，陈景润几乎是每天打一壶开水，买几个馒头和一点小菜，回到他的小屋，一干就是一天。在他的房间，一张床，一个小课桌，一把木椅，剩下的就是他写下的一堆一堆草稿纸。他像一个辛勤的淘金者，通过这些稿纸，寻求数学成果，他的全部生活就是研究数学。

陈景润当时的同事后来也回忆说：

当时，在数学的海洋里，他不仅沉溺其中，而且开始往深处下潜了。

他已经看不见、听不见岸上的一切，甚至水面的一切。他已经没有作息时间表，不管上班、下班、白天、黑夜、走路、吃饭，他几乎不停地、反复地构想、思索，他尝试用各种可能的方法去推演、运算，在一张张稿纸上书写、涂改。

除了上班不得不去阅览室，买饭不得不去食堂外，他几乎哪儿也不去，人们难得看到他的身影，包括那些勤业斋的邻居们。

吃饭的时候，邻居们都喜欢围着翠绿的芭蕉和竹子下面的小石桌，坐在光洁的小石凳上，边吃边聊天。而他，却悄悄地拿了粗茶淡饭，闪进那7平方米的房间，马上把门关上了。

人们很难猜想他到底是在吃饭，还是在演算，或者同时进行这两项。只是在他进门的一刹那，有人偶然看见地板上杂乱地堆积着不少涂写过的纸片或纸团，桌上杂乱地堆放着书籍和稿纸。那上面，多少复杂的符号、数字、等式、不等式，记录着它们的主人在抽象

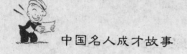
思维王国所经历的欢乐和苦恼、成功和失败。

经历过多少个辛苦的日日夜夜，小房间里的地板上纸片和纸团越积越厚了，它们慢慢地凝聚、结晶，终于在上面形成了工工整整的稿纸，稿纸上是一篇关于"他利问题"的论文。

华罗庚对"他利问题"十分重视，他除了在《堆垒素数论》一书进行探讨之外，还曾在1952年6月份出版的《数学学报》上发表过《等幂和问题解数的研究》一文，专门讨论"他利问题"。这个问题归结为对指数函数积分的估计。

华罗庚自己的文章中满怀期望地写道："但至善的指数尚未获得，而成为待进一步研讨的问题。"

如今，这个问题被初生牛犊不怕虎的陈景润攻克了。

但是，陈景润迟迟不敢把他的论文公之于世。他一直在犹豫：

这可是我国著名数学家华罗庚的著名论作啊！像他这样一个初出茅庐的年轻人，能推进华罗庚教授的研究成果吗？这样做是不是有些不自量力呢？

陈景润想来想去，他实在舍不得让自己的成果无人问津。几经犹豫，陈景润终于偷偷把他的论文拿给了李文清。

李文清看完之后，十分高兴，他热情地表扬了陈景润的研究工作。

后来，李文清把这篇《他利问题》的论文寄给了中科院数学所的关肇直先生，并由关肇直转交给华罗庚。

华罗庚认真审阅后，交给了数学所数论组的一批年轻人。

经过大家反复核审，证明陈景润的想法和结果是正确的。

华罗庚对陈景润取得的成绩感到惊喜，他十分感慨地对他的弟子说："你们呆在我的身边，倒让一个跟我素不相识的青年改进了我的工作。"

陈景润攻破"他利问题"难关的消息震惊了数学界。

中国科学院数学研究所的行家们这样评价陈景润的这篇论文："一个数学家一生中能有一个这样的发现，便算幸运了。"

研究成果得到公认

1956年的一天，陈景润收到一份来自北京的电报，电报最后的署名是华罗庚。华罗庚邀请陈景润去北京报告他的论文。

拿到这份电报，陈景润兴奋极了，他用最快的速度把这个好消息告诉了他的老师。

在北京的数学论文宣读大会上，陈景润要第一次当众宣读关于《他利问题》的论文。作为他的老师，李文清也和他一起参加数学论文宣读大会。

在北上的列车车厢里，年轻的陈景润兴奋而又紧张，他有些担心地问李文清："老师，我能宣读好论文吗？"

李文清面带微笑，亲切地鼓励陈景润："能，一定能。"

陈景润还是有些紧张，他说："我的普通话讲不好，他们会听不懂的。"

李文清像慈父一样安慰陈景润说："你是去北京宣读科技论文，又不是普通话比赛。你先把论文背熟，然后讲得慢一点，他们一定会听懂的。"

陈景润答应着，拿起论文，认真地背诵起来。

陈景润到北京报到以后，他与老一辈数学家孙克定同住一室。

据孙克定后来回忆：

当时参加大会的同志可谓人才济济，但瘦小寡言的陈景润在宣读他的论文之前，就已经是大会的新闻人物了，因为他经常半夜在走廊里大声朗读他的论文，引起代表们的一致注目，一时被传为笑谈。

这年8月，正值桂花飘香时节，"全国数学论文报告会"在北京隆重举行。

出席大会的代表有100多人，其中约半数是青年，在161篇论文里，青年数学家的成果占了很大的比重。

华罗庚在题为"指数函数和与解析数论"的报告中指出在数学的这个分支中大家所注意的中心问题：他利问题、高斯圆内整点问题、华林问题等，介绍了他们现有的结果，以及它们可能发展的途径。

华罗庚还十分幽默地说："无论任何人，只要把现有的结果稍微往前推进一步，他就是世界记录的保持者。"

陈景润在当天下午的论文宣读中，证实了华罗庚的话。

陈景润被分配在数论代数分组，该组的论文宣读大会在古香古色的北京大学的一个教室中举行。

陈景润有些忐忑不安地走上讲台，当他看到台下众多著名的数

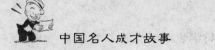

学家时，他的情绪更加紧张了。

尽管陪同陈景润的老师事先不断给他鼓气，要他沉着、镇定，一定要有条不紊地按照论文进行宣读，但是，站在讲台上，陈景润发现自己几乎说不出话来。

论文宣读开始的时候，陈景润的头脑一片空白，他结结巴巴地勉强说了几句，才猛然记起，应当在黑板上写个题目。

陈景润有些慌乱地转过身，用颤抖的手在黑板上写完题目，然后说了两句话，他感觉自己再也无法开口了，只好又急匆匆地转身在黑板上演算起来。

陈景润感觉自己的手有点颤抖，好像不听使唤。

众目睽睽之下，陈景润像是一个胆怯的小学生，在黑板上画来画去，终于，他不知所措了……

台下的听众原本对陈景润充满希望，此时，他们却开始摇头，开始小声地议论起来。

讲台上的陈景润看到这种情景，更加慌乱了，他急得满头大汗，却不知道自己到底应该怎样做，他痴痴地站在那里，感觉难受极了。

此时，厦门大学的李文清老师眼看陈景润的论文宣读要失败，他自告奋勇地走上讲台，对参加会议的代表解释。

李文清十分诚恳地说："我的这个学生怯场，他一向不善言辞……"

人们的目光里依旧充满疑惑。

陈景润则像是一个做错了事的孩子，怯生生地站在一旁，正等待着惩罚。

李文清十分大方地对陈景润的论文作了补充介绍。

李文清讲完，人们还是感到不满足。

这时，华罗康健步走上讲台。

华罗庚颇有风度地向大家笑了笑，接着，他详细地阐述了陈景润这篇论文的意义和不凡之处，充分评价了陈景润所取得的成果。

台下的听众这时才露出钦佩的目光。他们开始热烈地鼓掌。

脸色苍白的陈景润这时才如释重负。

1956 年 8 月 24 日，《人民日报》在报道这次大会时，特别指出：

从大学毕业才 3 年的陈景润，在两年的业余时间里，阅读了华罗庚的大部分著作，他提出的一篇关于"他利问题"的论文，对华罗庚的研究成果有了一些推进……

陈景润的成果终于得到了公认。

华罗庚十分欣赏陈景润的才华与进取精神，

他考虑到厦门大学条件虽然不错，但远离北京，消息相对闭塞，如果把陈景润调到他身边，陈景润必定会有更大的成就。

华罗庚对陈景润的木讷与不善言辞毫不在意。他深有感触地对弟子们说：

我们应当注意到科学研究在深入而又深入的时候，而出现的怪僻、偏激、健忘、似痴若愚，不对具体的人进行具体的分析是不合乎辩证法的。

鸣之而通其意，正是我们热心于科学事业的职责，也正是伯乐之所以为伯乐。

陈景润载誉回到厦门大学以后，受到学校党委的高度赞扬。

陈景润在荣誉面前并没有骄傲自满，而是一鼓作气，继续在数论上的三角和估计等方面开展研究工作。

从此，陈景润房屋里的电灯，在夜里熄灭得更晚了。

不久，陈景润又在《厦门大学学报》上发表了自己的第二篇论文，这篇论文的名称就是《关于三角和的一个不等式》。

与此同时，华罗庚极力推荐陈景润到中科院数学研究所工作。

从第一次见到陈景润开始，华罗庚就十分欣赏他在科学王国里努力钻研的精神，就产生了要把他调到中科院数学所工作的想法。

华罗庚是一个很善于发现人才的科学家，他一点儿也不在意陈景润的怪僻。

虽然厦门大学的条件不错，但厦门毕竟比北京闭塞一些。同时，华罗庚也想让这个年轻人在他的亲自指导下更快地进步。

1957年，在华罗庚先生的建议下，中国科学院数学研究所致函厦大，要调陈景润到数学所工作。

厦门大学考虑到陈景润在数学系的工作无人接替，暂时不同意他调走。

1957年3月，中科院数学所陆启键先生应邀去厦门大学参加校庆活动中的科学研讨会。

陆启建是中国著名的多复变函数论专家，1951年到中科院数学

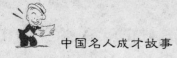

所工作。

1966 年，也就是在陈景润宣布证明（1＋2）的同年，陆启建在数学学报上发表了一篇论文，其中提到的一个猜想，被国际数学界称为"陆启建猜想"，这是新中国成立以来，第一个为各国数学家普遍承认的猜想。

由于幼年患小儿麻痹症，造成双腿残疾，陆启建行走十分不便，数学系就派陈景润接待照顾他。

陈景润早就听说过陆启建的大名，他十分高兴地接受了这个任务。

每天早上，陈景润都会按时叫一辆三轮车把陆启建送到开会地点，他就跟在后面走，开完会再把陆启建送回住处。

由于同是数学家，陈景润和陆启建相处得十分融洽，他们在一起总有说不完的话。陈景润虚心地向陆启建请教一些数学问题，陆启建总是耐心地解答。

陈景润后来说："我们就这样开始熟悉起来。"

天长日久，陆启建和陈景润产生了深厚的感情。陆启建十分欣赏勤奋好学的陈景润，陈景润也对学识渊博的陆启建深怀敬意。

活动即将结束，陆启建对陈景润赞许有加，认为他是一个极有前途的年轻人。

厦门大学的领导经过反复考虑，也认为陈景润到科研部门工作会得到更大的发展。

于是，厦门大学数学系主任方德植教授找到陆启建，婉转地表示，陈景润现在系里作助教，给学生讲习题课，他的语言表达确实有困难，学生们也多次反映。原来我们不同意他调到中科院工作，现在看来，他也许到科研部门工作更合适一点。

陆启建认为方德植说的很有道理。他也希望陈景润能够拥有更大的发展空间。

回到北京，陆启建立即向数学所领导小组长和办公室主任郑之辅同志转达了厦大数学系的意见。中国科学院数学研究所的大门终于向陈景润敞开了。

刻苦钻研数学知识

1957 年 9 月，陈景润正式调到北京，进入全国最高研究机构，即中国科学院，担任实习研究员。

在北上的列车上，陈景润想到将在一流的研究机构专心研究，与心爱的数学日夜为伴，感到十分高兴。

陈景润对自己去北京以后的研究工作充满信心。

陈景润十分感激华罗庚的知遇之恩，感谢华罗庚为他创造良好的科研条件，他一见到华罗庚，就十分诚恳地说："谢谢华老师，谢谢华老师。"

据数论学家王元后来回忆说：

当时的印象是陈景润有些书呆子气，见到华先生，他可能太紧张了，不知道该说什么好，就不停地点头说"华先生好，华先生好"，结果华先生就说，你跟王元谈谈。我们就这样认识了。

陈景润觉得自己只有努力工作，才能不辜负华罗庚的殷切希望。

进京以后，陈景润仍然保持着自己独特的科研方式，他习惯于一个人独处，习惯于单枪匹马去叩响科学的殿堂。

王元后来回忆说：

陈景润到数学所后很努力，但最初研究的不是哥德巴赫猜想，哥德巴赫猜想是我的领域，他做的是球内整点问题、华林问题等，他在这些领域都做出了很好的工作，发表了论文。

应该说，到数学所后几年里，他是一个很好的解析数论学家。

王元说："中国的哥德巴赫猜想研究始于华罗庚。"

王元还说："华罗庚先生早在 20 世纪 30 年代就开始研究哥德巴赫猜想，并得到了很好的结果。1953 年冬，数学研究所建立数论组时，华先生就决定以哥德巴赫猜想作为数论组讨论的中心课题，他的着眼点与哥德巴赫猜想和解析数论中几乎所有的重要方法都有联系，他的下一步棋是让数论组的年轻人学一些代数数论知识，将解析数论中的一些结果推广到代数领域中去。至于哥德巴赫猜想本身，华先生没有预料到会有人做出贡献……"

陈景润刚到北京，就开始打听数学所的图书馆在哪儿。

看到满书架的图书资料，陈景润欣喜异常。他惊喜的发现，除了中文书刊以外，这里还有大量的外文原版书籍和国外的最新刊物。

陈景润充满感情地摩挲着一本本崭新的图书，陈景润暗暗感叹，这里才是真正的科学殿堂！

与此同时，陈景润意识到自己要想钻研这些外国书籍，必须熟练掌握外语。

为了能直接了解数学领域的最新成果和科研动态，陈景润为自己制定了学习外语的计划：巩固英语、俄语，学习德语、法语。

陈景润学习外语采用的是自学式的强化记忆法。

陈景润的口袋里时刻装着几个小笔记本，一本写英文单词，一本写俄文单词，另外几本写德语、日语和法语单词。小本上写的全是专业常用词汇或容易记错的单词。

陈景润每天都刻苦地背诵着，不久，他就掌握了相当数量的基本词汇。

凭着这些词汇，陈景润开始磕磕绊绊地阅读他需要的外文书籍，遇到生词，他就记在小本上，空闲时再反复念叨几遍。

渐渐地，陈景润翻看字典的频率越来越低，在无数次阅读中，他也掌握了越来越多的语法知识。

陈景润刻苦学习外语在中科院所在地的中关村可谓家喻户晓。

一天，陈景润到中关村唯一的一家理发店理发，他买好票之后，就坐在长椅上等候，舍不得浪费这段时间，他就拿出小本本记单词。

陈景润刚开始是念念有声，后来，他逐渐忘记了自己正在理发店，开始大声朗读起来。

理发店里的人惊奇地看着陈景润，低声议论起来，连正在给顾客理发的老师傅也被逗笑了。

陈景润对此听而不闻。突然，他遇到一个不认识的法语单词，他这才停下来，四处看看。

陈景润看到等在他前面的还有好几个人，回去查字典还来得及。

陈景润收起小本就向外走。老师傅问："小伙子，不理发了？"

陈景润有些心不在焉地说："哦，我一会回来。"

等到陈景润查完单词，太阳已经西沉，理发店也早已关门了。

因为如痴如醉的钻研，陈景润经常闹出一些让常人不可理解的笑话。这类笑话传开，人们都开始认为陈景润是一个怪人，他们说："想不到华罗庚这样一位大数学家竟然从那么远的地方调来这么个怪人。"

熟练地阅读书写之后，陈景润开始练习听说。

正当陈景润准备对镜练习的时候，他在报纸上读到了一条新闻："中央人民广播电台每天凌晨三点开播英语对外广播。"

陈景润意识到这是一个绝好的自学机会，

从此，陈景润的作息时间明显改变：

凌晨3时收听外语广播，然后背诵外语单词；

早晨7时去食堂吃早饭，顺便买好中午吃的饭菜；

上午在所图书馆读书，中午的时候如果想起来了就啃两口早上买的干粮，如果看得入迷，午饭就被省略了；

图书馆闭馆的时候，陈景润才最后一个离开，去食堂买饭，然后他又回宿舍继续工作。至于什么时间吃晚饭，什么时间上床休息，就要看他工作的进度了。

为了收听外语广播，陈景润需要一台收音机。

当时，一台短波收音机的售价是80多元，这相当于陈景润两个月的工资。

陈景润急需这台收音机，但又舍不得拿出这笔钱。于是，他准备自己动手。

陈景润从未接触过收音机，更别说装配、修理。为保险起见，陈景润先在图书馆里借了一本《电子管原理》，仔细通读，当他认定自己完全理解了收音机的原理的时候，他开始物色合适的旧收音机，他的要求是价格便宜，损坏不太严重。

功夫不负有心人，陈景润终于在五道口旧货店里找到了理想的旧收音机。

这是一台国产的普通收音机，已经不能收听，售价只要15元。

细心的陈景润问售货员："可以打开看看吗？"

售货员回答说："可以，但买了以后不退货。"

陈景润打开了后盖一看，里面还很新，他高高兴兴地把它买回了宿舍。

回到宿舍，陈景润迫不及待地用手电筒灯泡绕上导线检查哪里出了毛病。

经过认真的修理，这台收音机终于能够正常使用了。

从此陈景润有了自己的第一件"家用电器"，他可以每天都跟着广播学英语了。

不久，陈景润的英语水平就得到了很大的提高。

初到北京的陈景润，虽然在数学界已是崭露头角，但在人才济济的中关村，他只是研究所的实习研究员，还属于小字辈。

当时，数学所正好分到几套新盖的住房。陈景润和其他三个单

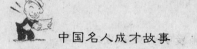

身的科研人员被安排在其中的一间房子里。

新盖的宿舍宽敞明亮，温暖舒适，生活非常方便。

搬进新居的第一天，累了一天的室友们纷纷进入了甜美的梦乡。陈景润却摊开书和稿纸，开始在凌乱的房间里进行演算。

有人发出微微的鼾声。陈景润的思路被打断了。他十分苦恼地叹了一口气。

夜深了，一个室友催促陈景润："小陈，快睡吧，明天再看！"

陈景润害怕影响室友们的休息，只好很不情愿地放下手中的笔。

陈景润住在中关村63号宿舍楼二单元一楼，他是住在集体宿舍，4人一间。另外3个人都是快乐的单身汉，陈景润却深感苦恼。

原来，陈景润不太喜欢和人交往，他希望把自己所有的时间都用在科学研究上。

此时，陈景润开始怀念厦大勤业斋那间7平方米的小屋。在勤业斋，他只要关起门，就可以一个人去神游那迷人的数学王国。

陈景润并不在乎居住条件是否舒适，但是，他在夜间要搞科研，十分需要一个安静的环境。同时，他也实在害怕影响别人。让他像别人一样按时睡觉，按时起床，他做不到。他总感觉自己的时间不够用，他的时间表总是排得满满的。

夜深人静的时候，正是陈景润工作的高峰期。可是，尽管陈景润轻手轻脚，尽量不发出声音，他也必定会打扰别人。

此时，陈景润感觉自己必须单独住一间宿舍。他太需要一个属于自己的房间了。

可是，陈景润当时只是一个研究实习员，他实在没有资格单独拥有一间住房。陈景润心中十分焦急。

陈景润在苦恼之余，忽然有了主意。他的目光，开始盯住了那间只有3平方米的厕所。

这天，陈景润找到数学所的领导，鼓起勇气说："我想搬到厕所去住。"

领导大吃一惊，他看了陈景润好一会儿，才说："怎么，住不习惯，和室友闹矛盾了？别赌气，我们可以给你调整宿舍！"

陈景润连忙说："不，不，我没有跟谁闹矛盾……"

领导更加疑惑了，他有些不解地问陈景润："住在房间里才能休息好啊，你为什么要搬到厕所里呢？"

陈景润有些不好意思地说："我，我晚上睡得晚，怕影响他们……"

领导这才知道陈景润晚上还要搞数学研究。他不禁被陈景润刻苦钻研的精神深深地感动了。可是，数学所现在确实没有条件让陈景润单独住一间宿舍。

领导考虑了好一会儿，才无可奈何地说："好吧，你跟同宿舍的人再商量一下……"

陈景润看到问题解决了，顿时高兴起来。

这天晚上，陈景润对同宿舍的同事们说："你们能不能帮帮忙，把厕所让出来……给我用……"

话还没有说完，陈景润的脸就红了。

陈景润知道自己的这个提议要给几个室友增添麻烦。

屋内只有一个厕所。如果这些室友同意陈景润的请求，他们要"方便"时，就只好到对门的单元房中去。

陈景润十分恳切地凝视着他新结识的伙伴，紧张地等待着他们的答复。

伙伴们相视一笑，几乎是异口同声地回答"好！好！君子成人之美。"

后来，有人在文章中写道：

在63号楼的宿舍里，我们见到了陈景润曾住过的"厕所"。

这是一个呈长方形的朝北的小房间，面积约3平方米，里边装有坐式抽水马桶，这里实在是太狭小了，连大点的浴盆都装不下……

但是，陈景润却毫不在乎，只要能有一个属于自己的天地，能随时随地与他心爱的数学为伍，他什么都可以不计较。

陈景润把他的单人床搬进了小屋。床铺的一头骑在马桶上，但余下的空地连简单的二屉桌也放不下了。

陈景润在看书、演算的时候就只好撩起被褥，把床板当桌面，几块砖头摆在床前就是凳子了。有时，他干脆就在床上一趴，就开始工作。

天气渐渐冷了，厕所里没有装暖气。陈景润经常从睡梦中冻醒。有时候，他那只正在演算的手也经常僵硬得握不住笔。

同单元的室友担心陈景润的身体，纷纷劝说他搬回房间，他却

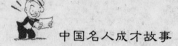

坚定地摇摇头，又继续演算。

直到有一天，瓶里的钢笔水冻结，陈景润的研究工作被打断了，他才意识到应该采取一点取暖的措施。

陈景润鼓起勇气，到领导那儿要求装一个 100 瓦的大灯泡，照明兼取暖。

灯泡装上以后，这间小屋的灯光时常彻夜不熄。

陈景润在这个条件简陋的厕所里一住就是两年。

工作之余，室友们嘻嘻哈哈，在一起尽情说笑，陈景润却独自一人躲进小屋，苦苦地思考着他感兴趣的数学难题。

夜深人静的时候，室友们都已进入了香甜的梦里，陈景润却在昏暗的灯光下，聚精绘神地攻读着高深的数学名著……

星期天，当室友们都出去游玩时，陈景润独自一人呆在自己的小房间里，挥汗如雨地演算着……

就是在这间约 3 平方米的厕所里，在照明兼取暖的大灯泡下，陈景润先后写出了华林问题、三维除数问题、算术级数中的最小素数问题等多篇论文。

有一位数学家评价说："这其中的每一个问题的解决，都是可钦佩的。即使用现在的标准衡量，每一个成果都可以成为他晋升研究员的资历，而且绰绰有余……"

就是在这样艰苦的条件下，陈景润为自己制订了攻克华林问题的目标。

由于长期忘我的工作，陈景润原本就不强壮的身体变得更加虚弱了。

9 月，北京还处在秋风送爽的季节，陈景润却是头戴护耳的棉帽，一只朝上，一只却懒散地耷拉下来，破旧的大衣，松松垮垮，袖口手肘处都已变白，露出破绽。腋下也破了，有棉花露出来。由于怕冷，他时常把手笼在袖子里。

此时，陈景润的外貌、神态，像是一个破落的流浪汉。但是，陈景润却胸怀大志，他不分昼夜地在苦苦钻研着，在数学王国里探索着……

第二章　著名发明家的故事

鲁　班

鲁班，生于公元前 507 年，约卒于公元前 444 年左右。姓公输，名般，又称公输子、般输、鲁般。鲁国（今山东曲阜）人，中国春秋时期科学家。

鲁班应称作公输般，因为他是鲁国人，"般"与"班"同音，古时通用，所以人们常称他为鲁班。

鲁班出身于手工业家庭，所以从小便受到熏陶，跟随家里人参加各种建筑工程劳动，积累了丰富的实践经验。

鲁班是我国古代最优秀的土木建筑工匠之一，也是相传有许多发明创造的大发明家。从古至今两千多年来，他一直被土木建筑工匠们尊奉为祖师。

鲁班在机械、土木、手工艺等方面都有所发明。在公元前 450 年左右，他来到楚国，开始帮楚国制造进攻型的武器。他曾创制出云梯和钩强用以攻打宋国，但是被墨子及时地制止了。后来在墨子的劝说下，鲁班开始专门从事制造一些实用的生产生活工具，造福于人民。

鲁班的发明创造有很多。据《物原》、《古史考》等很多古籍记载，木工所使用的不少工具都是他创造的。像曲尺（也称矩），就是鲁班发明的，所有又叫做"鲁班尺"。还有墨斗、刨、钻、凿子、锯、铲子等器具，传说都是鲁班发明的。

鲁班还是一个很高明的机械发明家，他做的锁，机关于内里，

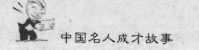

表面看不出痕迹，必须要有配置好的钥匙才能打开。《墨子·鲁问篇》中有这样的记载："公输子削竹木以为鹊，成而飞之，三日不下。"说的是鲁班造出的木鸟能乘风力飞翔，三天不会降落。另传说鲁班还制造过一种机动的木车马，这部机械由木人驾驭，内置机关，可以自由任意行走。后世的许多科学家，都受其影响，努力地探索过其中的奥妙。

鲁班还发明过不少的农机器具，先进的农业工具是古代农业发达的重要条件之一。在《世本》和《物原·器原》里面，记载他制作了石础、舀、磨、碾子等当时很先进的粮食加工机械。

古代民间还传说他曾主持造过桥梁，他的妻子云氏为了使工人们不受日晒雨淋而发明了雨伞。

当然，有些关于鲁班的传说未免夸张，可能与史实有些出入。可是这些有关他的发明创造的故事，实际上就是我国从古至今一代代充满智慧的劳动者的故事。

李 冰

李冰，中国古代科学家，其身世和生卒年代已经无法详考。只知道约在公元前 256 年（秦昭王五十一年），李冰被任命为蜀郡太守，此外还流传有他父子二人兴建都江堰的故事。

水利是农业的根本命脉，我们的老祖先很早就认识到这一点，并开始致力于水利工程建设和研究。于是春秋之际在中原地区建设了四大水利工程：河北漳水十二渠、关中平原郑国渠、安徽寿县的芍陂、四川灌县都江堰。这其中最为人们所熟知的要数都江堰，这是因为它至今基本上仍是当初原貌，李冰设计的都江堰，用今天的科学来分析，也仍然是无懈可击的。

都江堰是世界历史罕见的水利工程。

李冰采用人工的办法，在距离玉垒山稍远的江心，筑起一道分水堰，迫使岷江流到玉垒山前分成两股，让其中一股流入宝瓶口。在波涛汹涌的江中筑成如此的大堰，何其难也。当时用鹅卵石筑，石头太小，水一冲即垮；用开凿宝瓶口的大石块筑，投入水中，仍被冲得东摇西晃。李冰从多次失败的试验中，终于采用漫山遍野的竹子，编成竹笼，再装上鹅卵石，形成一个整体，一举获得成功。这个简单而有效的办法，形成水利史上有重大意义的发明创造，一直为后来的水利工程所广泛采用，直到今天筑堤修堰时常用的"铅笼"，也是根据这个原理制作的。

都江堰是我国古代农田灌溉系统的杰作，至今已有 2200 多年的历史了。其规模之大，建筑之早和收益之宏，在古代世界是没有先例的。

都江堰由分水"鱼咀"、"飞沙堰"和"宝瓶口"三项主要工程组成。分水"鱼咀"是中流作堰，把岷江一分为二。东边是内江，是岷江的别流；西边是外江，是岷江的主流。"飞沙堰"是调节入渠水量的溢洪道，而"宝瓶口"是总进水口。李冰采用"分流守江，筑堰引水"的办法，使这三项工程互相依赖，互相调节，互相制约，构成了一个设计周密、布局合理的水利枢纽工程，具有灌溉、防洪和航运等多种效益。

都江堰以其高度的科学性和创造性的完美结合，一直使用了两千多年，灌溉了内江两岸的千里沃野，至今完好。因此李冰和他所兴建的都江堰受到无数中外科学家的一致赞誉。

蔡　伦

蔡伦，中国东汉桂阳（今湖南郴州市）人，字敬仲。大约公元 75 年（东汉明帝刘庄永平末年）到了洛阳，随后进宫当了太监。公元 79 年，和帝刘肇即位，把蔡伦提升为中常侍（宦官中较高的官职），参与国家机密大事，后兼任主管制造御用器物的尚方令，监督制造宝剑和其他器械。

在担任尚方令期间，蔡伦经过认真总结西汉以来的造纸经验，进一步改进了造纸技术，于元兴元年（公元 105 年）奏报朝廷，使用和推广造纸术。因此，后世人都传蔡伦为我国造纸术的发明人。

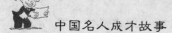

1957 年，考古学者在陕西长安县灞桥发现了一座古墓，发现了一面铜镜下放着成叠的纸，共有 88 张残片，被命名为"灞桥纸"。这种纸主要是用麻和少量苎麻纤维制成，是已发现的世界上最早的植物纤维纸。

1987 年底，我国研究造纸史的专家潘吉星先生将西汉几种纸样送到日本有关科研机构鉴定，均确定为植物纤维纸，其中"灞桥纸"较为原始。由此得出结论说：中国的造纸术早于蔡伦 200 年。

蔡伦在担任尚方令时，主管尚方的各种事宜。这样蔡伦就有机会经常和手工工人接触，他们的精湛技术和创造精神对蔡伦有深刻的影响。

蔡伦本人善于赋诗作书，需用大量的纸张。他深知缺纸的苦处和书写上的困难。他决心克服困难，攻克难关，改进造纸术，提高纸张质量。

蔡伦首先想到，缣帛很轻便，但价值昂贵，必须利用一些价值低廉的原料来造纸。蔡伦在认真总结劳动人民用各种植物造纸的经验以后，改用了树皮、麻头、破布和旧渔网等，代替原用麻布、丝帛、苎麻、线头等原料，这些原料货源丰富，到处可以找到，价钱便宜。首先解决了以前原料价格高、原料少的问题。这样做，不仅大大降低了产品的成本价格，而且为大量进行生产创造了条件。特别是用树皮做原料，开创了近代木浆纸的先声，为造纸业的发展开辟了广阔的途径。另一方面，蔡伦在造纸工艺上也有重大突破。据考古情况推测，当时造纸时，先把原料洗涤切断，浸渍沤制，并加入适量的石灰浆升温促烂和蒸煮等工序，以后反复大力舂捣，分离出纤维纸浆，再把这些纸浆用细帘子捞取，漏去水分，晾干，揭下来，压平研光。

改进工艺后生产出来的纸张，具有体轻质薄、价格低廉、经久耐用等特点。

元兴元年（公元 105 年）蔡伦把这批纸献给朝廷。汉和帝看了这种纸，十分赏识蔡伦的才能，并马上通令天下采用。从此，造纸术在我国推广了起来。

新纸受到了人们的广泛欢迎，并逐步取代了旧的书写材料。

蔡伦对造纸术的主要贡献有两条：一是他使以前比较粗糙的植物纤维纸变成质地优良、堪作书写用的植物纤维纸；二是他使造纸材料的来源大大地扩大了。他不但用麻、破布、鱼网，而且还用树皮作原料，这大大降低了纸的成本，从而使纸的运用普遍推行开来。晋人傅成在《纸赋》中赞美说："夫其为物，厥美可珍。廉方有则，体洁性真。含章蕴藻，实好斯文。"说蔡伦的纸实在很美，令人珍爱，又廉价、方便、洁净，深得人们喜爱，从根本上改变了纸在社会上的地位。

蔡伦的造纸工艺对现代造纸术仍有直接影响的有两个关键步骤：一是在草木灰水中蒸煮，这是现代碱法化学制浆过程的滥觞；二是纸模的设计，要能使它的孔与纸浆中的纤维尺寸相适合，既能很快地使水漏下，又能使纸浆纤维留在上面，形成均匀的薄层。当时，虽然用的是细密帘子，却是现代纸模即抄纸器的雏形，而抄纸器是长网造纸机或圆网造纸机的主要部件。可以说，蔡伦的造纸工艺不过是现代造纸工艺的原始形式。

蔡伦的造纸术极大地促进了东汉造纸业的发展，造纸技术也不断提高。东汉末年，东莱（今山东黄县）人左伯造出了质量很高的纸，成为历史上又一著名的造纸能手。他造的纸比"蔡侯纸"更加光洁细腻，成为当时名贵的书写材料。

在"蔡侯纸"的推动下，东汉人孔丹还发明了著名的"宣纸"，它因盛产于安徽宣城而得名。宣纸又叫"四尺丹"，是为纪念孔丹而得名。它是国画艺术的重要载体，使我国的国画艺术兴盛两千年而不衰。19世纪末，宣纸还曾获得巴拿马博览会金质奖章。

蔡伦用自己的非凡才华，为人类文化的传播和发展做出了伟大的贡献。但是，东汉时期政治腐败，到了安帝时，宦官和外戚轮流执政，统治阶级内部矛盾重重，互相倾轧。安帝元初三年（公元114），窦太后因蔡伦长期保卫宫廷有功，封他为"龙亭侯"，封地在今陕西省洋县，故后人又称蔡伦造纸为"蔡侯纸"。

安帝让蔡伦主持校正经传文字。公元121年，有人向汉安帝告发，蔡伦从前奉窦太后的命令，曾参与谋杀汉安帝祖母的事件。蔡伦获悉后，不愿意受此侮辱，服毒自尽了，草草终结了一生。

为了纪念蔡伦的万世功德，人们为他造庙塑像。在蔡伦的故乡桂阳（今湖南郴州），元朝曾重修蔡伦庙。在他的墓地陕西洋县龙亭辅，也有祠庙，每年有地方政府代表致祭。过去国内和日本的造纸工人都奉他为祖师。蔡伦的伟大功绩，将永远受到人类的尊敬和

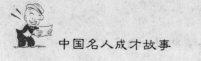

纪念。

自公元 3 世纪至 4 世纪，纸张基本上取代了简、帛，成了我国惟一的书写材料，促进了我国科学文化的传播和发展。

随着社会生产力的发展，我国在各个时代都生产出有代表当时工艺水平的纸。晋朝时的"侧理纸"；南北朝的"凝光纸"；唐宋时期四川的"十色笺"和"薛涛笺"；北宋时期的"澄心堂纸"；南宋时期的"金粟山藏轻纸"；明清时期的"宣纸"等等。其中"左伯纸"质地匀净细密，色泽鲜明而很受人们的欢迎；"澄心堂纸"色彩种类很多，纸面砑磨光滑，以半透明而平滑的纸面上隐现出鸟兽花木形象（水纹纸）而闻名；"宣纸"以洁白光润，坚韧细密，长不变色等优点名驰中外，享有"纸寿千年"的盛誉。

造纸术由中国首先传到了朝鲜和越南，大约在隋朝末年（公元610 年），由朝鲜又传到日本。往西又传到撒马尔罕，以至巴格达、大马士革、埃及与摩洛哥。到了公元 1150 年在阿拉伯人统治下的西班牙开始造纸，这是欧洲第一个造纸工场。

1212 年罗马教廷征服了伊斯兰教统治下的西班牙之后，造纸业才在欧洲迅速发展起来，这比蔡伦发明造纸术的年代整整晚了 1000多年。直到 18 世纪末，西洋纸仍然几乎全用手工制造。

现代的造纸业虽均已改用机器打浆和抄纸，但它的基本原理，还是与中国旧造纸方法相同。造纸原料的十分之七八已为木浆所代替，但造高级印刷纸、卷烟纸、宣纸和打字蜡纸等仍使用蔡伦所用过的破布、鱼网、麻头和树皮等原料。

英国著名科学家弗兰西斯·培根评价"四大发明"时说："它们改变了世界上事物的全部面貌和状态，又从而产生了无数的变化；看来没有一个帝国，没有一个宗教，没有一个显赫人物，对人类事业曾经比这些机械的发现施展过更大的威力和影响"。

张 衡

公元 138 年的一天，在距当时的东汉都城洛阳有一千多里的陇西发生了一次大地震。几天后，报信的人骑马赶到京城报告皇帝，大家才知道这件事。一旦得到这个消息，马上全城都轰动了，原来前几天早就有一个人用一个仪器测出了它的方向，但当时并没有一个人相信。这一下，发明了这个仪器的人名扬全国，甚至有人把他看作圣人。

这个人就是张衡，而他发明的这个仪器叫地动仪。张衡出生在南阳县石桥镇。他的祖父曾经做过官，但因为为官清正，家中并没有什么财产。张衡的父亲去世后，他家的日子变得艰难起来。

张衡从小爱读书。除了读书以外，还经常观察工匠们干活。要不就摆弄竹片、树枝，做些精巧的小玩意儿给朋友玩。在石桥镇，几乎没有比他更心灵手巧而且有学问的人了。但他一点也不满足，决定到外地去游学，以增长学问。

在当时，长安是西汉的都城，洛阳又是东汉的都城，人们合称他们为"二京"。张衡决定到"二京"游学。他辞别家乡，首先向西到长安去，开始了他的游学历程。一路上，他四处拜访有学问的人，并把听到和看到的事都记了下来。在洛阳，他结交了许多有学问的人，其中崔瑗便是他的一个好朋友。崔瑗对天文历法很感兴趣，在他的影响下，张衡渐渐开始爱上了天文历法。

由于勤奋好学，张衡很快便成了洛阳城的著名人物。有一次，南阳太守派人来告诉张衡，推荐他去当官。但他谢绝了。他认为做不做官不要紧，要紧的是研究学问。后来官府又几次派人来请张衡去做官，他都没有答应。

几年过去，张衡学问大有长进，名声也越来越卓著了。但他家的生活越来越困窘，正巧南阳太守鲍德又来请他去做官，他想到鲍德是一个有道德有学养的人，就答应了他。于是，张衡在鲍德的手下做了一名主簿，负责处理和起草公文。

在鲍德的手下干了一段时间，张衡帮助老百姓干了许多好事，不断显露出他的才干。鲍德见他果然有才干，更加信任他了。他又建议鲍德建立了郡学，供读书人学习。不久，他又把自己的游学经历写了下来，这便是著名的《二京赋》。他前后用了十年时间，才最后写成。这篇赋一写成，立刻轰动了京城。读书人争着阅读传抄。不过因为它篇幅太长，没有流传下来。

后来，鲍德被调到京城当官，张衡便又回到家中专心研究起学

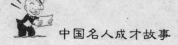

问来了。他开始研究《玄经》，这是一本研究宇宙现象的哲学著作，也谈到了天文历算等问题。这本书对张衡产生了很大影响。他从此把兴趣转移到对宇宙现象的探索里。

有一年，东汉皇帝汉安帝下令，要全国各地推选有学问的人到洛阳做官，张衡也被选到了京城，由于他对天文历法有深入研究，朝廷便任命他当太史令，负责天文、历法、气象、地震等方面的事。张衡从此更专心地研究天文学了。他每天都在认真地观察着星空，不论严冬还是酷暑。通过长期的观察记录，张衡把它都写在一部叫《灵宪》的书里。到现在这部书在天文学史上还占有极高的地位。

张衡不但写书，对观察到的现象加以理论总结，而且将这些加以实践，从而创造出能实际操作的天文仪器。前面说过的地动仪便是一例。另外他还发明了浑天仪。这是一种天文仪器，可以反映天上星星的变化。

浑天仪的制作精巧：他先找来一些竹子，用刀将它劈成片，然后在它们上面刻上度数，再将这些竹片编成一个圆球。然后请木匠将它做成一个木模，再烧铸成铁球。他又想出用漏壶滴水的办法，推动仪器自己转动。他通过计算，在仪器内装了精致的齿轮，当漏壶不停地滴水时，带动仪器绕轴缓缓地旋转起来。漏壶中的水经过一天一夜滴完，仪器也正好转完了一圈。为了说明这个仪器的结构和原理，张衡还写了一本书叫《浑天仪图注》。根据这本书，人们可以知道汉代的浑天仪是什么样子，汉代的人是如何理解天象变化的。

由于张衡生性耿直，得罪了不少人，他们在皇上面前说他的坏话，时间一长，皇上相信了他们的话，便把他调离了京城，到河间任太守。但在河间做太守期间，因为和河间王刘政发生矛盾，他在政治上无所作为，学问又无法再钻研下去，终于在苦闷中与世长辞。

华 佗

华佗出生于东汉末年，生活于战争不断、兵荒马乱的年代。他从小就醉心于医学。他想通过自己的医术减少人民的痛苦。

科学发明企业家成才故事

长大后，他成了一个远近闻名的医生。一般的病，只要经他治疗，都能治好。他发明的麻沸散，是一种麻药，是当时世界上最早发明和使用的麻药。而它的发明源于一次偶然的机会。

一次，一个喝醉酒的人因为绊倒在门槛上，头被碰出了很长的一段伤口。在华佗给他动手术缝合伤口的过程中，这个喝醉酒的人一直都没有喊疼。但第二天，这个病人开始喊疼了。华佗意识到酒起到了麻醉作用。由此，他得到启发，假如将酒掺入给病人用的药中，不就可以起到麻醉效果了吗？于是华佗反复做了很多的试验。最后，他终于研制成一种叫"麻沸散"的麻醉药。以后，再给病人动手术时，只要先吃上这种药，等到病人全身失去知觉后，他便可以放心地给病人动手术了，这是华佗对世界医学的一个伟大贡献。它比现在西医用的麻醉药早发明了一千六百多年。

华佗针对人的生理特点，还编了一套五禽戏。他认为古往今来那些长寿的人之所以长寿是因为他们爱运动的结果。运动是抵御疾病的一个重要的方式和有效的办法。所以，他根据各种鸟禽走兽的动作自编了一套动作。这五禽戏包括"虎、鹿、熊、猿、鸟"五种动物。或扑打，或跳跃，或飞腾，或摇摆。练过之后，效果特别明显。他的学生吴普据说就是因为坚持练"五禽戏"活到九十多岁还很健康。

华佗不仅发明了麻沸散和创造了"五禽戏"，还对各种疑难杂症很有独到的见解与治疗方法。比如有个太守得了一种病，他一天到晚寝食不安。饭不香，睡不眠。华佗在看了他的病症之后，很快想出一套治疗的办法。他每天给太守看过病后都要要许多钱。一连好多天，都是这样。但太守的病并不见好。然后有一天，突然有人报告太守说华佗带着钱财潜逃了。太守听说之后大怒，一气之下，吐了很多的血，而那些血竟都是紫黑色的，吐过之后，太守忽然发现自己好了。原来，华佗已知道太守的病由平时淤血而引起，必须逼出这些淤血后才能好。于是想出了这个激将法，结果一试就灵。

还有个叫陈登的广陵太守，一向自诩身体好，从不生病。突然有一天得病了，浑身就像被人塞了什么似的，老不舒服。他把华佗请了来。华佗看过之后，断定他是因为吃了没煮熟的活鱼虾的缘故。给他吃了药，等到吃完第二次药便起作用了。吐出许多没有煮熟的鱼肉和虾。不过，华佗又告诉太守他的病三年后还要犯。三年后，

89

果然又犯了，因为华佗不在，结果太守不治而亡。华佗的从医经历使他名声更大了。人们都称他为神医。

时任汉朝丞相的曹操得了偏头痛，总医不好，闻听华佗的名声，便把他请去治病。病治好后，并不放他走，生怕再犯。但华佗想为更多的人治病，便借故回了家。回家后，便一去不还了。曹操很生气，一气之下，命人将他抓来，关进牢里。

第二天，华佗便被杀了。中国的一代名医就这样带着遗憾走完了他的一生。但他对医学的贡献永远都不会被人们忘记。他永远都是一个伟大的医学家。

沈　括

沈括，中国北宋时期杰出的科学家。一生博学多才，成就显赫。他在数学、天文学、物理学、地质学、地理学、医学等科学领域都有自己独到的见解。

沈括字存中，出生于钱塘（今浙江杭州）的一个贵族家庭，祖上世代为官。父亲沈周曾先后在泉州、开封、江宁（今江苏南京）等地为官。沈括也随父赴任，游历南北各地，增长了不少见识。这为他后来的科学研究打下了一定的基础。虽然出生官宦家庭，但父亲对他的学习要求十分严格，不允许他像其他官宦子弟那样，不务正业，横行一方。因此沈括从小就受到了良好的家庭教育。沈括天资聪颖，记忆力奇佳，书看完一遍就能记之七八。14岁时，他已把家中丰富的藏书读完，作诗赋词的才华也显露了出来。23岁的时候，父亲不幸病逝，他只得在江苏沭阳县谋了一份主谋的差事勉强度日。

1063年，沈括中了进士，步入仕途。1072年，沈括被朝廷任命为太史令兼管司天监。司天监是专管天象历法的机构。沈括上任后勇于打破旧有传统，敢于创新。他每天亲自观察天象，并进行详细记录。为了提高天文观测的准确性，他对当时的三种主要观测仪器——浑仪、圭表和浮漏所产生的误差及其原因，提出了改进的方法。

后来又为了配合王安石的变法，积极主张修订历法，使其更加科学、准确。不仅如此，他还对当时腐朽的人事制度进行了改革，罢免不称职的人员，吸收有才干的新鲜血液。其中破格录用平民出生的天文学家卫朴主持修订历法工作，被后世传为美谈。

卫朴是楚州（今江苏淮安）人，出身贫寒。但从小就刻苦学习，对天文有着浓厚的兴趣，最崇拜的人是东汉时期的天文学家张衡。他每天晚上坚持看书到深夜。为了节省灯油，常常在昏暗的灯光下读书，久而久之，视力严重受损，到30多岁时双目全部失明了。但他以顽强的毅力锻炼出超凡的记忆力，还练就出了异乎寻常的手摸筹算的本领。

卫朴对天文历法有着很深的研究，即使在失明之后还不忘学习历法，每天让人读书给他听。当时有关天文学方面的知识能超过他的举国上下难觅第二人。在当时，他就能通过心算去推断日、月食发生的日期。旧的历书上说1068年7月15日将会出现月食，可是卫朴经过推算后发现这一天根本不可能发生月食，并把他的这一结论报告给了司天监的官员。司天监的官员们当时并不相信，但后来的事实是7月15日那一天果然没有发生月食，卫朴由此在司天监名声大振。

沈括上任后，听说了卫朴这个人在天文学上的才能，就决定亲自去拜访，当面考核他，以确定修订历法的人选。相见之后，沈括直奔主题，让卫朴谈谈对旧历法的看法，以及如何改进天文观测工作。卫朴背诵了旧历书上的一些内容，然后对这些内容进行评述，指出了其中的不足，并道明如何改进。卫朴对历书如此熟悉，沈括深感惊讶，心中暗暗高兴。但他对卫朴的计算能力表示担忧，因为卫朴只不过是一个盲人。

为了考察卫朴的计算能力，第二天，沈括在衙门里进行了一场公开考试。沈括出了这样的一道题目：如何用《春秋》一书中记载的日食来验证旧历书的错误？卫朴道："《春秋》一书中共记载了37次日食，其中比较可靠的有33次。用其他历法证实的有27次，唐朝一行大和尚验算证实的有29次。我用自己创造的算法证实的有35次。"沈括听后连连点头，进一步问道："那你是如何证实的呢?"沈括的主要目的是考察卫朴的运算能力，于是就势赶忙派人拿来算筹让卫朴演算。好一个卫朴！只见他飞快地摆弄着算筹，而且极其

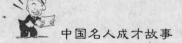

准确，沈括为之折服了。他觉得主持修订历法的人非卫朴莫属了。但卫朴毕竟是一个盲人，在当时的环境下，要任命一个盲人掌管天文历法工作，其难度之大可想而知。但最终沈括认真地说服了其他的官员，在王安石的支持下，破格提拔卫朴到司天监工作，同时委任他主持修订《奉元历》。

在沈括的支持下，卫朴尽心尽力地工作，充分发挥了他在天文历法方面的才能，不到三年的时间，修订历法的工作就大功告成。1075 年 4 月，朝廷下旨，新的《奉元历》颁行全国。

王安石变法遭到失败后，沈括也受到牵连。1089 年，58 岁的沈括携家人到润州安度晚年。

在润州，沈括利用多年的积蓄修建了一个梦溪园。梦溪园内有茂林修竹、亭台楼阁。每到春夏季节，园中百花争艳，蜂飞蝶舞，好似人间仙境。就在风景旖旎的梦溪园内，沈括用五年的时间，总结了毕生所学、所见、所闻，写出了《梦溪笔谈》这部伟大的著作。

《梦溪笔谈》是一部综合性很强的科学著作，内容广泛，涉及天文、历法、数学、物理、化学、地质、生物、医学、考古、历史、音乐、艺术等各方面的内容。直到今天，这部科学著作仍然散发出智慧的光芒。《梦溪笔谈》中的许多观点都很有创造性，有些甚至比西方国家领先数百年。

英国的中国科学史专家李约瑟博士曾将沈括称为"中国科学史上最奇特的人物"，"是中国科学史上的坐标"。

王 祯

王祯（公元 1271～1330 年），字伯善，中国山东东平人。元代农业科学家。

王祯曾先后在宣州旌德县（今安徽旌德）和信州永丰县（今江西广丰）担任过县尹。他在任期间，一直过着简朴的生活，从没有搜刮过民财。不仅如此，他还用自己的不少俸禄办学、建庙、修桥，另外他还经常救助穷苦有病的百姓，着实办了不少造福于民的好事，深受当地人民的称赞和爱戴。

王祯不仅是一位廉洁奉公的好官，而且还是一位精通农业科学、积极发展农业生产的著名农业科学家。他与汉代的氾胜之、后魏的贾思勰、明代的徐光启一起同被称为我国古代四大农学家。

王祯于公元 1313 年写成了他的农学巨著《王祯农书》，这部大型农书是综合了黄河流域旱田耕作和江南水田耕作两方面的生产实际写成的。内容分为三部分：一、农桑通诀，总论农业的各个方面；二、农器图谱，罗列各种与农业有关的工具，分别附图说明，图达300 多幅，这些图谱无论从数量和质量来说都是空前的，它开创了我国农器图谱的先声；三、名谱，包括农作物、果、蔬、竹、木的栽培各论。书中还提出了水的综合利用，把灌溉和航运、水利利用，水产等结合起来统筹安排。还设计了兴修水利的条件和远景规划的蓝图。《王祯农书》是我国一部承前启后的农学专著。

《王祯农书》规模宏大，范围广博，内容丰富。是我国古代一部农业百科全书。

另外要提到的是，王祯在任旌德县尹时，曾创制了一套木活字，共 3 万多字。用了不到一个月的时间，印成了他自己纂修的 6 万多字的《旌德县志》600 部。

王祯还规定了排木活字的规格，发明了轮盘拣字盘。排字时以字就人，减轻排字者的劳动，提高了排字的效率。他把制造木活字的方法和拣字、排版、印刷的全部过程系统地记载下来，题名为《造活字印书法》，附刊于他的《农书》中。这是世界上最早的关于活字印刷书的文献。木活字印刷发明后，比原来的活字印刷法更为方便，于是各地逐渐流行。

徐 光 启

1624 年，中国明代的万历皇帝收到大臣送给他的一件神奇的宝贝，通过这种宝贝可以将很远的人看得很近，也可以将很近的人看得很远。这件宝贝让皇帝和满朝的文武大臣感到非常的新奇，他们

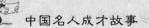

拿过来瞧了又瞧，谁也不能明白其中的奥妙。这就是当时世界上发明没有多久的望远镜，而献给皇帝这件宝贝的大臣就是徐光启。

徐光启是最早将西方科学知识介绍到中国来的著名科学家，他于1562年出生在一个商人家庭，他出生时家境就已开始日渐衰落。父亲在他很小的时候送他进了私塾，私塾先生整天让他诵读四书五经，徐光启对此厌烦透了，有一次他一生气就把经书扔进了水缸中。父亲为此火冒三丈向他怒吼说：

"你怎么能这样不敬先贤的经典呢？"

"我实在是看烦了。"徐光启说。

"你这个样子怎么能科举中榜呢？"

父亲一怒之下就把他关在一间房子中作为惩罚。徐光启被关在了房中，他看到屋中的书架上有书，随手翻看起来。他越看越高兴，原来这都是一些诸子百家和历史方面的书。于是他就经常高兴地接受父亲的惩罚，以便于能在那间房中翻看自己喜欢看的书。

在读书之外，他还经常跑到田里去帮父亲干农活，每次父亲都拦着他说：

"你快去读书吧，这里也用不着你帮忙。"

徐光启说："做农活也是学习，我正好可以调节调节。"

正是从这个时候他开始对农学有了兴趣。他经常去田野跟农民了解情况，收集了很多关于农业方面的知识，这对他以后的科学研究很有好处。

由于他兴趣广泛，厌恶科举，所以只考中了秀才，1581年他乡试不第，就在家乡教书养家，有时为了糊口，他甚至不远千里到外地去教书。

虽然厌恶仕途，但他还是别无选择，经过了多次的努力，他终于在1604年考中了进士，跻身于仕林，那时他已经43岁了。当时正好意大利传教士利玛窦来中国传教，徐光启在翰林院供职时认识了利玛窦。

从此，他开始接触西方的科学知识，他跟利玛窦学习天文、数学、历法、水利等学科。这使徐光启成为明代少有的学贯古今、兼通中外的科学家，是当时理解西洋文化并掌握西洋文化的第一人。在与利玛窦相互的交流过程中，徐光启深切地感到西方的科学对我国非常有用，于是他开始动手翻译这些科学知识。他的治学范围很广泛，包括有数学、天文、历法、水利、地理、火器制造等各种方面，著述有 60 多种。他认识到数学是其他一切自然科学的基础，所以他和利玛窦两人合作共同翻译了欧几里得的六卷《几何原本》，这也是西方数学在我们国家得以传播的开始。后来，他还陆续翻译写成了《古算器释》等很多数学著作，从而使得我国传统的数学取得了非常卓越的成就。

除了翻译著作，徐光启还十分注意改进天文观测的仪器，他曾提议建造三架望远镜用于观测天象，还曾主张用西方的大炮来抵御清兵。但是这些建议都未能被采纳。徐光启一生最大的成就还是在农业方面，他总结了我国古代农业的生产经验，同时吸收了西方的科学技术，编写成了鸿篇巨著《农政全书》，这是一部关于中国古代农业方面的百科全书。反映了明代农业的最新发展。书中介绍了农本，水利农器，树艺蚕桑，种植，牧养等农业的各个方面。集中和保存了我国古代农业的经验，受到了世人的高度评价。

徐光启可以算是我国古代引进西学的第一人，他依靠自己的博学和敏锐，在中国尚未落后于西文太远的时候就感到了一种危机的存在，他向世人大声疾呼学习西方文化。但是他的梦想最终也未能成真，他的很多主张并没有得到当时帝王的采纳，这不仅仅是他个人的悲剧，更是一个民族的悲剧。

宋 应 星

17 世纪 30 年代，中国的一本名为《天工开物》的书，传到西方以后，欧洲人惊奇不已，称它是"中国 17 世纪的工艺百科全书"。这本书的作者是中国明代著名科学家宋应星（1587～1661 年）。

宋应星，字长庚，江西奉新县人，大约生于明代万历中叶，逝世于清代顺治末年的公元 1661 年。宋应星是 17 世纪中国杰出的科学家，进化论大师达尔文称他为"东方的百科全书式的学者"。

宋应星生活在封建社会末期的明末清初，腐朽没落的统治阶级极力倡导的"八股科举取士"制度，被大多数知识分子看成是最有

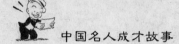

前途的道路。宋应星参加了几次科举以后，就意识到了科举制度的弊端，从此不再奔波应试，而是全身心地投入于科学技术研究，撰写出中国古代科学技术集大成的代表作《天工开物》。

《天工开物》是我国古代最重要的一部工艺百科全书。它详细记述了我国古代的农业和手工业技术，其中有不少是在当时居于世界领先地位的工艺措施和科学创见。《天工开物》分上、中、下三卷，又细分为18个项目。书中除了介绍农业生产经验外，还记述了纺织、染色、制盐、制糖、制砖、烧瓷、造车、造船、采煤、榨油、造纸、冶铜、炼铁、军器、火药、颜料、酒曲等等许多种手工业生产技术。书中详细说明了各种农作物和工业原料的种类、产地、生产技术和工艺装备，描述了它们内部细致的专业分工，还附有200多幅工艺流程插图，与文字互相配合。此外，书中对生产各种产品所需要的时间、人力、产量，生产工具的规格、尺寸，效率，各种金属的比重，合金成分的比例，火器的射程和杀伤力等等，也都用具体数据加以说明。《天工开物》所讲的多半是人们"巧夺天工"的生产实践和科技研究创造，为研究明朝的社会生产提供了宝贵的资料。

宋应星所进行的科学研究，其方法有些已经同近代科学方法很接近，体现了人类科技启蒙阶段的较高水准。他注意研究和表述问题时利用准确的数据来说明事物的本质。他所论述的耕田、水利、纺织等生产工艺均使用数字，现代人完全可以以此仿制出当时的器物家什。

宋应星对客观事物进行过系统细致的观察，反对空洞的道理。他记述的"江南麦花夜发，江北麦花昼发"，没有亲身的仔细观察是概括不了的。

有趣的是，西方近代启蒙科学思潮的代表人物之一的笛卡尔于1637年发表了著名的《方法论》一书，同一年，宋应星的《天工开物》也在中国问世，两部著作都是用科学语言和术语写成的，也都在世界范围内产生了重要影响。笛卡尔长于数理分析，宋应星在生命科学领域内某些论述则高出西方。宋应星已经萌发出生物进化的思想，这一点后来为达尔文所反复引证："在一部古代的中国百科全书中，已有关于物竞天择原理的明确记述。"宋应星以蚕茧为例，系统地阐述了他的生物进化思想，引起了包括林耐在内的西方生物学家的强烈共鸣。

《天工开物》是一部非常珍贵的科技文献，在我国乃至世界科学技术史上都占有重要的地位，受到国内外科学界的高度重视。它刊行后很快传到日本，日本学者评价说："作为展现在悠久的历史过程发展起来的中国技术全貌的书籍，是没有比它更合适的了。"1869年它被译成法文，传到西方，以后又被译成英文，西方研究者把它誉为"中国17世纪的工艺百科全书"。

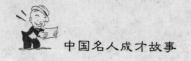

第三章 著名企业家的故事

刘 晏

刘晏（715～780）。理财家。字子安。曹州南华（今山东菏泽西北）人。肃宗上元元年（公元 760 年）为户部侍部，充度支、铸钱、盐铁等使。代宗广德元年（763 年）任吏部尚书、同平章事。不久罢相。仍领度支盐铁转运租庸使及东都、河南、江淮、山南等道转运租庸盐铁使等职。理财达 20 年。疏浚汴水，用分段转运方法，每年运江淮粮食数十万石。以解决关中食粮。整顿盐法。在离盐乡较远地区设置常平盐。缺盐时平价出售存盐又实行常平法。德宗即位后。被杨炎诬陷而死。

聪颖过人 有胆有识

刘晏出身于一般官僚家庭，祖父刘恭，做过新井县令，父亲刘知海，出任过武功县丞。刘晏从小聪慧敏智，刻苦好学，七八岁时就能熟读诗文，会写文章，有神童之誉。

开元十三年（725），唐玄宗到泰山封禅，百官相随而行。当玄宗行至曹州行宫时，刚十岁的小孩刘晏，给玄宗送来了他自己写的《东封书》，歌颂皇帝东封泰山。出色的文采，使玄宗大为惊奇。他命宰相张说当面测试。张说问过刘晏，果然才智过人。他赞不绝口，回奏玄宗说："这是国家将来的好征兆啊！"于是，玄宗将刘晏带回长安，破格授予他秘书省正字的小官，负责图书文字的校勘工作。在秘书省，刘晏有机会阅读大量著作，充实自己的学问。开元十五年（727），玄宗在勤政殿看杂技表演，有位叫王大娘的正在表演头顶百尺竿，玄宗召来刘晏，要他咏一首王大娘戴竿诗。刘晏脱口而出：

> 楼前百戏竞争新，
> 唯有长竿妙入神。
> 谁得绮罗翻有力，
> 犹得嫌轻更著人。

玄宗听后惊异赞叹！玄宗又问刘晏，你做正字，正了多少字？刘晏回答，天下字都正了，唯有"明"字还未正得，老向一边倾斜。这机智、风趣的回答，逗得玄宗及在场的人大笑不止。

天宝七载，刘晏出任夏县（山西夏县）令，后来又任温县（河南温县）令。他所到之处为百姓谋利施惠的事迹均有记录可查，老百姓把这些事迹刻在石头上传示后人。

天宝十四年（755）冬，安禄山起兵反唐，陷洛阳，破潼关，玄宗逃到了成都，京城长安也落入叛军手中。天宝十五年（756）七月，玄宗的儿子李亨在灵武即位，改元至德。在战乱中，刘晏逃到了襄阳避难。襄阳是玄宗第十子李璘的地盘，他是江陵四道的节度使，想乘此机会招兵买马，夺取皇帝宝座。他知道刘晏的才华，想让他来担任藩国里的重要职务。刘晏分析了永王李璘的情况，坚决辞谢，而接受了唐肃宗的任命，就任户部度支郎中，兼侍御史，掌管江淮地区的租庸事宜。刘晏从襄阳赶到吴郡（苏州）上任，此时，永王正率大军反叛。刘晏劝说吴郡太守李希言奋力抵抗，刘晏又分兵把守余杭，李希言兵败后和刘晏汇合。不久，李璘兵败。在抗击李璘的叛乱中，刘晏有胆有识，立下了功劳。

从此，唐肃宗对刘晏更加信任，调任刘晏为鼓原太守，后又升任陇、华二州刺史、河南尹。

亲自勘察 疏浚漕运

唐军收复长安后，刘晏于乾元二年（759）被任命为京兆尹，做了首都长安的行政长官。京兆尹是个重要的职务，也是个很难当得长久的官。在皇帝眼皮底下做官，周围还有不少地位比自己高、权力比自己大的王公官僚，倘若没有官场经验的人，要想在这个位子上周旋得开，那是很困难的。刘晏以才能升任，一不善于应酬，二又无靠山，不久就卷入一场政治纠纷，被贬了官。

司农卿严庄，因犯有通敌罪被捕入狱。刘晏作为京兆尹，就把他的住宅看管起来，加以监视。这是他职权范围的事，但却因此遭到严庄的忌恨。唐肃宗本来要严惩严庄，经不住严庄上下活动，最后不但赦免无罪，还亲自召见他。在肃宗面前，严庄诬告刘晏有野心，功居自傲，不尊重皇上，并告诉他泄露皇帝在宫中的讲话给别人听。皇上听到这些就信以为真。加上在上元元年（760）刘晏接替第五琦，出任户部侍郎、兼御史中丞、度支盐铁铸钱使，权力过大，引起宰相萧华的妒忌，也在皇帝面前说他的坏话。肃宗就不加分辨，在上元二年（761）将刘晏贬为通州刺史。

刘晏在通州作了半年刺史。唐肃宗去世，他的儿子李豫继位，是为代宗。代宗即位后不到两个月，就把刘晏召回京城，官复原职，继续加以重用。

宝应二年（763）正月，代宗升任刘晏为吏部尚书、同中书门下平章事，做了宰相，还兼度支等使。刘晏在朝廷，长期与宦官程元振交好，程元振因事获罪，一些人就攻击刘晏与程元振关系密切。于是，第二年就罢相，改为太子宾客。

两个月后，即广德二年（764）三月，刘晏又被任命为御史大夫，领东都、河南、江淮转运、租庸、盐铁、常平使，分理天下财赋。刘晏受命后，马上着手解决京师粮食和全国财政的问题。

当时正是安史之乱后，京师粮食奇缺，米价高到每斗一千钱，连宫廷膳房也没有隔夜粮，长安郊外的农民把还没有熟透的麦粒从麦穗上揉搓下来交纳，供军队用。

首先，他着手整顿江淮漕运。长安是全国的首都，人口稠密，周围所产粮食已不能满足需要。每年要从东南各地调进大量粮食，安史之乱后，原漕运路线破坏，漕运不畅通，因而发生粮荒。为解决漕运线路问题，刘晏亲自到各地勘察，他顺着黄河，察看三门峡漕运遗迹，到过碛石、河阴、洛口等许多地方。在获得第一手资料的基础上，总结以前的漕运经验，选取了由淮河经汴水入黄河，再由黄河转渭水到长安的运粮路线。在给宰相元载的信中，他详述了打通这条路线的好处和存在的问题，希望朝廷给予支持。当时，元载独揽朝廷大权，无暇顾及这些具体的事，得到刘晏的报告后，立即就把整治恢复漕运的事全部委派刘晏去办。

刘晏按照自己确定的漕运路线，在他的指挥下，征集民工，疏浚河道。经过大力整治，才使久已荒废的汴水畅通，打通了漕运路线的关键一步。

汴水一通，整个漕运就活了。接着，刘晏又整顿管理，改善航运方法，改革漕运组织，大大缩短了漕运时间，使江南的粮食不断运进长安，最多的时候，一年漕运粮食达一百一十万石。

保证了长安的粮食需求，稳定了粮价。当运粮首批船到达长安时，京城轰动。代宗十分高兴，派遣了军队的鼓乐队到东渭桥吹号击鼓迎接，还派使者骑马飞驰代表皇帝慰问刘晏说："你啊，真是我的萧何！"萧何在汉楚战争中以充足的后方供应保证了刘邦的胜利，从而建立奇勋。代宗将刘晏比作萧何，可见他对漕运的重视了。

随着漕运的开通，刘晏的声望越来越高，这引起了宰相常衮的嫉妒。常衮是继元载之后当宰相的，他对代宗说刘晏是有德望的老臣，应该任命他为左仆射。实际是想夺刘晏的权。左、右仆射是尚书省的长官，但玄宗以来，左、右仆射不像唐初那样是宰相，而只是个尊位，并无实权。代宗认为国家财政刚走上轨道，正需要刘晏这样的人发挥作用。于是在任命刘晏为左仆射的同时，仍旧兼领度支诸使，没有剥夺他手中的实权，而是继续发挥他的理财才能。大历十四年（779）五月，唐代宗去世，唐德宗即位。有人奏请德宗要求撤换转运诸使，刘晏本人也请求辞职。但德宗没有批准，反而加任他为关内、河东的转运、盐铁及各道的青苗使。

治财治人　相得益彰

刘晏主持全国财赋工作，除了在改革漕运制度取得巨大成功外，他对盐政的改革也取得了辉煌的成就。

首先，他精简盐政机构，删除冗员，清除了一批盐政机构中鱼肉百姓的盐官。除在主要产区嘉兴、海陵、盐城、新亭、临平、兰亭、永嘉、大昌、侯官、富都等十地设立盐监，管理和收购食盐，又在涟水、湖州、越州、杭州四地设立盐场，便于食盐的储存、分销。为了维护官盐的畅销，他还在扬州、陈许、白沙、淮西、浙西、宋州、泗州、郑滑等十三个地方设立巡院，捕缉私盐的偷运偷销，同时也兼管官盐的营销。刘晏的部署虽然很周密，但盐商唯利是图。一些偏远地区盐商们由于利润过低而不愿前往，因而缺盐。为了补救，刘晏设立常平盐，将官盐运到偏远地区储存起来，缺盐时把盐拿出来销售，调节市场，平抑盐价。除此之外，刘晏还在吴、越、扬、楚四地设置盐仓无数，积盐二万余石作为储备，盐产时丰时歉，

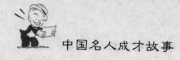

有了储备，就保证了民间的需要。

这些改革，使盐政走上了健康发展的道路，不但方便商人，还稳定了盐价。而更为主要的是使唐朝政府的收入大大增加。江淮的盐利从每年四十万缗，增加到六百万缗，几乎占了国家收入的一半。

刘晏不但精于理财，也精于用人。他的理财成就是和他善于用人分不开的。他始终认为"办集众务，在于得人"，他选用官吏，不循资历，大胆起用新秀。在用人上，他将部下分为"士"与"吏"两类，他曾说，士子是通过考试获得官职，得到提拔，所以他们把名声看得重于利益；吏员不是通过考试而得到爵禄，所以他把实利看得重于名声。因此，刘晏把财政出纳、查办检举告发这些重要的事，全部交给士子去办，吏员只是办理文书的起草、收发而已。这无疑对于防止贪污舞弊的发生起了一定的作用。

德宗时代，杨炎任宰相。杨炎是前宰相元载的亲信，元载因专权骄横，被代宗治罪。当时刘晏是吏部尚书，由他负责审理元载的案子。刘晏按照代宗的授意，把元载判处死刑，元载的党羽也大部分受到贬斥，而时任礼部侍郎的杨炎也受到降职处分。杨炎当了宰相，为了报复前仇，就处处找刘晏的岔子，甚至不择手段陷害。他先夺去了刘晏的财权，以盐铁、转运应集中户部统一管理为理由，撤消了盐铁、漕运等专使职务，解除了刘晏在财政上的职权。接着，又奏请德宗贬刘晏为忠州刺史，派人监视。建中元年（780）七月，诬陷刘晏与朱泚勾结，蓄谋作乱，德宗派宦官赐刘晏死。一代杰出的理财家就这样蒙屈而死，终年六十五岁。

刘晏死后，杨炎籍没其家。登记在册的"唯杂书两乘，米麦数斛"，这样的清廉作风，在封建社会的官吏中是非常难能可贵的。

盛宣怀

盛宣怀（1844～1916），江苏武进人。字杏苏，号愚斋。1870年（清同治九年）入李鸿章幕。曾督办轮船招商局、总办中国电报局、督办华盛纺织总厂，又任山东登莱兵备道兼东海关监督、天津海关道兼津海关监督。1896 年（光绪二十二年）起，相继接办汉阳铁厂、大冶铁矿，兼办萍乡煤矿，经办卢汉铁路，督办中国铁路总公司，创办中国通商银行。1900 年参与东南互保活动。次年升任会办商约大臣，向列强出卖铁路和矿山权利。后创办天津中西学堂和上海南洋公学。1908 年任邮传部右侍郎，成立汉冶萍煤铁厂矿公司。1911 年初（宣统二年底）在皇族内阁邮传部大臣任内，与四国银行团签订湖广铁路借款合同激起铁路风潮。武昌起义爆发，被革职，逃亡日本。1912 年返回上海。有《愚斋存稿》及《盛宣怀未刊信稿》等。

盛宣怀出生在一官僚家庭。祖父盛隆，曾任浙江海宁州知州。父盛康，官至湖北盐法道。盛宣怀自小也和其他官宦子弟一样，希望能踏上仕途，升官发财。他埋头于《四书》、《五经》。1866 年（同治六年），盛宣怀考中秀才。为了考中举人，他日夜苦读，但连续三次报考举人，都名落孙山。盛宣怀受此打击，认为走科举之路没有希望，得重新选择自己的人生之路。

几年后杨宗濂举荐他进入了李鸿章幕，不久取得李鸿章的信任，得以参与其创办的洋务民用性企业，也正是由于这一契机，使盛宣怀的人生之路从此走向飞黄腾达。

盛宣怀深知自己非科甲出身，若想平步青云，必须拿出真正的成绩来。在当时，洋务大官僚几乎都一致认为兴办洋务军事工业，才能求强致富，这是关系到清政府统治的头等大事。盛宣怀没有参加洋务派所办的军事工业活动，却抓住机遇，掌握了近代民用企业的管理权。

创办民用企业困难重重，不仅缺乏资金、技术和设备，而且旧的顽固势力也出来作梗，但盛宣怀没有打退堂鼓。1872 年 4 月，盛宣怀参与创办第一个洋务民用企业轮船招商局，就是抱着"以分洋商之利"的目的积极筹备的。他制定《轮船章程》，为招商局的经营管理做了最初的规划。该局开办之时盛宣怀被委任为会办，由于李鸿章的支持，他谋得了督办职务，掌握了招商局的用人管理实权，奠定了他在清末经济领域内的重要地位。

1875 年为了建立海防和求富，清政府不断引进机器用于煤矿开采。盛宣怀被派到湖北去筹办湖北开采煤铁总局，他先后带领外国工程师马立师、敦来到湖北广济、兴国等处勘探煤铁矿藏。并于

1878 年初购得大冶铁矿山。因为经费紧张，不得已半途而废。但是，盛宣怀在湖北开展的工作，为后来洋务派大员张之洞创办汉阳铁厂铺平了道路。

盛宣怀经管另一洋务企业是电报局。1881 年，他被李鸿章奏请任电报局的总办，从此在架设电线、创办电报上劳累奔波，取得了很大成绩。第二年，盛宣怀又接办了苏浙闽粤等省陆线，不久又架设长江线。1885 年，因"海防需要"，设济南至烟台线，随又添至威海、刘公岛、金线顶等地方。由于东三省边防吃黑，由奉天接展至吉林珲春陆线。又因郑州黄河决口，为了筹办工赈等事宜，由济南接设电线至开封。1888 年，因襄樊地处交通要道，且为湖北的重要边防要塞，乃由沙市起设线至襄樊，又逐渐延伸至襄阳到老河口的电线。1895 年，由西安起接设电线与老河口相接，使得西北电线得以西线传递。电报局是洋务派官僚办企业的重要组成部分，所设电线也是清政府适应军事需要才大力发展的，但不能否认，盛宣怀在经营、管理方面所下的功夫。

1896 年对于盛宣怀来说是个好年头。这年 4 月，张之洞为筹办卢汉铁路和汉阳铁厂准备招商集资，请盛宣怀到武昌详谈，二人谈得非常投机，盛给张留下了非常好的印象，认为他是办企业的人才。中日甲午战争以后，中国自办铁路和开采矿山，就是对外国资本的抵制。盛宣怀在承办汉阳铁厂后，多次申明必须掌握所有权。在他看来，如果不坚持这一原则，恐怕厂与路都会为外商侵占，后患无穷。

因此，盛宣怀主张借洋债筑路而反对洋人入股，因为洋人入股筑路，路权必为洋人所占，而借款自造则不同，债是洋债，路是华路，不要海关收入作为抵押。1897 年，英商屡次要求承造粤汉铁路，他认为如满足英商要求，则沿海内地都为其扼制，坚决不同意让英商办。盛宣怀在维护国家利益方面做了很多贡献。

盛宣怀看到西方列强夺取中国矿权，造成了许多有损中国利益的情形，指出不能为外人占去矿权与路权，也不许将矿产原材料制为成品。于是，他多方筹借资金在全国范围内购买矿山，在上海设立勘矿总公司，组织人员勘查矿藏。1908 年 3 月，盛宣怀合并汉阳铁厂、大冶铁矿、萍乡煤矿为汉冶萍公司，形成了一个庞大的钢铁集团。

盛宣怀虽说经济事业上取得较大成功，但在半殖民地半封建社会里，没有权力也是行不通的。因此，盛宣怀也积极参与政治活动。1900年义和团运动时期，八国联军入侵中国，当北方义和团和清军英勇抵抗侵略军之时，英国以保护长江沿岸的商民为借口，派军舰闯入长江，并占据沿岸的商埠。这是英国侵略者为阻止义和团运动进入南方，保护其在长江流域利益的不法行动。鉴于这种情形，盛宣怀第一个提出"东南互保"之议，他与各国领事经过一段时间商议，提出"互保"方针告知东南几省的督抚：剿团、护使不援京师；上海租界归各国保护，长江内地均归督抚保护。各省督抚对盛宣怀的这一提议深表赞同，他们派盛宣怀为代表与各国领事尽快商讨订约。这时，原先只有英国参加的"互保"活动，引起了其他国家的注意，美、法、俄、德等国也加入进来。清政府宣战令传到东南各省后，刘坤一、张之洞和李鸿章拒不执行。他们和盛宣怀积极谋划，为促东南互保的形成。盛宣怀积极奔走，代表东南督抚与外国驻上海领事代表美国人古纳订立了互保章程。

"东南互保"表面看来与清政府的对外"宣战"自相矛盾，但实际上对内镇压义和团，对外妥协二者又是一致的。因此，清朝最高统治者后来认为，"互保"对自己的统治利益有利，于是对《东南互保章程》立下汗马功劳的盛宣怀大加奖赏，赐予其太子少保的官衔，这为盛宣怀以后的政治活动帮了大忙。

盛宣怀对清王朝是十分依赖的，他企望靠清政府的权势来增强其经济势力。因而，对清末风起云涌的资产阶级民主革命，盛宣怀是十分敌视的。对于各地的饥民暴动，他建议招抚为主，打击为辅；对于一些比较有组织的会党起义，他主张全力进剿。革命派以推翻清王朝，建立共和国为理想，不断发动武装起义。盛宣怀为此忧心忡忡，担心革命力量壮大，一发不可收拾。

盛宣怀为了壮大自己的经济实力，主张铁路干线国有，企图形成自己掌握的垄断经济体系，结果引起各地保路运动的发生，直接导致辛亥革命的爆发。

前面讲到的汉冶萍公司，是钢铁联合企业垄断组织的逐步形成。1909年，盛宣怀又重新控制轮船招商局，他所主管的中国通商银行也有较大的发展。1910年，盛宣怀又被任命为帮办度支币制事宜，可以统一铸币大权。为此，他极力要建立自己的经济垄断体系。虽

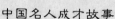
然邮传部尚书职务对其管辖铁路提供了方便，但铁路所有权收归国有后不仅便于控制，且有利于与外国人进行交易。1911年，清政府终于宣布铁路国有。盛宣怀会同度支部与英、美、法、德四国银行团订立了川汉、粤汉借款合同。此举招致国内一片叫骂声，由此爆发了轰轰烈烈的保路运动，盛宣怀成为革命所打击的对象。

武昌起义爆发后，盛宣怀力劝隐居河南的袁世凯出山进行镇压，并答应提供军饷，但革命的发展形势不像盛宣怀所想的那样，清王朝大势已去，且为平息众怒，还把盛宣怀革了职，他在国内难以立足，只得流亡日本，但轮船、汉冶萍等重要企业还在他的掌握之中。

南京临时政府成立后，中外反动势力企图联合扼杀这个新生政权，首先在经济上进行封锁。远在日本的盛宣怀也积极响应，站在反动势力一边，对临时政府持仇视态度。当南京政府迫不得已要将汉冶萍作为中日合办以及招商局作抵押向日本借款时，盛宣怀坚决反对，当然，他并不是站在民族利益上来反对，而是出于对政府的仇视。

盛宣怀失去了赖以生存的清政府以后，又把眼光盯到了袁世凯身上，他希望凭借这个实力派人物能保下他那万贯家产。于是，袁世凯窃国为民国总统之时，盛宣怀处处表彰袁的非凡才能。当反对袁世凯破坏民国的"二次革命"爆发时，盛宣怀竟说这是革命流毒忽又发作，咒骂"二次革命"是一次"叛乱不息"，希望北洋军南下消灭这支革命力量。

袁世凯对盛宣怀也给予回报，盛宣怀回国后避居青岛，对汉冶萍公司和招商局重新主持，袁政府在其经营、发展时给予扶持，这更让盛宣怀感激涕零。晚年的盛宣怀，虽不如辛亥革命前那样春风得意，但也有了个还算自己满意的结局。1916年，这个在近代中国政治和经济领域里曾经显赫一时，颇有影响的盛宣怀病逝，终年62岁。

盛宣怀是洋务活动中的中坚人物，他推行商本商办民用企业对社会起了一定的作用，但他与袁世凯勾结，仇视革命又是他人生一大败笔。

邵逸夫

邵逸夫 1907 年出生在上海。17 岁进入大哥的天一影片公司打工，随三哥闯荡东南亚；1932 年，在香港拍出中国第一部有声电影《白金龙》；1959 年在香港成立了邵氏兄弟香港有限公司，建立邵氏电影城，拍摄的影片在历届亚洲电影节中共得大小奖项 46 项，创下了中国电影史上的最高纪录；1980 年，成为香港电视（无线）有限公司董事局主席，无线电视台获得长足发展；1973 年，邵逸夫创立了香港"邵氏基金"，用于提高社会福利；1985 年以来，邵逸夫又多次捐款支援中国大陆兴办教育事业，到 1992 年初，他捐资兴办的教育项目已达 84 个，总额达 5 亿多港元。

影视皇帝邵逸夫的祖籍是浙江镇海。他 1907 年出生在上海，是家里的第六个孩子。

邵逸夫兄弟后来纷纷投身电影事业，无疑是受父亲的影响。

邵逸夫的大哥邵醉翁，本来就十分喜爱戏剧艺术，常常自己写个剧本，让家里养着的演员排演。接触到电影之后，他就开始筹拍电影。几个小弟弟邵屯人、邵仁枚和邵逸夫更是高兴地整天围着他转。后来邵醉翁创立"天一影片公司"，几个弟弟也都加入进去。

天一影片公司所拍的第一部影片，就是邵醉翁自己编排的戏剧。这部影片花了邵家 2000 块大洋，但就是这白花花的 2000 块大洋，像雪球一样，滚出了邵家不可一世的电影事业！

天一影片公司属于小影片公司，这类公司当年过于追求商业利润，拍起影片来粗制滥造，弄得整个电影业的名声都不好，生意一落千丈，引起了其他影片公司的不满。1927 年，领导中国影业的"明星公司"老板周剑灵联合"大中华"、"百合"、"民新"、"友联"、"上海"和"华剧" 6 家大公司，联手组成"六合影业公司"，与南洋影片商集团订合同，一致不买天一影片公司的影片。这就使邵家的天一公司陷入了四面楚歌的困境之中。

这时，邵逸夫的三哥邵仁枚接管了天一公司的营业经理职务。

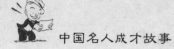

他比大哥更多些经营头脑，首先想到的是为公司的产品找到销路。他对着地图苦苦思索，究竟该向什么地方去谋求发展呢？邵逸夫在一边笑话他说："你的手已经划到外国去了！"这句话反而提醒了邵仁枚。他说："外国怎么啦？外国人也要看电影的么！"他认真分析说，东南亚一带华人多，中华文化影响也大，久离祖国的华侨思念家乡，也许那里正是国产影片的好市场呢！大哥邵醉翁也动心了，当即一拍桌子，说："去！我们就是要打到国外去！"

邵仁枚带上几部天一公司的影片，乘船去了新加坡。可是，新加坡的各个电影院却像约好了一样，都不接受他的影片，理由是从来没听说过这家公司。邵仁枚焦头烂额地回到旅馆，一筹莫展。幸亏后来有热心人把原因告诉了他，原来新加坡的华侨多数是广东、福建人，排斥其他地方的人。邵仁枚一听有了办法，他发现新加坡华英戏院老板孔先生是宁波口音，便与孔先生攀乡亲。孔先生终于答应把戏院租给邵仁枚放电影。为了打响第一炮，邵仁枚煞费苦心，在影片上映之前大造舆论，使当地华侨都知道要放中国电影了；同时票价特别低廉，这果然吸引了大量观众，电影院所有座位爆满，还有人买"站票"进去。散场之后，这些人回去一宣传，使更多的观众蜂拥而来，情况比邵仁枚预想的还要好！

邵仁枚忙得不可开交，只得拍电报回国，要六弟邵逸夫来当帮手。

当时，西方已经有了有声电影，但中国和东南亚还停留在"哑巴电影"的时代。他说："现在大家都困难，舍不得拍有声电影，我们正好乘虚而入，捷足先登！"三哥邵仁枚沉吟了片刻，鼓励弟弟说："那你就动手干吧，我们会支持你的。"

然而真正动手干，事情却不是那么简单。有声电影究竟是怎么回事，邵逸夫头脑中也是一片空白，他要的演员没有，机器没有，音响设备没有，连资料都没有，他所知道的只有一点，就是这些东西在欧洲有、美国有。

后来，邵逸夫回到祖国，与粤剧表演艺术家薛觉生合作，终于拍出了中国第一部有声电影《白金龙》（1932年）。有声电影放映出来，声情并茂，轰动一方；同时又能使许多买不起戏票的人能领略粤剧表演艺术家的风采，更是大受欢迎！观众对电影中的人说话都十分惊奇，只要一有声音出来，就大声欢呼！据说有一次在泰国

（时称暹罗）放映时，观众硬是把留声机砸开，要看看是不是有人藏在里面。害得邵逸夫每次放电影都要派专人保护留声机。这部影片让邵逸夫赚了大钱，仅在广州放映的票房收入就是它全部拍摄成本的60倍。这一成功不仅使邵氏机构转危为安，而且也开创了中国电影史上有声电影的新纪元。

1959年，邵逸夫在香港成立了邵氏兄弟香港有限公司。为了打好基础，扎扎实实地推进他的事业，他决定先在香港建立自己的电影王国。他乘着汽车在香港转了一整天，看中了清水湾附近一座半荒的山岗，于是投入巨资，将整个山岗买下来。紧接着，成队的机械开到了山下，将整座山岗削成平地，在这平地上筑起一座电影城——邵氏兄弟电影制片厂。

就在这座电影城中，邵氏兄弟先后拍摄了1000多部电影，其中不少给观众留下了深刻的印象。为了打响邵氏影城的第一炮，邵逸夫亲自挑选剧本，从几十部剧本中，最后选中了描写貂蝉故事的《江山美人》，因为他预测古装片会受观众欢迎。然而财务人员一做预算，便劝邵逸夫放弃这部片子，因为至少要花100万港币！财务人员想的是，万一这部片子拍得不成功，邵氏公司就有瘫痪的可能。但邵逸夫想的却是，大胆起用年仅30岁的李翰祥担任导演。李翰祥果然没有辜负邵逸夫的厚爱，《江山美人》一炮打响，创当时香港电影票房最高纪录，并且囊括了第五届亚洲电影节五项大奖。这部电影不但使邵氏公司站稳了脚跟，也使李翰祥一举成名。

到20世纪70年代初，日本、泰国、新加坡、澳大利亚等几十个国家和地区建立了200多家邵氏影片的发行网点，专门放映邵氏公司拍摄的中国影片。用邵逸夫的话说，邵氏公司挂起了"太平洋银幕"！

20世纪60年代，是邵逸夫开创电影王国的黄金时代，邵氏公司网罗了大量编、导、演人才，每年都能拍40多部故事片。从1958年到1973年，邵氏公司拍摄的影片，在历届亚洲电影节中共得大小奖项46项，创下了中国电影史上的最高纪录。

司马迁的《史记》中有句名言，叫"物极则反"。老祖宗总结的道理，邵逸夫当然也懂。20世纪60~70年代，邵氏公司经历了全盛时期，也是整个世界电影业的黄金时代。进入80年代，与整个世界影业一起，邵氏公司也开始向下坡滑行了。

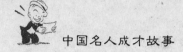

邵逸夫比谁都清楚，力挽影业颓势的最好招法，是将业务多元化发展。他把目光投向了当时电影的最大敌人——电视。当 20 世纪 60 年代中期香港政府公开招标竞投无线电视广播经营权时，他毅然与几位志同道合的投资者合作，一举夺标，闯进了电视广播领域。1967 年底，无线电视正式开播，邵逸夫从此成为"香港电视广播有限公司"（无线电视台）的董事。1980 年，邵逸夫出任董事局主席以后，把"邵氏影城"的明星和香港演艺界的精英都网罗到了门下，一时无线制作的高水平高质量的电视剧集纷纷出笼（如 83 版《射雕英雄传》），每晚黄金时间播出的《欢乐今宵》，更以其丰富多彩生动活泼的内容深受广大市民的欢迎，于是收视率急剧上升。此后十多年，一直以 8:2 或 7:3 的比例压倒"亚洲电视"，雄视香港。

包玉刚

包玉刚，1918 年生于中国浙江宁波，宋朝包拯第 29 世孙。1991 年 9 月 23 日病逝。

在世界的 7 个著名船王中，包玉刚是王中之王。在 1980 年他的环球集团鼎盛时期，他拥有 210 艘万吨巨轮，总载重量 2100 万吨，超过美国、苏联这两个超级大国所拥有的船队载重总量，比希腊船王尼亚克斯和奥纳西斯两家船队载重量的总和还要多一倍。

包玉刚不仅仅是世界船王，他的业务还包括酒店、房地产、贸易、交通运输、电子、航空运输，形成一个海陆空立体的多元化企业集团。据估计，他的财产至少有 300 亿港币。

包玉刚不仅仅是一个商人。他主张"政商合一"，被人们誉为"经济界的政治家"。他与世界许多国家的首脑交往甚笃。1976 年，英国女王伊丽莎白曾授予他爵士头衔，比利时国王、巴拿马总统、巴西总统、日本天皇也先后授予他勋章或最高奖章。他曾受到英国首相希思、美国总统里根的特别宴请。我国领导人邓小平、江泽民多次接见了他。

成功来自勤奋

包玉刚一踏上社会就以勤奋和善于思考而取胜于人。22 岁时进中央信托局衡阳办事处工作，很快地熟悉了信托、购料、易货、储蓄、保险等各个环节的业务。不久就被调任为中国工矿银行衡阳分行的副经理。

在新的工作岗位上，年轻的包玉刚充分显示了自己的才能，他调度有方，应付自如。当时因战事交通受阻，中央银行衡阳分行突告现金短缺，周转不灵，包玉刚及时给予 500 万元现钞的支援，帮其度过了难关。浙江省银行得知此事后，对包玉刚倍加赞赏，从而全力支持他的工矿银行的业务。随后，包玉刚被调升为中国工矿银行重庆分行经理。

1945 年，抗战胜利后，包玉刚从重庆回到上海，被委任为上海市银行业务部经理。第二年，又被提升为上海市银行副总经理兼业务部经理。28 岁的包玉刚在上海金融界崭露头角。

到香港后，包玉刚勤奋从业，艰辛经营，成了当今世界闻名的"世界船王"。包玉刚虽然成了香港的富豪，但他从不懒散放荡，几十年来不嗜烟酒，生活严肃，专心事业。他每天都要与分布在世界各地的子公司、办事处通电话，以便掌握最新信息，做出相应决定。

为了保证精力充沛，更好地工作，包玉刚坚持锻炼身体。每天早晨起来首先跳绳 400 下，接着跑步，然后跃入游泳池游泳。

40 多年间，不论在香港、北京，还是在美国、日本，从未间断过。有一次，他在联邦德国，大清早冒雪在路边跳绳、跑步。一名全副武装的警察神情严肃地在旁边盯着他，怀疑这个东方人有精神病。直到仔细检查了包玉刚的证件后，才悻悻离去。

包玉刚不仅严格对待自己和家人，对公司职员也同样严格要求。他经营的环球航运公司先后管辖过 400 多艘船，包玉刚几乎与每位船长、工程师都谈过话。凡是信息网络反馈出哪条船的船长、工程师酗酒、嗜赌，不论其技术好坏、能力强弱，立即解雇；他认为技术再好、能力再强，有这些毛病，都不可能勤奋地工作，都会玩忽职守，造成无法弥补的巨大损失。

包玉刚勤奋治业的精神，使其经过 20 多年苦心经营的环球航运集团业绩辉煌，总载重吨位达 2100 万吨，跃居世界航运业之冠。

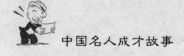

敢于接受信心的挑战

包玉刚不是航运家，他的父辈也没有从事航运业的。中学毕业后，他当过学徒、伙计，后来又学做生意，30岁时升到了上海工商银行的副经理、副行长，并小有名气。31岁时包玉刚随全家迁到香港，他靠父亲仅有的一点资金，从事进出口贸易，但生意毫无起色。拒绝了父亲要他投身房地产的要求，他表明了欲从事航运的打算，因为航运竞争激烈，风险极大，亲朋好友纷纷劝阻他，以为他发疯了。

但是包玉刚却信心十足，他看好航运业并非异想天开。他根据在从事进出口贸易时获得的信息，坚信海运将会有很大发展前途。经过一番认真分析，他认为香港背靠大陆、通航世界，是商业贸易的集散地，其优越的地理环境有利于从事航运业。37岁时包玉刚正式决心搞海运，他确信自己能在大海上开创一番事业。

包玉刚早有独立创业的强烈意识，终于，他抛开了他所熟悉的银行业、进口贸易，投身于他并不熟悉的航海业，人们对他的讥笑多于嘉许。的确，对于穷得连一条旧船也买不起的外行，谁也不肯轻易把钱借给他，人们根本不信他会成功。他四处告贷，但到处碰壁，尽管钱没借到，但他经营航运的决心却更加强了。后来，在一位朋友的帮助下，他终于贷款买来一条有20年航龄的烧煤旧货船。从此包玉刚就靠这条整修一新的破船扬帆起锚，跻身于航运业了。

包玉刚一条破船闯大海，当年曾引起不少人的嘲弄。包玉刚并不在乎别人的怀疑和嘲笑，他相信自己会成功。他抓住有利时机，正确决策，不断发展壮大自己的事业，终于成为了世界上最大的私营船舶所有人。

以信取胜，获得别人的帮助

包玉刚之所以秀出于企业家之林，一个重要的原因就是他守信用、讲信誉，忠其言、善其行，因此而获得汇丰银行的信赖和支持，经济上有了强大的后盾。

早在1949年以前，汇丰银行在中国的各外商银行中就已首屈一指。那时它已控制了整个香港金融市场。1956年，包玉刚以一艘船做抵押，向汇丰银行贷款，得到了汇丰银行高级职员桑达士的支持。

后来，日本航运公司急欲租用船只，包玉刚打算用100万美元购买一艘 7200 吨的货船，租给日本航运公司 5 年。日航公司愿意请它的往来银行开具一张 75 万美元的"信用状"，资助包玉刚买船。这个信用状上的 75 万美元作为租船第一年的租金。包玉刚准备用这个信用状向汇丰银行抵押，借款去买船。他就此事与桑达士商量。桑达士认为日航公司不会这样做。可是，包玉刚真的从日航公司拿来了信用状。桑达士完全信服了，同意给予贷款。从此汇丰银行一再支持包玉刚。

据估计，汇丰银行对包玉刚集团的投资，账面价值已超过 5000 万美元，市场价值还要大得多。由于有国际金融资本作坚强后盾，才使包玉刚的事业立于不败之地。

除汇丰银行外，包玉刚以其严守信用的作风取信于日本造船业界及金融界，这也是他成功的重要因素之一。60 年代，日本的造船工业，达到全世界建造新船总吨位的一半。无论价格、质量、交货日期等，各国船厂很难与其相匹敌。在世界航运业大发展的时候，各国船东争相在日本造船。包玉刚从 1961 年起，开始在日本订船。他的船队里 90% 以上的新船，都是日本造船厂建造的。1971 年，世界航运业出现萧条，船东们不再惠顾日本造船厂，但包玉刚却依旧在日本订了 6 艘船，总吨位为 150 万吨。日本造船厂的负责人称包玉刚是他们"最尊敬的主顾"。所以，包玉刚在日本造船总能得到很大的方便。除日本的金融界给予支持外，日本造船厂再忙也接受他的订单。而且往往无需支付现金，并可以分期付款。

正是由于包玉刚忠其言，善其行，以信取胜，苦心经营，才使他的环球航运集团在 1981 年已发展到 210 艘轮船，总载重吨位达 2100 万吨，跃居世界航运业之冠。

李嘉诚

李嘉诚，生于 1928 年。原籍广东潮安，家境清贫。

李嘉诚是香港风云人物。20 世纪 60 年代中期，香港地产业陷入低潮，李嘉诚看准时机大举入市，由塑料厂老板摇身一变成为地产

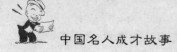

大王，之后长江集团急速壮大，业务伸展到世界各地。

李嘉诚现在控制长江、和黄、长建、港灯四家上市公司，业务范围由地产、电讯、货柜码头以至超级市场，十分广泛。计至2000年2月15日，其集团总市值达80600港元。

对香港人来说，李嘉诚意味着财富。早在1987年，国际权威财经杂志《幸福》曾估计李嘉诚拥有25亿美元的家产，名列世界第26位。李嘉诚荣登了"世界华人首富"的宝座。

1992年，在备受港人关注的香港《资本》杂志每年列出的富豪榜上，李嘉诚又以拥有38亿美元的资产居榜首，被人们称为"超人李"、"大哥诚"。

重信笃行，行侠仗义

1950年，李嘉诚用节衣缩食积攒的一笔钱开办了一家小型塑料厂，专门生产玩具和家庭日常用品。20世纪50年代后半期，欧洲和美洲市场出现了塑料花热潮。李嘉诚果断决策转产塑料花，并大量生产出口欧美。

1973年，阿拉伯石油输出国组织为打击美国等经济大国支持以色列入侵叙利亚的行动，大幅度减少原油产量，造成国际性石油危机。受此影响，香港塑胶业发生了原料饥荒。一些奸商乘机囤积居奇，使原来每磅不足1港元的胶粒暴涨到每磅4～5港元。许多中、小塑料厂难以承受原料上涨所带来的亏损，面临停产倒闭的威胁。李嘉诚对此深为关注，四处奔波，八方游说，采取各种措施帮助这些企业渡过难关。

首先，他动员进口商加紧输入塑胶原料，缓和供求矛盾；其次，从长江实业有限公司配额硬胶中拿出12万磅，按原价出售给各厂；最后，在本公司库存货物中，拨出吹气软胶1243万磅，以低于市场一半的价格卖给各厂。李嘉诚的这一义举使众多中、小塑料厂如大旱得甘霖。大家齐声称赞李嘉诚是"及时雨"。

成功地实施自我角色的转变

抗战时期，12岁的李嘉诚随父母流浪到香港。15岁便在茶楼给人端茶倒水，17岁辞职去一家塑胶厂当推销员，20岁时，他用自己的7000港元积蓄，在一个破烂的工棚里办起了自己的小塑胶厂。工厂创办伊始，资金少，人才缺，采购、设计施工、推销，他都得事必躬亲。用了10年的时间，李嘉诚已成为香港妇孺皆知的"塑胶花大王"、"千万富翁"。

下一步该怎么办？这是对李嘉诚的严峻考验。他毅然把"工厂"变成"公司"，从事无巨细都得他亲自过问的创业者英雄式管理，转到依靠管理专家、技术人才的"集团管理"上来。他依靠部属进行管理，实行分级负责。李嘉诚已经认识到，企业开办之初，企业家的艰苦奋斗是重要的，因为这时资金缺乏，各种关系又没建立，成功与失败在于创业者本身下功夫多少。可是企业站稳了脚跟（注意，有的误以为是企业的成熟），创业者初期那种"英雄式"的管理方式已经不适应了，各部门的工作要靠秘书、译员、工程师、技术人员。

目光远大，头脑灵活

李嘉诚在短短的二十几年内从一个最低级的工厂推销员一跃而成塑胶花大王，又成为香港地产界的超级巨富。他的成功，与他锐利而长远的眼光、正确的预测是紧密联系在一起的。

1950年，李嘉诚成立了自己的塑胶厂，专门生产玩具和一些家庭用品。不过，他很快发现，塑胶花将有无可限量的市场，于是果断地从经营塑胶玩具转到经营塑胶花。由于预测正确，又决策果断，李嘉诚获得了巨大的成功。塑胶花市场一直旺盛到1964年，前后7年的时间，给李嘉诚带来了数千万港元的财富，也奠定了他未来发展的基础。

也就在此时，李嘉诚超人一等的眼光又瞄向了无可限量的香港地产业。尽管1964年前后，香港房地产行业多有起伏，不少千万富翁因投资地产业而破产。可以说，当时的香港地产业处于低谷。但李嘉诚则准确地预测到：一两年的小起伏，在整个经济浪潮中是不足为虑的；何况香港人多地少，地皮永远涨价，会涨到惊人的程度。于是，李嘉诚将塑胶工业中获得的利润不断地投入到房地产行业中，放胆买入了大量的地皮和旧楼。由于他眼光独到，预测准确，结果投资地产一帆风顺，他的财富也直线上升。现在，李嘉诚已成为香港大亨中的首富。

克己奉公，不谋个人私利

虽腰缠万贯，李嘉诚从来不炫耀自己的财富，他在自己的私房

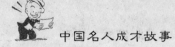

中一住就是 20 多年，戴的是普通手表。他在集团中不领薪金，每年只拿 640 美元的董事费，没有其他福利津贴，所有的豪华汽车、游艇都是他自己花钱购买的，甚至午餐也从不开公账。

长江实业集团在 1979 年站稳以前，为了表示对公司的信心并节约开支，他自掏腰包支付各位董事的薪金。

多年前的一个夏天，他儿子利用学校暑假在长江实业公司工作，曾开玩笑地对爸爸说："我是全公司待遇最低的职员。"李嘉诚对儿子说："不对，我才是。"他还说道："如今我赚钱不是为了自己。"

令香港财经记者感动的还有一件小事。有一年，他们想举办一个研习班，但缺少经费，求助于李嘉诚。李嘉诚说，若以公司名义捐款，要经董事局讨论，不如我自己掏腰包吧。马上开出了一张 2000 港元的支票。

李嘉诚的名声正是这样传扬开来，长江实业公司的信誉也正是这样树立起来的。

李 兆 基

香港富豪李兆基的名字，经常排在外国财经杂志富豪榜之列。他的成功秘诀在于眼光敏锐，他认为地产建设大有可为，全力以赴，于是创下了今天的巨额财富。

至 1990 年 3 月，恒基兆业地产公司的总市值达 106.93 亿港元，恒基兆业发展公司的总市值也有 40.85 亿港元，此外，又透过恒基兆业地产持有 29.7% 总市值为 107.61 亿港元的中华煤气、持有 32.6% 总市值 933 亿港元的香港小轮的股权。四大公司的总市值近 265 亿港元，与最初的 1.5 亿相比，真是天壤之别。

青年时期的李兆基只带着 1000 元到港闯天下。他处事心细，精于计算。他有一句格言："小生意怕食不怕息，大生意怕息不怕食。"对李兆基而言，他坚信做小生意最重要的是勤。至于说做大生意，最重要的是计算精确。生意额大，牵涉的本钱和盈利大，一出一入的利息，多一分少一分是很重要的。他最不喜欢把时间及金钱花用在吃吃喝喝的应酬之上。

李兆基的成功，当然希望延至下一代。所以他教儿子有自己一套，他说："少年得志，狂妄自大；游手好闲，不思勤奋，是失败之源；放纵自己，轻挑浮躁，早晚会闯祸；凡事不可忘本，饮水而不思源，后果堪虞。"

1928 年 1 月 29 日出生于广东省顺德，自幼在家乡私塾受教育，其父在广州开设银庄。30 年代的广东顺德，虽是珠江三角洲的鱼米之乡，但工业生产还相当落后。李兆基的父亲尽管精于生意，那时他也只不过在当地开个"铺头"而已。小小的李兆基，常常去父亲的"铺头"吃饭，似乎自幼对做生意就不陌生。

李兆基在顺德的私塾上学，小学毕业的时候，父亲已在广州开了一家银庄，他便到银庄学做生意了，父亲是老板，儿子拣点清闲活干干就行了。可李兆基偏不，他从养成工干起，干些打杂的活儿。

开初，他被银庄的钞票迷住了。你看，各种各样，大捆小捆，出出进进。他想，什么时候我也能赚上几捆钞票呢？渐渐地，他业务上也入行了，兜里也装进了一些钞票。可不知为什么吃饭没有钞票不行，但这些钞票今天可以买到一斤米，过两天就连一两米也买不到了。就在他开始懂得怎样赚钞票的时候，他又似乎觉得光赚钞票没用。他开始厌恶钞票了，为什么？他说不清楚，可他又离不开钞票。

1948 年，银庄开不下去了。李兆基跟随父亲来到香港。又是一个新天地。靠什么生活呢？人说他来香港时，腰间只揣了 1000 元，但也有人说他带了一笔可观的积蓄。可为了生活又得设法赚钱。银庄的经历使他最熟悉兑换业务，于是，他便到文咸东街泗利金号等几间金铺"挂单"，开始买卖外汇和黄金。当时澳门有黄金专营权利，李兆基便与何贤等在澳门有一定势力的人合作，在黄金买卖中"大展拳脚"，终于掘得了第一桶金。

有了资金，他又开始做五金生意，搞进出口贸易。钱，像滚雪球一样越滚越多了。

1958 年，香港商界三位能人"誓师结义"，他们是李兆基、郭得胜、冯景禧。他们同另外 5 位股东，组成"永业企业公司"，首先买入沙田酒店，红红火火地经营起来。

到了 1963 年，"三剑侠"索性"甩掉"其他股东；三人合作组建了"新鸿基企业有限公司"。"新"字是取自冯景禧的新禧公司，"鸿"字是取自郭得胜的鸿昌合记，"基"字是取自李兆基的名字。新鸿基初期的规模很小，只有十多名职员，注册资本港币 500 万元，实付资本 300 万元（每人投资 100 万元）。在当时的香港商界，三人都不过是中等的商人，

"三剑侠"经过 5 年的合作，积累了地产经验，有了新公司，更是雄心勃勃，誓与其他地产公司一较高低。别人开发地产多集中在商业和工业用地，即使兴建住宅楼宇，也多往大型屋村或豪华住区发展。但新鸿基却看准了中小型住宅楼宇，这正适应了工商业的急剧发展及青年一代组建家庭的特点，因此，新鸿基的地产事业，正可谓一日千里。

1972 年李兆基辞去新鸿基总经理一职，只留任副主席。三剑分家，李兆基获得大约价值 5000 万元的地盘和物业。就在这一年年底，他凭着这些家当又与胡宝星等组建了"永泰建业有限公司"。

公司成立之初，正值股票市场炒得天翻地覆，李兆基趁热打铁，以每股 1 元，升水至 1.7 元，将永泰建业公司实收股本 2532.4 万港元，出售股票套现，大赚了一笔。

1973 年 3 月，香港股票大崩溃，地产也陷入低谷，李兆基瞅准行情，立即将赚来的钱抛出，趁旧楼价格和土地价格大跌，迅速进行收购。实物总比钞票令他更放心。

1975 年，李兆基终于开创了自己的王国——恒基兆业有限公司。开办之初，还是一家未上市的私人公司，股本 1.5 亿港元，李兆基任董事局主席兼总经理。李兆基视之如子，料理精心。

你看，恒基兆业公司一成立，李兆基即以物业换取永泰建业公司 1900 万新股方式，掌握了永泰 42.9% 股权，成为最大股东而入住永泰董事局，使永泰迅速脱胎换骨。至 1979 年度，永泰市值已跃至 9 亿港元，扩大了 20 多倍，成为了一只中型地产股，拥有 26 个地盘，总楼面积 260 多万平方英尺。从物色、收购、发展到时机掌握永泰的过程，已足见李兆基的眼光、才智和魄力。

1981 年 6 月，李兆基抓住股市牛市和地产高潮的大好时机，一举将恒基兆业地产公司上市集得资金 10 亿港元，充实了资金实力，从而在紧接而来的股市、地产低潮中平稳地度过了不景气一关。

1985 年 11 月，恒基兆业地产公司斥资 6 亿港元，向母公司恒基

兆业及李兆基本人购入永泰建业股票1.26亿股，控制永泰股权达70.8%，通过这次收购，使恒基地产增加了永泰的36个地盘，拥有近900万平方英尺楼面面积的发展土地，土地储备扩大了23%。

1988年8月，恒基兆业集团再次改组，恒基地产收购了永泰建业。并将永泰建业改名为"恒基兆业发展有限公司"，而在此之前，永泰曾购入28.7%香港小轮股权和26.4%中华煤气股权，此次改组同时又宣布发行约12亿新股，实力更显雄厚。

按1988年底市值计算，已有36亿港元之多的市价，堪称大型上市公司，与恒基地产并列为恒基兆业集团的两大公司，成为李兆基的左膀右臂。15年前永泰市值只有4千万港元，而今的恒基发展，市值竟达40多亿港元。

李兆基，点石成金，名不虚传。据2004年《福布斯》杂志公布的一项全球富豪排行榜显示，李兆基个人净资产63亿美元，排行第61名，位居最富有的世界华人排名第三位。

张 瑞 敏

张瑞敏，山东人，著名的海尔集团总裁。

张瑞敏没有读过大学，但对哲学和企业管理却有很深的造诣。张瑞敏信奉孙中山先生的一句话：要做大事，不做大官。张瑞敏的确做了一番大事。1984年，张瑞敏接手青岛电冰箱总厂，当时该厂亏损已达147万元。而这时，中国的冰箱大战一触即发。有人这样形容：张瑞敏手中的叉子还没有递出，盘子里有限的蛋糕似乎已经被各路英雄瓜分殆尽。但具有哲学思维的张瑞敏却不这样想。他想的是：我为什么要去抢这块蛋糕呢，我要自己重新做一块蛋糕来享受。这种想法基于他对电冰箱产业敏锐的观察：当今国内市场上冰箱数量多品牌多，但并没有真正意义上的品牌。于是张瑞敏一开始就给海尔定下了"起点高，生产同类产品中最优秀、最有导向性的、起着引导消费作用的冰箱。"简言之，即名牌战略。在这个战略指导

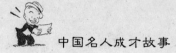

下，海尔开始了百年的创业与积累过程。1988年以来，先后兼并了六家企业。兼并之后，海尔用自己的管理观念和机制对之进行全盘改造，为被兼并企业注入海尔企业文化，以此统一企业思想，重树企业灵魂。张瑞敏做事的气魄还体现在1994年在全国宏观经济非常吃紧的情况下，居然拿出14亿投资建立海尔工业园。张瑞敏后来谈到，海尔工业园的建立，使其成为国内面积最大的家电生产基地，这能给人一种信心。曾有一个海外投资商来海尔，想谈条件，张瑞敏建议他先到海尔看看。投资商开车在工业园走了一圈之后，什么话也没说，就坐下来签协议。

张瑞敏的哲学思想最终形成了海尔的OEC管理模式，也就是全方位地对每天、每人、每事进行清理的制度，又称"日日清"制度。根据这一模式，上至总裁，下至一般员工，哪怕是一个修剪花草的工匠，都应该十分清楚自己应该干什么，干多少，按什么标准干，要达到什么结果。当天发现的问题必须当天处理。其哲学思维体现在：大小目标在实施过程中的影响因素特别多，如果不能及时处理，就会形成积重难返的大问题，以致影响目标的实现，而目标得不到实现，又会反过来影响人们的工作热情和干劲。在这个基础上，张瑞敏又添上了"日日高"的管理内容。就是说，在市场竞争中与其让别人打倒你的产品，不如自己先打倒自己，不断否定自己的过去，才能在市场上立于不败之地。对一般员工而言，每天综合评比分数最低的员工将站在特制的"6S大脚印"上听取班组长的批评与指导；对一般管理人员来说，如果某天你向上级汇报中出现"一切正常"四个字，则将被扣除一分，因为你缺乏发现问题的眼光；对更高层次的决策者而言，则意味着要随时关注从生产到销售，从资金到市场，从管理到竞争的方方面面，制定出更具有挑战性的发展战略。

即使在盛名之下，张瑞敏依然有着强烈的危机意识。为此在抓管理的同时，张瑞敏还在服务上做文章。他认为未来的竞争是服务的竞争，当我们的产业发展到一定阶段的时候，销售前后的服务是一个决定性的因素。许多百货商场的总经理总是赞不绝口：中国服务真正做到家的就是海尔。张瑞敏还认为，海尔要发展成一个全球

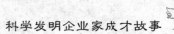

化的大集团，就必须走产业资本与金融资本一体化的道路，甚至要跨行业发展，海尔还准备建立药业分公司。用海尔一名中层干部的话讲，张瑞敏有什么样的思路，海尔就有什么样的发展。没有人能怀疑这句话。

本书精选了中国历史上最具有代表性、最有影响力的名人成才故事，这些故事既有趣味性，又蕴含深刻的道理，能够带给我们深刻的启迪，是青少年课外不可缺少的精神食粮。

ZHONGGUOMINGRENCHENGCAIGUSHI 中国名人成才故事

政治军事谋略家成才故事

竭宝峰◎主编

辽海出版社

责任编辑：于文海　　孙德军

图书在版编目（CIP）数据

中国名人成才故事/竭宝峰主编．—沈阳：辽海出版社，2011.1
（2014.4 重印）

ISBN 978-7-5451-0645-9

Ⅰ．中…　Ⅱ．竭…　Ⅲ．名人—生平事迹—中国—青少年读物　Ⅳ
．K820-49

中国版本图书馆 CIP 数据核字（2009）第 095208 号

中国名人成才故事

政治军事谋略家成才故事

主编：竭宝峰

出　版：辽海出版社	地　址：沈阳市和平区十一纬路 25 号
印　刷：三河市刚利印务有限公司	字　数：400 千字
开　本：720mm×960mm　1/16	印　张：33
版　次：2011 年 1 月第 2 版	印　次：2014 年 4 月第 2 次印刷
书　号：ISBN 978-7-5451-0645-9	定　价：89.40 元（全 3 册）

如发现印装质量问题，影响阅读，请与印刷厂联系调换。

———前 言———

中华民族是一个有悠久历史的文明古国，在这个漫漫的历史长河中，为了中华民族的发展和兴旺，一批批优秀人物前赴后继，不懈努力，才换来了我们今天的幸福生活。这些卓越人物中有腹藏治国良策的政治家，有胸怀万卷兵书的军事家，有发明创造的科学家，有吟诗作画的文学家和艺术家，还有那些为建立新中国而奋斗的老一辈无产阶级革命家。在他们身上，传承着中华民族的优良传统，展示了中国人民的优秀品质。从他们身上表现出来的人格魅力，教育了一代又一代的炎黄子孙，同样也会继续激励我们为中华崛起而读书，为了祖国的繁荣和富强而奋斗！

从古到今，正是这些伟大的人物促进了历史的发展，带来了人类的进步。阅读他们的成长故事，有益于我们熟悉历史，认识社会，懂得道理，明白人生。

从他们身上，我们能够汲取激励人心，催人上进的力量。他们成功的人生之路，能够激发我们更高的人生追求。借鉴他们的成功经验，吸取他们前进道路上的教训，能够使我们事半功倍。在成长之路上，天赋固然重要，但人生的磨炼、社会的感染、环境的熏陶、自身的努力等，都影响着人生智力的发展和才能的表现。人与人的天生智力并没有多大的不同，但随着后天的学习与培养，不同的人就表现出不同的才智，只有把这种才智积极地运用于实践和创造活动中，才能发挥神奇的作用，才能创造出真正的社会财富。

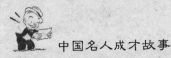

　　本套书精选荟萃了中国历史上最具有代表性的也最具有影响力的名人，编辑成了这套《中国名人成才故事》（共3册），即《政治军事谋略家成才故事》、《文学艺术思想家成才故事》、《科学发明企业家成才故事》等，这些故事既有趣味性，又蕴含深刻的道理，能够带给我们深刻的启迪，是青少年课外不可缺少的精神食粮。

　　以上图书设计精美，格调高雅，非常适合青少年阅读和收藏，也非常适合图书馆装备陈列。

目 录

中国名人成才故事

第一章　著名政治家的故事

周文王

周文王，名昌，姓姬，周武王的父亲。文，是他死后的谥号。据《史记·周本纪》记载，古公亶父有三个儿子：老大太伯、老二虞仲（亦仲雍）、老三季历（也叫王季、公季）。季历就是周文王的父亲。季历的夫人叫太任。太任端庄贤慧，生下姬昌。姬昌小时就聪明伶俐，不同凡响。据说，姬昌幼时曾见口衔丹书的赤雀落在他家门前，古人迷信，或者是周人对祖先的神化，便说这是姬昌有"圣瑞"。如果他当政，周人就能兴旺发达。所以古公亶父特别喜爱姬昌，明显地透露出要传位给他的意思。老大太伯、老二虞仲心领神会，为成全其父志，哥俩便不辞而别，逃到东南沿海的"荆蛮"地区（今江苏苏州、无锡一带），入乡随俗，断发文身，以适应江南水乡的生活习惯，在那里定居下来。古公死，季历即位。季历死，传位给姬昌，这就是中国历史上有名的周文王。

文王即位后，对内仿效古公亶父、季历制定的法度，实行仁政，敬老爱幼，礼贤下士。他先从自己的大家庭做起，上孝父母，早晚请安；下对妻子兄弟严加要求，为整个家庭做出表率。文王以自己的大家庭为核心，靠它做凝聚力来团结族人，巩固内部。并以商纣王为反面教材，极力抑制物质享受的欲望，不敢骄奢淫逸，玩物丧志；严以律己，宽以待人。他始终保持周人质朴的美德，过着俭朴无华的生活。他勤于政事，兢兢业业地治理自己的国家。他重视农业，亲自督促众人开荒种地，大力发展生产事业，并从中体察民情，

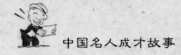

以了解稼穑之艰难。他还注意关照那些鳏寡孤独、孤苦无靠的小民，想法为他们解决衣食之难。

周是一个新兴的国家，正处在上升时期。它刚从原始公社制脱胎出来，还带着浓厚的大家庭公社民主、平等的遗俗，统治阶级与被统治阶级的对立并不那么突出。周文王又是一个有政治头脑的人，他采取了一系列措施，不断对政治做出相应的调整。这就延缓了阶级矛盾的激化，使整个国家出现了政通人和、上下相安的大好局面。这和当时商王朝内部一团糟的混乱情况形成鲜明的对比。

与此同时，周文王还推行了其他比较开明的政策。诸如在经济上采用类似劳役地租的方法，一夫耕种百亩田地，再出力为公家助耕一定的数量，剥削率仅为十分之一，这比商朝奴隶制国家的剥削程度轻得多。再就是打通关隘，自由经商。关市只检查异言异服，而不征税，促进了商业的发展；百姓可以随便进入山川林泽，任意猎取野物。这就防止了自由民的分化，保证农业生产有足够的劳动人手。这些措施一方面巩固了周朝奴隶制的经济基础，另一方面又笼络了人心，换取了更多的人对他政治上的支持。

在对外关系上，周文王继承季历的事业，仍然用主要力量对付西北各少数民族。他北逐猃狁，西攘昆夷，灭了泾水上游的阮（泾川东南）、共（泾川北）等小国，开拓了西北的疆土，巩固了大后方。对周围的一些小国，则诉诸武力，一个一个地加以扫荡。曾先后讨伐犬戎，攻打密须（今甘肃灵台西南）；之后又逐一灭掉耆、崇等小国，并把国都由岐迁至丰（今陕西户县东北），这就形成了对商殷的包围之势，为灭殷做好充分的准备。

据《尚书大传》记载，文王治国50年使周不仅在国力上有了前所未有的增强，而且在同商政权的关系上，也酝酿着根本的转变。正是在这几十年中，周文王使周人树立了明确的灭殷目标。而最后7年受命称王，实际上是周在政治上宣告独立，脱离商朝中央政权。这就使周由商的臣属而终于变为与殷相抗衡的力量。《论语·泰伯》说："三分天下有其二。"这即是说周文王实际上已控制了大半个天下，灭殷只是个时间问题了。但就在这大功垂成之际，周文王不幸死去。自此以后，周人鉴于自己力量的壮大和殷商政治的腐败，就完全抛弃了"以服事殷"的假面具。周的历史发展到了一个新的转折点。

周文王因其卓越的政治才能和他所创立的丰功伟绩，在历史上具有特殊的、崇高的地位，受到后人的推崇。

周公旦

辅佐武王伐纣

周公姬姓，名旦，亦称叔旦，因采邑在周（今陕西岐山北），故称周公。他是周朝杰出的政治家、思想家。在周文王诸子中，周公排行第三。商朝末年，周公的长兄伯邑考被殷纣王烹死，次兄即武王姬发。周公自幼为人诚实忠厚，孝敬父母，多才多艺，因此他和武王发都深得文王的喜爱。文王之时，周族在西方已经获得了很大的发展，文王去世后，武王继承父位，继续进行灭商的事业。在武王灭商的过程中，周公一直是武王的得力助手。

武王即位后的第二年，周人在孟津（今河南孟津）大会诸侯。据说，这次盟会目的在于试探商朝的虚实和诸侯的反应，结果有800诸侯参加盟会，他们都背叛了商朝。又过了两年，周人做好了灭商的准备，于是，武王由周公以及姜太公、召公等人辅佐，载着文王的牌位，浩浩荡荡，进攻商纣。在一天天将亮的时候，大军来到商都郊外的牧野，他们在这里举行了隆重的誓师大会，而后，与商朝的军队展开战斗。由于商朝内部矛盾的激化，商纣王的军队"临阵倒戈"，周朝的军队如秋风扫落叶一般，打败了商纣王的军队。这场战争只用了一天便胜利结束。次日，周人举行了隆重的祭社典礼，以宣布周朝的正式建立。

牧野之战虽然推翻了商朝的统治，但殷纣王的后代以及殷人的残余势力还远没有彻底消灭，稳固已经夺得的天下已成为急需解决的问题。为了更好地管理殷民，武王把殷朝的首都分成三个部分，其中一个地区封给纣王的儿子武庚，另外两个地区交给自己的弟弟管叔和蔡叔管理，这样不但可协助武庚统治殷民，又能监视武庚。另外，武王还褒封了一些先圣王的后人以及功臣等。

由于过度的劳累，武王在克殷后的第二年便生了病。一次，武

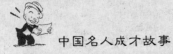

王忧虑天下尚未安,结果一夜没有睡。周公得知后,急忙赶到武王那里。武王觉得自己已经不久于人世,便托付后事,将个人的一些想法告诉了周公。二人交谈时,武王还希望与周公"兄弟相后",意思是打算让周公在自己去世后继承王位。周公听后,非常惊恐,他"哭着作揖",没有答应。就这样武王的儿子诵被立为太子,由周公负责培养和教育。

武王病重时,大臣们很担心,太公和召公打算到文王庙去敬求卜问。周公认为仅用卜问未可以感动先王。于是,周公设筑三坛;周公面北而立,祈告先王,愿以自身代替武王,去侍奉先王。祷告之后,周公占卜,得了吉卦。据说,武王的病情次日便有了好转。

但是没过多久,武王便去世了。武王去世后,年仅13岁的成王即位,由周公以冢宰(官职名,相当于后来的宰相)的身份总理百官,周公担负起了安定天下、巩固周朝统治的重任。

周公辅佐成王,处理政事。在立成王之后,周公又开始诏告诸侯,会见群臣,然后隆重地安葬了武王。到秋天,周公便为成王举行了加冠礼,以示成王已经长大成人。周公所做的这些工作,在当时混乱的局势下,对于稳定人心有着极为重要的意义。

平定叛乱

但是尽管周公兢兢业业辅佐成王,却有人怀疑周公的动机不纯,周公的弟弟管叔与蔡叔、霍叔等人制造谣言,说"周公将对成王不利"。一时间,人们大都误解了周公,连成王、召公等人也都开始怀疑他。为此,周公不得不"坦诚地向他们表明心志",耐心细致地去做各方面的工作,解除人们的疑虑。周公首先耐心地说服召公和姜太公。武王去世后,召公和姜太公是当时最有威望的人,在当时有举足轻重的地位。周公有必要首先对他们进行解释,取得他们的理解和支持。

在周公看来,如果不消除动荡之源,局势就会失控,这对新建的周政权是一个极大的威胁。于是,周公开始住在东方("居东"),查找动乱的源头,以待时势之变。果然,武庚开始趁机作乱,不久,奄人、徐人及淮夷进入邶,与管叔、蔡叔一起叛乱。。

武庚的这次叛乱,参加者除了管、蔡等势力以外,其余基本都是东方殷人的残余势力。殷商兴起于东方,东方是殷遗势力集中的地区,因而也就成了武庚叛乱力量的集中之地。周公得到成王和群臣的信任，便开始进攻殷的残余势力。成王时期的这次攻殷乃是继武王攻殷之后的第二次攻殷。这次攻殷，使武庚北窜、管叔自杀，周政权取得了完全的胜利。之后，周公在殷商王畿之地建立宋、卫等国，使殷旧地彻底稳定下来。

平定殷旧地以后，周公继续向"大东"进攻，征伐奄国。殷商时期，人们把商都东方的地区称为"东"，而以距离商都的远近，分别称大东、小东。奄是商朝时期泰山之阳的一个小国，其属地在当今山东曲阜周围，即后来鲁国立国的地区。商人起于东方，奄曾经是商朝的都城，盘庚迁殷后，奄与殷商王朝的联系仍然十分密切，可以说，奄国是殷商势力的根据地。因为，这时的奄地，殷残余势力极其猖獗，是周初社会动荡中的重要地区。武庚之乱中，奄正是叛乱中基本的、重要的力量，而且带头叛乱的也正是奄君。

周公"伐奄"时，并不是直接攻伐奄国，而是先消灭附奄的东方异族，其中包括徐夷、淮夷、薄姑等等，然后再集中优势兵力，攻打奄地，结果取得彻底的胜利。

周初的局势稳定下来，但如何控制广大的东方地区，怎样有效地维持统治秩序，这又成为周公等人必须慎重考虑的头等大事。实际上，在稳定局势的过程中，他们已经着手进行这方面的工作。而在真正控制了东方地区后，周公他们又更加积极地推行稳定政治的措施。这便是分封诸侯、营建都城、订制礼仪制度。

分封制是周代政治统治的重要特征，也是适应周初政治局势的需要，周公则是分封制度的首创者。武王时期，天下未定，当时的首要任务是消灭殷商势力，稳定局势。因此，武王时的各项制度都遵照以往的来实行，分封诸侯的事没有来得及实行。武王时期封神农、黄帝、尧、舜、禹的后裔，这类"加封"，在于收买人心，树立自己的领袖形象，或者说，这不过只是招徕天下诸侯的姿态而已。而周代的分封则是首先将自己亲信的力量分封到各个比较重要的地区，用来协助周室统治各方，对抗外部侵扰。

周公所进行的分封是与平叛和东征同时进行的。周公主持的分封以及与周公有直接关系的分封主要有宋、卫、齐、鲁、燕、晋等国。宋、卫两国在殷商首都之内，鲁、齐分别位于泰山南、北，负责镇抚东方。鲁国也像宋、卫那样负责管理殷遗民的任务。燕、晋两国也是如此，燕国"北迫蛮貉"，晋国"南有戎狄"。可是，这些主要的诸侯国家，在分封之时，都有各自的任务。这些大国分封之后，其周围又随而建立起一些附庸小国，这样就确立了周室地方的统治秩序。周公创立的分封制度，基本妥善解决了周室对原来殷商统治下东方地区的控制问题，在当时的历史条件下，这是一个很好的方法，而且，它对周代政治体制的建立也具有促进作用。

周人本来居住西方，在控制了全国之后，为便于统治广大的东方地区，需要周朝的政治中心东移。对此，周初的政治家已经开始考虑了。还在周武王时，他们对于在洛邑兴建新都就已有考虑，只是由于周朝新建，政权还不稳定，因而当时还来不及实施。

武王的愿望是在周公当政时开始变为现实的。成王五年五月，伐奄结束，国家安定下来。周公、成王从东方回来后，开始"迁都洛邑"。

周公还为周王朝制礼作乐，建立典章制度，他制订的礼乐大都被后世所承袭，成为封建时代的典章制度。礼乐从大方面说，凡政教刑法，朝章国典，一概称之为礼；从小的方面说，礼则专指当时各级贵族经常举行的祀享、丧葬、朝觐、军旅、冠婚诸方面的典礼。如果按照广义加以理解，周公制礼还应包括制订刑法等方面。

周公制礼作乐具有十分重大的意义，它标志着周朝的统治完全走向了正轨，而且对西周社会的稳定和繁荣也起了重要的作用。

功成身退

周公辅政七年后，周王朝的统治已经稳固下来。此时，周成王已经长大成人，完全可以独立地处理政务。周公担心成王年轻气盛，治国时难免犯错误，于是作了《多士》、《毋佚》以教育劝谏成王。后来，周公在恰当的时候还政给了成王。成王七年，也就是周公归政之年的岁末，成王在洛邑举行了分封周公后代的仪式，将周公的儿子伯禽封到泰山旁边，建立了鲁国，周公也就成了鲁国的开国君主。

周公归政成王之后依然极受尊敬，周天子经常去泰山看望周公。

成王十一年，年龄大约 60 余岁的周公在封地去世。周公病危时，他希望自己死后葬在周朝的都城，以表示不敢离开成王。周公死后，成王很是伤心，把周公埋葬在毕（今陕西咸阳北），随周文王墓葬，以表示自己不敢以周公为臣。为了褒扬周公之德，成王还特许鲁国在祭祀周公时用周天子之礼乐。

周公的种种努力，对周王朝的稳定和巩固起了重要作用。对周王室，周公可以说是忠心耿耿。周公的形象符合儒家的理想人格，因此，周公也就成了历代辅政者的楷模。同时，周公在辅国安邦的实践活动中，还阐述了他的"敬天保民"、"明德慎罚"、"勤政尚贤"等思想，其政治思想也是儒家政治思想的直接来源。周公的德业首先作为孔子思想和儒家学说的先导，由此而影响了几千年的中国社会。

秦 穆 公

秦穆公（？～前621），春秋时秦国国君，名任好。公元前659～前621年在位。

秦穆公是一个非常贤明的君主，他任用百里奚、蹇叔、由余等为谋臣，向东发展，拓大疆土，而邻国晋国也是一个很强大的国家，是秦国向东扩展的主要障碍。因此秦晋之间经常打仗，一直处在复杂的矛盾冲突中。

秦穆公在位的第九年，晋国发生内乱，国君的儿子重耳、夷吾避难逃亡国外。夷吾派人请求秦国帮他回国即位，并且答应如果能当上国君，愿意割让黄河以西的八座城池给秦国。秦穆公答应了他，派百里奚带兵护送夷吾回国。谁知夷吾登位以后，背信弃义，不仅不割让城池，还杀掉了秦穆公的使者，大臣们建议秦穆公派兵讨伐晋国，但秦穆公认为时机还未成熟。

后来，晋国发生干旱，到秦国来请求接济粮食。许多大臣劝秦穆公，不给晋国粮食，趁他们闹饥荒的时候去攻打他们。秦穆公征求百里奚的意见，百里奚说："夷吾得罪了您，可是他的百姓是没有罪的！"秦穆公听取了百里奚的意见，决定支援晋国，用车船水陆并进。从秦国的国都到晋国的国都，送粮的队伍络绎不绝。这表现了秦穆公的宽宏大量和爱民之心。

隔了一年，秦国闹饥荒，向晋国请求借粮食。夷吾与大臣们商量这件事。有一个大臣建议说："趁秦国闹饥荒发兵攻打他们，一定能胜利。"夷吾采纳了他的意见，发兵攻打秦国。秦穆公亲自前往迎战。

九月，秦穆公和晋惠公夷吾在晋国的边境会战。夷吾的战马陷在了泥沼里，怎么也挣脱不出来。秦穆公带领部下冲出去想抓住夷吾，谁知反而被后面的晋军的大部队包围了。秦穆公在混战中受伤，情况非常危急。

这时，一支由三百名勇士组成的敢死队冲入晋军的包围圈，不仅很快救出了秦穆公，而且还活捉了夷吾，一下子改变了战局。关于这三百个勇士的来历，有一段故事：当初，秦穆公走失了一匹好马，国都附近的三百多个乡下人抓住了它，并且把它杀死，分肉吃了。官府追查到他们，要依法严惩。秦穆公知道了这件事，对手下说："有爱心的人不因为牲畜而去伤害人。我听说吃了马肉不喝酒，会生病的。"于是他不仅放了这三百个乡下人，还让人送酒给他们喝。穆公的做法让这三百个人非常感动。他们听说秦国要跟晋国打仗，就自愿来参战，终于在最关键的时刻，帮了秦穆公的大忙。

秦穆公抓了夷吾回来，向全国传下命令："大家斋戒三天，我准备杀了夷吾祭祀上天。"周天子听说了这件事，派使者来为夷吾求情；秦穆公的夫人是夷吾的姐姐，听说这件事，也穿着丧服光着脚跪到穆公的面前求情。秦穆公说："罢了，罢了，我抓到夷吾还以为是一件大好事呢，现在弄得天子求情，夫人担心，那就放了他吧。"秦穆公放了夷吾，晋国于是献出了黄河以西的土地给秦国，这时，秦国的疆土到达了黄河。

勾 践

勾践（？～前465），春秋末年越国国君，是越王允常的儿子，公元前497～前465年在位。

战国时代，东方的吴国和越国是两个大国，后期他们为争夺霸主的地位，开始互相争战。

吴弱越强，在一次交战中吴王阖闾受了箭伤，不久死去，他的儿子夫差继承了王位。夫差为了报仇也为了霸主的地位，加紧训练士兵，准备打败越国。夫差为了使自己不忘记杀父之仇，就令一个人天天站在宫门口，每次夫差路过的时候，就让这个人说："你忘掉越国杀死了你父亲的大仇？"夫差回答："杀父之仇，岂敢忘怀。"与此同时夫差还令大将伍子胥日夜练兵准备复仇。在这样的环境中，吴国慢慢地变得强大起来。

此时的越王勾践并没有意识到吴国的强大。他的大臣范蠡经常提醒他说："吴国国王在训练军队，早出晚归，大王一定要小心吴国啊！"但勾践十分骄傲，他以为吴国的实力远不如自己，就没把范蠡的话放在心上。

夫差终于出兵了，他与勾践在夫椒（今江苏吴县西南太湖中）展开了大战，结果，勾践大败，仅带着5000残兵狼狈地逃到了会稽山，夫差出兵将山团团围住。勾践没有办法，为了保存住实力，在文种、范蠡两位大臣的建议下，越王派大臣文种去吴王那里求和。文种口齿伶俐，说服了吴王，吴王夫差想同意，可是手下的大将伍子胥坚决反对，劝说吴王"治病要除根"，趁这机会灭了越国。而夫差的大臣伯嚭因接受了越国的贿赂，就劝夫差说："既然越国已降，进贡称臣，就放他一条生路，也好让百姓知道大王的仁德。"吴王心软，便答应许和。由于担心勾践回去后和自己作对，便要求勾践亲自到吴国去服役。

勾践于是委托文种暂理国政，自己携带妻子和大臣范蠡前往吴国。夫差派人在其父亲阖闾墓侧筑一石室，把勾践夫妇、君臣驱入室中，脱去原先衣冠，换上罪衣罪裙，使其蓬头垢面地从事养马驾车等贱役。每当夫差乘车出游，勾践手执鞭仗，徒步跟随在车左右，任凭吴人恶语讥诮，只把羞恨深藏在心中。

夫差遣人暗地探察君臣、夫妇所作所为。但见他们竭力养马、洒扫，没有半点怨言。夫差满以为他们诚心降服，无心复国还乡，便大意起来，放松了对勾践的警惕。

又一天，吴王夫差登姑苏台游嬉，远见勾践夫妇端坐在马粪堆边歇息，范蠡恭敬地守候在一旁。夫差说："勾践不过小国之君，范蠡无非一介之士，身处危厄之地，不失君臣之礼，也觉可敬可怜。"伯嚭在一旁替他们说情："愿大王以圣人之心，哀怜穷困之士。"从此，夫差便有意释放勾践回国。

一次，夫差染病。范蠡知是寻常疾病，不久即愈，便与勾践商定一策，让他去尝粪预测疾病，讨吴王夫差的欢心。

勾践求见吴王，探视病情。他伸手抓起夫差的一点大便，放在口里咂了咂，大声祝贺说："大王之疾，近期即可痊愈。臣曾跟人学过医术，只要亲尝一下病人粪便，可知生死寿夭。大王粪便味酸而苦，与谷味相同，由此知道大王之病不可忧，过几天就会好，而且大王身体十分强壮，定是长寿的人。"听了勾践吹捧的话，夫差心里十分高兴。大臣伍子胥进谏说："勾践尝大王的大便，实是讨大王的欢心。"夫差不明白，反责怪伍子胥不如勾践那样尽忠。事后，吴王身体果然很快复元，遂决定释放勾践君臣回国。

勾践回到越国后，立志报仇雪耻。他惟恐眼前的安逸消磨了志气，就在吃饭的地方挂上一个苦胆，每逢吃饭的时候，先尝一尝苦味，还自问："你忘了会稽的耻辱吗？"他还把席子撤去，用柴草当作褥子。这就是后来人们传诵的"卧薪尝胆"。

勾践决定要使越国富强起来，他叫文种管理国家大事，叫范蠡训练人马，自己虚心听从别人的意见，根据连年征战，人口稀少的具体条件，制定了一系列奖励生育的政策。越王勾践整顿内政，努力生产，使人丁兴旺，国力渐渐强盛起来，他就和范蠡、文种两个大臣经常商议怎样讨伐吴国的事。

吴王夫差自从当上了霸主以后，一味贪图享乐。越王勾践派人专门物色最美的女子，他把越国美女西施、郑旦献给夫差，让她们天天陪夫差喝酒、跳舞。

夫差一见西施，果然容貌出众，把她当作下凡的仙女，宠爱得不得了，渐渐疏远了朝政。

有一回，越国派文种去跟吴王说，越国年成不好，闹了饥荒，向吴国借一万石粮，过了年归还。夫差看在西施的面上，一口答应了。

转过年来，越国年成丰收。文种把一万石粮亲自送还吴国。

夫差就把这一万石粮卖给老百姓做种子。伯嚭把这些粮食分给农民，命令大家去种。到了春天，种子下去了，等了十几天，还没有抽芽。大家想，好种子也许出得慢一点，就耐心地等着。没想到，过不了几天，那撒下去的种子全烂了，他们想再撒自己的种子，已经误了下种的时候。

这一年，吴国闹了大饥荒，吴国的百姓全恨夫差。他们哪里想到，这是文种的计策。那还给吴国的一万石粮，原来是经过蒸熟又晒干了的粮食，怎么还能抽芽呢？

公元前484年，吴王夫差要去打齐国。伍子胥急忙去见夫差，说："我听说勾践卧薪尝胆，跟百姓同甘共苦，看样子一定要想报吴国的仇。不除掉他，总是个后患。希望大王先去灭了越国。"

吴王夫差哪里肯听伍子胥的话，照样带兵攻打齐国，结果打了胜仗回来。文武百官全都道贺，只有伍子胥恨恨地说："打败齐国，只是占点儿小便宜；越国来灭吴国，才是大祸患。"

这样一来，夫差越来越讨厌伍子胥，再加上伯嚭在背后尽说伍子胥坏话。夫差给伍子胥送去一口宝剑，逼他自杀。伍子胥临死的时候，气愤地对使者说："把我的眼珠挖去，放在吴国东门，让我看看勾践是怎样打进来的。"

公元前473年，越王勾践作好了充分准备，大规模地进攻吴国，吴国接连打了败仗，丧失了大部分领土，只剩下姑苏一座孤城了，他派大臣跪在勾践的军前，请求议和，范蠡笑着说："当年我的大王被你打败，你没有攻占越国，才会有今天的下场，今天轮到你了，我们怎么会议和呢？"夫差听说以后，叹道："我没有面目见伍子胥了。"说着，就用衣服遮住自己的脸，自杀了。

勾践得胜回国，开了个庆功大会，大赏功臣，可就少了个范蠡；他带着西施，隐姓埋名跑到齐国经商去了。

范蠡走前，留给文种一封信，说："飞鸟尽，良弓藏；狡兔死，走狗烹。越王这个人，可以跟他共患难，不可以共享乐，您还是赶快走吧。"

文种开始称病不上朝，准备走，可是网已经布下来了。有一天，勾践派人给他送来一口剑。文种一看，正是当年夫差叫伍子胥自杀的那口宝剑。文种后悔没听范蠡的话，只好怀着一腔愤怒自杀了。

伍子胥

伍子胥（？～前484年），春秋时吴国大夫。帮助吴王阖闾夺取

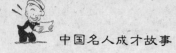

王位.辅佐阖闾,使吴国强大.并攻入楚国。取得大胜。吴太子夫差继位后,因在对越国政策上与夫差发主分歧。而被夫差疏远,后被迫自杀。

逃出楚国

伍子胥原是楚国人,本名叫伍员。他父亲伍奢因为得罪了楚平王被关进了牢里。

大臣费无忌对楚平王说:"伍奢有两个儿子,都很有本事,如果不把他们杀掉,将会祸患无穷。大王可以拿他们父亲作人质,骗他们回来。"楚平王派人去召伍子胥和他的哥哥伍尚,说只要他们回去就放了伍奢。

伍尚得知父亲被囚,立即就要回去。伍子胥说:"楚王叫我们回去,并不是真的要放父亲,只不过是怕我们逃跑了,以后留下祸患,因此用父亲作人质骗我们回去。只要我们俩一到都城,父子三人就会一起被杀。这对父亲又有什么好处呢?只能使我们全家被杀,连报仇的人都没有。我们不如一起投奔别的国家,向他们借兵为父亲报仇。现在回去被杀,就什么都干不成了。"伍尚说:"我也知道回去救不了父亲,但我怕今天父亲叫我回去而我没有回去,以后也没能为父亲报仇,那会被天下人耻笑的。"接着他又对伍子胥说:"你比我有才干,就一个人赶快逃走吧,日后为父亲报仇;我什么本事都没有,要死也和父亲一起死。"随后就进城了,不久就被抓住了,伍子胥则逃奔宋国。伍尚被押到国都郢后,楚王把他和父亲一起杀了。

伍子胥后来又逃奔吴国,他中途经过楚吴交界的昭关,守卫昭关的将领想逮捕他,伍子胥想不出办法逃出去,一夜之间,头发竟然全急白了。第二天,伍子胥只好丢掉车马,单身步行,差一点被人抓住。伍子胥逃到一条大江旁边,再也无路可走,身后的追兵又越来越近。这时江面上驶来一艘小渔船,船夫知道站在江边的是伍子胥,就把他渡过江去。伍子胥非常感激,解下身上的宝剑递给渔夫说:"这把宝剑能值一百两黄金,送给您作为报答您的救命之恩。"渔夫不肯接受伍子胥的宝剑,说:"楚国一直悬赏捉拿你,谁能抓到伍子胥,赏给他万两黄金,还封他为爵,何止一百两黄金?我救你只因为同情你。"伍子胥还没走到吴都城就病倒了,只好在半路上停下来,靠乞讨为生。历尽各种苦难,伍子胥终于到达了吴国都城,通过将军公子光见到了吴王僚。

过了一段时间，吴国和楚国发生了纠纷。吴王命令公子光率领军队攻打楚国。攻占了两座县城后，公子光率兵回国。伍子胥对吴王说："现在正是一举攻破楚国的好机会，希望您派公子光继续进攻楚国。"公子光却对吴王僚说："伍子胥的父亲、哥哥都被楚王杀害了，他劝大王攻打楚国，只不过是想为自己报私仇而并不是真为吴国好。现在进攻楚国是不能把它一举攻破的。"伍子胥一听就明白了公子光的个人企图，他是想杀掉吴王僚而自己称王，在这种情况下不能再劝吴王对外用兵，便推荐了一个叫做专诸的勇士给公子光，自己隐退到乡下种田去了。

辅佐吴国

五年之后，公子光果然找机会杀掉了吴王僚，自立为王，也就是吴王阖闾。阖闾即位后，又找到了伍子胥，任命他当了吴国的大官。阖闾自立后第三年，与伍子胥和大臣伯嚭一起伐楚，攻克了舒城，又想一鼓作气乘胜进攻郢都，将军孙武说："军民都已经非常疲劳了，不能再继续作战，我们还是暂时等一等吧！"于是吴军便返回国中。

此后连续几年，吴军年年进攻楚国，攻占了不少地方。又过了三年，吴王阖闾对伍子胥、孙武说："过去你们总说不能攻打郢都，现在我们已经取得了军事上的优势，你们认为时机到了吗？"两个人回答说："楚国的将军囊瓦生性贪婪，总是向唐国和蔡国索要财物，这两个国家的人民对他恨之入骨，您如果一定要进攻楚国，必须联合这两个国家，取得他们的支持。"阖闾采纳了他们的建议，动员了全国的军队，联合唐、蔡两国，大举进攻楚国。吴军与楚军在汉水两岸沿江对阵。吴王的弟弟夫概请求率军出击，阖闾没有答应，夫概就偷偷地带着自己部下的五千人马突然出击，猛攻楚将子常。子常被打败逃到了郑国。吴国的大军乘胜前进，一连打到了郢都城下。楚昭王逃离郢都。第二天，吴王率大军进入郢都。伍子胥到处搜捕楚昭王，但没有找到，因为楚平王已死，于是伍子胥就掘开了楚平王的坟墓，把尸骨拖出来，抽了三百鞭子才住手。

伍子胥之死

过了几年，吴国攻打越国，被越王勾践打败。阖闾在战斗中受了伤，没过多久就病死了，太子夫差即位为吴王。夫差为了给父亲报仇，加紧训练士兵，又任命伯嚭为宰相，治理内政。

第二年夫差起兵攻打越国，一举全歼了越军主力。越王勾践带着五千名残兵败将逃到了会稽山上，他派大臣文种带上厚礼贿赂伯嚭，通过他向吴王夫差求和，说勾践愿意交出国家大权，和妻一起给吴王当奴仆。吴王准备答应下来，伍子胥劝阻说："越王勾践将来会东山再起，现在您不消灭他，以后一定要后悔的。"吴王不听从伍子胥的话，采纳了伯嚭的意见，和越国讲和了。

此后越王勾践卧薪尝胆，表面上极力讨好夫差，暗地里不断发展力量。而吴王夫差却以为已经降服了越国人，一心想向北攻占齐国。伍子胥多次劝吴王说勾践才是吴国最危险的敌人，应该尽快消灭越国，而不要总想着攻打强大的齐国。吴王夫差对伍子胥的话一点儿都听不进去，尤其是对齐国打了几次胜仗后就更不理会伍子胥了。伍子胥见吴王一意孤行，知道吴国早晚要灭亡，就把自己的儿子带到了齐国，托付给一个朋友照顾。

宰相伯嚭也与伍子胥的矛盾越来越深，他在吴王面前说伍子胥的坏话："伍子胥生性凶狠，没有人情味，他长期以来嫉恨大王，我们必须提防他造反作乱。上次大王准备攻打齐国，伍子胥极力阻拦，结果大王获得全胜。伍子胥因为大王没采纳自己的计谋而耿耿于怀，心里怨恨大王。现在大王准备再次伐齐，他又出来阻拦，希望吴国打败仗来证明他有先见之明。如今大王亲自率领大军，出动了全国军队去伐齐，而伍子胥因为您没听他的话，便假装生病推辞不去。大王您千万要防备他，恐怕他马上就要造反了。另外我派人暗中观察伍子胥，发现他趁出使齐国的时候，把儿子托付给齐国人鲍牧。作为一个臣子，在国内稍微有点不痛快，就勾结外人，自己仗着是先王的老臣，因为一时没被重用就心怀不满。这样的人大王应该尽早采取措施啊！"

吴王夫差说："我也早就怀疑他了。"于是，吴王派人给伍子胥送去一把宝剑，说："你就用这把剑自杀吧！"

伍子胥接过宝剑，仰天长叹道："唉！本来是奸臣伯嚭作乱误国，大王却反而要杀我。我曾经辅助你的父亲成为诸侯中的霸主；当你没有被立为太子的时候，许多公子都争抢当太子，是我在先王面前保举你，你才继承王位。你当了吴王之后，要把吴国分一半给我，我都没有要。没想到今天你听信了奸臣的挑拨越来越昏庸，反而来杀我。"

伍子胥回头告诉他的手下人说："我死了之后，你们要在我的墓上种上梓树，长大了可以给他们做棺材；把我的眼珠挖下来挂在吴国国都的东门上，我要亲眼看到越国灭掉吴国。"说完后挥剑自杀了。

果然不出伍子胥所料，越王勾践九年以后灭掉了吴国，杀了吴王夫差和伯嚭。

赵 武 灵 王

赵武灵王（？～前295）战国时赵国君，名雍，越肃侯之子，公元前325～前299年在位。赵武灵王十九年（前307年）进行军事改革，令胡服骑射，曾攻灭许多小国，国势大盛。后在内讧中，被李兑围困于沙丘宫，饿死。

赵武灵王是一个富有改革精神的国君，他"胡服骑射"的故事在历代广为流传。事情是这样的：

有一天，赵武灵王对大夫楼缓说："咱们东边有齐国、中山，北边有燕国、东胡，西边有秦国、韩国和楼烦。我们要不发奋图强，使国家强大起来，那么随时会被人家灭的。要发奋图强，就得好好进行改革。我觉得咱们穿的服装，长袍大褂，干活打仗，都不方便，不如胡人短衣窄袖，脚上穿皮靴，灵活得多。我打算仿照胡人的风俗，把服装改一改，你看怎么样？"

楼缓听了很赞成，说："咱们仿照胡人的穿着，也能学习他们打仗的本领了，是不是？"

赵武灵王说："对啊！咱们打仗全靠步兵，或者用马拉车，但是不会骑马打仗。我打算学胡人的穿着，就是要学胡人那样骑马射箭。"

这个议论一传开去，就有不少大臣反对。赵武灵王又跟另一个大臣肥义商量："我想用胡服骑射来改革咱们国家的风俗，可是大家

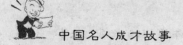

反对，怎么办？"

肥义说："要办大事不能犹豫，犹豫就办不成大事。大王既然认为这样做对国家有利，何必怕大家的反对呢？"

赵武灵王听了很高兴，说："我看讥笑我的是些蠢人，明理的人都会赞成我。"

第二天上朝的时候，赵武灵王首先穿着胡人的服装出来。大臣们见到他短衣窄袖的穿着，都吓了一跳。赵武灵王要大家都改穿胡服，可是大臣们总觉得这件事太丢脸，不愿这样办。赵武灵王有个叔叔公子成，是赵国一个很有影响的老臣，头脑十分顽固。他听到赵武灵王要改服装，就干脆装病不上朝。

看到这种情况，赵武灵王下了决心，非实行改革不可。他知道要推行这个新办法，首先要打通他那老叔叔的思想，就亲自上门找公子成，跟公子成反复地讲穿胡服、学骑射的好处。公子成终于被说服了。赵武灵王立即赏给公子成一套胡服。

大臣们一见公子成也穿起胡服来了，都没有话说了，只好跟着改穿胡服了。

赵武灵王看到条件成熟，就正式下了一道改革服装的命令。过了没有多少日子，赵国人不分贫富贵贱，都穿起胡服来了。有的人开头觉得有点不习惯，后来觉得穿了胡服，实在方便得多。

赵武灵王接着又号令大家学习骑马射箭。不到一年，训练了一支强大的骑兵队伍。公元前305年，赵武灵王亲自率领骑兵打败邻近的中山，又收服了东胡和邻近几个部落。到了实行胡服骑射的第七年，中山、林胡、楼烦都被收服了，还扩大了好多土地。

赵武灵王经常带兵在外打仗，把国内的事交给儿子管。公元前299年，他正式传位给儿子，就是赵惠文王。武灵王自己改称主父（意思是国君的父亲）。

赵主父为了要打败秦国，把国内的事安排好以后，决心亲自到秦国去考察一番地形，并且观察一下秦昭襄王的为人。他打扮成赵国的一名使臣，带着几个手下人，上秦国去。

到了咸阳，赵武灵王以使臣的身份拜见秦昭襄王，还向他报告了赵武灵王传位的事情。秦昭襄王接见了那个假"使臣"后，觉得那个"使臣"的态度举止，既大方，又威严，不像个普通人，心里有点犯疑。过了几天，秦昭襄王又派人去请他，发现那个"使臣"

已经不告而别了。客馆里留着一个赵国来的手下人。秦昭襄王把他找来一问，才知道他接见的原来就是有名的赵武灵王。秦昭襄王大吃一惊，立刻叫大将白起带领精兵，连夜追赶。追兵赶到函谷关的时候，赵武灵王已经出关三天了。

商　鞅

商鞅（约前390～前338）战国时政治家，卫国人，公孙氏，名鞅，亦称卫鞅。开始是魏相公叔座的家臣，后入秦说服秦孝公变法图强。孝公六年（公元前356年），主持实施变法，过了十年，因战功封于商（今陕西商州市东南）十五邑，号商君，因此也被称为商鞅，孝公死后，被贵族诬害，车裂而死。

公元前361年，秦国的新君秦孝公即位，他发奋图强，宣布广纳天下人才。他下了一道命令，说："不论是秦国人或者外来的客人，谁要是能想办法使秦国富强起来的，就封他做官。"

秦孝公这样一号召，果然吸引了不少有才干的人。卫国的贵族卫鞅，在卫国得不到重用，跑到秦国，得到秦孝公的接见。

商鞅对秦孝公说："一个国家要富强，必须注意农业，奖励将士。要打算把国家治好，必须有赏有罚。有赏有罚，朝廷有了威信，一切改革也就容易进行了。"

秦孝公完全同意商鞅的主张，就拜商鞅为左庶长（秦国的官名），说："从今天起，改革制度的事全由左庶长决定。"

商鞅起草了一个改革的法令，但是怕老百姓不信任他，不按照新法令去做。于是就先叫人在都城的南门竖了一根3丈高的木头，下命令说："谁能把这根木头扛到北门去，就赏10两金子。"

不一会儿，南门口围了一大堆人，大家议论纷纷。有的说："这根木头谁都拿得动，哪儿用得着10两赏金？"

大伙儿你瞧我，我瞧你，就是没有一个敢上去扛木头的。

商鞅知道老百姓还不相信他下的命令，就把赏金提到50两。没想到赏金越高，看热闹的人越觉得不近情理，仍旧没人敢去扛。

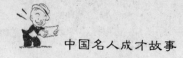

正在大伙儿议论纷纷的时候，人群中有一个人下了决心跑出来，说："我来试试。"他说着，把木头扛起来就走，一直搬到北门。

商鞅立刻派人传出话来，赏给扛木头的人50两黄金，一分也没少。

这件事立即传了开来，一下子轰动了秦国。老百姓说："左庶长的命令不含糊。"

商鞅知道，他的命令已经起了作用，能够取信于天下，于是就把他起草的新法令公布了出去。新法令赏罚分明，规定官职的大小和爵位的高低以打仗立功为标准。贵族没有军功的就没有爵位；多生产粮食和布帛的，免除官差；凡是为了做买卖和因为懒惰而贫穷的，连同妻子儿女都罚做官府的奴婢。

秦国自从商鞅变法以后，农业生产增加了，军事力量也强大了。不久，秦国进攻魏国，从河西打到河东，把魏国的都城安邑也打了下来。

公元前350年，商鞅又实行了第二次改革，改革的主要内容是：

一、废井田，开阡陌。秦国把这些宽阔的阡陌铲平，也种上庄稼，还把以前作为划分疆界用的土堆、荒地、树林、沟地等，也开垦起来。谁开垦荒地，就归谁所有。土地可以买卖。

二、建立县的组织。把市镇和乡村合并起来，组织成县，由国家派官吏直接管理。这样，中央政权的权力更集中了。

三、迁都咸阳。为了便于向东发展，把国都从原来的雍城（今陕西凤翔县）迁移到渭河北面的咸阳（今陕西咸阳市东北）。

这样大规模的改革，触犯了许多贵族、大臣的利益，他们都反对新法。有一次，秦国的太子犯了法。商鞅对秦孝公说："国家的法令必须上下一律遵守。要是上头的人不能遵守，下面的人就不信任朝廷了。太子犯法，他的师傅应当受罚。"

结果，商鞅把太子的两个师傅公子虚和公孙贾都判了罪：一个割掉了鼻子，一个在脸上刺上字。这一来，一些贵族、大臣都不敢触犯新法了。

这样过了10年，秦国果然越来越富强，周天子打发使者送祭肉来给秦孝公，封他为"方伯"（一方诸侯的首领），中原的诸侯国也纷纷向秦国道贺。魏国不得不割让河西土地，把国都迁到大梁（今河南开封）。

秦始皇

离奇的身世

秦始皇（前259～前210），即嬴政，一称赵政。战国时秦国国君、秦王朝的建立者。秦庄襄王之子。公元前246～前210年在位。

秦始皇是我国历史上的第一个皇帝，是他统一了中国，结束了四分五裂的局面。但是他的身世却很离奇。

战国时期，各国连年征战，局面混乱，彼此都有吞并别国的野心。为了互相表示信任，各国互相交换王子王孙为人质。秦赵两国为了表示友好，也互派人质。秦昭王派王孙异人到赵国去做人质。当时异人已是壮年，异人兄弟很多却派他当人质，是因为母亲夏姬失宠。异人在赵国当人质期间，秦国不守信用，几次发兵攻打赵国，赵国对待异人就像对待奴隶一样。正当这个落难异国他乡的王孙归国之心相当强烈，而希望却非常渺茫的时候，富商吕不韦却主动找上门来，要帮助他归国继位。

颇有政治头脑的富贾吕不韦，在赵国邯郸做生意时见到了秦国公子异人，他立刻意识到"奇货可居"，决定在异人身上做一笔一本万利的大生意：倒卖国王，并谋取政治地位，光耀门庭。

吕不韦对秦国王室内部形势作了比较透彻的分析，并答应以千金为异人游说安国君（异人的父亲）和受宠的华阳夫人，使他们同意立异人为嗣。异人感激地说："如果登上王位，封吕不韦为相国。"吕不韦于是经常往返赵秦，四处用金钱开路，再加以鼓动自己的三寸不烂之舌，安国君终于同意立异人为嫡嗣，并请吕不韦为异人的老师。

异人并没有马上归国。有着常年经商生涯的吕不韦，算盘越打越精，胆子也越来越大，他正酝酿一个更大的阴谋，就是让自己的儿子登上秦王宝座。在他的姬妾中有一位能歌善舞美貌出众的女子，名叫赵姬，吕不韦很喜爱她。当他知道赵姬已怀孕后，就进行精心安排。请异人到家中喝酒，有意要赵姬为异人敬酒献舞，因为她容

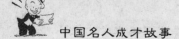

貌端庄俊雅，被异人看中。异人请求吕不韦把赵姬送给他为妻。吕不韦顺水推舟，将赵姬送给了异人。赵姬此时身中怀育的就是以后的秦始皇，实际上是吕不韦的儿子。秦昭王48年（前259）正月，赵姬在赵国邯郸生下一个男孩子，取名政，秦为嬴姓，故名嬴政。

嬴政随父在赵国生活了九年，九岁时，秦昭王死了，安国君即位，异人以太子的身份带着嬴政回到了秦国。安国君即位时已年过半百，在位一年就死了，异人即位，即秦庄襄王。庄襄王当了秦国的国王以后，没有忘记当初的诺言，封吕不韦为相国，食洛阳十万户。至此，吕不韦贩卖国王的大生意才算真正一本万利。

嬴政13岁时，庄襄王死了，嬴政即王位。吕不韦以"仲父"的身份辅政。在吕不韦辅政的9年中，不断强化着自己的权威。秦王政步入青年以后，逐渐形成了自己的政见。虽然在"大一统"这点上，他们的观点是一致的，但在追求统一的形式、道路上，尤其是由谁主持统一大业上，却有很大的分歧。秦王政对吕不韦专权很不满，和他之间的矛盾越来越激化。

可是，在当时"世变主少，群臣相疑"的情况下，如果没有吕不韦这样一个强有力的人物，在嬴政初即位的一段时间内，秦国可能会发生内乱。所以吕不韦对稳定国家政局起了很大的作用。到嬴政20多岁时，他有了自己的思想和主张，与吕不韦无论是在思想上、政见上，都有很大差异，有些甚至根本就是对立的。吕不韦也觉察到这一点，所以吕不韦想通过撰写《吕氏春秋》对秦王政的思想加以控制，他派人写好了一本《吕氏春秋》经过修改后，诏告天下：凡是能改动其中一个字的，赏千金。而秦王政是一个专断而又骄横的人，决不受制于人，对吕不韦的说教，有些根本就不接受，他要自己网罗人才。

秦王政22岁时，举行冠礼，这就意味着，秦王政要亲理朝政了。在这期间，宦官嫪毐利用太后的宠爱，大力发展自己的权势，权势能与吕氏比高低，并且企图杀害秦王政，立他与太后的私生子为国君。在公元前238年4月，秦王政在旧都雍（今陕西凤翔县南）举行冠礼时，嫪毐便乘机发兵攻打秦王。秦王政早有防备，两军在咸阳交战，嫪毐发兵不得人心，部队倒戈，秦王抓到嫪毐后用"车裂"的死刑，灭其亲族，并杀死他与太后所生的私生子，遣太后于贳阳宫。通过镇压叛乱，充分表现了秦王政的政治才能。镇压嫪党徒必然牵连到吕不韦，秦王政本想诛杀吕不韦，考虑到他在先王和自己年幼时辅政有功，于是免除死刑，只解除了吕不韦的相国职务，并把他全家迁出咸阳，吕不韦出咸阳后，暗中与六国国君往来，被秦王政所知。吕不韦担心死在自己儿子手里，就喝毒酒自杀了。秦王政下令：从今以后，如有像嫪毐和吕不韦这样专横的，一律照此处置。

统一六国

秦始皇是一个胸中有远大抱负的人，他常一个人站在山岗上看着太阳，眼中炯炯有神。他的心中已经燃起熊熊烈火，这场火必将燃烧在整个中华大地。

秦王独揽大权之后开始招揽人才，他废除了"逐客令"，命令外出使节到各国去物色人才，楚国的李斯慕名而来，向秦始皇提出了"统一六国"的政治主张，这与秦王不谋而合，所以李斯很受秦始皇的器重。另外魏国的张仪提出的"连横"主张，就是让秦国和六国分别结盟防止六国结成反秦同盟，然后一个个地消灭掉，也被秦王采用。秦始皇非常重用他们，常对他们说："你们就是我的两条腿，没有你们，我什么也做不成呀！"后来，李斯成为秦国的宰相，张仪则帮助秦始皇打败了六国。

秦王20年（前227年），嬴政派王翦、辛胜大举攻燕，燕、代联军抵抗，被秦军破于易水之西。次年，秦又征调大军支援王翦，大败燕军，攻陷燕都蓟城（今北京），燕王逃向辽东。秦将李信穷追不舍，在衍水（今辽河流域）大破太子丹军，燕王被迫杀太子丹，将头颅奉献秦军求和。秦王25年（前222年），秦将王贲灭燕，俘虏了燕王喜，至此燕国灭亡。

秦王22年（前225年），秦将王贲率兵攻魏，挖开黄河，水淹魏都大梁，魏王假请降，魏亡。灭魏以后，秦国乘胜向楚国开进。秦王24年（前223年），秦将王翦攻入楚都寿春，楚王负刍被俘，楚亡。秦王26年（前221年），秦将王贲攻齐。齐王建被俘，齐亡。

秦始皇从秦王17年（前230年）灭韩开始，到始皇26年（前221年），历经10年时间，终于完成了统一中国的大业。

郡县制与统一度量衡

统一天下后，嬴政知道，靠武力统一的天下并不一定长久。于是，他以秦国制度为蓝本，在政治、经济、文化等领域实行全面改

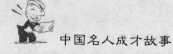

革。自然，确定嬴政的地位和权力成为主要任务。他认为"王"涵义狭小，必须更新方可彰显自己的无量功德和人君的至上权威，于是责成群臣议举尊号。群臣和博士认为秦王平定天下，功业空前，远超五帝，鉴于古有三皇而秦皇最贵的传说，建议尊号更为"秦皇"，命为"制"，令为"诏"，自称为"朕"。秦王嬴政觉得自己功兼三皇五帝，决定从"三皇"、"五帝"中各取一字，号为"皇帝"，并批准"制"、"诏"、"朕"作为皇帝专用术语，不许他人染指。

但秦始皇又犯难了，天下应当怎样统治呢？他向臣下问起，大臣对秦始皇说："六国诸侯刚灭，燕国、齐国、楚国离京城太远了，您不如把几个皇子分封到那些地方去做王，协助陛下统治天下。"

宰相李斯反对分封皇子的建议，说："陛下统一了天下，可以在全国设置郡县。子弟功臣多，赏些赋税钱财，不要分封诸侯，这样您才容易控制他们！"

秦始皇采纳了李斯的意见，他说："以前天下战争不断，是因为分封诸侯王的原因。如再分封诸侯王，是埋下了战争的祸根。"

于是秦始皇把他的天下划分为 36 郡，郡以下设县。秦始皇在中央朝廷里设置丞相、御史大夫、太尉、廷尉、治粟内史等重要的官职协助皇帝治理国家。所有这些官员都归皇帝任免和调动，一概不得世袭。国家的政事，不论大小，都由皇帝决定。

后来，封建王朝所实行的政治体制，大体上是在秦始皇的这套体制的基础上逐渐演变的。

秦始皇把原六国的兵器全都收缴到京城咸阳来，回炉熔铸成 12 个大铜人和许多铜器。把它们立在咸阳宫殿前面的两边，象征着秦始皇灭亡六国统一中原。

秦始皇以圆形方孔、每个重半两的钱做为全国统一的货币。秦始皇下令规定了统一的度量衡，如尺寸、升斗、斤两等。这样各地经商，做买卖都没有困难，因而促进了经济的繁荣。

原六国的车辆和道路也都不同，这样不方便。于是秦始皇下令，规定车辆上两个轮子间的距离，一律都定为 6 尺。又修筑从京城咸阳到全国各个重要地方的大路。

战国时期的文字也是不尽相同的，所以秦始皇又下令统一文字，规定一种叫作小篆的字体，作为全国统一使用的标准文字。后来整理成一种比小篆更便于书写的字体，叫作隶书。隶书跟现在的楷书已经很相像了。

这样各地的文化交流就方便多了。

在秦始皇统一天下之后，北部的匈奴势力对秦王朝是一个严重的威胁。他们经常派兵抢夺内地的财物，为了保证中原地区的安定，秦始皇派遣大将蒙恬率兵30万，北攻匈奴，经过几次大战，蒙恬攻取了河南（今内蒙古河套地区）、高阙（今内蒙古乌拉特中后旗西南）、阴山（今内蒙古狼山）、北假（阴山以南）等地方，并在这里设置了34个县。公元前211年，秦始皇又从中原地区迁移3万多户到这里垦荒种植。接着，秦始皇便开始大范围地修筑长城，在秦、赵、燕三国长城原有的基础上，加以连接、修补，构筑了西起陇西临洮（今甘肃岷县）、东至鸭绿江，长度达1万余里的长城。这就是至今仍举世闻名的万里长城。

万里长城，是古代世界历史上最伟大的建筑工程之一，也是中华民族勤劳勇敢和高度智慧的结晶。它的建成，对于防范匈奴，保卫中原地区经济、文化的发展，起到了非常巨大的作用。几千年来，它一直是中华民族的象征，华夏儿女的骄傲。

秦王朝虽然建立起来了，但旧贵族们还大量存在，拥有大批奴隶的大商人还大量的存在，而代表这些旧势力的儒生也大量存在。公元前213年，博士淳于越在一次庆祝宴会上重新提出分封制度不能废除，他认为不按照古代的规矩办事是行不通的。李斯提出了反对意见，说："现在天下已经安定，法令统一。但是有一批读书人不学现在，却去学古代，对国家大事乱发议论，在百姓中制造混乱。如果不加禁止，会影响朝廷的威信。"并提出了焚书的建议：

1. 史书方面除《秦记》之外，其他六国的史书一律烧掉；

2. 《诗》、《书》、百家语除博士官收藏的以外，其他人的藏书，都集中到郡，由郡守监督烧掉；

3. 医药、卜筮、种树等科技文化方面的书不在禁止之列；

4. 如有人敢相互谈论《诗》、《书》的，判处"弃市"；借古讽今者将被灭门（灭族）；其他人或官吏见到而不举报的与他们同罪；令下30日后不执行的，即面额刺花，服4年筑城劳役。

秦始皇看后立即批准了这个建议。于是，全国各地烟尘弥漫，大批古代文献、典籍焚毁于大火之中。

第二年，由于大量焚书，引起不少读书人和方士的不满，他们

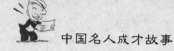

继续大造舆论，谩骂、攻击秦始皇，说他像一个专职杀人的狱吏，并以处罚削斩人为乐以此逞威等等。有两个方士叫做卢生、侯生，在背后议论秦始皇的不是。秦始皇大为恼火，再一查，又发现咸阳有一些儒生也一起议论过他。秦始皇把那些儒生抓来审问。儒生经不起拷打，又东拉西扯地供出一大批人来。秦始皇对于这些敢于反抗、继续散布"妖言"，"以乱黔首（百姓）"的儒生采取了坚决镇压的手段，先后逮捕了460多个儒生，并把他们全部坑杀在咸阳。

这就是历史上所说的"焚书坑儒"事件。

焚书坑儒，对于巩固国家的统一，消除割据的意识，虽起到了一定的作用，但秦始皇所采取这种野蛮的、残酷的手段，对中国古代的文化无疑是一次非常严重的摧残。

秦始皇的暴政，引起老百姓的不满。楚地流行着"楚虽三户，亡秦必楚"的歌谣，诅咒秦王朝灭亡。始皇36年（前211年），东郡（今河南濮阳一带）落下一块陨石，有人在石上刻了一行字："始皇帝死而地分。"秦始皇知道后，派遣御史追查刻字人，由于无人承认，便把陨石附近的居民全部杀死，然后销毁陨石。

在这样的局面下，秦始皇难免有些害怕起来。他一方面自认为功盖三皇五帝，另一方面又认为自己必须得以长生不老，方可将秦王朝的统治延续下去。所以在他的一生中，秦始皇为了寻求能长生不老的仙药，总是接连不断地出巡。

始皇37年（前210年），秦始皇开始了他的最后一次巡游。他从咸阳出发，首先来到南方的云梦（今洪湖、洞庭湖一带），在九疑山祭祀了虞舜。然后顺江东下，由丹阳（今安徽当涂东）登陆，来到钱塘（今浙江杭州），绕道向西120里渡江登上会稽山，在山上祭祀了大禹。祭罢大禹，秦始皇在会稽山刻石留念，然后下山，经吴中（今江苏吴县）北上。秦始皇一行从江乘（今江苏镇江）渡江，一直沿着海边向北，又来到琅琊。他总想能在海边有所收获，遇见仙人或得到仙药，所以一直靠着海岸走，然而仍一无所获。看看求仙无望，便决定返回咸阳。连日的旅途劳累，加上途中遭到张良等人的伏击，心情沮丧，到平原津（今山东平原附近）就病倒了。于是秦始皇和随从一路疾驰，准备赶回咸阳，不料到了沙丘（今河北广宗县西），秦始皇病逝。时为始皇31年（前210年）七月。秦始皇在位37年，称王25年，称帝12年，终年50岁。安葬于骊山。

24

吕不韦

"奇货可居"

吕不韦（？~前235）是阳翟（今河南濮阳西南）的大商人。在经商的来往中以低价买进高价卖出，家中积蓄了千金的财富。

秦昭王40年，太子病故。秦昭王42年，将他的第二个儿子安国君立为太子。安国君的孩子有20多个。他把最喜欢的爱姬立为正夫人，称为华阳夫人。华阳夫人没有儿子。安国君有个排行居中的男孩名叫子楚（即王孙异人），子楚的母亲叫夏姬，不被安国君宠爱。子楚作为秦国的人质被送到赵国。秦国屡次攻打赵国，因此赵国对子楚也很不礼貌。

子楚是秦王的庶孙，送到诸侯作人质，车马财物都不充足，生活困窘，不能称心如意。吕不韦到邯郸做生意，看见子楚的状况很怜悯他，说："这人就像奇好的货物，可以囤集赚大钱。"于是就去见子楚，对他说："我能光大您的门庭。"子楚笑着说："你先光耀自己的门庭吧，配说什么光大我的门庭！"吕不韦说："您有所不知，我的门庭要随您的门庭而光大。"子楚心里明白吕不韦说的意思，就请他进屋同坐，和他诚恳地交谈。吕不韦说："秦王已经老了，安国君立为太子。我听说安国君宠幸华阳夫人，华阳夫人没有儿子，只有华阳夫人能决定谁被过继到她膝下作为嫡子。如今您的兄弟有20多人，您又排行居中，不被宠爱，长久地作为人质留在诸侯国中，到秦王去世，安国君即位为王时，您就没有希望和长子及朝夕在安国君面前的诸公子争太子位了。"子楚说："是的。该怎么办呢？"吕不韦说："您贫穷，又客居赵国，没有什么财物可以奉献给双亲和结交宾客。我虽然不富裕，但我愿意拿出千金为您到西边去走走，伺奉安国君和华阳夫人，立您为嫡嗣子。"子楚就向吕不韦叩头说："如果真能实现您的计划，愿意把秦国分一半给您共享。"

于是吕不韦拿出五百金给子楚，作为平日的费用，结交宾客；再用五百金买了一批奇珍异宝，自己带着到西边的秦国去，求见华

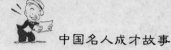

阳夫人的姐姐，托她把珍宝都送给华阳夫人。并顺便说到了子楚如何贤能智慧，结交诸侯的宾客满天下，说子楚经常"把夫人当作苍天，日夜哭泣思念太子和夫人"。华阳夫人非常高兴。吕不韦又趁机请华阳夫人的姐姐劝华阳夫人说："我听说，以姿色来伺奉人的，姿色变老了宠爱也就消失。如今夫人伺奉太子倍受宠爱，但您没有儿子，您不如在这时及早地在诸位公子中挑一个贤能孝顺的，把他立为嫡子，过继在您膝下。丈夫在世时，您的地位可以更加尊贵；丈夫去世后，过继的儿子即位为王，您的权势仍不丧失，这不就是一句话可得万世之利吗？您不在风华正茂时确立根本大计，等到姿色衰老宠爱消失时，虽然再想开口求一件事，哪里能够如愿呢？如今子楚贤能，又自知排行居中，按次序也轮不到他，他的母亲又得不到宠幸，于是他自己来归附夫人，夫人如果在这时把他选出来立为嫡子，那么您这辈子就都能宠贵于秦国了。"华阳夫人觉得有道理，就乘太子空闲的时候，不慌不忙地讲述子楚抵质到赵国后非常贤能，来往于秦赵两国的人都在称赞他。讲到这里，华阳夫人哭泣流涕地说："我有幸能被选入后宫，不幸的是没有儿子，我想把子楚立为嫡嗣子，让我终身有个依靠。"安国君答应了她，于是就给华阳夫人刻好玉符，约定将子楚立为嫡嗣子。安国君和华阳夫人因此送给子楚许多食物用品，并且请吕不韦去辅助他，于是子楚在诸侯中的声誉越来越大了。

巧妙篡秦

吕不韦曾经娶了一个特别漂亮又善于舞蹈的邯郸女子，跟她同居后，吕不韦知道她怀上身孕。有一天，子楚跟吕不韦饮酒看见这位女子并喜欢上她，因此站起身来为吕不韦敬酒，请求把这个女子送给他。吕不韦假装很生气，不答应子楚，子楚又再三要求，吕不韦于是顺水推舟，就把这个女子献给子楚。邯郸女子隐瞒自己已有身孕，不久，生下儿子，名政。于是子楚把她立为夫人。

秦昭王50年，派兵包围邯郸，赵国的形势很危急，想杀掉子楚。子楚和吕不韦商量后，用金六百斤送给监守他的小吏，得以脱身，逃到秦国的军队中，终于回归秦国。赵国想杀掉子楚的夫人和儿子，子楚夫人本是赵国豪富的女儿，就跑到娘家躲藏起来，因此母子俩得到活命。秦昭王56年，秦昭王去世，太子安国君即位为王，华阳夫人为王后，子楚为太子。赵国也奉送子楚夫人及儿子政，一起回到秦国。

志得意满

安国君只作了一年秦王就去世了，被谥为孝文王。太子子楚接替王位，就是庄襄王。庄襄王认作的母亲华阳王后称为华阳太后，亲生母夏姬尊称为夏太后。庄襄王元年，任吕不韦为丞相，并且封为文信侯，给他河南洛阳十万户的赋税作俸禄。

庄襄王即位三年后去世了，太子政被立为秦王，秦王政尊吕不韦为相国，号称"仲父"，秦王政年纪小，当了太后的母亲和吕不韦私通。吕不韦的家僮多达万人。

当时，魏国的信陵君，楚国的春申君，赵国的平原君，齐国的孟尝君，都以礼贤下士收纳宾客而互相炫耀。吕不韦觉得秦国如此强大，这方面却不如诸侯，因此很惭愧，于是也招贤纳士，优厚地款待他们，他的食客有三千人。当时各诸侯国有许多善辩的学者，如荀卿等人，著书立说传遍天下。吕不韦就让他的宾客人人动笔，著述所见所闻，将这些论著编辑为八览、六论、十纪，共 20 多万字。因为这部书是以吕不韦名义编的，所以称为《吕氏春秋》。他把这部书公布在咸阳城门边，并在上面悬赏千金，邀请诸侯国的游士宾客来修改这部书，凡是能正确地增删一字的，赏赐千金。

秦王政逐渐长大，但太后还是跟吕不韦私通。吕不韦恐怕事情败露自己要遭殃，就暗中找到名叫缪毐的男人作他的门客，吕不韦每当在家里举行歌舞杂技表演的时候，让他表演顶着桐木车轮子行走，并有意引诱太后。太后知道了，果然想暗中得到缪毐。吕不韦于是送上缪毐，假装让人控告缪毐有罪，应该治他宫刑。然后又暗中对太后说："只要假装处理缪毐以宫刑，就可以让他在宫内服侍你了。"于是太后私下赐给主持宫刑的官吏许多财物，让官吏假装施刑，拔掉缪毐的胡须、眉毛变成宦官，然后送去伺候太后。太后和缪毐通奸，对缪毐非常喜爱。太后有了身孕，恐怕让外人知道，就谎称占卜的结果让她去外地躲避一段时间，于是太后避开秦王政，移宫到雍城居住。缪毐经常随从太后，受到特别多的赏赐，国家的许多事情都让他去决定。缪毐的家僮有数千人，那些找到门上想为缪毐当舍人的宾客也有上千个。

饮鸩自尽

秦始皇九年，有人告发缪毐并不是一个真正的宦官，常常跟太

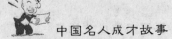

后私通淫乱，还生了两个儿子，都被隐藏起来。缪毐还和太后商量说："秦王去世后，就让咱的孩子即位。"于是秦始皇把缪毐投入监狱进行审问，了解到所有的实情，这件事牵连到相国吕不韦。九月，秦始皇诛灭缪毐三族，杀掉他跟太后所生的两个儿子，缪毐的各位门客都被抄没家产搬迁到蜀地。秦始皇想诛杀相国吕不韦，但因为他辅助先王的功劳较大，还有许多宾客辩士为他说情，秦始皇不忍心将他杀掉。

秦始皇 10 年 10 月，免去相国吕不韦的职位。后来齐国人茅焦劝说秦始皇，秦始皇才到雍城去迎接太后，让她重新回到咸阳居住，并遣送吕不韦到他的封地河南去。

一年多以后，诸侯国的宾客使者纷纷到秦国来，希望拜见吕不韦。秦始皇怕吕不韦谋变，于是赐书给吕不韦说："你对秦国有什么功劳，秦国把河南作为你的封地，食禄十万户？你跟秦国有什么亲缘，被人称为仲父？你跟你的家属都给我搬到蜀地去居住！"吕不韦估量自己这样受逼迫越来越重，恐怕被砍头，就喝毒酒自杀。秦始皇所怨恨的吕不韦、缪毐都已死了，于是让缪毐的门客从蜀地又回到咸阳。

秦始皇 19 年，太后去世，跟庄襄王合葬在芷阳。

刘 邦

刘邦，字季（公元前 256～前 195 年），西汉开国皇帝，即汉高祖。为汉王 4 年，在帝位 8 年，在平定英布叛乱中胸部受了箭伤，后因创伤复发而死，终年 53 岁。葬于长陵（今陕西省咸阳市东 35 里处）。

刘邦，泗水郡沛县（今江苏沛县）人，农民出身。从小为人就豁达大度，有大志。曾作过秦朝泗水亭长（管理十里地方的小官）。有一次，他奉命押运一批民夫去骊山服役，中途民夫逃跑了许多。他眼见无法交差，干脆就将民夫全部放走了，自己和十几个自愿跟随他的人逃入芒砀山，聚集了百余人，并和沛县衙门的文书萧何、监狱官曹参暗暗联络。

秦二世元年（公元前 209 年），陈胜、吴广在大泽乡起义后，刘邦聚合萧何、曹参、樊哙等数百人，杀死县官，起兵响应，称沛公。带兵转战于丰、沛之间。陈胜死后，曾一度带队伍归属项梁。后来项梁战死，刘邦与项梁侄子项羽共奉楚怀王孙为领袖，继续坚持反秦斗争，成为反秦的主力。

秦二世三年秋（前 207 年），刘邦受楚怀王派遣率所部向关中挺进。他迫降宛城，攻占武关，率军攻入咸阳，秦三世子婴投降，秦朝灭亡。刘邦羡慕阿房宫的豪华，进城后想留居宫中，经谋士张良力劝才醒悟过来，出城驻于灞上。刘邦废秦苛法，与关中父老约法三章："杀人者死；伤人者法办；偷盗者治罪。"因而深得民心。

不久，在巨鹿击败秦军主力的项羽也攻入咸阳，驻扎于鸿门（今陕西省临潼县东）。项羽听从谋士范增的建议，决定杀死刘邦这个对手。但他的叔父项伯去告诉了老朋友张良。张良和刘邦商量后，认为自己现在不是项羽的对手，只有去向项羽赔罪，争取他改变主意才是上策。

第二天，刘邦带着张良、樊哙等和百余随从，到鸿门请罪。项羽设宴招待。席间，刘邦低声下气地向项羽赔不是，表示自己没有和他争天下的野心。项羽听了，顿时改变了杀死刘邦的主意，范增一再朝他使眼色，示意他动手，他都装没看见。范增急了，派项庄入席，欲以舞剑助酒兴为名刺杀刘邦。项伯见项庄慢慢舞近刘邦，忙起身对舞，保护刘邦。张良借故出帐通知樊哙冲入帐中，保护刘邦。刘邦借上厕所，带着樊哙离开项羽大营，从小路跑回了军中。张良待刘邦走远，就向项羽送上礼品说刘邦酒醉先回去了。范增气得连连叹息，但又无可奈何。这样，项羽和刘邦的关系暂时缓和了下来。

同年十二月，项羽违反楚怀王"先入定关中者王之"的约定，封刘邦为汉王，都南郑，占有巴蜀、汉中之地；项羽自称"西楚霸王"，都彭城（今江苏徐州）。项羽分封后仅一个月，诸侯开始火并。刘邦乘机平定三秦，再度占领关中，和项羽展开了长达四年之久的楚汉之争。

刘邦本人既不是将才，也没有什么高明的谋略，但他善于用人，尤其懂得发挥部下的长处，又"好谋能听"，能够采纳部下正确的意见，能体恤民情，关心民间疾苦，因而得到人民的拥护，在张良、萧何等人的谋划下和韩信、彭越、英布等将领的征战下，终于由弱变强，在公元前202年打败项羽，并迫使项羽在乌江自杀。这年二月，刘邦在汜水（今河南省荥阳县境内）继皇帝位，建立汉朝，起初建都洛阳，不久迁至长安，史称西汉。

刘邦在位期间，先后消灭了韩信、彭越、英布等异姓王侯割据势力，立了许多同姓王，巩固了中央集权统治；实行重农抑商，与民休息政策；号召逃往山泽者返回本乡，返乡者恢复爵位和田宅；对战争期间卖身为奴者给予解放；还令士兵复员，从事生产。此外，令各地豪强迁徙关中，以充实首都。还修改《秦律》，制定《汉律》九章；定算法、历法和度量衡。这些措施，对安定民生，促进经济发展起到一定作用。

秦朝灭亡后，漠北的匈奴趁机南下，重新占据河南地（今内蒙古河套地区）。汉朝初年，匈奴不断南下侵扰汉的边郡。前201年，韩王信投降匈奴。次年，刘邦亲自率大军前往征讨，在白登（今山西大同东北）被匈奴三十万大军围困七昼夜。后用陈平计谋，重贿冒顿单于的阏氏，才得以脱险。此后，鉴于国力尚未恢复，刘邦不得不对匈奴采取和亲政策，以缓和双方的关系。

公元前196年，刘邦在平定英布叛乱的战斗中，胸部中箭受伤。第二年三月，创伤复发，病势危重。他召列侯、群臣进宫，吩咐左右宰杀白马，要众臣歃血为盟，宣誓从今以后，凡不姓刘者不能封王，没有功者不能封侯，谁违背这个盟约，天下人可以共同讨伐他。又命令陈平立即从燕地赶回荥阳，协助灌婴驻守，以防各诸侯国乘机作乱。然后召见吕后，嘱咐后事。吕后问他："萧相国之后，谁可以接替他？"刘邦回答曹参。吕后问曹参之后呢？刘邦回答："王陵，并由陈平辅助他。陈平足智多谋，然而不能独当一面，周勃朴实，少文化，但是，今后安定刘家天下的，非他不可，可以任他为太尉。"吕后再问后事，刘邦摇摇头说，后事恐怕不是你所能知道的了。同年四月（前195年），刘邦死于长安长乐宫。死后庙号为太祖，称高皇帝，历史上习惯称他为汉高祖。

李世民

公元 599 年 1 月 21 日，李世民生于一个军事贵族家庭。

李世民从小接受儒家教育，爱好历史、文学，练得一手好字；又因军事世家的影响，受过比较严格的军事训练，善使弓箭。据说，百步之外，他一箭能射穿门板。对于兵法战策，他也钻研颇深，少年时就能与父亲谈论用兵之道。大业十三年（公元 617 年），他 18 岁，跟随父亲来到太原。当时农民起义正蓬勃发展，隋朝政权呈土崩瓦解之势。他加紧结纳四方豪杰，在晋阳宫副监裴寂、晋阳令刘文静等人的谋划下，劝父亲李渊把握时机，起兵反隋，夺取天下。这年夏天，李渊将炀帝派来监视他的副手王威、高君雅处决，正式举兵进攻长安。李世民被任命为敦煌郡公、右领军大都督，统帅右三军。冬天，李世民会同其兄李建成部攻克长安。次年，李渊即位称帝，改国号为唐。李世民拜为尚书令，晋封秦王。

唐朝建立之初，周边群雄并峙。从武德元年（公元 618 年）到武德五年（公元 622 年）间，李世民东征西战，先后铲除了薛仁杲、刘武周、王世充、徐圆朗等各个割据势力，镇压了窦建德及其部将刘黑闼等农民起义军，为全国的统一奠定了基础。随着军事斗争的胜利，李世民声望日高，手下聚集了大批来自中小地主乃至劳动人民出身的贤士勇将，形成了一个强大的集团，因而他与太子李建成为争夺皇位的斗争迅速加剧，终于导致了武德九年（公元 626 年）的"玄武门之变"。李世民采用政变手段亲手射死了太子李建成，其弟齐王李元吉也被他的部将尉迟敬德射死。3 个月后，李世民顺利登上帝位，改年号为"贞观"。李渊被尊为太上皇，至贞观九年（公元 635 年）离开人世。

贞观之初，李世民便着手扩大宰相班子，发挥宰相班子的集体智慧，完善三省六部制。李世民扩大宰相班子，集思广益，其根本目的是防止决策的乖谬，免使封建国家重蹈隋之覆辙。

贞观之初，李世民还采取一些重要的改革措施，来恢复社会生

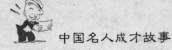

产。制定人口增殖政策，奖励男女及时嫁娶，提倡鳏寡婚配，并把户口的增加作为地方官政绩考核的内容。

在法制改革方面，李世民也表现出封建政治家的宽宏气魄。他主张刑法不要过严，但必须公正，法律条文不能过繁，必须简明正确。

李世民的虚怀纳谏，在封建帝王中也是很突出的。据史书记载，从武德九年（公元626年）至贞观十七年（公元643年），仅魏征一人就进谏200余事，大部分为李世民所接受。

在用人方面，李世民实行"才行兼备"的政策，很少受出身、家世、地域和原属何种政治集团的影响。《旧唐书·太宗纪》说他"拔人物则不私于党，负志业则咸尽其才"。

李世民是我国古代一位贤明的封建君主，厉行改革，广纳贤才，广开言路，把国家治理得有条不紊，他统治的时期，史称"贞观之治"。

武 则 天

武则天出身于山西文水的木材商家庭，她的父亲曾因帮助唐高祖李渊夺取天下有功，后被封为工部尚书、荆州都督等官职。他四十七岁那年才有了武则天，而在武则天十二岁的时候，父亲便去世了，她和她母亲杨氏在一起生活着。

武则天进宫之后很快便得到了唐太宗的喜爱。因为她不仅漂亮，而且待人接物落落大方，彬彬有礼。皇上还赐给她一个名字：武媚。她从此在宫中开始了她新的生活。

公元643年，唐太宗因年老多病，立长子李治为太子。此时武媚已经20岁了，出落得美貌多姿。

太子李治对武媚的美名早有耳闻，常常借看望父皇为借口，进宫和武媚接近。一来二去，武媚和李治眉来眼去，很快便暗暗好上了。

公元649年，唐太宗驾崩（称皇帝死去），太子李治登基做了皇

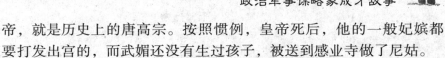

帝，就是历史上的唐高宗。按照惯例，皇帝死后，他的一般妃嫔都要打发出宫的，而武媚还没有生过孩子，被送到感业寺做了尼姑。

唐高宗即位后，对王皇后并不喜欢，而宠爱着萧淑妃。还经常暗中到感业寺和武媚幽会。终于有一天，这事被王皇后知道了，她将计就计，劝皇上把武媚公开接回宫中。她想借此打击一下她的另一个情敌萧淑妃。

但王皇后的如意算盘落空了。武媚被接回宫后，被高宗封为昭仪。她利用各种机会讨皇上和皇后的欢心，并对周围的下人也极尽笼络的手段。她很快凭着自己的机灵，在宫中收买了一部分下人。虽然王皇后因此击败了她的情敌萧淑妃，却无形中又添了一个更强的对手。她想离间高宗和武昭仪的关系，却被机敏的武昭仪察觉了。武昭仪找了个机会，利用把自己亲生女儿掐死的狠毒方法，陷害王皇后，给了王皇后一个致命打击。王皇后后来被高宗废掉了，武昭仪被立为皇后。

当上皇后之后，武则天趁机重用支持过自己的许敬宗、李义府等人，接着唆使他们陷害反对自己的褚遂良、长孙无忌等老臣。渐渐地，大臣们都倒向了她的一边，大权也渐渐落在武则天手里。而高宗因为身体不好，又得了风眩病，也就不再关心政事了。公元683年，唐高宗病死。李显即位，这便是唐中宗。但不久，李显也因惹恼母亲被废掉，接着李旦又做了皇帝，这便是唐睿宗。但武则天还是不称意，终于把李旦也废掉了，自己做了皇帝。公元690年，她改国号为周，自称圣神皇帝，当时六十六岁，成为我国历史上少有的女皇帝也是后来人称的"则天皇帝"。

在武则天时期，政局比较稳定，人才也都得到了合理的利用，人口增加了，经济有了长足的发展。

公元704年，武则天得了重病。此时的大权已渐渐旁落到她的宠臣张易之和张昌宗手里。大臣张柬之趁武则天重病的机会发动政变。他带着武士拥护着太子李显，在武则天住的长生殿杀死了张易之和张昌宗，然后逼迫武则天退位。最后，武则天没有办法，只得把皇位传给了太子李显。

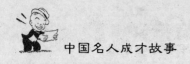

李隆基

宫廷角逐　夺权登极

　　唐玄宗（685～762），亦称唐明皇，名李隆基，女皇武则天嫡孙，睿宗李旦第三子，生于垂拱元年（685），其时正是武周天下，等待他的并不是名正言顺轻而易得的皇位，而是宫廷内部激荡多变的风风雨雨的磨炼。李隆基小时即有大志，在宫中常以"阿瞒"自诩，但并不为武氏家族看得起。7岁那年，他例行至朝堂举行祭祀仪式，金吾将军武懿宗对其随从大声喝斥，李隆基立刻声色俱厉呵斥他说："我们家的朝堂，关你什么事？敢威胁我的随从。"据说武则天知道了这件事后，便对他另眼相看了。第二年，李隆基封为临淄郡王。神龙元年（705），张柬之逼迫武则天退位，拥立中宗李显。这时李隆基曾一度兼任潞州（今山西长治县）别驾。

　　武则天死后，唐中宗昏庸懦弱，大权操于妻子韦后、女儿安乐公主之手。张柬之等功臣均遭贬逐，太子李崇俊等被杀，武三思等又起来兴风作浪，韦后又任用兄韦温等掌握大权，纵容安乐公主卖官鬻爵，又大肆建筑寺院道观，奴役人民。景龙四年（710），中宗被韦后和安乐公主毒死。韦后准备效法武则天做历史上的第二个女皇。这时，武则天的第四子李旦还有相当的势力，李旦的第三子李隆基也在悄悄积蓄力量，身边已有一批有才能的文臣武将。这是韦后专权的主要障碍，韦后决意将其置于死地。但李隆基绝非等闲之辈，他抢先动手与姑母太平公主合谋发动政变，率御林军万骑抢先攻入皇宫，将韦后及其党羽一网打尽。后由太平公主出面，恢复了睿宗李旦的帝位，李隆基也因功被立为太子。

　　睿宗也是一个昏懦的帝王，太平公主利用自己的地位和李隆基对她的信任和尊重，大树私人势力，左右朝政。宰相7人，有4人是她的亲信，文武之臣，大半依附于她。她开始认为李隆基年轻，所以不以为意，后来，看到李隆基十分英武，对自己专权不利，于是便把进攻的目标对准了李隆基。她造舆论说，现在的太子不是长子，当太子不合适，立了必有后忧，并且阴谋废李隆基的太子身份。李隆基的皇储地位并不稳定。先天元年（712），睿宗让位给太子，李隆基即帝位，即玄宗。但三品以上官员的任免及重大军国行政却仍然由睿宗决定。这期间，玄宗与太平公主的关系极为紧张，各自在聚集力量准备发动政变。

先天二年（713）七月三日，玄宗抢先下手，举领兵马杀太平公主及党羽数十人，依附太平公主的官吏尽被废逐。至此，动荡的局势才稳定下来，玄宗才获得了全部权力，当上了真正的皇帝。

文治武功　开元盛世

李隆基亲政后面临的形势也十分严峻。长期的宫廷政变，削弱了中央政权的力量，吏治腐败，官吏泛滥。玄宗在开元三年（715）明确宣布："官不滥升，才不虚受。"注意任人唯贤，他所用的宰相，大都成了有名的政治家。

姚崇，是有名的贤相，办事干练。入相前他曾向玄宗提了 10 项建议，勿贪边功，广开言路，奖擢净臣，除租税外不得接受馈赠，勿使皇亲国戚专权，勿使宦官专权等。玄宗样样应允，从而奠定了开元施政的方针。

当时，一些富户往往用出家当和尚的办法来逃避赋役，姚崇一次就查出 1200 多人，勒令还俗。又禁止百官和僧尼道士往来，抑制武、韦时发展起来的寺院地主势力。御弟薛王李业的舅父王仙童欺压百姓，他不讲情面，请玄宗批准，依法进行了惩办。

开元初，黄河南北连年发生蝗灾。蝗虫飞来如云遮日，所落之处庄稼都被吃光了。先朝也曾遇到蝗灾，由于捕杀不力，往往造成赤地千里，横尸遍野的惨景，以致物价飞腾，政局动荡。姚崇对此十分关注，力主诏令郡县及时捕杀，并由官府奖励治蝗。结果蝗灾被有效地制止了，尽管蝗灾连年，灾区也未发生大的饥荒，民心稳定。

宋璟继姚崇为宰相，也很注意选用人才，使官吏都能人尽其才。有一次吏部选人，他的远房叔父宋元超说明自己与宋璟的关系，想得到好差使，他知道了，特地关照吏部，不给宋元超官职。

张九龄是广东人，当时岭南被看作是荒远的地方，那边的人很不容易做到大官，由于其有才能，玄宗便任他做宰相。他建议选用人才要慎重，在吏部议论人才，态度极其公正。他执政时，已在开

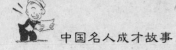

元后期，每见玄宗有什么过失，总是极力劝谏。

　　唐玄宗不但注意任用贤相，而且还重视对地方官员素质的培养。这与以前唐朝皇帝重京官、轻外任的作法不同。由于以前的地方吏治混乱，致使大多地方官员水平很差，而且贪污腐败，走后门的现象极为严重。因此，唐玄宗即位时，把新上任的县令200人，重新召集到大殿上，亲自出题考试，谁知只有一人合格。唐玄宗气愤异常，将不及格者革职，让他们重新学习，连主考官也因此降了职。唐玄宗还建立了对地方官员的考核制，对他们的工作定期进行考察，按优劣分为五等，作为其官职升降的标准。关于走后门的现象，唐玄宗直接下令，不准朝廷官员的子弟凭借家族关系当官，对于那些年少不懂事的朝官后代更是不准授予地方官职。

　　在封建社会，皇帝与皇亲国戚之间的关系是最难处理的，因为在这一方面，对权力的欲望总是大大压过了亲情。历史上有多少的明君没有处理好这层关系，而导致弑父、弑兄的惨剧时有发生。

　　唐玄宗在这一方面则棋高一招，公私分明，而且是比较有特色的。唐玄宗兄弟很多，在身边的就有五个，俗称"五王"。在位的皇帝最怕被人篡权，尤其怕自己的兄弟篡夺皇位，唐玄宗也不例外。但他却没有像别的皇帝那样，将自己的兄弟视为冤家对头而杀了他们。玄宗并不认为五王有篡位的野心，而是怕他们被别有用心的人利用。因此，他一方面不让兄弟们涉足政事，避免他们与京官过多来往，另一方面却对他们加倍体贴，照顾入微，深厚的手足之情让人艳羡，有些事连普通人都是很难做的。这样唐玄宗和兄弟们的关系就很融洽。

　　玄宗的改革政策，主要是通过下级官员去贯彻执行，玄宗能注意用人，这是"开元之治"得以出现的一个很重要的原因。

　　玄宗在位的前半期，不仅文治取得了很大成就，而且武功也赫然可纪。在玄宗即位以前，边防危机十分严重。公元696年，契丹奴隶主李尽忠利用民族矛盾，煽动其部众举兵反，并且攻占了营州。紧接着，营州都督府管辖的连昌、师、鲜等12州也相继失守。武则天派王孝杰等组织反击，结果大败，几乎全军覆没。此后，契丹贵族经常疯狂掠夺土地，残害北方人民。

　　至于玉门以西，长安三年（703），突厥奴隶主贵族乌质勒攻陷了安西四镇之一的碎叶镇，乌质勒掌握14万武装，接着又向北庭都护府进攻，并强占了北庭西部一些地方。这不仅破坏了国家统一，同时也堵塞了"丝绸之路"，使唐朝对外贸易一度中断。

在北方地区，唐初战胜突厥，统一了大漠南北，设置单于、安北都护府，分别管辖长城内外到贝加尔湖的广大地区。此后，长城以北保持了数十年的相对安定局面。但是，到了七世纪末叶，唐朝北方门户云州（今山西大同市）被突厥攻陷。从此，长城以南已无险可守。公元683年，突厥进攻蔚州（今河北蔚县），定州（今河北定县），由于长城以北大片领土失守，垂拱元年（685），唐政府把安北都护府临时置同城，一直到开元初。

从上述情况看，到玄宗即位时，西域的碎叶、庭州、北方的云州以北以及辽西12州，都已被突厥、契丹奴隶主贵族占领，陇右及河北人民经常惨遭劫掠和屠杀。唐朝统一的局面被破坏了。

玄宗执政以后，为彻底解决边区问题，巩固后政权，维护统一，采取了一系列措施；为了提高军队的战斗力，玄宗对府兵制进行了改革。府兵制在均田制崩溃的形势下，农民不断逃亡，兵源困难。高、武以后，尚武风气逐渐消失，府兵多不按时更换，教习废弛。到玄宗时士兵逃跑躲避，致使军府空虚。开元十一年（723），宰相张说于是建议雇佣募兵。玄宗即下令执行。朝廷从关内招募军士达12万人，充作卫士，从而代替了有唐以来的府兵轮番宿卫制度。这是当时军制由兵募到雇佣的重大改革。经过十余年的实践开始在全国推行，从此，各地民丁再无轮番戍边之苦。雇佣兵既可吸收社会上的失业人口，缓和社会矛盾，又可常驻各地，加强训练，对改善军队的质量、提高战斗力有很大作用。

玄宗还通过各种措施整顿军旅。他颁布《练兵诏》，令西北军镇增加兵员，加强军事训练，不得供其它役使。还派人去检查执行的情况，代他处理有关事情。

七世纪末年，军马不足，玄宗即位时，只剩下24万匹。玄宗任用太仆卿王毛仲为内外闲厩使；专门抓这项工作，到开元十三年（725），军马增至43万余匹，牛羊数也相应增加了。为了解决军粮问题，玄宗又诏令扩大屯田区。这样唐朝就兵精粮足了。

经过以上准备，到开元五年（717），唐军把沦陷17年的营州等13州全部收复，玄宗派宋庆礼任都督，重建营州防务。长城以北的拔也古、同罗、回纥等地也宣布取消割据称号，与唐政府合作，唐

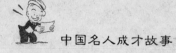

政府重新恢复了安北都护府，统一了长城以北。

解决西域问题分两个阶段进行，第一阶段从开元 27 年开始，玄宗派碛西节度使盖嘉运打败了突厥，唐军猛攻碎叶城，俘虏了突厥可汗，从而使沦陷了 37 年的碎叶镇又归唐政府管辖。第二阶段是击败吐蕃，重新打通"丝绸之路"的门户。开元初年，西域小勃律（今克什米尔以北）可汗曾到唐朝请降，唐政府在那里置绥远军。后来，小勃律王娶吐蕃王的女儿，依附了吐蕃，与唐为敌。玄宗派安西副都护高仙芝打败吐蕃，俘虏了小勃律王，遣送长安。这使唐国威大振。这一仗胜利后，拂菻（罗马）、大食（伊朗）等一些国家都很害怕，忙向唐朝称臣。唐朝重打通了中亚的通道，这不仅维护了国家的统一，也有利于对外经济文化的交流。

唐玄宗在开元年间，注重发展社会经济，采取了一系列措施，经济出现了前所未有的繁荣景象。

玄宗即位之前，由于政府的勒索和大豪族的土地兼并，使均田农民的负担越来越重，常常无力维持其自身的生存和简单的再生产，从而出现了天下户口逃亡过半的严重危机。玄宗即位后，大力打击豪强大族，把他们所占的大量土地，还给农民耕种，这样国家的税收就有了保障。

玄宗即位初期，在生活上以节俭自励。他还遣返宫女，禁修宫殿。

开元年间玄宗君臣的文治武功，造成了比较清明的政治局面，出现了"开元之治"的盛况。

独宠贵妃　构乱安史

歌舞升平的太平景象，逐渐使唐玄宗陶醉了，锐意进取的治国精神丧失殆尽。到天宝元年（742），玄宗已做了 30 年皇帝，逐渐奢侈淫秽，纵情声色，已不能如开元时期听取忠言直谏了。正直的韩休、张九龄相继罢相，奸诈的李林甫任中书令独秉大权。从这时起，邪恶势力在朝廷中开始占了上风。天宝十一年（752），李林甫病死，杨国忠做宰相，政治更加黑暗。玄宗由选贤治国到宠信奸臣，国家形势也自此由盛而衰。

李林甫，是唐宗室子弟，他的曾祖父是唐高祖李渊的叔伯兄弟。凭借血缘关系，李林甫当上了官。李林甫为人狡诈，善于投机钻营，加之熟悉朝廷的礼仪和为官之道，因而很快便爬上了吏部侍郎的高位。

多年来，李林甫苦心织就了一个庞大的关系网，他利用这套关系网加强了自己在朝中的地位。他勾结宦官及宫中妃嫔，让他们暗中观察皇帝的行动，因而李林甫做事多符合玄宗心意，深得玄宗的喜欢。

当时，玄宗宠爱武惠妃，也喜欢惠妃所生的儿子寿王，想立他为太子，以取代原来的太子。李林甫知道了这个情况，便托宦官给惠妃传话，说自己愿意尽力辅佐寿王。武惠妃听了非常感激，便暗中帮助他，怂恿玄宗提拔李林甫做宰相。

唐玄宗和宰相张九龄商量这件事。张九龄看不上李林甫的为人，便对唐玄宗说："宰相的任用关系到国家的安危，如果任命李林甫这样的人，将来一定会祸国殃民。"玄宗不听张九龄的劝告，最后还是将李林甫任命为宰相。

李林甫知道张九龄曾经反对自己当宰相，十分痛恨他。但张九龄德高望重，深得玄宗倚重，李林甫也奈何他不得，只得对他客客气气，可暗地里一有机会就在玄宗面前说张九龄的坏话。

玄宗一直有废立太子的心思，他召来宰相们商讨此事。张九龄出于公心，坚决反对，并表示若废太子，他不接受命令。玄宗听了很不高兴，李林甫老谋深算，当场并不表态，退朝后私下对宦官说："废立太子是皇帝的家事，何必要问外人。"这话传到玄宗耳里，玄宗更加厌恶张九龄了。后来张九龄终于因为屡屡直谏而遭贬官，李林甫得以独掌大权。

从此，李林甫在朝廷就一手遮天了。谏官言事，须先告诉李林甫，而后上报皇帝。朝廷官员不附合他的，都遭到阴谋陷害。他杜绝言路，妒贤嫉能。他口头上说话好听，背地里专门害人，因此，人们说他是"口有蜜、腹有剑"。

以后，朝廷就越来越腐败了。

开元24年（736），玄宗因所宠爱的武惠妃死去，整日郁郁寡欢。有人说，寿王妃杨氏体态丰艳，绝世无双，他即令太监将其接进宫来侍酒。寿王妃聪明伶俐，通晓音律，擅长歌舞，又会逢迎。玄宗如获至宝，更加不理国事。

寿王李瑁，是玄宗的儿子，武惠妃的亲生子。56岁的皇帝同22岁的儿媳的这种关系，显然悖于伦理，是一大丑闻。玄宗于是让寿

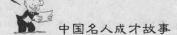

王妃自请为女官，入居南宫，赐号太真，南宫改名为太真宫。玄宗夺了儿媳，又给儿子娶了个韦姓的姑娘做妃子，以示慰藉。

杨太真入得官来，恩宠与日俱增，不到一年，杨太真被册封为贵妃。贵妃的地位仅次于皇后，可这时并没有皇后，她就是实际上的皇后了。连她的家族都得到了封赏。

贵妃喜欢穿新衣服，专为她服务的织绣之工就达 700 人之多。贵妃乘马，权宦高力士亲为之执辔授鞍。贵妃生长在南方，喜欢吃鲜荔枝。荔枝容易烂，离枝四、五日则色味俱变。为了快速贡奉新鲜荔枝，玄宗下令特开辟了从岭南通往长安的数千里贡道，沿途设有驿站，备有快马。荔枝运至长安，色味不变。

一人得道，鸡犬升天。杨氏兄妹飞黄腾达，贵妃的大姐封韩国夫人，二姐封虢国夫人，三姐封秦国夫人，堂兄杨国忠官至宰相，兼任四十余职，权倾天下。

玄宗乐不思治，日益昏聩。李林甫死后，杨国忠独揽朝权。他和李林甫一样，顺着玄宗的心思行事。玄宗喜欢征伐别国，他即发动征伐南诏的战争，被打得大败，战死 20 万人。一年大雨成灾，玄宗查问灾情，他叫人弄了一些大的粟穗给玄宗看，说雨虽大，收成却好，玄宗竟也相信。他不准下面报灾，扶风太守房琯报灾求救，他大怒，下令将其交司法机关惩罚。杨国忠做宰相时，整天发号施令，胡乱处理政事，选任官吏都在私下暗定。因此，唐朝的政治更加昏暗。

从开元 24 年（736），到天宝年间，奸相专权，贵妃专宠，玄宗日益昏聩，政治愈加腐败，繁荣背后的危机也就加剧了。首先是均田制瓦解了，负担租赋的民户在缩减，而朝廷的费用却在加大，财政危机加大。朝廷就派员横征暴敛，甚至一次预征 30 年的租赋，加速了人民的贫困化。唐王朝赖以生存的社会基础动摇了。其次是府兵制破坏后，募兵制也愈加腐败。京师所募之兵多是无赖子弟、市井小贩，毫无战斗力，几乎无兵可用。

玄宗曾考虑过谁掌握兵权最可靠的问题。王嗣宗兼任四镇节度使，被人诬告欲拥兵尊奉太子，玄宗即罢了王嗣宗的官，交司法机关惩处。与王公大臣有瓜葛的人，有了兵权，玄宗便放心不下，深怕他们结成朋党，危及自己的皇位。正在玄宗为难的时候，李林甫出了一个歪主意：用"胡"人做边帅。理由是"胡"人勇敢善战，在中原也没有复杂的社会关系，不懂汉文，比汉将可靠。其实他心里另有打算。他认为，"胡"将文化水平不高，不能做宰相，他自己的地位就更牢固了。玄宗陆续提拔安禄山、安思顺、哥舒翰、高仙芝等做大将。到了天宝六年，节度使大都是"胡"将了。

安禄山，是个胡人。他早年当过边境市场的牙郎。后来，他投入唐朝北方的边防军中，因作战勇敢，多次受到嘉奖。渐渐地，安禄山引起了玄宗的注意。不久，安禄山被任命为平卢节度使。后来，他又兼任范阳、河东节度使，掌握几十万军队的兵权。节度使掌管地方军政大权，权力很大。

安禄山能言善辩，非常善于和人打交道，加之体态肥胖，貌似忠厚，因而有着很好的人缘。凡和他交往过的人都夸奖他忠厚、老实。消息传到玄宗耳中，他对安禄山的印象越来越好。

安禄山很会讨玄宗的喜欢。玄宗好战，他便多次兴兵攻打国境边的少数民族；玄宗身边的人，安禄山必然重金收买，让他们在玄宗面前说自己的好话；他还令心腹常驻京城，摸清玄宗的心意加以迎合。

玄宗允许安禄山可以出入皇宫，于是安禄山乘机提出要拜杨贵妃作干妈。玄宗同意了，这以后安禄山再见皇上和贵妃时，必然先拜贵妃。玄宗心中疑惑，便问他为何先拜贵妃？安禄山这样回答："我们胡人的习惯是先母后父。"玄宗见安禄山把自己和贵妃看作父母，心中十分高兴，不久，便加封安禄山为安西郡王。

边防大将手握重兵，很容易引起他人的猜忌。安禄山便有意装成一副傻乎乎的样子。玄宗命他去拜见太子，安禄山见后却不下跪，左右的人都催促他行跪拜大礼，安禄山问道："我是胡人，不懂朝廷的规矩，不知太子是什么官？"玄宗说："太子就是将来的皇上，朕去世后，就是他统治你们。"安禄山这才跪拜，说道："我愚蠢，过去只知有陛下一人，不知还有太子。"玄宗听后，觉得他实在忠诚得可爱，便更加宠爱他了。

起初，安禄山对玄宗百般迎合，为的是加官晋爵。加封郡王后，安禄山位极人臣，便开始不能满意为人臣子的身份了，加上他多年来往返边疆中原，十分清楚中原兵力衰弱的情况，逐渐产生了夺取天下的野心。

安禄山开始秘密扩充军队，他提拔了史思明、蔡希德等一批猛将，手下将领被封作将军的有上千人，以此来收买人心，他任用汉族的读书人高尚、严庄等人帮他出谋划策，充任谋士；安禄山还从边境各少数民族中挑选了8000名勇士，收为义子，组成了一支精锐部队。

天宝14年（755）十一月九日，安禄山在范阳起兵，发动叛乱，兵锋指向唐的都城长安。中原军备废弛，精兵猛将都放在东北、西北各镇。叛军兵锋所至，中原郡县毫无准备，大都望风而逃。安禄山率兵15万，尘灰蔽天，鼓噪震地。一路上几乎没有遇到抵抗。十二月初二，叛军已在灵昌（今河南滑县西南）渡过了黄河。

安禄山叛乱的消息传到长安，玄宗还认为是谣言。得到确讯以后，满朝文武无不惊慌失措。杨国忠却夸口叛军必生内变，不过十天，安禄山定为儿子安庆绪所杀。玄宗惊慌之中，不禁欣然。

然而安禄山部队一路势如破竹，不久东都洛阳被攻陷了。于是朝廷派久负盛名的大将哥舒翰退守潼关，准备拒险死守。但不久，朔方军大将郭子仪、李光弼率军出太行山，收复了常山，屡次打败史思明。河南南阳太守鲁炅、睢阳太守许远、真源令张巡等，也起兵抗击叛兵，扼住了叛军南下的道路。安禄山进退两难。

唐玄宗听信杨国忠馋言，让潼关守将哥舒翰出城迎战不要坐失良机。潼关天险，道路狭窄，易守难攻。唐军在关外挖了三道壕沟，叛将崔乾祐屯兵陕州，徘徊半年，只能望关兴叹，无法进攻。哥舒翰决心守险待机。郭子仪、李光弼也说潼关只宜坚守，但唐玄宗一再下旨催战，哥舒翰被迫出兵，与叛军会战，结果大败。部将火拔仁等捉了哥舒翰，投降了叛军。

潼关失守直接威胁到唐都城长安，唐玄宗只得同贵妃姐妹、皇子皇孙、宫中近侍及朝中几个大臣，由千名禁军护从，悄然向西南而去，欲逃往蜀郡避难。当走到马嵬驿（今陕西兴平西）时，将士们发动兵变，杀死了杨国忠。将士又要求杀贵妃以息天下怨，可怜"三千宠爱在一身"的杨贵妃，竟被缢杀于逃亡途中。

长安在大约十几天之后陷落了。皇太子李亨北上到了灵武（今宁夏灵武西南），即位称帝，是为唐肃宗，重新集聚力量，开始对安禄山进行反攻。

安禄山自天宝14年叛乱，先后攻陷两京，第三年，被他的儿子安庆绪杀死。安庆绪在至德二年称帝。不久，长安、洛阳为唐军收复。第三年，安庆绪被安禄山的副将史思明杀死。史思明在乾元二年（759）先称燕王，后称皇帝。第三年，他也被儿子史朝义杀死。史朝义又称帝，两年后，兵败势穷，上吊自杀了。

悲惨晚年

唐军收复都城长安以后，玄宗由成都返回长安。路过马嵬驿时，触景生情，黯然神伤，祭拜了杨贵妃墓。到达长安后，玄宗就住在兴庆宫里。由大将军陈玄礼、宦官高力士保卫，由于玄宗经常宴请宾客，遭到肃宗的猜忌。

李辅国知道肃宗的复杂心理，想立奇功来巩固肃宗对他的宠爱。他对肃宗说："上皇住在兴庆宫，兴庆宫和里巷相连。围墙也低矮，不适合上皇居住。太极宫森严，请他搬到那里去住，这样能杜绝小人在他身边说三道四，上皇能安享晚年，陛下有时也可以去探望，岂不更好。"李辅国的这番话正中肃宗下怀，便默许了。于是李辅国传旨，请玄宗游览太极宫，但当玄宗从兴庆宫走到睿武门时，预先埋伏好的士兵突然冲了过来，把他拥簇到了太极宫，住甘露殿。肃宗对玄宗还是不放心，又把高力士流放到巫州（今湖南黔阳县），命令陈玄礼退休，给玄宗只留下几十名卫士，而且都是老弱病残。

处在这样的逆境中，玄宗更觉寂寞、凄凉，郁郁寡欢，连饭也吃不进了，弄得惟悴不堪。上元三年（762）四月五日，玄宗死在太极宫神龙殿。

魏　征

投奔瓦岗寨

魏征（580～643）字玄成，生于北周静帝大象二年（580），魏州曲城（今属山东）人。父亲魏长贤精通文史，博学多才，曾做过北齐著作郎，后因直谏朝政，贬为上党屯县令。父亲正直倔强的品质，对青少年时代的魏征产生了很好的影响。然而由于父亲去世较早，家业也因此衰落。穷困的生活，并没有磨灭魏征的意志，他性

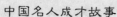

格坚强，胸怀大志，喜好读书，多所涉览，尤注意于历代兴衰得失之道，这为以后他的从政、治史打下了厚实的基础。魏征的青年时代是在隋末的动乱年代度过的。为了躲避战乱，他出家当了道士。

当时，在河南一带翟让、李密领导的瓦岗军，攻占了洛阳东北的最大粮仓兴洛仓，起义军开仓放粮，济贫救苦，深得百姓拥护，队伍迅速扩大，声威日盛。隋大业十二年（616）隋武阳郡丞元宝藏起兵响应李密，元宝藏知魏征有学识，请他到郡府掌管书记，魏征毅然前往。李密见到元宝藏的书信，常常赞叹不已。以后知道这些书信均出自魏征手笔，李密便请魏征到元帅府任文学参军，掌管记室。魏征向李密条陈十项，李密虽然惊赞魏征之才，并不采纳他的计谋。

隋大业十三年（617），李密刺杀了瓦岗军首领翟让，瓦岗军的领导力量被大大削弱。瓦岗军是一支很强的反隋力量，曾先后打败隋将王世充和宇文化及。当然，瓦岗军也付出了高昂的代价，强将死伤不少。李密对形势估计错误，并且滋生了骄傲情绪。就在李密谋杀翟让不久，王世充又集中二十万大军向瓦岗军扑来。魏征非常关心这次战斗的胜败。他找到李密的一个姓郑长史说："王世充远道而来，必定要速战。我们只宜坚守，等他们粮草食尽，必然退兵，那时我们追击，定能胜利。"魏征的意见无疑是正确的。但目光短浅的郑长史却斥之为"老生常谈"。魏征非常生气，拂袖而去。结果，李密大败，瓦岗军全军崩溃，李密只得投降唐朝。魏征也随李密来到京城长安。

辅助唐太宗

魏征归唐后，并不被重用，默默无闻。因而，他自动请求安抚山东。唐高祖李渊同意他的请求并把他升为秘书丞。从长安来到黎阳，魏征给据守黎阳的李密旧部徐世勣写信，劝他归唐。徐世勣深知形势，很快就归顺了唐朝。这样，魏征凭一封信就使唐朝获得了山东（太行山以东）广大地区。徐世勣后成为唐朝的一代名将，在多次征讨中曾立下赫赫战功。李渊赐以李姓，又避唐太宗李世民讳，改名李勣。

不久，魏征来魏州，说服元宝藏也归附了唐朝。魏征从魏州又回到黎阳，同年十月，河北农民起义军窦建德攻占黎阳，魏征为其所俘，窦建德就拜任魏征为起居舍人。武德四年（621），李世民率兵围攻洛阳，王世充向窦建德求援，李世民一举击败了王世充和窦建德，魏征再度归唐。魏征当过道士，又在李密、窦建德的农民起义军中生活了一段时间，他目睹了农民起义军的伟大力量，也深刻了解了农民的悲惨生活和感情，这使他懂得"水能载舟，亦可覆舟"的道理，丰富的实践对魏征以后的政治思想的形成产生了极大的影响。

太子李建成知魏征有才气，便召为洗马，掌图书缮写，魏征因而就成了东宫的官属。李建成十分器重魏征，魏征也对李建成忠心不二。在李建成和李世民争夺皇位的斗争中，魏征竭尽全力为李建成出谋划策。魏征看到李世民在创建唐王朝的过程中立下了巨大功劳，深得人心。因此他提醒太子说："秦王功盖天下，中外归心，殿下但以年长位居东宫，无以功以镇服海内。"正当此时，逃往突厥的窦建德残部刘黑闼经过几个月的休整，又把河北失地重新占领，恢复了许多州县。魏征抓住这一时机，对李建成说："今刘黑闼散亡之余，众不满万，资粮匮乏，以大军临之，势如拉朽，殿下应当带兵打败他们，以取功名，因结纳山东豪杰，方可自安。"李建成同意魏征的建议，向李渊请命。李渊诏李建成率军征讨刘黑闼。魏征随军出征。唐军至昌乐，刘黑闼严阵拒守，两军形成对垒。魏征向李建成建议，采用镇压和安抚相结合的两手政策，遣返俘虏，使刘黑闼的同党相信朝廷的赦免政策，以瓦解其军心。这一策略的实施使刘黑闼军心涣散，纷纷逃亡，降唐的也不少。最后刘黑闼败走洺州，为唐军所杀。

唐王朝统一天下后，李建成和李世民的矛盾日益激化，魏征屡屡劝说李建成早下决心，除掉李世民以绝后患。但在武德九年（626），李世民却先发制人，在玄武门设下伏兵，一举把李建成和李元吉诛杀，取得了玄武门之变的胜利。李渊被迫接受了现实，他立李世民为太子，并将军国大权完全交给李世民。

玄武门事变后，李世民对东宫僚属一律宽大。有一天，他把魏征召来责问道："你为什么要离间我们兄弟？"魏征从容答道："太子若听我的话，决不会有今日之祸。"李世民早就知道魏征的才能，又见他临危不惧，更加器重他。任命魏征为詹事主簿，掌握东宫的庶务和文书。武德九年（626）八月，李世民当了皇帝，这就是唐太宗。唐太宗知人善任，提升魏征为谏议大夫。他派魏征安抚河北。

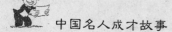

当时，河北州县有不少李建成和李元吉的余党在活动，他们终日惶恐不安，害怕李世民镇压，因而有思乱之心。魏征曾建议太宗，要对他们出以公心，不计旧怨。唐太宗听从他的意见，派他去安抚，允许他有权根据实际情况，自行变动处理。魏征到了磁州（今河北磁县），见到押送进京的李建成侍卫李志安和李元吉的护军李思行，下令把他们释放，并下令将原来东宫和齐王府的旧属，一律赦免。这样一来，河北也就安定了。

魏征不辱使命，回到长安。唐太宗很是高兴。从此以后，魏征与太宗皇帝的关系日益密切，有时甚至进入太宗卧室商议大事。魏征深感知遇之恩，更加知无不言，言无不尽。太宗即位不久，魏征就进谏说："陛下初即位时曾下诏言，'过去欠国家的财物，一律捐免。'但有关部门却仍然催交。您的诏书还说，'关中免两年租调，关外免一年徭役'。有关部门把交纳的租调散还给他们。而又下诏说，'已经服役、交纳租调的，从明天开始免除。'租调不免，又要点兵，这是以诚信待天下吗？"唐太宗听后十分高兴，说："我原以为你固执，不通达政事。今天听你议论，真是精辟透彻，我的错误确是不小。"他不但接受了魏征的意见，还奖给他一个金瓮。

贞观元年（627），有人告发魏征徇私其亲戚。太宗请御史大夫温彦博查办，结果查无实据。温彦博奉诏责怪魏征，说他不注意检点行为，远避嫌疑，以致招来诽谤。魏征去见太宗说，臣不敢奉诏。还说，君臣一条心，才叫做一体，哪有抛却大公无私，而专在检点行为上下功夫？如果上下都走这条路，国家兴亡就难以逆料了。他对唐太宗说："愿使臣为良臣，不为忠臣。"太宗问："忠良有什么不同？"魏征说："良臣身有美名，如稷、契，君主也获得好的声誉。而忠臣则不同，如商纣王时的尤逢、比干，面折廷争，身诛国亡。"太宗听了非常高兴。接着问魏征："人主何为而明，何为而暗？"魏征回答说："兼听则明，偏听则暗。"唐太宗听后非常高兴，拍手叫好。

敢犯人主颜

贞观三年（629）二月，魏征以秘书监参预朝政，当了宰相。贞观七年又改任魏征为侍中，侍中是门下省长官，更是当然的宰相。贞观十年（636）六月，魏征屡以目疾请为散官，散官是没有实际职务的官员，太宗不得已，以魏征为特进，其实还是在宰相位上，只不过没有那么多繁杂事务。直到贞观十六年（642）九月，才罢相为太子太师。

贞观之初，唐朝君臣之间曾发生如何治国的讨论。唐太宗认为，大动乱之后，很难把百姓教化好，而魏征对此却持乐观态度。他认为，大乱之后，百姓对治理的要求，就如同饿极了人求食一样。唐太宗对魏征的话有点怀疑，他说，古人云，贤明的人治理国家，也要百年才有成果。魏征回答说，这是指平常人说的，如果是英明的君主，一年就可取得成功，三年才得成绩已经不算早了。而宰相封德彝认为魏征蛊惑君心。他指出，夏商周三代以后，人心变得浮荡奸诈，秦用严刑峻法，汉施仁义、刑律两手，都未能取得成功。如果听信魏征的话，国家必然大乱。魏征针锋相对，以历史事实驳斥了封德彝的人心不古的议论，说如果人心越来越奸诈，那么到今天人就都变成鬼，还能谈什么教化？魏征的这一番话，把封德彝说得哑口无言，无言以对。而对唐太宗说来，却坚定了他大治天下的决心。

在具体政策及措施的做法上，朝臣们也各执一词。有人要太宗"独运威权"，有人建议太宗"震耀威武，征讨四夷"。而魏征建议唐太宗应"偃革兴文，布德施惠，中国既安，四夷即服"。魏征的治国方针是把重点放在国家的恢复和建设上，使百姓安居乐业，使唐王朝长治久安，而要使国家长治久安，魏征认为，必须"抚民以静"。他以隋朝和贞观初期相比，隋初的仓廪、户口、甲兵都比唐初又多又强，但是，"隋以富强动之而危，我以寡弱静之而安"。魏征此处所说的"静"，就是使百姓得以休养生息，安居乐业，而并非对百姓没有任何役使和盘剥，而是动之以时，适度而已，而不像隋炀帝那样，"虐用其民"，"诛求不已"，使老百姓无法生活，最后只能揭竿而起。唐太宗是个贤明的君主，他把"抚民以静"作为基本国策确定下来。贞观二年（628），他就说："凡事皆须务本。国以人为本，人以衣食为本，凡营衣食，以不失时为本；如果要不失时，只有君主简静才能得到。"唐太宗的"抚民以静"思想和魏征不谋而合，君臣一心，使"抚民以静"的方针得到了很好的贯彻。

"抚民以静"的具体做法就是：必须减轻徭役。繁重的徭役，必须侵占农时，耗费大量的劳力。魏征常常提醒唐太宗勿扰民扰民。一次，唐太宗要巡游南山，一切都准备好了，但好久不见出发的动静。魏征为此询问唐太宗。唐太宗告诉魏征，原先是有这种打算的，

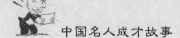

因为怕你怪罪，故中止了。贞观初期唐太宗虚心纳谏，躬行节俭，以省民力。公元632年，唐朝经济好转，国泰民安。文武官员再次请唐太宗封禅，也就是到泰山祭天，表示对天的敬畏。魏征却竭力反对封禅，他说："兴师动众，远行千里，必然会财尽民劳。"经魏征这么一讲，唐太宗的封禅之举也就停止了。

身为宰相，魏征特别注意协调君臣关系。在魏征看来，君臣如同一体，国君是人的首脑，臣子是人的四肢；君臣一体，协调一致，才能治理好国家。他引用孟子的话说："君视臣如手足，臣视君为腹心；君视臣如犬马，臣视君如国人；君视臣如粪土，臣视君为寇仇。"从儒家的道德观念出发，魏征认为在君臣关系上，君是主要的，起主导作用的。因而，他主张君必须以诚信待臣。

唐太宗懂得儒家君为臣纲的道理，他克己修身，崇尚节俭。但也有犯糊涂的时候，此时魏征则是犯颜直谏。贞观十一年（637），唐太宗为了个人享乐，在洛阳修建飞山宫。魏征上疏反对，他希望唐太宗以隋为鉴，吸取教训，唐太宗遂即醒悟，停修了飞山宫。

还有一次，唐太宗去洛阳，中途住显仁宫，因当地供应不周，太宗大发脾气。魏征进谏说："陛下因供应不周而动怒，恐怕这种风气传下去，将来会弄得民不聊生。从前隋炀帝常以郡县供应多少而赏罚，所以海内叛之，结果亡国了。这是陛下亲眼所见的，为什么还要去效仿他呢？"唐太宗听了，出了一身冷汗，对魏征说："要不是你，我是听不到这样的话的。"

贞观十三年（639），魏征因唐太宗有违克终俭约的初衷，逐渐趋于奢纵，因此向唐太宗上疏进谏，这就是历史上有名的《十渐疏》。他指出了唐太宗渐不克终者有十条。这十条的主要内容是：一、贞观之初，无为无欲，清静之化，远被遐荒。今则求骏马于万里，市珍奇于域外，取怪于道路，见轻于戎狄；二、贞观之始，视人如伤，恤其勤劳，每存简约，无所营为，顷年以来，意在奢纵，轻用人才，乃云："百姓无事则骄逸，劳役则易使。"三、贞观之初，损己于利物，至于今日，纵欲以劳人，卑俭之迹岁改，骄侈之情日异。虽忧人之言不绝于口，而乐身之事实切于心。四、贞观之初，砥砺名节，不私于物，唯善是与，亲爱君子，疏斥小人。今则不然，轻亵小人，礼重君子。重君子也，敬而远之，轻小人也，狎而近之。近之则不见其非，远之则莫知其是。魏征的奏疏，用鲜明的对比，有力的事实和论证，剖析了唐太宗自贞观以来的前后变化。他希望唐太宗居安思危，善始慎终，振作精神，励精图治，继续发展贞观之治。奏疏感动了唐太宗，他把魏征这篇奏疏写在屏风上，以便朝夕披读，激励自己，并把奏疏交给史官，让他们载入史册，还赏赐给魏征黄金十斤，马二匹。

魏征的诤谏，抓住问题的要害，以史为鉴，有理有据，语言虽尖锐激切，但他刚直诚恳的态度，据理力争，不留情面有理有据，使唐太宗虽始听而大发雷霆，最终也被魏征所折服。史书载，有一次，唐太宗被魏征说得受不了，罢朝后，气狠狠地说，我早晚要杀这个乡下佬。长孙皇后问是谁，太宗说，魏征在朝廷上顶撞我，使我下不了台。长孙皇后退下后穿上朝服为之祝贺。唐太宗惊问何故，长孙皇后说："我听说君主明臣就忠直，今魏征忠直，因陛下之明也。"唐太宗于是转怒为喜，反而更加敬重魏征。

永为诤臣范

魏征不但是一位杰出的政治家，也是一位著名的史学家。他对历史有深刻的了解，善于将历史经验和现实问题结合起来，以史为鉴，以此论治道，劝太宗。他根据唐太宗的诏令修撰《周史》、《齐史》、《梁史》、《陈史》、《隋史》五朝历史。五部史书总监虽是房玄龄，但房政务繁忙，魏征是实际的总监。魏征还亲自动手，撰写了隋史的序和论，还为《梁书》、《陈书》、《北齐书》写了总论。他治史谨严，有"良史"之称。贞观十年（636），五朝史书修撰完毕，唐太宗为嘉奖魏征，加封魏征为光禄大夫，进封郑国公。

贞观十六年（642）七月，魏征病重，唐太宗下手诏慰问。魏征居室简陋，生活俭朴。唐太宗还特别下令为他建了一个正厅，还赐给屏风等物。同年九月，唐太宗说："方今群臣，忠直没有超过魏征的，我遣傅太子。"于是，罢去魏征的宰相职务，拜为太子太师。

贞观十七年（643）正月，魏征病危，唐太宗带领太子前往探望。魏征去世后，唐太宗亲临魏家哀悼，悲痛异常。他停朝五天，令百官参加葬礼。送葬时还登上苑西楼，遥望魏征灵柩，还亲自为魏征写了碑文。

唐太宗对魏征的去世，十分悲痛。曾感叹地说："人以铜为镜，可以正衣冠；以古为镜，可以见兴替；以人为镜，可以知得失。魏征没，朕亡一镜矣！"

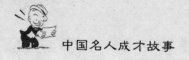

狄仁杰

"真大丈夫"

狄仁杰（607～700），字怀英，并州太原（今山西省太原市）人。祖父狄孝绪，做过尚书左丞，父亲狄知逊当过夔州长史。少年时代的狄仁杰刻苦攻读，专心致学。有一次，门人被害，县吏下来调查案情，周围的人都争说与己无关，唯独狄仁杰仍伏案读书，不予理睬。县吏很气愤，责问狄仁杰。狄仁杰回答说："我正在和书中的贤圣对话，哪有闲功夫和俗吏说话啊？"气得县吏无言以对。后来，狄仁杰以明经中举，进入仕途。明经是唐代科举制度的重要科目之一。

狄仁杰最初任汴州参军，不久为人所诬告，此时工部尚书阎立本为河南道黜陟使，他召狄仁杰查问，发现狄仁杰有奇特的才能，于是举荐他当并州法曹。在并州都督府，狄仁杰以孝而著称，很受时人尊重。

高宗仪凤元年（676），狄仁杰上调升任掌握刑狱的大理丞。狄仁杰处理刑狱，公正果断，效率极高。在短短的一年时间里，处理了一万七千人的案子，公平合法，没有一人上诉伸冤。时人都称他断案公正宽大。

秉公执法是他办案的特点。有一年，左威卫大将军权善才、右监门中郎将范怀义，误砍了太宗昭陵上的柏树，狄仁杰判两人免官，上奏高宗，高宗非要定两人死罪不可。狄仁杰认为，罪不当死。高宗发怒说："这是使我为不孝之子，必须杀了他才是。"狄仁杰对高宗晓之以理："皇上，自古以来顶撞皇帝的人都没有好下场，我并不以为然。夏桀时代也许如此，而在尧舜时期就不是这样。我庆幸生活在尧舜一样的时代，不怕皇上听不进我的劝谏。汉代的时候，有一个盗贼盗取了高祖庙堂里的玉环，汉文帝大怒，要把盗贼一家全族诛灭。盗贼交与廷尉张释之处置。张释之按法判处弃市（杀头）罪，上奏文帝，文帝大怒，斥责张释之说：'人无道以至于此，竟敢盗取先帝明器？我交付廷尉，欲判他灭族之罪，而你却拘守成法，有违我尊宗庙的原意。'张释之免冠叩头说：'法令该如此判处。今以盗宗庙而灭族，万一有一个愚民挖取了长陵上的一抔土，皇上将以何法惩治呢？'文帝终于认识到廷尉的判处是恰当的。今天依照大唐法律，权、范两人并没有犯死罪，陛下却下旨将二人处死，法令如此反复无常，以后还怎么治理国家呢？为昭陵上的一棵柏树而处死二位大臣，后世之人将如何看待陛下呢？"唐高宗觉得狄仁杰说得有理，怒意稍为缓解，遂免了权善才、范怀义的死罪，流放岭南。

据理力争，免除权、范二人死罪之事使唐高宗认识到，狄仁杰是个有胆有识的人，不久便擢升他为传御史，举劾非法，督察郡县。在侍御史任上，他不顾个人安危，不畏显贵权势，敢于向那些恃宠用事、违法乱纪的官员展开斗争。

调露元年，司农卿韦弘执在洛阳为高宗建造宿羽、高山、上阳等几座豪华的宫殿。特别是上阳宫濒临洛水，一里长的画廊，画梁雕栋，流光溢彩，颇具皇家豪华气派。宫殿建成后，高宗移居东都洛阳。狄仁杰上疏劾奏韦弘执，说他建造华丽宫殿，是在引诱皇帝追求奢侈。高宗猛然醒悟，免了韦弘执的官职。左司郎中王本立，倚仗皇帝的恩宠，在朝廷目无王法，肆无忌惮，朝中大臣没有一个人敢顶撞他。狄仁杰利用手中的监察权力，向高宗上奏弹劾王立本的罪行。但高宗却下旨赦免了他，狄仁杰再次上奏，他对高宗说："国家假如缺乏英才，但像王立本这样的人也不少，陛下为什么要宽大他而违反国家的法律呢？臣愿先受斥逐，为群臣之戒。"高宗见狄仁杰说得有理，只得依了狄仁杰，定了王本立的罪。满朝文武十分佩服狄仁杰的胆量和勇气，对他肃然起敬。

一次，高宗巡幸汾阳宫，狄仁杰也随行。车驾经过并州，并州长史李冲玄迷信旧俗，认为华服威装过妒女祠，会遭致风雷之灾。他驱数万民工改修驰道，以便皇帝通行。狄仁杰闻知，非常气愤，他说："天子之行，千乘万骑，风伯清尘，雨师洒道，何用回避妒女啊！"立即制止了这一愚蠢举动，命数万民工返归。唐高宗称赞狄仁杰办事果断，说他"真是大丈夫也"。

狄公施德政

弘道元年（683），高宗病逝。其子李显即位，是为中宗，武则天以太后身份临朝执政。第二年，武则天把中宗废为庐陵王，立幼子李旦为帝，是为睿宗，武则天继续临朝称制。垂拱二年（686），狄仁杰调任宁州刺史，宁州在甘肃境内，是汉民族和少数民族的杂居地区，民族矛盾错综复杂。狄仁杰到任后，体察民情，施政有方。因而使各民族和睦相处，深得民心。老百姓感其德，立碑记其政绩。不久，右台监察使郭翰巡视陇右各地，一路所到之处，弹劾了不少贪官污吏。然而一到宁州，则面目一新，百姓安居乐业，人们纷纷称赞狄仁杰的德政。郭翰回到朝廷后，立即向朝廷推荐狄仁杰，请求重用。不久，狄仁杰被提升为掌握工程建设的东宫侍郎，充任江南巡抚使。

吴楚一带修建很多祠庙，祭祀很滥。狄仁杰对这种做法非常厌恶，他不惮非议，一举关闭和拆毁了一千七百多所祠庙，只保留夏禹、吴太伯、季札、伍员四祠。在焚毁项羽祠时，他还写了一篇《檄告西楚霸王文》，文章大意是：崇高的名声不可假借谬误来取得，天下的帝王不能以力去争夺；顺应天命者才享有百姓拥戴的美名，背违时代者就不是明察物变的君主。

垂拱四年（688），狄仁杰转任文昌右丞，出为豫州刺史。武则天当政之初，依靠李义府、许敬宗等贬杀了长孙无忌、褚遂良等元老重臣，杀了许多唐宗室皇戚，并且幽禁自己的亲生儿子，重用武氏家族武承嗣、武三思等人，这引起了李唐宗室的强烈不满。原先，嗣圣元年（684），柳州司马徐敬业在扬州起兵反对武则天，意图匡复唐室，他以拥立庐陵王为号召，人数曾发展到十余万，最后被武则天镇压下去。垂拱四年，琅琊王李冲在博州、越王李贞在豫州又起兵反对武则天，但因力量悬殊很快就遭致失败。为了尽快恢复豫州的局面，武则天派狄仁杰出任豫州刺史。当时武则天为惩治李贞余党，定罪六七百家，藉没五千口。狄仁杰为此密奏武则天，认为这些人仅仅是受牵累，并非存心要作乱。狄仁杰说服了武则天，宽赦了这些人，把他们流放到丰州。这些人深感狄仁杰的救命之恩，在路过宁州时，跪拜在狄公的德政碑前，"设斋三日而后行"。到了丰州又亲手为狄仁杰立下德政碑。

当时，平定越王李贞的是宰相张光辅。张光辅的军队在豫州，到处勒索钱财，滥杀无辜。狄仁杰非常恼怒，他亲自出面制止官军的不法行为。为此，张光辅怀恨在心，回到朝廷后上奏武则天，说狄仁杰傲慢不逊。武则天听信了谗言。不久狄仁杰被调往夏州做刺史，后来又降为洛州司马。

衔冤贬彭泽

公元 690 年，武则天实行"武周革命"，改唐为周，她抛开傀儡皇帝李旦，自己登上了皇位。武则天是中国历史上第一个女皇帝，但也是一位唯才是举、任用贤能的女政治家。天授二年（691），她重新起用狄仁杰，任命他为地官侍郎，同凤阁鸾台平章事，成为宰相。一天，武则天问狄仁杰，你在豫州实行善政，但也有人说你坏话，你是否想知道？狄仁杰回答说："陛下，臣不愿知道。陛下以臣为过，臣愿改正。如臣无过，臣之幸也。"武则天大为赞赏，叹曰："狄仁杰真有长者风范啊！"

狄仁杰当宰相后，常在武则天左右，他看到武则天经常要处理一些小事，甚且太学生告假回乡也由武则天亲自处理。长期这样必然分散她处理国家大政的精力。狄仁杰上疏说，君王应该牢牢掌握赦免和诛杀大权，其他的一些事应该由有司处理，自己不必过问。狄仁杰劝谏武则天独揽大权，强化皇帝的专制统治。武则天对狄仁杰的建议很满意。

长寿元年（692）一月，酷吏来俊臣诬告狄仁杰谋反。武则天不察详情，就把做了四个月宰相的狄仁杰罢相下狱。任用酷吏，以巩固政权，是武则天的统治手段。这些酷吏专门制造所谓谋反大案。他们制造许多刑具，对被告严刑逼供。这次，来俊臣为了诱使狄仁杰承认谋反，要他承认愿为武后的臣下就可免去他死罪。狄仁杰为了免于冤死，等待时机，他招认了谋反罪。他说："大周革了唐室的命，万物重生，我们是唐朝的旧臣，谋反确是实情。"其他几个被指控谋反的大臣，除魏元忠外，都和狄仁杰一样，全都服了罪。来俊臣见服了罪，没有用酷刑，只将被告收监。一天，判官王德寿受来俊臣指使，诱逼狄仁杰招供宰相杨执柔是同党，狄仁杰十分气愤，说："皇天后土，叫狄仁杰去干这种事情么！"说罢以头触柱，血流满地。王德寿害怕至极，不敢再说了。

狄仁杰承认谋反，来俊臣等也就放松了对他的看管，狄仁杰趁此机会，从狱吏那里借来笔砚，偷偷撕碎被子，写了一幅冤状，缝在棉衣里，请狱吏把棉衣送到家里。

狄仁杰的儿子狄光远收到棉衣，折开棉絮见到父亲所写的冤状。急忙向武则天告发。武则天召来俊臣询问，来俊臣对武则天说，狄

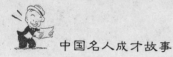

仁杰下狱，并未动过刑，他住的地方也很舒服，如果没有事实，他哪会承认谋反。武则天犹疑未定，派通事合人周綝到狄仁杰处察看。来俊臣要狄仁杰穿好朝服，会见通事舍人周綝，又假造了一份请求赐死的《谢罪表》，让周綝上交武则天。周綝核查，完全受到来俊臣的利用。就在这关键时刻，凤阁侍郎乐思晦的儿子被武则天召见，他控告来俊臣谋害了他的父亲。他说，国家的王法为来俊臣所欺弄，任何一个亲信大臣，来俊臣都可以逼他承认谋反。听了这个才九岁小孩的话，武则天有所醒悟。他召来狄仁杰，亲自问他为什么承认谋反。狄仁杰回答说："不承认早就死于酷刑之下了，哪里还有机会向陛下辩白？"武则天又问，为什么写《谢罪表》？狄仁杰告说，并无此事。武则天这才真相大白，释放了狄仁杰等七名同案人。虽然如此，武则天还是没有让他们官复原职。狄仁杰贬为彭泽县令，同案有的还流放到了岭南。

再度为宰相

狄仁杰当县令的彭泽县（今江西九江），是个穷地方。他一到任，亲眼看到老百姓穷苦不堪，就向武则天上疏，陈述百姓困苦，乞免租税。他在疏中说："常年纵得全熟，纳官之外，半载无粮，今总不收，将何活路？"

万岁通天元年（696），北方契丹孙万荣率军攻陷冀州，杀死刺史陆宝积，屠杀官兵数千人。契丹兵进而又攻打瀛州，整个河北为之震动，人心恐慌。武则天下诏擢升彭泽县令狄仁杰为魏州（今河北魏县、大名县等地）刺史，前去平息战乱。狄仁杰上任后知道，前任刺史独孤思原因害怕契丹突然来袭，把老百姓全部迁入城里，修补城墙，巩固城防。与此做法相反，狄仁杰上任后打开城门，让老百姓出城耕作。他宣称，敌人离这里还很远，不必这样惊慌。如果敌军到来，我自有退敌制胜之策，无须烦扰百姓。契丹听说狄仁杰到了魏州，慑于其威名，未敢冒犯，不战自退。魏州官民对狄仁杰的气势和胆略十分敬服，他们感谢狄仁杰的德政，为他立了碑。不久，狄仁杰改任幽州都督。武则天赐紫袍、龟带，并自制金字十二于袍，以表彰狄仁杰的忠心。

神功元年（697），狄仁杰晋升为鸾台侍郎、同凤阁鸾台平章事，第二次做了宰相。

复相后，狄仁杰面临第一个大问题是派兵镇守疏勒四镇。当时王孝杰率军大破吐蕃军，夺回了西域的龟兹、疏勒、于阗、碎叶四郡，并在龟兹设安西都护府，派军驻防。这四镇是唐朝的西疆要塞。然而，狄仁杰认为，派兵驻戍四镇不是上策。因而他上疏朝廷，陈述用兵荒外，争不毛之地，可谓无益可得，无利可图，倘若一味用兵，必然耗费国家大量资财。狄仁杰建议，可模仿贞观年间唐太宗册封阿史思摩为可汗的做法，由他镇守四镇的旧例，封阴山贵族阿史那斛瑟为可汗，委坐四镇。这样既省了大笔开支又能达到安边的目的。武则天并没有采纳狄仁杰的意见。

圣历元年（698）八月，狄仁杰再次得到提升，拜为纳言，兼右肃政御史大夫。同年，北方东突厥进犯河北，攻掠定州（今河北省定州市）、赵州（河北赵县），杀死官兵无数。武则天命太子为河北道元帅，狄仁杰为河北道行军副元帅，征讨东突厥，武则天亲自送军队出征。狄仁杰率十万大军猛追，东突厥迅速逃回漠北，曾经饱受突厥驱使的百姓恐惧至极，生怕受到官兵杀害，纷纷逃匿。武则天任命狄仁杰为河北道安抚大使，妥善处理这一问题。狄仁杰上疏武则天，请求把这些百姓一律赦免，不加追究。他提醒武则天："边远有事，还不足虑；如内地不安，就是大事了。"这是狄仁杰处理国家大事的出发点：努力淡化和消解矛盾，防止矛盾激化，力求国内的稳定。武则天采纳了狄仁杰的建议，对被突厥驱使的百姓一律不问罪，许多逃匿的百姓纷纷回家。狄仁杰大量发放粮食，救济穷困百姓，百姓很快安定下来。狄仁杰还下令，严禁官兵侵扰百姓，若有违犯，定斩不赦。在狄仁杰安民做法的感召下，河北道很快安定下来。狄仁杰回朝后，被授予内史。

武则天改唐为周，当上女皇帝后，萦绕在她心头的问题是：由谁来继承她的大业。唐睿宗虽是她的亲生儿子，又赐了武姓，但他毕竟是李唐王朝的后代。如果将她的侄子武承嗣或武三思册立为太子，两人又不具备品德和才能，不可能成为贤明君主。武承嗣在武则天改唐为周后，也蠢蠢欲动，想当太子，武则天对此也犹豫不决。狄仁杰趁此机会，想说动武则天。他说："太宗皇帝不避风霜，甘冒枪林箭雨，九死一生，方平定了天下，创立大唐基业，传给后世子孙。先帝驾崩时，把两位皇子托付给陛下。陛下现在打算把天下移交给别人，这恐怕有违天意吧！况且，姑妈与侄儿，亲娘与儿子到底谁亲？立儿子为太子，皇位由儿子继承，陛下百年之后牌位送到

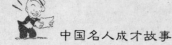

皇家祖庙，陪伴先帝，代代相传；皇位如由侄儿继承，我从未听说过侄儿当皇帝把姑妈牌位送到皇家祖庙去的！"狄仁杰的话说到了武则天的心坎上，她无言以对，只好说："这是我的家务事，你不要管。"但狄仁杰还是说下去："王者以四海为家，四海之内，何者不为陛下家事！君为元首，臣为股肱，义同一体。况臣备位宰相，岂得不预知乎！"他还进一步启发武则天："依臣看，天意和百姓都没有厌弃唐朝。匈奴犯边，梁王武三思公开招募勇士，一个多月还没有招足一千，后来庐陵王出面招募，不到十天功夫，就有五万人报名。由此可见，现在要立非庐陵王不可！"

后来，鸾台侍郎王方庆、内史王及善等也提出立庐陵王为太子的建议，武则天才有些心动。狄仁杰又说服张易之、张昌宗兄弟，劝武则天立庐陵王为太子。至此，武则天才将庐陵王接回，立为太子。

桃李俱芬芳

狄仁杰为相，善于举贤任能，他先后荐举桓彦范、敬晖、窦怀贞、姚崇等数十人，有的后来当了宰相，如姚崇能够"独当重任，明于吏道"，是唐玄宗时有名的宰相。有一次，武则天要狄仁杰推荐人才。狄仁杰说："必欲取具有卓越才能的人，那么有荆州长史张柬之，其人真宰相才。"于是武则天擢升张柬之为洛州司马。不过几日，武则天又问狄仁杰谁能当宰相。狄仁杰问，先前推荐的张柬之为什么还没有用？武则天说，不是已经用了吗？狄仁杰说，我推荐张柬之可做宰相，不是推荐他做司马。于是，武则天迁张柬之为秋官侍郎，不久又任命为宰相。

知人善任，用其所长，是狄仁杰的用人特点。契丹部落将领李楷固、骆务整归降唐朝后，有些大臣上表要求对他们处以极刑，诛灭九族。狄仁杰则上疏请求赦免李楷固、骆务整，武则天采纳了他的建议，不但赦免了他们，还任命李楷固为左玉钤卫将军、骆务整为右武威卫将军，派他们率军攻打契丹残余部落。得胜回朝，武则天非常高兴。她在庆祝平定契丹的庆功会上当着文武百官的面，祝贺狄仁杰说："这都是你知人之明！"

狄仁杰举人，以德才为重，真正做到内举不避亲，外举不避仇。有一年，武则天要每位宰相各推举尚书郎一名。狄仁杰推荐其子狄光嗣。后拜为地官员外郎，很是称职。武则天称赞他有春秋祁奚举亲的遗风。

因为狄仁杰知人荐才，当时人赞誉他："天下桃李，都在狄公的门下了。"狄仁杰说："荐贤为国，非为私也。"

赵匡胤

陈桥兵变　建宋称帝

赵匡胤（公元927～976年），宋王朝的建立者，960年至976年在位。河北涿州人。公元960年发动陈桥兵变，即帝位，国号宋。

赵匡胤，生于洛阳的夹马营。从小受家庭和社会风尚的影响习文习武，胸有大志。

20岁那年，他投到枢密使郭威手下，当了一名偏将。由于他武艺娴熟，又通兵法，受到郭威的赏识。乾祐四年（公元951年），郭威被部下拥立为皇帝，在拥立过程中，赵匡胤出了不少力，因此被升为后周禁卫军的军官。

公元954年，北汉联合辽国（即契丹）进攻后周。赵匡胤随柴荣出征，与汉辽联军交战于高平（今山西晋城县东北）。周将范爱能、何徽，竟一触即溃，争相南逃。在这危急的关头，赵匡胤大喊一声，拍马上前，当先冲入敌阵。北汉军队大乱，而周军士气大振，人人奋力厮杀，终于大获全胜。高平之战，反败为胜，成为我国历史上一个著名的以少胜多的战例。从此赵匡胤深受周世宗柴荣的器重，并给他记了大功一次。以后一系列的南讨北伐，总把他带在身边。在这些战争中，赵匡胤立了不少功劳，被提拔为殿前都虞侯（皇帝亲军的高级长官）。从此，赵匡胤开始掌管后周的军事大权。

显德六年，柴荣率领大军北攻契丹。此次亲征，赵匡胤一直随驾左右。

公元959年柴荣病死了，他7岁的儿子柴宗训继位。当时兼任宋州（现在河南省商丘县南）归德军节度使、防守都城汴京（今河南省开封市）的赵匡胤和他的弟弟赵匡义、幕僚赵普等人，看到柴宗训年幼无能，就秘密策划准备夺取皇位。

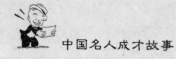

公元960年正月初四，后周的君臣正在庆贺新年，在赵匡胤的指使下，镇州和定州（现在的河北省和正定县和定县）有人到开封谎报军情，说北汉和辽国的军队联合南下，声势很大。后周的宰相范质和王溥等人，不辨真假，急忙派赵匡胤带领大军，前去抵抗，赵匡胤率军队走到陈桥驿停了下来。在他的导演之下，发生了陈桥兵变的故事。

赵匡胤被"黄袍加身"后，假意推让一番，众将哪里肯答应。赵匡胤乘机说："你们贪图富贵，立我为天子，我发出号令，你们能听从吗？""愿听命。"大家异口同声地回答。接着，赵匡胤带领大军，掉转马头，回到了开封。

正月初五下午，赵匡胤举行登基仪式。由于赵匡胤原来担任过宋州归德军节度使，因此，他把国号定为"宋"，仍旧把开封作都城。历史上将其称为"北宋"，赵匡胤就是宋太祖。

为了尽可能消除后周旧臣宿将结盟反叛，对后周将官赵匡胤一概留用，给予优厚待遇。同时，在暗中密切注意手握重兵的藩镇将领，预防不测。果然，宋朝建立不出三个月，昭义军节度使李筠就会师北汉大举反宋，赵匡胤深谋远虑，守住关隘，一举平定李筠。之后，淮南节度李重进蠢蠢欲动，赵匡胤下诏亲征，李重进自焚身亡。

赵匡胤在一年内两次亲征的胜利，基本解决了新王朝与旧王朝残余势力的矛盾，但他并未因此而感到安心，相反，他更时时刻刻感到另一种潜在的威胁。

杯酒释兵权　军制大改革

赵匡胤当上皇帝以后，大封功臣。后周将领慕容延钊，因为拥护宋朝，升任殿前都点检。领兵守卫北边的韩令坤，当了侍卫马步军都指挥使。石守信当了侍卫马步军副都指挥使。这些都是统率禁军（宋朝军队的主力）的高级官职。慕容延钊等人掌握了军事大权。

公元961年，宋太祖赵匡胤下令罢免了慕容延钊、韩令坤统领禁军的兵权，派他们两人到外地当节度使。从此，不再设立统领禁军的殿前都点检。禁军将领石守信，因为拥立有功，赵匡胤没有立即罢免他。

就在这年秋天的一个晚上，赵匡胤晚上朝见群臣后与石守信等人一起饮酒。酒兴正浓时，赵匡胤说："人生如白驹过隙一般转瞬即过，你们不如给子孙多积些钱财，多置土地房屋，多买歌儿舞女，享乐一生。君臣之间也不会有什么猜忌隔阂，这不是很好吗？"石守信等十分感激，第二天，便借口有病，乞求解去禁军兵权。赵匡胤允许了他们的请求。令其都以寄禄官的身份回家，并给予优厚的赏赐。他们虽仍有官阶身份，但已无实际职权。

开宝二年（969年），赵匡胤乘诸镇节度使王彦超、武行德、郭从义等人入朝晋见的机会，在后苑设宴款待。次日，便下诏罢了武行德等节度使的职务。至此，所有高级将领的兵权都被解除。

接着，他又实行了"内外相制"的策略削弱藩镇的实力和实权（包括兵权、政权和财权）。制定了"更戍法"，规定除了警卫皇室的殿前班外，所有禁军都要定期换防，将领经常调动，军队和将帅的调动权也归中央，使得"兵无常帅，帅无常师"。

消灭割据　统一南方

宋朝虽然已经建立起来，但是，原先各地的一些割据势力依然存在。北方有契丹建立的辽国和盘踞太原的北汉；南方有南唐、吴越、后蜀、南汉、南平（荆南）等国家。在湖南和泉州等地方，也还有地方势力。人拥宋太祖做皇帝以后，就进一步考虑如何消灭这些割据势力，和赵普商量后，先南后北的统一战略就正式确定。

公元962年，割据湖南的周行逢病死了，他的儿子周保权继位。大将张文表不服周保权，起兵反抗，割据潭州（现湖南省长沙市）。周保权派人向宋朝求援。宋朝出兵湖南，一举占领了南平，平定了湖南。

赵匡胤又着手进兵后蜀。公元967年11月，赵匡胤派忠武军节度使王全斌等人带领大军，又平定了后蜀。

公元970年，宋太祖命令大将潘美带领大军征讨南汉。南汉建都广州，占有现在的广东和广西南部。南汉国主刘帐没有办法逃跑，就放火焚烧府库宫殿，出城投降了。公元974年9月，赵匡胤命令大将曹彬出征江南。宋军很快就打到了金陵。

南唐国主李煜是个有名的文学家，很会写词，但是不大过问政事。这年11月，宋军攻进金陵，李煜投降了宋朝。南唐也灭亡了。

占据现在浙江、江苏一带的吴越国主钱傲不断向宋朝进贡。南唐灭亡以后，宋太祖让钱傲到开封来，钱傲连忙去朝见，过了两个月，钱傲要回杭州了。就在他动身的时候，赵匡胤送给他一个黄包袄。钱傲打开一看，里面都是宋朝大臣请求赵匡胤扣留他的奏疏。他非常恐惧，回国后又派人送去大批财物。到了宋太宗的时候，钱傲又去开封朝见，被宋太宗扣留下来，被迫献出了全部土地。

当时，只剩下留从效割据泉、漳等州。留从效死后，部将陈洪进夺取兵权，他派人向宋朝进贡，并献出了泉、漳等州土地。江南最后一个割据势力也被消灭了。

赵匡胤从公元963年起，只用了10来年的时间，就消灭了南方各地的割据势力。

用兵奇正　内政流弊

赵匡胤一生大部分时间是在戎马生涯中渡过的。他嗜好读书精通兵法，再与他丰富的长期实战经验结合起来，形成了他的一些独到的用兵方法。赵匡胤不打无准备之仗，了解敌情，采用离间、正确掌握敌方的兵力部署、地形地物、民心向背和内部矛盾，从而选择最有利的出击时机和行动方案。再则赵匡胤善于出奇制胜、制定作战部署较灵活、机动等等，都是赵匡胤用兵的特色。

为了防止"君弱臣强"，他削弱了宰相的职权。宰相经常不止一人，在宰相之下还设参知政事若干人，另外又设置枢密使，以分取宰相的军政大权；设置三司使，以分取宰相的财政大权。为了避免再现藩镇跋扈的局面，他采纳赵普"稍夺其权，制其钱谷，收其精兵"的建议，取消节度使兼领附近数州（支郡）的制度。然后逐步将节度使从地方调到开封担任没有实职的闲官，由中央派遣文臣任知州、知府，一般是3年一任。各州（府）还设置通判，监督、牵制州（府）长官。为了选拔合格的官员，他沿袭隋唐以来的科举制度，晚年还亲自在讲武殿主持考试，以后殿试成为制度，科举及第的人都成了"天子门生"。乾德三年，他下令各州，赋税收入除留一小部分作必要开支外，其余全部上缴中央政府，调运到开封或指定地点。宋太祖赵匡胤对辽的目标是收回被后晋石敬瑭割让的燕云十六州，争取用金帛赎买，在位期间与辽没有发生大的冲突。对割据夏州（今内蒙古乌审旗南白城子）的党项拓跋氏，持优容态度。

赵匡胤的一系列措施，基本上结束了唐安史之乱以来持续了200年的藩镇割据局面，巩固了赵宋王朝的统治，具有进步的意义。但是，他用"分化事权"的办法防止大臣专擅，结果形成了叠床架屋的官僚机构；他用"兵无常帅、将从中驭"的办法防止军队叛军，

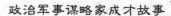

结果削弱了军队的战斗力；他把主要精力集中于防治"内患"上，必然导致"守内虚外"的方针。赵匡胤"以防弊之政，作立国之法"，必然给后世造成一系列弊政。

乾隆大帝

　　乾隆皇帝，名爱新觉罗·弘历，是康熙皇帝的孙子。他在位 60 年，继承了康熙皇帝的政策，在内政和外交方面都取得了很大成绩。

　　乾隆帝是具有雄才大略的一代帝王，他作为其父选定的皇位继承人，从小就在父亲雍正皇帝身边，耳濡目染，学到了不少封建统治的经验。特殊的地位、特殊的环境。使他深谙治国之道。

　　乾隆帝 25 岁即位，当时的清王朝经过康熙、雍正两朝七十余年的治理，经济出现了前所未有的繁荣景象。他吸取了康熙、雍正两朝的统治经验，采取宽猛相济、恩威并施的方针。乾隆帝深知自己的统治经验不足，所以笼络了一批元老重臣辅佐。同时，又着手培植一批亲信重臣。他深知人才的重要，命令大学士以下、三品京堂以上在京官员不拘一格举荐人才，只要有真知灼见、品行端正、才能卓越的人，都可以不拘品级资格，据实保举。他在施政方面，颇具康熙帝的作风，比较务实。

　　乾隆帝集大权于一身，军国大事需要他"乾纲独断"，繁文缛节的各种礼仪需要他亲临主持，朝廷内外各种内容的奏章纷至沓来，他要一一批示。乾隆帝处理政务井井有条，他精力充沛，遇事坚强果断，励精图治，显示出卓越的政治才华。到了乾隆帝中期，全国耕地面积比顺治末年增加了三分之一。人口也空前增长，到乾隆帝末期已经超过三亿。尤为突出的是商业和城市的日益繁荣，资本主义萌芽开始缓慢发展。

　　乾隆帝把农业生产视为治国之本，他深知年景丰歉、粮价涨落直接关系到社会秩序的安定和封建统治的巩固，因此，他非常关心农事收成和各地雨晴粮价，注意自然灾害。在发展农业生产的措施中，乾隆帝把提高耕作技术放在首位。他提倡积极开垦荒地，扩大种植面积，以适应逐年剧增人口的需要。他还强调自然灾害给农业带来的重大损失，因此，注意水利建设，特别是注意治理黄河。乾隆帝南巡时，曾多次专程到浙江海宁巡视，修起了地跨江浙两省长达500余里的海塘，有力地保护了江南这一片富饶地区的良田沃壤，对促进农业生产带来很大的经济效益。乾隆帝在农业方面的做法和对黎民百姓生活疾苦的关心是他善于治国的表现。他深知得民心者得天下，人民只有安居才能乐业。

和康熙帝一样，乾隆帝十分重视国家的完整统一。他多次在边疆地区用兵，先后平定了准噶尔部、回部和大小金川等叛乱。为巩固疆域，他下令将西域改成新疆，并在伊犁等地分驻将军、参赞，管理天山南北的军政事务，西北边防由此得到巩固。乾隆帝常因此夸耀他的"十全武功"，自称为"十全老人"。

乾隆帝的文才高出先辈，他熟悉儒家思想，崇尚风雅，诗、书、画兼长，与文人接触较多。因此，他精于思想文化的统治方略。1773年，乾隆帝组织了三百多个有才能的知识分子，不惜工本，遍收天下书籍，费时十年，完成了《四库全书》的编纂工作，给学术研究提供了丰富的资料。这是中国文化史上的一次壮举。

在乾隆帝当政的60年间，他的许多措施对于稳定社会秩序和巩固封建专制统治收到了较好的效果。这一时期社会经济稳步发展，府库充实，达到"康乾盛世"的顶峰。乾隆帝精通文韬武略，是我国历史上不可多得的一位封建帝王。

第二章 著名军事家的故事

孙 武

　　孙武，字长卿，春秋末期齐国人，是我国古代伟大的军事家。他出生于齐国的乐安（今山东惠民县）。孙武本姓陈，他的祖先陈完于周惠王五年（前672年）因陈国内乱而逃到齐国，改姓田氏。田完的五世孙田书，字子占，是孙武的祖父，齐景公时身居大夫之职，后因伐莒有功，齐景公便把乐安封给田书，并赐姓孙氏。

　　周景王十三年（前532年）夏，齐国"四姓之乱"后，孙武离开齐国到了南方的吴国。他在吴国都城姑苏（今江苏苏州）附近"辟隐深居"，一方面潜心研究兵法，观察吴国的政治动向，一方面结交被楚王迫害逃到吴国的伍子胥，两人在共同的田园生活中，结成了政治上的知心朋友。

　　伍子胥深知吴王阖闾的政治抱负和思贤如渴的心情，也了解孙武高明的政治主张和非凡的军事才能。他把孙武推荐给了吴王，孙武施展抱负的大好时机，终于来到了。

　　孙武带着他写的《孙子兵法》十三篇去见吴王阖闾。吴王对孙武说："您写的十三篇兵法，我都细细读过了。您能否当场演习一下阵法吗？"孙武回答说："可以。"吴王又问："可以用妇人试验一下吗？"孙武说："完全可以。"于是，吴王挑选了他后宫的嫔妃180人，让孙武演习阵法。

　　孙武把这些妇人分成两队，叫吴王最宠爱的两个美姬分别担任队长，每人各拿一把戟。孙武问她们："你们知道心和左右手以及后

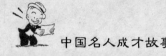

背的位置吗?"她们点头说:"知道。"孙武说:"演习阵法时,我击鼓发令,让向前,你们就眼看着心;让向左,就眼朝左手看;让向右,就眼朝右手看;让向后,就眼朝后背看。"她们都说:"行!"布置完毕,孙武敲响向右的鼓令,那些嫔妃们觉得好玩,都哈哈大笑起来。孙武严肃地说:"对部属约束不严明,命令交待不清楚,这是主将的责任。"他又重新申明号令,然后发出向左的鼓令,嫔妃们仍然大笑不止。孙武说:"对部属约束不严明,命令交待不清楚,那是主将的责任;现在既然对你们重新申明过号令,再不执行命令,那就是吏卒的责任了。"说完就下令把左右两个队长推出斩首。吴王站在高台上正兴致极高地观看孙武的演习,忽听孙武下令要杀他的两个爱姬,吓出一身冷汗,急忙叫人对孙武说:"我已经知道将军能够用兵了。我没有这两个美姬,食不甘味,希望不要杀她们。"孙武回答说:"臣既已受命为将,将在军,君命有所不受。"说完就命令把两个美姬当众斩首,然后又挑选另外两个嫔妃担任队长,继续演习阵法。吴王因此深知孙武善于用兵,就任命他为将军,孙武的军事生涯也由此开始了。

孙武被吴王任命为大将后,不但为励精图治的吴王治军讲武,勾画富国强兵的蓝图,而且为吴国的兼并战争立下了卓越的战功。

从周敬王八年(前512年)被吴王任命为大将,到周敬王三十八年,孙武在吴国活动了30年,为吴国的强盛和称霸中原做出了杰出的贡献。

孙武之所以享有盛名,主要还不是因为他的卓著的战功,而是由于他留下了一部我国现存最早的兵书《孙子兵法》。

《孙子兵法》是一部内容完备、结构严谨的古代军事专著。它的产生,为我国军事学奠定了坚实的基础。孙武把与战争有关的军事问题,分作十三篇加以论述,全书有完整的体系,新颖独特的论述形式。各篇既能独立成章,相互之间又有密切的联系,上下承启,前后相应,浑然一体。所以古人说:"其义各立于题篇之名,未尝泛滥而为言也。"直到今天我们阅读这些篇章,仍然为其博大精深的军事思想体系而惊叹。

《孙子兵法》虽然包含了军事学的各个方面,但是关于进行和指导战争的论述,则是全书的核心内容,其他各个方面,都是围绕这一内容展开的。《孙子兵法》分上、中、下三卷;上卷有《计篇》、

《作战篇》、《谋攻篇》、《形篇》；中卷有《势篇》、《虚实篇》、《军争篇》、《九形篇》、《行军篇》；下卷有《地形篇》、《九地篇》、《火攻篇》、《用间篇》。

孙武研究军事是从研究战争入手的，对于战争的看法，孙武开宗明义地指出："兵者，国之大事，死生之地，存亡之道，不可不察也。"

孙武要求战争指导者，要在战前对决定战争胜负的"五事"（道、天、地、将、法）、"七计"（主孰有道？将孰有能？天地孰得？法令孰行？兵众孰强？士卒孰练？赏罚孰明？）作全面的分析比较，这样"未战而庙算胜者，得算多也，未战而庙算不胜者，得算少也"。这就是孙武"知彼知己"，综合分析对比敌我力量的"庙算"知胜的思想。

孙武提出："善战者，致人而不致于人"，就是要求善于指挥作战的人，能够调动敌人而不被敌人调动。唐朝著名军事家李靖，在《李卫公问对》中就曾经说过，古代兵法千章万句，不外乎"致人而不致于人"。

孙武认为，只有掌握了战争的主动权，才有可能取得战争的胜利。孙武说："凡战者，以正合，以奇胜。故善出奇者，无穷如天地，不竭如江河。"还说："战势不过奇正，奇正之变，不可胜穷也。"

孙武认为，要使敌军处于被动挨打的形势，就要采取"动敌""示形"即主动摆脱敌人，寻机歼灭。

孙武说："兵无常势"，如同"水无常形"一样，只有"能因敌变化而取胜者"，才可以说用兵是入了"神"。孙武所说的灵活多变的作战指导，主要表现在正确使用兵力和灵活多变的战法两个方面。

在正确使用兵力方面，他要求战争指导者要"识众寡之用"，要根据敌我兵力对比的不同，采取不同的战术。

在战术运用上，孙武主张"奇正"多变。他认为，虽然打仗的一般规律，总是用"正兵"当敌，用"奇兵"取胜，但是奇正之变，是变化无穷的。他要求战争指导者，战术要灵活多变，计谋要不断更新，使敌人无法识破军事部署上奥妙之所在。这样才能稳操胜券。

孙武在《孙子兵法》开卷的《计篇》中，把"智信仁勇严"的

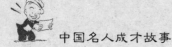

良将，以及训练有素，赏罚分明，令行禁止，战斗力强的精兵，看作是决定战争胜负的重要因素，是达到"全胜"的根本条件。

孙武关于争取战争"全胜"的种种论述，无一不同贤良将帅的指挥才能和精神素质有关。因此，他对将帅提出了极为严格的要求，归纳起来就是"智信仁勇严"五条："智"，多谋善断；"信"，赏罚互信；"仁"，爱护士卒；"勇"，勇敢坚定；"严"，法令严明。

孙武认为，训练有素，赏罚分明，令行禁止，战斗力强的军队，是夺取战争"全胜"必不可少的条件。

《孙子兵法》是我国历史上最早的兵书，孙武的一些军事观点和治军思想，为后世的军事家传诵和应用，它是我国军事史上一份珍贵的历史遗产。

白 起

战国时代是我国历史上剧烈动荡的时代，在那烽烟四起、群雄争霸的岁月里，涌现出了一大批叱咤风云的军事统帅，其中最著名的，当数秦国名将——白起。

白起，郿（今陕西眉县）人，在其数十年的军旅生涯中，参加了秦国兼并魏、韩、赵、楚等国的几十次大小战斗，并且攻无不克，战无不胜，为秦国争城70余座，扩地数千里，也为后来秦始皇统一天下奠定了基础。攻韩魏，初露锋芒。白起生活在战国末期，当时社会剧烈动荡，群雄争霸不休，人们崇拜的英雄，自然是那些驰骋沙场，能征善战的大将军。白起的父亲曾经随秦军四处征战，建立过不少战功。自从有了儿子，他便给儿子起名为"起"，希望儿子将来能够像战国名将吴起那样所向披靡，屡立战功。为此，他经常向白起讲述历史上的英雄人物的故事，尤其爱讲司马穰苴、孙武、吴起、孙膑的故事。当白起刚刚成年的时候，父亲就把他送进军营，使他从小就受到军旅的熏陶。白起不负父望，从小就酷爱军事，加上他聪明好学，勤于思考，喜欢研究各家兵法，又长期生活在军旅之中，既有军事理论，又具实践经验，久而久之，便熟练掌握了军事这门艺术，成了一位用兵如神的杰出将领。

公元前294年，秦昭王任命白起为左庶长，统率秦军进攻韩国。白起抓住这千载难逢的展示自己军事才华的机会，精心策划，突出奇兵，以迅雷不及掩耳之势一举攻占了新城（今河南伊川西南），使魏国受到直接威胁。捷报传回秦国，秦昭王大喜，下令嘉奖白起。此后不久，经丞相魏冉推荐，昭王又命白起为将，带兵与韩、魏联军大战于伊阙（今河南洛阳南）山下。

当时，韩魏联军将多兵广，而秦军还不及他们一半。但韩魏联军同床异梦，互相推诿，都想把对方推到前面迎战秦军，而自己退居后面隔岸观火，坐收渔利。白起抓住敌军的心理，先设疑兵麻痹韩军，然后出其不意以精锐猛攻魏军，魏军大败，韩军自然也不战自溃。白起乘胜追击，杀敌24万，血流成河，还俘虏了魏将公孙喜，攻陷五个城池。白起打了一个以少胜多的大胜仗。战斗结束，白起因功官至国尉。伊阙之战，是韩魏两国遭到最大损失的一次战役。

韩、魏地靠秦国，是秦国"蚕食"的首要目标。所以，在秦昭王十五年（公元前292），秦国又向韩、魏发动了进攻。这次秦昭王仍派白起为将，攻下了魏的垣（今山西垣曲县东南）。由于白起屡建奇功，被秦昭王提升为大良造（战国时秦的最高官职，掌握军政大权，也是尊贵的爵位）。第二年，白起率军攻占了韩国的宛（今河南南阳）。宛是中原的重镇，是重要的产铁基地，又是冶铁业中心。与此同时，秦国另一支由司马错率领的军队也占领了韩国另一炼铁基地邓（今河南孟县西）。宛、邓的夺取，对秦国有重要的经济、军事价值，大大增强了秦国的国力，尤其增强了秦国的兵器制造工业，为秦之后吞灭六国打下了物质基础。

秦昭王十七年（公元前290），韩、魏两国在秦国大军连续不断的打击下，深感不是强秦的对手，遂被迫向秦割让土地以求苟安。在得到秦国应诺之后，韩国割让武遂（今山西垣曲东南黄河以北地区）200里地给秦，魏割让河东400里地给秦。韩、魏割地求和，并不能满足秦国的雄心，自然不可能阻止秦国向外扩张。

秦昭王十八年（前289），白起再次率领大军浩浩荡荡杀向魏国，势如摧枯拉朽，连下蒲阪（今山西永济县蒲州镇）等61城，使魏国再次遭到沉重的打击。

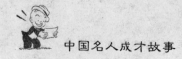

至此，秦国认为韩、魏已不堪一击，对秦国已不构成威胁。决定暂缓对他们的进攻，把主攻方向改向北方的赵国和南方的楚国。

在加兵赵国、楚国之前，秦国于公元前284年，曾联合韩、赵、魏、燕五国军队大败齐军。事情是这样的：当秦国在白起统帅下战必胜，攻必克，所向披靡之际，东方的齐国也蒸蒸日上，国力强盛，打败了南方的楚国，杀死楚国将领唐昧，在西边于观津（今山东观城）摧毁了三晋的官兵，之后又与三晋联合攻击秦国，帮助赵国灭了中山国。公元前286年，齐国又发动战争，攻破宋国，宋偃王逃奔到魏国，死在温城（今河南孟县）。

这时的齐援王，不可一世，攻楚、击三晋之后，目标直接指向已分裂为二的周王朝，扬言要把周天子赶下台，由他来做天子。大臣狐咺指责他荒唐，被他绑到街市上斩首。

燕昭王得知齐国臣民对齐王的怨恨，认为时机已到，日夜加强战备，准备伐齐。燕昭王问乐毅伐齐之事。乐毅说："齐国是霸王的后代，疆土广大，人口众多，以我们燕国的兵力，单独攻击，不容易成功。要想成功，就必须与赵国、楚国、魏国结成联盟，共同出兵。"于是，燕昭王就派乐毅前往赵国拜见赵惠文王，再派其他使节分别出使楚国、魏国，又请赵国去联络秦国，向秦申明伐齐的利害关系，承诺事成之后分给秦国相当的利益。秦昭王心想，如能借此机会击败齐国，秦国不是又少了一个竞争对手。这对今后秦国争霸，并进而吞灭六国，统一天下不是很有利吗，于是便很痛快地同意了使者的请求。其他各国因受齐国侵略，早已对齐王的蛮横自大恨之入骨，巴不得立即联合起来讨伐齐国。他们听说强大的秦国也加入了讨齐的行列，更是欢欣鼓舞，跃跃欲试。

公元前284年，燕国集结了全国的兵力，跟秦、赵、魏、韩军队会合，乐毅兼任五国联军总指挥官，以泰山压顶之势向齐国发动进攻。齐王征召全国武装力量，在济西（今山东阳信）与联军会战。齐将触子见联军势大，一下没了斗志，一战就下令退兵，只身乘车溜走，齐军大败。部将达子统率余部，继续与联军作战，于秦周（临淄雍门）又战败，达子战死。至此，齐军败局已定，乐毅见胜利在望，遂请秦军、韩军先行班师，请魏军前往占领原来宋国的领土，请赵军前往夺取河间（今山东高堂、堂邑）。乐毅亲自率领燕国远征军。深入齐国国土，不久即攻下齐国首都。

破齐成功，从此消除了一个足以与秦抗衡的东方大国。秦军班师不久，即把进攻的矛头指向楚国。在进攻楚国的战斗中，白起一马当先，所向无敌，屡建奇功。

　　为给进攻楚国创造有利的外部环境，消除后顾之忧，公元前279年，秦昭王与赵惠文王在河南渑池相会，两国修好停战，秦国的北面得到了稳定。一切准备就绪，秦国便集中优势兵力，对楚国发动了大规模的进攻。

项　羽

　　在中国的历史上，多以成败论英雄。所谓胜者为王，败者为寇是也。但也有例外，这个例外就是项羽。项羽自24岁起兵，到31岁自杀，其间所经历的都是轰轰烈烈的事。虽然兵败自杀，但后人却给了他最多的同情，连写历史的人也不例外。在司马迁的笔下，虽然项羽有许多的不是，但从字里行间我们仍可以读出司马迁是相当喜欢项羽的。在他的笔下，项羽虽然失败了，但却是英雄！在中国历代名将中，项羽是一个天生就会带兵打仗的人。

　　项羽出生在名将世家，他的祖父项燕为战国末年楚国名将，后为秦将王翦所杀。叔父项梁也极为勇猛，秦统一后，项梁因为杀了人，带着项羽躲避在吴中。每逢当地有大徭役和丧事，项梁经常主持其事，暗中以兵法组织和训练宾客子弟。

　　项羽在青年时代就力能扛鼎，学书、学剑都不成，这使项梁很生气，他却说，"书足以记名姓而已。剑一人敌，不足学，学万人敌"。于是项梁改教他兵法，他略知大意后，即不肯深学。但项羽才气过人，而且少怀大志，嫉恶如仇，看见秦始皇时，发出了"彼可取而代之"的感叹。

　　秦二世元年（公元前209年），陈胜、吴广在大泽乡领导反秦起义，随即建立张楚政权。原六国贵族闻讯后，也纷纷起兵响应，这年九月，项梁与项羽也起兵，杀了会稽太守通，带领吴中兵士反秦。项梁自立为会稽太守，项羽为裨将，手下有精兵八千人。陈胜牺牲

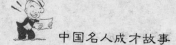

后，其部将召平矫令拜项梁为楚王上柱国，命其引兵进攻秦国。秦二世二年三月，项梁即率所部渡江，途中东阳令史陈婴率义军两万投奔项军。渡过淮河后，英布、蒲将军又以兵相随，项军兵力一时达到六七万人，成为当时反秦武装的主力。六月，项梁召集起义将领会薛计议，立楚怀王孙心，仍称楚怀王。项梁自号武信君。之后，项梁率义军大破秦军于东阿、定陶。项羽、刘邦也攻占城阳，略地至雍丘，斩杀秦三川守李由。不久，由于项梁骄傲轻敌，被秦将章邯乘隙袭破，项梁阵亡。项羽、刘邦退保彭城（今江苏徐州）。章邯又渡河北上击赵，与秦将王离、涉间军进围巨鹿，要消灭起义军。楚怀王命宋义为上将军，项羽为次将，率兵救赵。宋义走到安阳后，滞留四十六日不前进，想坐观成败。于是项羽以宋义与齐密谋反楚为名，杀死了宋义。怀王即命项羽为上将军，统率全军救赵。项羽派当阳君、蒲将军带兵两万迅速渡过漳河，以解巨鹿之围；自己亲自率全军渡河，破釜沉舟，进击秦军。双方经九次激战，楚兵大破秦军，王离被俘，涉间自杀。巨鹿一战，秦朝的主力被消灭殆尽，亡国只是迟早的事了。当楚军救赵时，诸侯军皆作壁上观。战事结束后，诸侯将领拜见项羽，都跪着向前，看都不敢看他。从此，各路诸侯军都听从项羽指挥。接着，项羽又大破秦军，并利用秦统治集团内部矛盾招降章邯。他怕秦降卒不服，在新安城南将降卒二十万全部坑杀，从而大失民心。

当项羽率军进入关中时，刘邦已先期进据咸阳。由于楚怀王有约在先，"先入关者王之"，刘邦理应称王关中。项羽入关后，却依恃手中四十万大军，企图消灭刘邦，独霸天下。在鸿门宴上，刘邦在谋士张良的帮助下，卑辞言和，骗取了项羽的信任，后来又趁机暗中发展实力。双方的紧张关系暂时和解。项羽随即引兵西屠咸阳，诛杀秦降王子婴，焚烧秦宫室，掳掠财宝和美女东归，使自己再一次大失民心。公元前206年，项羽以怀王为义帝，又分封各诸侯为王，自立为西楚霸王，占有梁地、楚地九郡，定都彭城，封刘邦为汉王。不久，田荣、陈余、彭越等相继举兵反楚。刘邦也以关中为基地，进逼西楚，于是爆发了历时四年多的楚汉战争。

项羽自称西楚霸王后，号令天下，大失民心。他自己也渐渐骄傲起来，对其他的诸侯放松了警惕，从而逐渐由强盛走下坡路，最后招致"垓下之围"的悲惨结局。在垓下，项羽被刘邦的军队重重包围，兵少粮尽，只剩二十八骑；而追他的汉骑有数千之多，项羽孤军奋战，飞斩敌将，使"汉军披靡"。当赤泉侯追他时，项羽"嗔目而叱之，赤泉侯人马俱惊，辟易数里。"后来，项羽终因寡不敌众，四面楚歌，面对着美人和名马，流下了伤心的眼泪。他曾慷慨悲歌，却依然坚决抵抗，即使到了乌江，走投无路时，乌江亭长要渡他到江东去，项羽也不愿让江东父兄看到他兵败将亡、狼狈不堪的情景，所以拒绝渡江，以自刎来结束了自己的生命。项羽自刎前，仍称"此天之亡我，非战之罪也"，而不能认识自己终致失败的原因。后汉王刘邦以鲁公礼葬项羽于谷城。

在楚汉之争中，项羽在每次战役中均压倒刘邦，但因他政治力及组织力不强，不注意稳定收服民心，不注意用人，最后反被对方压倒，终于英雄末路。西汉史学家司马迁充分肯定了项羽的功绩，说项羽"起陇亩之中，三年，遂将五诸侯灭秦"，"位虽不终，近古以来未尝有也"。项羽在战场上英勇异常，"嗔目叱之"，敌将"目不敢视，手不敢发"，而平时却"见人恭敬慈爱"，"人若有病，涕泣分食饮"。在司马迁的笔下，项羽是一位既勇猛又豪爽的英雄，是反秦斗争中指挥起义军摧毁秦军主力的胜利者，虽然他在同刘邦的角逐中失败了，但他的见义勇为、敢作敢当、光明磊落的品格，成为人们心目中英雄的典范，使人难忘。

韩 信

韩信生活在秦末汉初时期，淮阴人。父母早丧，家贫如洗。但他既不会经商，又不会务农，终日挂剑闲游，靠乞讨度日。还曾受过胯下之辱：乡中少年叫他从两腿间爬过，借以嘲笑。

秦末农民起义爆发，韩信持剑从军。汉相萧何发现他是个难得的军事人才，因而极力向刘邦推荐。刘邦听萧何之言，择良日，设坛场，拜韩信为大将。韩信做汉军大将后，其军事谋略才干在战争中显示出来。在破魏、代，灭赵、齐的作战中，韩信采取不同战略战术，三次水战破敌，一直成为战史中的佳话。

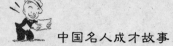

汉高祖二年（公元前205年）五月，刘邦因进击彭城失利，与项羽相持于成皋（今河南荥阳西汜水镇）、荥阳（今河南荥阳东北）一带。这时，盘踞在河东（今山西西南部）的魏王豹反汉，威胁汉军侧背。刘邦派韩信、曹参等率军攻魏。八月，魏王豹集重兵于蒲阪（今山西永济西蒲州镇），断临晋交通，阻止汉军渡河。韩信采用声东击西的战术，集结船只佯作由临晋渡河的模样，暗中却调动军队，出敌不意地从夏阳（今陕西韩城南）用木罂缶（小口木桶）渡河，奔袭魏王豹的后方安邑（今山西夏县西）。魏王仓皇应战，兵败被俘。

灭掉魏王后，黄河以北尚有代、赵、燕及山东的田齐四个割据势力。他们依附项羽，拥兵自重，阻碍着刘邦统一战争的进行。韩信针对这种情况，向刘邦提出"北举（攻取）燕、赵，东击齐，南绝楚之粮道，西与大王会于荥阳"的战略计划。刘邦表示赞同，给韩信增兵3万，派张耳协助韩信去开辟北面战场。

同年九月，韩信攻破代国后，接着越太行山东进，乘胜击赵。赵大将陈余集中20万大军于太行山八隘口之一的井陉口（今河北获鹿西的土门关），占据有利地形，构筑壁垒，准备与汉军决战。韩信率军驻扎在井陉口以西30里的地方，半夜派出2000轻骑，每人携一面红旗，潜伏到赵军营垒附近。韩信告诫他们说："赵军若见我军退走，必然会倾巢出动追击，你们则趁机冲进赵营，拔掉赵军旗帜，换上汉军红旗。"正面，韩信以万人进至绵蔓水（今河北井陉西）东岸，背水列阵。韩信令部将传喻三军说："今天破赵军后会餐。"诸将闻言，都不相信。拂晓，陈余等赵将从营垒中看见汉军背水列阵，都嘲笑韩信不会用兵，于是打开营垒大门，倾巢出动与汉军决战。汉军虽只有1万人，但见背倚河水，后退无路，无不奋勇向前，与赵军死拼。同时，深夜设伏的2000汉骑早已冲进赵军营中，拔掉赵旗，换上红旗。赵军久战不胜，欲收兵回营，忽见营中都是汉旗，顿时军心大乱。汉军前后夹击，大败赵军，活捉了赵王歇。

韩信破赵之后，继续进兵，逼迫燕国投降，接着又挥兵进攻齐国。齐王田广闻汉军来攻，一面领兵退守高密，一面派人向项羽求救。不久，项羽派大将龙且率20万人救齐。楚、赵军合为一股，与汉军夹潍水布成阵势。韩信秘密派人装满1万多个沙袋，趁黑夜将潍水上游堵起来。次日上午，韩信率军过河进攻龙且，未战几合，佯败退兵。龙且不知是计，得意地说："我早知道韩信胆小。"遂纵兵追过河去。韩信暗使人扒开上游沙袋，飞奔而下的大水将正在过河的齐楚军截为两段。韩信回兵攻击，全歼已过河的齐楚军，齐王逃跑，龙且战死，彼岸之敌也自行溃散。汉军完全占领齐地。

韩信连克魏、代、赵、燕、齐五国，占领了长城以南，黄河以北和山东的大部地区，取得北面战场的全部胜利，完成了对成皋楚军的战略包围。在魏、赵、齐的作战中，韩信因水用兵，根据不同的情况，分别采取了声东击西、背水列阵和断水塞流的战法，显示了这位历史名将善于先计后战和出奇制胜的作战特点。

西汉王朝建立后，韩信先被封为楚王，后又降为淮阴侯。公元前196年，被皇后吕雉骗进长乐宫的钟室杀害。

韩信是汉初著名军事家，作战时善于灵活运用兵法，布局谋阵，使他连战连胜，为西汉王朝的建立立下赫赫战功。

曹　操

曹操（155～220），即魏武帝。三国时政治家、军事家、诗人。字孟德，小名阿瞒，沛国谯县（今安徽亳州）人。初举孝廉，任洛阳北部尉，不久升顿丘令。后在镇压黄巾起义和讨伐董卓的战争中，逐步扩充军事力量。建安元年（196年），迎献帝许都（今河南许昌东），从此用献帝名义发号施令，先后削平吕布等割据势力。官渡之战大破河北割据势力袁绍，逐渐统一了北方。

打黄巾　攻董卓

曹操少年时机警，有权术谋略，而且以侠义自任，放纵不羁，不修养品行、学业，所以社会上的人尚未认识他的卓越才能，只有梁国的桥玄、南阳郡的何颙看重他。桥玄对曹操说："天下将要动乱，不是闻名于世的杰出人才是不能拯救的，能够安定天下的人，大概是你吧！"二十岁时，曹操被荐举为孝廉，做了郎官，出任洛阳北部尉，调升顿丘县令，征召任命为议郎。东汉末年，黄巾军起事。曹操又被任命为骑都尉，讨伐颍川的黄巾军。升为济南国相。济南国有十多个县，长官多数巴结、依附权贵、外戚，贪赃受贿，名声都很不好，曹操于是上奏罢免了其中八个县的长官，下令禁止不合礼制的祭祀。那些犯法作乱的人知道后不是逃跑就是伏匿，使得郡内秩序井然，百姓安宁。过了很久，曹操被召回做东郡太守，但他声称有病不去赴任，回到家乡。

不久，冀州刺史王芬、南阳人许攸、沛国人周族等联络豪杰，图谋废掉灵帝，立合肥侯做皇帝。他们把这阴谋告诉曹操，但曹操拒绝参与这件事。王芬等终于失败了。

金城人边章、韩遂杀了刺史、郡守，进行叛乱，部众十多万人，使得天下骚乱、动荡。曹操被征召做典军校尉。此时恰逢灵帝逝世，太子即位，太后临朝听政。大将军何进和袁绍策划诛杀宦官，太后不听从，何进就召董卓，想利用他来胁迫太后，董卓未到达而何进被杀了。董卓到后，废黜吵帝为弘农王而立献帝刘协。董卓上表推荐曹操做骁骑校尉，打算跟他商议国事。曹操于是改名换姓，从小路向东回乡。出了虎牢关，经过中牟县，被亭长怀疑，逮到县里。县城中有人暗中认出他，替他求情，曹操才得以释放。董卓终于杀了太后和弘农王。曹操到了陈留，散发家财，纠集义兵，准备凭借这支队伍来诛杀董卓。冬季十二月，开始在己吾起兵，这一年是中平六年。

初平元年春季正月，后将军袁术、冀州牧韩馥、豫州刺史孔伷、兖州刺史刘岱、河内太守王匡、勃海太守袁绍、陈留太守张邈、东郡太守桥瑁、山阳太守袁遗、济北相鲍信同时起兵，各有数万人，推举袁绍做盟主。曹操代理奋武将军。

董卓听到义兵起事，就逼迫天子迁都长安，自己留守洛阳，焚烧了宫殿。这时，袁绍驻扎在河内，张邈、刘岱、桥瑁、袁遗驻扎在酸枣，袁术驻扎在南阳，孔防驻扎在颍州，韩馥在邺城。董卓兵力强大，袁绍等没有人敢领先进军。曹操道："发动义兵来讨伐逞凶作乱的人，大军已经集合，各位还迟疑什么？假使董卓听到崤山以东的义兵起事，倚仗朝廷的重威，占据二周的险隘，向东进军来控制天下。即使他的行为不违背道义，也能够成为祸害。如今董卓焚烧了宫殿，劫持天子迁都，使得海内百姓震动，不知道归附谁，这是天灭亡他的时候啊，打一仗就可以使天下安定了，不可以丧失时机啊。"于是率兵向西，准备占据成皋。张邈派部将卫兹分兵跟随曹操。曹操的兵马抵达荥阳的汴水，碰上董卓的部将徐荣，交战失利，士兵死伤很多。曹操被流箭射中，所骑的马也受了伤，堂弟曹洪把马让给曹操，才得以乘夜逃脱。徐荣见到曹操所率领的士兵虽然少，却奋战一整天，认为酸枣不容易攻下，也就率兵撤回。

曹操回到酸枣，各路军队十多万士兵，天天摆酒盛会，不考虑进取。曹操责备他们，乘机献计说："请各位听从我的计策，所有的军队都构筑高深的壁垒，不跟敌军作战，多布置疑兵，显示天下的形势，以正义诛伐叛逆，是可以很快平定的，如今军队依据正义而行动，却抱着犹疑的态度而不前进，使天下的人失望。我私下替各位感到羞耻。"张邈等人不接受这个意见。

曹操士兵少，就和夏侯惇等人到扬州招募士兵，扬州刺史陈温、丹阳太守周昕送给士兵四千多人。回到龙亢县，士兵大多叛逃了。到了建平县，又收集士兵。得到一千多人，进驻河内。

黑山贼于毒、白绕等十余万人抢掠魏郡、东郡，王肱不能抵御。曹操率军进入东郡，在濮阳攻打白绕，击败了他。袁绍因此上表推荐曹操做东郡太守，治所在东武阳。

三年春季，曹操驻军顿丘，于毒等攻打东武阳。曹操于是率兵向西进入山岖，攻打于毒的大本营。于毒听到这消息，放弃武阳回军，曹操中途截击眭固，又在内黄攻击匈奴首领於夫罗，都大败了他们。

青州黄巾军百万人进入兖州，杀了任城相郑遂，移军进入东平。曹操率军追击黄巾军直到济北。黄巾军乞求投降。冬季，接受投降过来的士兵三十余万人，男女一百余万口，收编其中的精锐士兵，号称"青州兵"。

击袁术 灭吕布

袁术与袁绍有隔阂，袁术向公孙瓒求援，公孙瓒派刘备驻守高唐，单经驻守平原，陶谦驻守发干，以此来逼迫袁绍。曹操和袁绍联合攻击，都打败了他们。

四年春季，曹操驻军鄄城。荆州牧刘表切断袁术运粮的通道，袁术率军进入陈留郡，驻守封丘县，黑山军的残部和於夫罗等辅佐他。袁术派部将刘详驻守匡亭。曹操攻击刘详，袁术救援他，曹操与袁术交战，把他打得大败。袁术退守封丘，曹操就包围封丘，尚未合围。袁术向襄邑逃跑，逃到太寿，曹操挖开渠水灌城。袁术逃

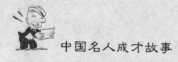

到宁陵，曹操又追到宁陵，袁术逃到九江。夏季，曹操回军定陶。

这年，孙策接受袁术派遣渡过长江，几年间，就占有了江东。

兴平元年春季，曹操从徐州回来。当初，曹操的父亲曹嵩辞退官职之后回到谯县，董卓之乱时，到琅琊避难，被陶谦杀害，所以曹操志在复仇，向东讨伐。夏季，派荀彧、程昱驻守鄄城，再次征讨陶谦，攻占了五座城邑，最后占领了直到东海的地区。回来经过郯县时，陶谦的部将曹豹和刘备在郯县的东部驻守，中途截击曹操。曹操打败了他们，终于攻占了襄贲，所经过的地方大多遭到破坏、屠杀。

恰逢张邈和陈宫反叛，迎接吕布，各郡县都响应。荀彧、程昱保卫鄄城，范县东阿二县牢固地防守，曹操就领兵回来。吕布来到，攻打鄄城未能攻下，驻扎在西面的濮阳。曹操说："吕布一天就攻占一个州，却不能占据东平，切断亢父、泰山的通道，凭借险要之地中途截击我，反而驻守濮阳，我判断他不能有所作为。"于是进军攻打吕布。吕布出兵迎战，先用骑兵冲击青州兵。青州兵逃跑，曹操的兵阵混乱，曹操驰马从火海中冲出，从马上摔下来。烧伤了左手掌。司马楼挽扶着曹操上马，才带着他离开。他们未到军营就停下来，各将领没有见到曹操，都担心害怕。将领们没想到曹操自己支撑着去慰劳军队，命令军队赶紧准备进攻的器械，再次进攻吕布。曹操跟吕布僵持了一百多天。这时发生了蝗虫灾害，百姓遭受大饥饿，吕布的粮食也吃光了，各自撤军离开。

秋季九月，曹操回到鄄城。吕布到达乘氏县，被他的同县人李进所打败，往东到山阳县驻守。这时，袁绍派人劝说曹操，想联络和好。曹操新近丢掉了兖州，军粮吃光，准备答应他。程昱劝阻曹操，曹操听从他的意见，冬季十月，曹操到了东县。

二年春季，曹操袭击定陶。济阴太守吴资守卫南城，没有攻下。恰逢吕布来到，曹操又打败了他。夏季，吕布部将薛兰、李封在巨野驻守，曹操攻击他，吕布援救薛兰，薛兰战败，吕布逃跑，终于斩了薛兰等人。吕布又从东缗和陈宫带领一万多士兵前来交战，当时曹操士兵少，便设下埋伏，出奇兵袭击，大败吕布。吕布夜里逃跑，曹操再次进攻。攻下了定陶，分兵平定了各县。吕布向东投奔刘备，张邈跟从着吕布，派他的弟弟张超带领家属保守雍丘。秋季八月，曹操围攻雍丘。冬季十月，汉献帝任命曹操为兖州牧。十二月，雍丘被攻陷，张超自杀。曹操灭了张邈三族。张邈到袁术那里请求救兵，被他的部下所杀。兖州平定，曹操就向东攻取陈国地区。

这年，长安骚乱，汉献帝往东迁徙，在曹阳战败，皇帝渡过黄河逃到安邑。

建安元年春季正月，曹操的军队到达武平，袁术安排的陈国国相袁嗣投降。

汝南、颖川郡的黄巾军何仪、刘辟、黄邵等部，各有数万人，起初响应袁术，又依附孙坚。二月，曹操进军讨伐，打败了他们，斩了刘辟、黄邵等，何仪和他的部下全部投降。皇帝任命曹操为建德将军。夏季六月，升为镇东将军，封为费亭侯。秋季七月，扬奉、韩暹偷偷逃跑了。汉献帝授予曹操符节、黄钺总领尚书事。洛阳残破，董昭等劝说曹操把都城迁到许县。九月，汉献帝迁往东面的许县，任命曹操做大将军，封为武平侯。自从皇帝往西迁都长安，朝廷一天比一天混乱，到这时宗庙、社稷制度才建立。

皇帝东迁的时候，杨奉从梁县企图截击汉献帝，没有赶上。冬季十月，曹操征讨杨奉，杨奉向南投奔袁术，于是曹操就攻打他的梁县的军营，占领了它。这时朝廷任命袁绍做太尉，袁绍对自己的官职在曹操之下而感到羞耻，不肯接受。曹操于是坚决推辞，把大将军的官职让给袁绍。汉献帝于是任命曹操做司空，兼车骑将军。这年采用枣祗、韩浩等人的建议，开始实行屯田制。

张济从关中跑到南阳。张济死后，侄子张绣统领他的部队。建安二年春季正月，曹操到达宛城，张绣投降，不久为此而后悔，再次反叛。曹操跟他交战，军队打了败仗，自己被流箭所射中，大儿子曹昂、侄子曹安民遇难。曹操于是率领军队回到舞阴，张绣带领骑兵前来侵掠；曹操打败了他。张绣逃到穰县，与刘表联合。曹操对各将领说道："我接受张绣等人投降，错误在于没有立即取得他们的人质，以致弄到这种地步。我明白失败的原因了。各位看吧，从今以后不会再失败了。"于是回到了许都。

袁术打算在淮南称帝，派人告诉吕布。吕布扣留了他的使者，把他的信上报朝廷。袁术恼怒，攻打吕布，被吕布所打败。秋季九月，袁术侵扰陈县，曹操东征袁术，袁术听到曹操亲自前来，扔下军队逃跑，留下他的部将桥蕤、李丰、梁纪、乐就。曹操到达，打败了桥蕤等人，把他们全斩了。袁术逃过淮河。曹操回到许都。

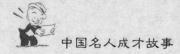

曹操从舞阴回来，南阳、章陵各县又反叛而归附张绣，曹操派曹洪攻打他们，失利，退守叶县，不断地被张绣、刘表所侵扰。冬季十一月，曹操亲自往南征讨，到达宛城。刘表部将邓济据守湖阳。曹操攻占了湖阳，活捉了邓济，湖阳投降。攻打舞阴，也把它攻下了。

三年春季正月，曹操回到许都，开始设置军师祭酒的官职。三月，曹操在穰县围攻张绣。夏季五月，刘表派兵救援张绣，切断曹军的后路。曹操率领军队往回撤退，张绣的军队前来追赶，曹操的军队不能前进，就连接军营逐渐向前推进。曹操写给荀彧的信说："敌人前来追赶我，即使一天走几里地，我估计到达安众，必定打败张绣了。"到达安众，张绣和刘表的军队联合把守险要地区，曹操的军队前后受到敌人的攻击。曹操于是乘夜在险要地区开凿地道，全部运走了军用物资，设置奇兵。正好天亮，敌人以为曹操偷偷逃跑了，全军前来追赶。曹操于是出动奇兵，步兵和骑兵夹击，大败敌军。秋季七月，曹操回到许都，荀彧问曹操："先前预料敌人必定失败，根据什么呢？"曹操说："敌人阻截我回军，而跟被置于死地的我军交战，我因此知道将士奋死杀敌必定能够取胜。"

袁术请求吕布攻打刘备，曹操派遣夏侯惇援救刘备，交战不利。刘备被高顺打败。九月，曹操东征吕布。冬季十月，在彭城进行屠杀，前进到了下邳，吕布亲自带领骑兵迎战。大败吕布，俘获了他的勇将成谦。追赶到城下，吕布恐慌，准备投降。陈宫等人阻止了他的打算，向袁术求救，鼓励吕布出城交战，又战败，于是回城固守，曹操没有将城攻下。这时曹操连续作战，士兵疲惫，打算回军，采用荀攸、郭嘉的计策，决开泗水、沂水来淹下邳城。一个多月后，吕布的部将宋宪、魏续等人活捉了吕布、陈宫，把他们杀了，全城投降。太山郡的臧霸、孙观。吴敦、尹礼、昌豨各自聚集一帮人。吕布打败刘备的时候，臧霸等人全跟随吕布。吕布战败，曹操俘获了臧霸等人，宽厚地接纳、对待他们，最后划出青州、徐州靠海区委派他们管理，分出琅琊、东海、北海地区，设立城阳、利城、昌虑郡。

战官渡 破袁绍

袁绍已经吞并了公孙瓒，兼并了四州的地区，率领军队十多万人，将要进军攻打许都。曹操各将领认为不可抵抗。曹操说："我了解袁绍的为人，志向大而才智小，表面严厉而内心怯懦，嫉妒刻薄而缺少威望，考虑周全而犹豫不决，谋士多却不为他所用，士兵虽多却指挥筹划不当，将领骄横而且政令不统一，土地虽然广阔，粮食虽然丰足，却正好是把这些作为我的奉献啊。"秋季八月，曹操向黎阳进军，派臧霸等进入青州攻破齐、北海、东安，留下于禁在黄河边驻守。九月，曹操回到许都，分出部分兵力把守官渡。冬季十一月，张绣率领部队投降。十二月，曹操在官渡驻军。

次年二月，袁绍派遣郭图、淳于琼、颜良在白马攻打东郡太守刘延，袁绍领兵到了黎阳，准备渡过黄河。夏季四月，曹操往北救援刘延，荀攸劝说曹操道："如今我们兵力少不能抵挡，分散敌人的兵力才可以取胜。您到了延津，装作准备渡过黄河向他们的后方进军，袁绍必定往西迎战您，然后派轻装部队袭击白马，趁他们没有防备，就可以捉住颜良了。"曹操听从了荀攸的计策。袁绍听说曹军渡过黄河，立即分出兵力往西迎战曹军。曹操就率领军队急行，直奔白马，离白马尚有十多里. 颜良大惊，前来迎战。曹操派张辽、关羽做先锋，先打败了敌人，斩了颜良，终于解除了白马之围，迁徙白马的百姓，循着黄河朝西走。袁绍在这时渡过黄河追击曹操的部队。追到延津的南面，曹操指挥军队在西面山坡下扎营，派人登上营垒望敌军，报告说："大约有五六百骑兵。"过了一会儿，又报告："骑兵逐渐增多，步兵多得数不过来。"曹操说："不用再报告了。"就下令让骑兵御下马鞍放开马匹。这时，白马驻军的辎重已经上路。各将领认为敌军的骑兵多，不如回去守卫军营。荀攸道："这是用来引诱敌人上钩的，为什么要离开这儿呢？"袁绍的骑兵将领文丑和刘备带领五六千骑兵先后来到。各将领又说："可以上马了。"曹操说："可以了。"于是大家都上马，当时骑兵不足六百人，就挥军出击，大败敌军，斩了文丑。颜良、文丑都是袁绍的有名将领，两次交战，都被擒杀，袁绍的军队大为震动，曹操回军官渡。袁绍进军保卫阳武。关羽逃回刘备那儿。

八月，袁绍连接营垒逐渐向前推进，靠着沙丘驻扎，从东到西连绵数十里。曹操也分扎营垒跟敌方对抗，交战不利。当时曹操兵力不足一万人，伤员占十分二三。袁绍军队前进到官渡，堆土山挖地道。曹操也在营内堆土山挖地道，跟敌军对抗。袁绍军射箭入曹军营中，箭下如雨，走动的都要用盾牌遮挡，大家非常害怕。这时曹操粮食少，给荀彧写信，商议打算撤回许都。荀彧回信说："袁绍全部人马聚集在官渡，准备跟您决一胜负。您以最弱小的兵力对抗最强大的敌军，如果不能制服他，必定被敌军所追逐，这是天下的重大转机啊。况且袁绍只是一个一般的豪雄罢了，能够聚集人才却不能使用人才。凭借您的神武英明并且加上以天子之命讨伐叛乱的正当名义，有什么事而不能做成功呢？"曹公听从了荀彧的意见。

袁绍数千辆运送谷物的车子到达，曹操采用荀攸的计策，派徐晃、史涣去截击，大败袁军，全部烧毁了袁绍的运粮车。曹操跟袁绍相持了几个月，虽然每次交战都斩杀敌将，但是兵少粮尽，士兵疲乏。曹操对运粮的人说道："再过十五天替你们打败袁绍，不再让你们劳苦了。"冬季十月，袁绍派车运粮，令淳于琼等五个人带领一万多士兵护送车队，露宿在袁绍军营北面四十里的地方。袁绍的谋臣许攸贪婪无度，袁绍不能满足他，就前来投奔曹操，借机劝说曹操攻打淳于琼等人。曹操身边的人怀疑他。荀攸、贾诩劝说曹操采纳。曹操于是留下曹洪防守，自己带领五千步兵和骑兵乘夜前往，恰在天亮时到达。淳于琼等人望见曹操兵少，出去到营门外布阵。曹操急速攻击淳于琼，淳于琼退守营房，于是就攻打淳于琼的营房。袁绍派骑兵援救淳于琼。曹操身边的人有的说："敌人的骑兵逐渐接近，请求分兵抵抗他们。"曹操发怒说："敌人到背后才报告！"士兵都拼死作战，大败淳于琼等人，把他们全斩了。袁绍刚听到曹操攻打淳于琼时，对大儿子袁谭说道："趁他攻打淳于琼等人，我去攻占他的军营，他就没有地方落脚了！"于是派张郃、高览攻打曹洪。张郃等人听到淳于琼败亡，就前来投降。袁绍军队大溃败，袁绍和袁谭扔下军队逃跑，渡过了黄河。曹军追赶上他们，全部缴获了他们的辎重、图表文书和珍宝，俘虏了他们的部众。曹操缴获袁绍的信件中，有许都和曹军中的人和袁绍来往信件，曹操把它们全部烧掉了。冀州各郡很多城邑都自动投降了。

六年夏季四月，曹操在黄河边检阅军队，攻击袁绍在仓亭的军队，把它打败。袁绍回来，又收拢被打散的士兵，平定了各反叛的郡县。九月，曹操回到许都。

袁绍自从军队被打败之后，发病吐血，在夏季五月死去。小儿子袁尚接替他的官职，袁谭自称车骑将军，驻扎在黎阳。秋季九月，曹操征讨他们，连续交战，袁谭、袁尚屡次战败退却，坚守黎阳。

远证乌桓

三郡乌桓趁天下的动乱，攻下幽州，掠取汉民合计十余万户。袁绍把他们的首领都立为单于，把族人的女孩子作为自己的女儿，嫁给他们做妻子。辽西单于蹋顿尤为强大，被袁绍所看重，所以袁尚兄弟投奔他，频繁入塞造成灾难，曹操准备征讨他们。

十二年春季二月，曹操从淳于返回邺城。丁酉日，下令道："我发动义军铲平暴乱，到现在有十九年了，所征讨的必定战胜，难道是我个人的功劳吗？这是有才能的士大夫们的力量啊。天下虽然尚未完全安定，我应当和有才能的士大夫们一起平定它。可是独自享有那些功劳，我怎么能够心安理得呢？要赶紧评定功绩、实行封赏。"于是广泛地封赏二十多位功臣，都封为列侯，其余的人各按功劳大小受封，并且免除死难者的子孙的徭役，封赏或轻或重各有差别。

将要北征三郡乌桓，各将领都说："袁尚，是一个逃亡的敌人罢了，夷人贪婪而没有爱心，哪里会被袁尚所利用？如今深入征讨他，刘备必定说服刘表来袭击许都。万一发生事变，后悔也来不及了。"只有郭嘉算定刘表必定不会信任刘备，劝曹操北征。夏季五月，到达无终。秋季七月，发大水，沿海道路不通，田畴请求担任向导，曹操听从他，带领军队出卢龙塞，塞外道路断绝不通，于是开山填谷五百多里，路过白檀，经历平冈，走过鲜卑族地区，向东直扑柳城，距离柳城二百里时，敌人才知道消息。袁尚、袁熙和蹋顿、辽西单于楼班、右北平单于能臣抵之等人带领数万骑兵迎战曹军。八月，曹操登上白狼山，突然跟敌人碰上，敌兵非常多。曹操的辎重尚在后边．披戴铠甲的人很少，左右的人都害怕。曹操登上高处，望见敌军的阵势不整齐，就出兵攻击敌阵，派张辽做先锋，敌军大崩溃，斩了蹋顿和名王以下多人，投降的胡人和汉人共二十余万人。辽东单于速仆丸和辽西、右北平各头领，扔下他的族人，跟袁尚、袁熙逃奔到辽东，相随的部下尚有数千骑兵。当初，辽东太守公孙康依仗地处偏远不肯归服。等到曹操打败乌桓，有人劝说曹公立即征讨他，就可以捉住袁尚兄弟俩。曹操说："我正让公孙康斩下并且送来袁尚、袁熙的人头，不去麻烦军队了。"九月，曹操率兵从柳城回来，公孙康随即斩了袁尚、袁熙和速仆丸等人，把他们的人头送来。将领中有人问："曹公回来而公孙康斩下并送来了袁尚、袁熙的人头，是什么原因呢？"曹操说："公孙康向来害怕袁尚等人，我紧逼他就把力量联合起来，放松他就会互相算计，情势就是这样啊。"十一月到达易水，代郡乌桓代理单于普富卢、上郡乌桓代理单于那楼带领他们的名王前来祝贺。

十二年春季正月，曹操回到邺城。开凿玄武池来训练水军。汉朝廷撤消三公的官职，设置丞相、御史大夫。夏季六月，任命曹操为丞相。

赤壁之战

公元200年，曹操统一了北方，占据了八州的地盘，形成了独占中原的格局。接着他又挥师平定辽东地区的乌桓势力，基本稳定了后方地区，一时间成为当时历史舞台上不可一世的风云人物。然而，对于素怀雄心大志的曹操来说，统一北方地区，只能算作是统一天下的第一步而已。他的宏伟目标，是扫平所有的割据势力，重新统一天下。于是他便积极从事南征的战争准备。一切就绪后，曹操紧擂战鼓，兴起大军，浩浩荡荡向南方地区杀奔而来。

当时，南方的主要割据势力有两个，一个是立国三世的东吴孙权政权，他据有扬州六郡。这些地方土地肥沃、物产丰富，在当时战乱较少。而北方人的南迁又给当地带来了先进的生产技术，因此东吴的经济有了长足的进步。在军事上，孙权拥有精兵数万，有周瑜、程普、黄盖等著名将领，内部团结，加上据有长江天险，因而使它成为曹操吞并天下的主要障碍。

另一个是荆州的刘表。他基本上采取了维持现状的政策。但他年老多病，处事懦弱，其子刘琦和刘琮又因争夺继承权而闹得不可开交，所以政权并不稳固。至于刘备，在当时还没有自己固定的地盘。他原来依附袁绍，官渡之战后投奔刘表。刘表让他屯兵新野、樊城一带，为自己据守阻止曹军南下的门户。但刘备号称枭雄，志在复兴汉室，所以就趁着这一机会扩充军队、网罗人才。他这时拥有诸葛亮、关羽、张飞、赵云等谋士、猛将，是曹操吞并天下的又一重要障碍。

公元208年七月，曹操率军南下，他的第一个战略目标是荆州。荆州历来为兵家必争之地，如占据了它，既能够控制今湖北、湖南地区，又可以顺江东下，从侧面打击东吴，向西进军则可以夺取富饶的益州（今四川）。就在战争一触即发的紧要关头，刘表于八月因病一命呜呼了。接替他的次子刘琮更不争气，他让曹操的兵威吓破了胆，未作任何抵抗，就将荆州拱手献出。曹操兵不血刃，完成了南下战略的第一步，于是曹操率领号称80万的大军，自江陵（今湖北江陵）沿江东下直逼夏口（今湖北武昌）。刘备与刘表的长子刘琦一道率领大约2万左右的士兵，防守夏口，因为兵力悬殊，就派诸葛亮到江东去联合孙权，共同抗曹。

当时曹军中多是北方人，善于陆战，不善水战，又是远道而来、疲惫不堪、水土不服，生病的士兵很多。战斗力大大减弱，而曹操军队中，只有荆州降将会打水仗，但是东吴大都督周瑜使用反间计使曹操以为他们要造反，杀了他们，这样曹操手下就没有善于带水兵的将领了。

曹操的士兵，不习水性，长江的风浪把他们颠簸得口吐黄水，苦不堪言，东吴派谋士庞统向曹操献"连环计"，让曹操把战船都连成一片，上面铺木板，使各船的士兵、战马可以互相走动、如同平地，曹操非常高兴，没有识破这计谋。

周瑜的部将黄盖针对敌强我弱、不宜持久及曹军士气低落、战船连接的实际情况，建议采取火攻，奇袭曹军战船。周瑜采纳了这一建议，制定了"以火佐攻"，因乱而击之的作战方略。并由黄盖假装投降曹操，麻痹曹军。

接着，周瑜让黄盖写信向曹操约定了投降的时间。曹操不知是计，欣然同意。黄盖率船数十艘，满载干草，灌以油脂，并巧加伪装，插上旌旗，同时预备快船系挂在大船之后，以便放火后换乘，然后扬帆出发。当时，江上天气反常，正猛刮东南风，战船航速很快，迅速向曹军阵地接近。曹军望见江上船来，都以为是黄盖如约前来投降，纷纷挤到船头看热闹，丝毫不加戒备。

黄盖在距曹军1公里处，下令各船同时点火。一时间火光冲天，船箭一般地直冲曹军战船。而曹军船只首尾相连，分散不开，移动不得，顿时便成了一片火海。这时，风还是一个劲地猛刮，熊熊大火很快向岸上蔓延，一直烧到了岸上的曹军营寨。曹军将士被这突如其来的大火烧得惊慌失措、鬼哭狼嚎、溃不成军，烧死、溺死者不计其数。在长江南岸的孙、刘主力舰队乘机擂鼓前进，横渡长江，大败曹军。

曹操狼狈不堪，被迫率军由陆路经华容道向江陵方向仓皇撤退，

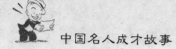

又遇上大暴雨，道路泥泞不堪，以草垫路，才使得骑兵得以通过。一路上，人马自相践踏，死伤累累。孙、刘联军乘胜水陆并进，穷追猛打，扩大战果，一直追击到南郡（今湖北江陵境内）。曹操留曹仁、徐晃驻守江陵，乐进驻守襄阳，自己率领残兵败将逃回到北方。

这场赤壁大战至此以孙权、刘备方面大获全胜而宣告结束。

诱韩遂 胜马超

此时汉中马超与韩遂、杨秋、李堪、成宜等人反叛。曹操派曹仁去讨伐他们。马超等人驻扎在潼关，曹操命令各将领："关西士兵精锐强悍，要坚守壁垒不要跟他们交战。"秋季七月，曹操西征，与马超等人的部队夹着潼关驻军。曹操紧紧地牵制敌军，而暗中派徐晃、朱灵等人乘夜渡过蒲阪津，占据黄河西岸扎营。曹操从潼关北面渡河，还未渡过去，马超追赶渡船急忙攻打。校尉丁斐因而放出牛马来引诱敌人，敌人骚乱去抢夺牛马，曹操才得以渡过河去，沿着黄河修筑通道而向南推进。敌人撤退，在渭口进行抵抗，曹操于是在许多地方设置疑兵，暗中用船载着士兵进入渭水，架设浮桥，夜里，分兵在渭水南岸扎营。敌人乘夜攻打军营，伏兵打败了他们。马超等人驻守在渭水南岸，派遣信使请求割让黄河以西地区讲和，曹操不答应。九月，进军渡过渭水。马超等人频繁挑战，又不应战，坚决请求曹操割地，送儿子来做人质。曹操采用贾诩的计策，假意答应他。韩遂请求跟曹操相见，曹操跟韩遂的父亲是同年孝廉。又跟韩遂是同辈人，于是两人马靠着马交谈了好一阵子，但不涉及军事，只谈京都老朋友之间的旧事，拍手欢笑。会见完毕，马超等人询问韩遂："曹操说了些什么？"韩遂说："没有说什么啊。"马超等人对他起了疑心。另一天，曹操又给韩遂写信，有多处修改涂抹，好像是韩遂改定的样子，马超等人更加怀疑韩遂。曹操就与马超等人约定日期会战，先用轻装的士兵挑战，交战了很久，才出动勇猛如虎的骑兵夹攻，大败敌军，斩了成宜、李堪等人。韩遂、马超等人逃跑到凉州，杨秋逃到了安定，关中平定。各将领中有人问曹操道："当初，敌军把守潼关，渭水北岸沿途空虚，不从河东攻打冯翊却驻守潼关。拖延一段日子而后北渡黄河，为什么呢？"曹操说："敌军把守潼关，如果我军进入河东，敌人必定去防守各个渡口，那么就无法渡过西河去，我故意把大军开向潼关；敌军全部人马在南面防守，西河的防备就空虚，所以徐晃、朱灵二位将领能够专力夺取西河；然后率军北渡黄河，敌人不能跟我们争夺西河，是因为有徐晃、朱灵二位将军的军队啊。连接车辆树立栅栏，修筑通道向南推进，既是作不可战胜的准备，又把兵力薄弱显示出来。渡过渭水修建坚固的营垒，敌人前来也不出去应战，是以此来助长敌人的傲气啊；所以敌人修筑营垒而请求割让土地。我顺从他们的请求答应了他们。顺从他们的心意的原因，是使他们安心而不作准备，我们乘机积蓄士兵的力量，一旦攻击他们，就如同所说的疾雷不及掩耳的了，况且军事上的变化，本来就不是只有一种方法啊。"起初，敌人每有一支部队到达，曹操就露出高兴的脸色。敌人被打败之后，将领们询问其中的原故。曹操答道："关中地区辽阔，如果敌人各自据守险要的地方，没有一、二年是不能平定的。如今敌军都前来集中，他们人数虽多，却互不统属，军队里没有统一的主帅，一战便可以消灭掉，取得胜利比较容易，我因此高兴。"

公元 220 年，曹操在洛阳逝世，享年 66 岁。遗令道："天下尚未安定，葬礼不得遵循古代的礼制。安葬完毕，都要脱掉丧服。那些率兵驻守卫戍的将领，都不得离开驻守部队。有关的官员各尽职责。入殓时用平时的服装，不要埋藏金玉珍宝。"曹操逝世后，谥号为武王。二月丁卯日，安葬在高陵。

刘 备

刘备（161～223），即蜀汉昭烈帝。三国时蜀汉的建立者。字玄德，琢郡涿县（今河北涿州）人。汉远支皇族。小时候家里贫穷，与母贩鞋织席为业。东汉末起兵，参加镇压黄巾起义军的战争。在军阀混战中，曾先后依附公孙瓒、陶谦、曹操、袁绍、刘表。后采用诸葛亮联孙权拒曹操之策，于建安 13 年（208 年）联合孙权，大败曹操于赤壁，占领荆州，力量逐渐壮大。不久又夺取益州和汉中。公元 221 年称帝，定都成都，国号汉，建元章武，次年在吴蜀"彝陵之战"中大败．不久病灭。

刘备能从一个卖草鞋的汉王朝皇室远亲，成为割据一方的军阀，

最后成为蜀汉的开国皇帝，是与他的用人策略分不开的。在中国历史上，三国时期出现的人才是任何历史时期都无法比拟的，刘备既无曹操一代枭雄的政治家谋略，也无孙权割据江东的根据地，但却能从一介布衣而三分天下，所依靠的，就是他用人的得当。

起兵初创业

刘备跟东西两汉的皇室，都颇有些渊源，他是汉景帝的儿子中山靖王刘胜的后代。后来因为汉武帝"推恩令"的实施和刘氏皇族枝叶的不断繁茂，到刘备的时候，已经是家境贫寒，平日只得以贩鞋织席维持生计。不过刘备从小就怀有大志，他曾在家乡的大桑树底下玩乐时说："我将来一定要乘上有真正篷盖的天子之车。"

如果不是东汉末年爆发的黄巾大起义，也许刘备只能编一辈子的草鞋，这个起义给了刘备一个机遇。当时，东汉朝廷派大军镇压起义军，各地的军阀豪强也纷纷拉起人马，以镇压义军为名，抢占地盘，扩充实力。刘备也趁机拉起一支乡勇，加入镇压起义军的行列，正是这次起兵，使得刘备有幸与关羽、张飞二人结识，并成为兄弟，留下了一段"桃园三结义"的佳话。

后来，刘备因镇压义军"有功"，被朝廷任命为安喜县尉。但随后，刘备就因鞭笞前来巡视各县督察官吏并收受贿赂的督邮，挂印而去。他走投无路，便去投奔早年的同窗好友，幽州军阀公孙瓒，被任命为平原县令。在此，刘备积极发展自己的势力，赢得世人民心，使得附近民众及各方人士纷纷来投奔依附他。

这时，群雄逐鹿中原，各地军阀混战不已。曹操进攻徐州牧陶谦，陶谦派人向公孙瓒告急，刘备就领命前往徐州（今苏北鲁东南一带）援救，后来，陶谦见刘备兵力不多，就给了他四千人马，封他为豫州刺史，让他屯驻小沛。陶谦病死后，刘备趁机接管徐州，开始跻身于大军阀之列。但随后就遭到寿春的袁术进攻，并勾结吕布，袭击刘备的后方下邳。刘备腹背受敌。只得投奔曹操。曹操举荐刘备为豫州牧，随后与刘备共同出兵对付吕布，将吕布擒住。吕布向曹操告饶说："曹公所怕的不过是吕布，现在我已归顺，天下不必忧虑。您统帅步军，我帮您统率骑兵。何愁天下不平定？"说得曹操也有些心动。刘备说："曹公难道忘了丁原和董卓的事吗？"曹操点头称是，于是将吕布杀掉。这时，刘备又被曹操上表推举为左将军。

煮酒论英雄

这时的刘备，虽依附于曹操之下，但从来没有放弃过自己的梦想。曹操似乎对刘备很好，出入都要刘备相陪。刘备见曹操这样尊重他，心里反倒不安，因为他有自己的雄心大志，生怕遭到曹操的猜疑。有时，刘备还在院子里刨地种菜，浇水捉虫，乐此不倦，一副悠然自得、胸无大志的样子，其实他是以此来掩盖自己。

曹操表面上看重刘备，暗地里也在防备他。

这时候，朝廷里出了一件事。因为曹操权倾朝野，汉献帝嫌他太专横，要外戚董承设法除掉曹操。于是他写了一道密诏缝在衣带里，又把这条衣带送给董承。

董承接到衣带中的密诏，就约了他的几个亲信，商量怎样除掉曹操。他们觉得自己力量不够，认为刘备是皇室的后代，一定会帮助他们，就秘密找刘备商量，叫刘备一起干。刘备同意了。

没多久，曹操邀请刘备去喝酒。两个人一面喝酒，一面有说有笑，谈得很融洽。他们谈着谈着，很自然地谈到天下大事上来了。曹操拿起酒杯，说："您看现在那么多人在争夺天下，有几个算得上英雄呢？"刘备说："袁绍久在冀州经营，号称拥兵百万，有良将数十人，又曾诛杀宦官，平定宦官之祸，可称得上英雄。"曹操笑言："袁绍刚愎自用，有雄心而无进取之心，称不上英雄。"刘备又说："公孙瓒固守辽东；刘表坐拥荆州，雄踞一方，应该算得上英雄。"曹操又说："此二人虽有根据地，但胸无大志，更不能称作英雄。"刘备又说："孙策、孙权偏安东吴之地，又有传国玉玺，能称得上英雄了吧？"曹操摇摇头说："偏安东吴，不在中原地区，只能称得上一方豪杰，算不上英雄。"

刘备谦虚地说："那么我说不上来。"

曹操面露笑容，从容地对刘备说："依我看，当代的天下英雄，只有将军和我曹操两个人。像袁绍这号人，算不上什么。"

刘备为了跟董承同谋的事，心里正在七上八下，听到曹操这句话，大吃一惊，身子打了一个寒战，连手里的筷子也掉了下来。

就在这节骨眼上，天边闪过一道电光，接着就豁喇喇响起一声响雷。刘备一面低下身子拾筷子，一面说："这个响雷真厉害，把人吓成这个样子。"

就这样，他总算把惊慌的神情掩饰过去，没让曹操看出破绽。

喝完酒出来，刘备再三捉摸曹操的话，觉得曹操把他看作惟一的敌手，将来不会轻易放过他。打这以后，他一面和董承他们联络，共同设法除掉曹操；一面找机会离开许都。

正巧，袁术因被曹军打败，想经徐州北上投奔其兄袁绍。曹操不愿他俩联合，准备派兵截击。刘备趁机请求前往。曹操未加考虑，随口答应，刘备立即将兵脱离曹操而去。郭嘉等人听说此事，连忙来见曹操，大声说道："主公不可放刘备出去！刘备出去后必然叛变作乱！"曹操一听，不觉后悔起来，马上派人追赶刘备，但刘备已走得无影无踪了。

到了第二年春天，有人向曹操告发了董承和刘备在许都合谋反对曹操的事。曹操把董承和他的三个心腹都杀了，并且决心亲自发兵征讨刘备。那时候，袁绍已经兼并了幽州（在今河北北部，辽宁大部分）拥有几十万人马，扬言要进攻许都。曹操就决定把一部分精兵守住官渡（在今河南中牟东北），防备袁绍进攻。他亲自带领大军进攻徐州。刘备派人向袁绍求救，袁绍手下的谋士田丰劝袁绍乘许都兵力空虚的时候偷袭曹操，袁绍没有同意。曹操大军进攻徐州。刘备兵少，抵挡不住曹操的进攻，只好放弃徐州往冀州投奔袁绍。

袁绍听说刘备被曹操打败来投奔自己，十分高兴，以为又添了一个对抗曹操的帮手，马上派军前去迎接。一个多月后，刘备散失的部众渐来会集，力量渐渐恢复。

三顾茅庐

这时，袁绍与曹操在官渡大战，结果全军溃败，刘备知道后，遂南下投奔荆州太守刘表。刘表让刘备屯驻新野（今河南新野）防备曹军南下。

长期以来，刘备本人，虽然宽厚待人，很得民心，却不能在军事、政治方面作出很好的决策，当然就不容易占领基地，占领了也不能够守住。主要原因是刘备实力不足，无法与势力雄厚的大军阀曹操等人抗衡，再者，刘备知道自己虽有关羽、张飞等几员猛将，但缺乏才能出众的军师谋主。因此，刘备渴慕贤才奇士辅佐自己。

于是刘备便在新野寻访，先是找到了"水镜先生"司马徽，但此人并不想踏入军阀混战、群雄争霸的这块是非之地，不过他给刘备提供了寻找"卧龙、凤雏"的线索。果乎其然，正在他渴望着人才的时候，人才来了，这就是化名单福的襄阳名士徐庶，此人气节高尚，思想深沉，是个才华横溢的决策人物。他一来就替刘备三败曹操，并且乘虚夺取了樊城，这对刘备来说那当然是雪中送炭。但好景不长，曹操假造徐庶母亲的"亲笔信"，骗走了徐庶。刘备在送徐庶时流着眼泪说："先生既去，刘备亦将远遁山林也。"徐庶为之所感动，本已分手了，他又打马回来向刘备推荐了诸葛亮。本来徐庶以其卓越的才能，就此取得了刘备的充分信任，而当他把诸葛亮和自己比谁高谁低时，他却说："跟他相比，犹如是驽马并麒麟、一只乌鸦配一只凤凰。他可以比管仲、乐毅，以吾观之，管、乐恐怕不及此人。此人有经天纬地之才，盖天下一人也！"当他介绍完这位卧龙先生的姓氏、家世及当时的生活状况后，而后又补充一句："卧龙先生乃兴周八百年之姜子牙，旺汉四百年之张子房啊。"他的介绍，使刘备在绝望之中又看到了希望，竟至踊跃而言："今日方知'卧龙、凤雏'之语。哪知道大贤只在目前！不是先生言，刘备有眼就像瞎子了！"于是下定了非把诸葛亮请出来不可的决心。

刘备打听到诸葛亮的住地后，便率关羽、张飞等随从前去拜访，众人来到了一处风景宜人的茅舍前，里面出来一位小书童。刘备便很完整的说出自己的官名和名字以求见，没想到小童却说："我记不住这么长的名字。"刘备只得说：'你说刘备求见便是。"小童这才回答："先生一早出去了。"刘备问："什么时候能回来?'书童说："那可说不定，也许是三五日，也许是十几天，没准。"刘备一请诸葛亮就这样落了空。

第二次，到了诸葛亮的茅庐，刘备下马，虔诚地轻叩柴门。那位书童出来说："诸葛先生正在堂上读书呢。"

刘备非常高兴地进去拜见，只见那位少年英俊年轻，也不过二十来岁。刘备恭敬地行个礼说："我已久仰先生大名，这次终于见到您，实在万幸。"那位少年慌忙还礼说："将军是刘豫州吧。听书童说过，您曾经来找过我二哥。"刘备非常惊讶地问："您不是卧龙先生吗？"那少年说："我是诸葛均。大哥诸葛谨在东吴作官，我和二哥孔明在这儿躬耕。"

刘备等人又专程拜见诸葛亮竟又未见到。关羽、张飞等人颇为不满，刘备却对他们说："此次未见，下次再来。"关、张二人更不高兴，嘴里嘟哝不停。刘备只好给诸葛先生留下一封信，信中表达敬仰之意，并且说改日再来拜访。就这样又过了几天，刘备打听到

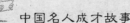

诸葛亮确实在家，刘备就让关羽、张飞作陪，三赴隆中。这次，刘备终于见到了诸葛亮。诸葛亮被刘备的真心真意所折服，立刻同意效力，刘备终于请出了孔明出山。这就是历史上"三顾茅庐"的故事。

刘备三顾茅庐，精诚所至，使诸葛亮大为感动。二人一见如故，相见恨晚。刘备虚心请教天下之事，诸葛亮便将自己对时局的精辟见解毫无保留地对刘备倾说。诸葛亮分析了曹、孙、刘当时各自占有的天时、地利与人和的因素，提出了占荆襄、夺益州三分天下的战略，这就是历史上有名的"隆中对"。

在当时，隆中对策对苦苦求佐助而四处碰壁的刘备来说，勾画出开创大业的仙境。他在屡遭挫折失败、寄人篱下的困境中，犹如得到一副灵丹妙药，使刘备振聋发聩，茅塞顿开，不禁连连叫好。于是，刘备便请诸葛亮一同出山，辅佐他成就大业。诸葛亮一来久闻刘备英名，早知刘备乃成大事之人，二来为刘备的诚恳心意所感动，遂同意出山。

隆中对后，刘备又遭到曹操的大军进攻，于是离开新野南逃，在当阳长坂坡被曹操团团包围。刘备抛弃妻子部属民众，只带领诸葛亮、张飞、赵云等人突围而走。赵云孤身怀抱刘备弱子刘禅，杀出重围、张飞在当阳桥头喝退曹操大军，都是三国之中的传奇故事。后来刘备与孙权联合，在赤壁火烧曹操水军，击溃曹军。这就是历史上有名的"赤壁之战"

智取益州建蜀汉

赤壁之战后，刘备总算是喘了一口气，随后又将武陵（今湖南常德）、长沙（今长沙）、桂阳（今湖南郴县）和零陵（今湖南零陵）等四郡收复，开始有了三分天下的雏形。但其实力和地盘与曹、孙相比，仍难抗衡。因此，如何进一步增强势力，扩张地盘，便成了当务之急。

当初，诸葛亮在《隆中对》中，就提出占有荆益二州以成帝王之业，刘备占有荆州后，便着手进取益州。

当时的益州是汉朝宗室刘璋的领地，他懦弱无能，因此内部危机四伏，全州上下都盼望贤德之人入主益州。当初曹操打下荆州，刘琼归降，刘璋也极害怕，就想归附曹操，便派张松去荆州拜见曹操，谁知曹操对张松十分冷淡，张松极为恼火，便辞别曹操，去见刘备。刘备对张松诚恳热情，使张松十分感动，于是将益州地图献给刘备，并与法正等人一同密谋，想将益州献给刘备。

这时，占据汉中的张鲁进攻益州，刘璋便派法正去见刘备，想请刘备出兵攻打张鲁。没想到法正见了刘备，就直接请刘备去当益州的主人。刘备没有立即答应，法正说："以将军的才华，正可利用刘州牧的懦弱，以张松为内应，夺取益州。然后依靠益州的丰富资源，凭借蜀道天险的地理位置建立帝王的基业。"刘备心动了，可嘴里还是说："我和刘璋都是汉室宗亲，打他可就大逆不道了！"庞统听说益州的法正又来了，刘备还有些犹豫是否入川，于是大力劝说刘备夺取益州，刘备假惺惺地推辞一番后，终于答应了。

刘备让法正先回成都禀报，诸葛亮带关羽、张飞、赵云留守荆州，自己由庞统辅佐，带黄忠、魏延、刘封、关平西进入川。随后在张松、法正等人的支持下，与刘璋大战，进占涪城、绵竹，包围雒城（今四川广汉）后，攻了足足一年，方把雒城攻下，军师庞统也在攻城中中箭身亡。攻下雒城后，刘备即率军包围了成都，十几天后，刘璋终于出城投降。刘备攻下成都后，自称益州牧。

曹操见刘备夺得益州，便率兵来攻。刘备手下大将黄忠在定军山杀掉夏侯渊，随后逼得曹操无粮而退兵。刘备遂乘胜占领汉中，又派刘封、孟达等攻占汉中郡东部的房陵（今湖北房县）、上庸（今湖北竹山西南）等地，扩展了疆域。此后，在部下的拥戴下，刘备自称汉中王。

刘备自立为汉中王后不久，就得到曹操的儿子曹丕自立为大魏皇帝的消息，刘备痛哭失声，并下令文武百官披麻挂孝，遥望北方设祭，追加汉献帝的谥号为"孝愍皇帝"，可心里想的是自己荣登帝位的时机临近了。

为了达到其目的，刘备煽动亲信四处制造所谓西南方向多现帝王之象的瑞气。时过不久，各地果然都纷纷报告出现了吉祥的黄凤气、彩云和丹凤，还说在汉水中发现了汉高祖的玉玺。刘备手下的文武大臣，都很想刘备早日称帝，他们纷纷向刘备上书劝进。刘备还假惺惺地加以拒绝，但是以诸葛亮为首的文武大臣再次面请刘备称帝。但刘备此时还是不敢轻易答应。

诸葛亮见刘备还下不了决心，就装病不出。刘备知此消息后，亲自到家中问候，问他得的什么病？诸葛亮说："忧心如焚，命不久

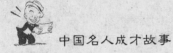

矣!"刘备问有何忧事,诸葛亮不回答刘备的问话,刘备再三询问,诸葛亮才有气无力地说道:"我自被您请出茅庐,相随到今,您每次都是言听计从。现在您的时机已成熟,文武百官想奉您为皇帝,一来是因为这样做是顺从天意,并可同您一起灭魏兴刘。二来您应该明白,现在天下分崩,英雄齐出,各霸一方,四海才德之士,舍死之生而事其上者,都是想攀龙附凤、建立功名啊!没想到您至今不肯,文武大臣都有怨恨之心,他们不久肯定会远走他乡的。如果都离您而去,吴和魏来进攻,您的江山会保不住的,我作为您的臣子能不为此而忧吗?"刘备听完此话说道:"不是我推辞,我是怕天下人心还不服哇!"诸葛亮紧接着说:"圣人讲的,'名不正,则言不顺',而今您是名正言顺,别人有什么话可说呢?你没有听说'上天给与的不取,那反倒要遭受灾祸了'?"

刘备见诸葛亮如此说,就顺口应道:"等军师病好之后,再行登基大礼也不迟。"诸葛亮一见刘备答应了此事,一跃而起,用手一击屏风,躲在屏风后面的众大臣一齐拥出来,齐刷刷地跪拜在地,口称:"主公既已答应,就择定吉日良辰,举行登基仪式。"刘备见是诸葛亮与众大臣设的圈套,是催自己早日表态,装作无所谓地说道:"陷我于不义者,是你们这班大臣啊。"没过多久,就在成都武当山之南举行了即位仪式。祭文读完,文武百官一起高呼"万岁",歌舞礼毕,刘备定国号为汉。

这时,在荆州那边传来关羽被东吴杀害的消息。原来关羽在荆州与曹操作战,从荆州出兵,进攻襄阳和樊城,并利用水势,水淹七军,逮捕了于禁,斩杀了庞德,打败曹仁,势不可挡。一时间,关羽威振华夏。但随后,曹操便与孙权结盟,共同袭杀了关羽。这一来,荆州就全部落入孙权手中,孙刘联盟彻底破裂。

荆州对于刘备来说,至关重要。按照既定的战略方针,刘备以讨伐曹魏、扶兴汉室的名义,两路进攻中原。一路出汉中,一路出荆州,互相呼应配合。失去荆州之后,北伐曹魏只剩汉中一路,况且山路多险,粮草难继,取胜希望不大。如不夺回荆州,刘备便被封闭在三峡之内,极难发展。因此,刘备决计进攻东吴,夺回荆州,为关羽报仇。

刘备对东吴占领荆州,关羽被杀这件事,一直是十分痛心的。他即位之后的第一件事就是进攻东吴,报仇雪耻。

大将赵云说，篡夺皇位的是曹丕，不是孙权。如果能灭掉曹魏，东吴自然就会屈服，不该放了曹魏去打东吴。

　　别的大臣劝谏的也不少，但是刘备说什么也听不进去。他把诸葛亮留在成都辅佐太子刘禅，亲自率领大军去征伐东吴。刘备一面准备出兵，一面通知张飞到江州（今四川重庆）会师。还没有等刘备出兵，张飞的部将叛变，杀了张飞投奔东吴。刘备一连丧失两员猛将，力量大大削弱，但他急于报仇，已经没有冷静考虑的余地了。

　　警报到了东吴，孙权听说刘备这次出兵声势很大，也有些害怕，派人向刘备求和，但是遭到刘备的拒绝。

　　没过几天，蜀汉人马已经攻下巫县，一直打到秭归。孙权知道讲和已经没有希望，就派陆逊为大都督，带领五万人马前去抵抗。

　　刘备出兵没几个月，就攻占了东吴的土地五六百里地。他从秭归出发，急于向东继续进军。随军官员黄权拦住他说："东吴人打仗向来很勇猛，千万别小看他们。我们水军顺流而下，前进容易，要退兵可就难了。还是让我当先锋，在前面开路，陛下在后面接应。这样比较稳妥。"

　　刘备心急火燎，哪儿肯听黄权的话。他要黄权守住江北，防备魏兵，自己率主力沿着长江南岸一直进军到了猇亭。

　　东吴将士看到蜀军得寸进尺，步步紧逼，都摩拳擦掌，想和蜀军大战一场。可是大都督陆逊却不同意。

　　陆逊说："这次刘备带领大军东征，士气旺盛，战斗力强。再说他们在上游，占领险要地方，我们不容易攻破他。要是跟他们硬拼，万一失利，丢了人马，这是非同小可的事。我们还是积蓄力量，考虑战略。等日子一久，他们疲劳了，我们再找机会出击。"

　　陆逊部下的将军，有的还是孙策手下的老将，有的是孙氏的贵族，对孙权派年青的书生陆逊当都督，本来已经不大服气。现在听到陆逊不同意他们出战，认为陆逊胆小怕打仗，更不满意，在背地里愤愤不平。

　　蜀军从巫县到彝陵（今湖北宜昌东）沿路扎下了几十个大营，又用树木编成栅栏，把大营连成一片，前前后后长达七百里地。刘备以为这样好比布下天罗地网，只等东吴人来攻，就能把他们消灭。

　　但是陆逊一直按兵不动。从这年（公元222年）一月到六月，双方相持了半年。刘备等得急了，派将军吴班带了几千人从山上下

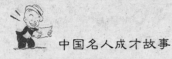

来，在平地上扎营，向吴兵挑战。东吴的将军，耐不住性子，要求马上出击。

陆逊笑笑说："我观察过地形。蜀兵在平地里扎营的兵士虽然少，可是周围山谷一定有伏兵。他们大声嚷嚷引诱我们打，我们可不能上他们的当。"将士们还是不相信。过了几天，刘备看见东吴兵不肯交战，知道陆逊识破他的计策，就把原来埋伏的八千蜀军陆续从山谷中撤出来。

一天，陆逊突然召集将士们，宣布要向蜀军进攻。将士们说："要打刘备，早该动手了。现在让他进来了五六百里地，还占领了主要的关口要道，我们要是现在打过去，不会有好处。"

陆逊向他们解释说："刘备刚来的时候，士气旺盛，我们是不能轻易取胜的。现在，他们在这儿呆了这多日子，一直占不到便宜，士兵们已经很疲劳了。我们要打胜仗，是时候了。"

他派了一小部分兵力先去攻击蜀军的一个营，刚刚靠近蜀营的木栅栏，蜀兵从左右两旁冲出来厮杀；接着，附近的几个连营里的兵士也出来增援。东吴兵抵挡不住，赶快后退，已经损失不少人马。

将军们抱怨陆逊，陆逊说："这是我试探一下他们的虚实。现在我已经有了破蜀营的办法了。"当天晚上，陆逊命令将士每人各带一束茅草和火种，预先埋伏在南岸的密林里，只等三更时候，就直奔江边，火烧连营。

到了三更，东吴四员大将率领几万士兵，冲近蜀营，用茅草点起火把，在蜀营的木栅栏放起火来。那天晚上，风刮得很大，蜀军的营寨都是连在一起的，点着了一个营，附近的营也就一起延烧起来。一下子就攻破了刘备的四十多个大营。等到刘备发现火起，已经无法抵抗。在蜀兵将士的保护下，刘备总算逃上了马鞍山。陆逊命令各路吴军，围住马鞍山发起猛攻，一直战斗到夜里，刘备才带着残兵败将，突围逃走。吴军发现了，紧紧在后面追赶。还亏得沿途的驿站，把丢下的辎重、盔甲堵塞在山口要道上，阻挡住了东吴的追兵，刘备才逃到了白帝城。

这一场大战，蜀军几乎全军覆没，船只、器械和军用物资，全部被吴军缴获。历史上把这场战争称作"猇亭之战"，也叫"彝陵之战"。

火烧连营之后，对于已进入暮年的刘备来说，是一个沉重打击，这次失败使他心情郁闷终致一病不起，后来病势加重，他急召诸葛亮到白帝城以托付后事。

在这场白帝托孤的戏里，刘备上演了他最后一场哭戏，并以弱示强，逼得诸葛亮不敢在刘备死后篡位自立，这也算是刘备临死前为蜀汉尽的最后一点功劳吧。

公元223年，刘备在白帝城病死，享年63岁。

孙　权

孙权（182～252），即吴大帝。三国时吴国的建立者，字仲谋，吴郡富春（今浙江富阳）人。东汉末，继其兄孙策据有江东六郡。建安13年（208年），与刘备联合，大败曹操于赤壁。后在吴蜀夷陵之战中，大败刘备。黄龙元年（229年），称帝于武昌（今湖北鄂州），国号吴，不久即迁都建业（今江苏南京）。曾大规模派人航海，加强对夷洲（今台湾）的联系；又设置农官，实行屯田；并在山越地区设立郡县，促进江南土地开发。

孙权从父亲孙坚和兄长孙策的手中接过割据江东的事业，在随后的30年里，将其不断扩大，从一个割据军阀成为三分天下有其一的政权。而且，孙权在立国后，便不再与蜀、魏两国兵戎相见，而是用心发展江南的社会生产，为江南在日后逐渐成为中国的经济中心奠定基础，从这点来看，孙权是三国统治者中惟一的真正的政治家，也是三国当中惟一有作为的皇帝，所以南宋爱国将领辛弃疾才会有"生子当如孙仲谋"的赞赏！

割据江东　联刘抗曹

当曹操和袁绍在北方激烈争夺的时候，南方有一支割据势力逐渐壮大起来，这就是占据江东的孙策、孙权兄弟。

孙策的父亲是长沙太守孙坚，原是袁术的部下。孙坚死后，孙策带兵投靠袁术，但袁术并不重用孙策。孙策的舅父吴景在江东丹阳（今安徽宣城）当太守，被扬州刺史刘繇逼走。孙策向袁术要求让他到江东去帮舅父打刘繇。袁术跟刘繇也有矛盾，才拨了一千人

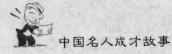

马给孙策。孙策向南进兵，一路上，有许多人投奔他。到了历阳（今安徽和县）兵力扩充到五六千人。孙策的至交周瑜，也带了人马来会合，孙策的力量就壮大了。

孙策作战骁勇，再加上他的军队纪律严明，得到百姓的支持。因此，很快就渡过了江，不但打败了刘繇的人马，夺回丹阳，还攻下了吴郡和会稽郡。这样，江东六个郡的大片土地，都被孙策占领了。

孙策趁曹操和袁绍在官渡相持不下的机会，雄心勃勃地准备北伐，夺取中原，但想不到出了一件意外的事。原来，孙策攻下吴郡的时候，杀了那里的太守许贡。许贡手下的门客趁孙策上山打猎的时候，放了一支暗箭，射中了孙策的面颊。

孙策知道自己不行了，就把部下张昭等找来嘱咐，说："现在天下大乱，如果据有吴、越之众，保有三江之固；足以坐观成败，进而兼取天下。请诸君好生照顾吾弟。"然后又将官印授予孙权，对孙权说："若论率江东之众，冲锋陷阵，与天下英雄争高下，你不如我；若论举贤任能，使众人齐心协力保卫江东，我不如你，你当善自为之！"当夜，孙策身亡，年仅26岁。

孙权倒在床前哭个没完，张昭劝住了他，叫他立刻换上官服，骑着马到军营里去巡视一遍，一面赶快派人通知当时驻扎在巴丘（在今湖南岳阳）的周瑜。周瑜连夜带兵回到吴中，跟张昭两人一起辅助孙权。

孙权继承其父兄的事业之时，虽已拥有会稽、丹阳、吴郡、豫章、庐陵和庐江六郡，但这些地方新占不久，人心并未归服，统治并不巩固。将士新丧主师，见继位者年轻，放心不下。许多江东英豪和北方侨寓之士，也多徘徊观望，有人甚至想改换门庭，另投新主。在此关键时刻，江东名士周瑜从驻地巴丘率军前来，稳住了军心，与张昭等说服众人齐心辅佐幼主，到处宣传孙权有帝王之相，可以共成大业，于是，江东人心渐安。

孙权记住他哥哥的话，用心搜罗人才。周瑜对孙权说："我有个好友鲁肃，是个很有见识的人，请他来帮助将军，准没有错。"

孙权派人把鲁肃请来，两个人一见面，就谈得非常开心。有一次，孙权会见宾客，等别人走完了，把鲁肃单独留下来谈心。

孙权说："现在汉室衰落，天下扰乱。我想继承父兄的事业，像齐桓公、晋文公一样，来扶助天子，建立霸业，您看怎么样？"

鲁肃说："汉室不可复兴，曹操也难以一时扫除。为将军您打算，只有安定后方，成鼎立势，以观天下之变。再乘北方多变之秋，剿除黄祖，进伐刘表，将长江流经之地全部占有，然后就可以称帝王之号来谋求天下。这曾是汉高祖的功业啊！"孙权听了十分高兴，决定采纳鲁肃的意见。

由于孙权重用人才，江东地方，文臣武将．人才济济，出现了一片兴旺景象。已占据北方大部分地区的曹操早有统一天下之志，见江东孙策新丧，人心不稳，便欲乘机伐吴。侍御史孙策旧臣劝阻道："乘人之丧进兵，不合古义，有不仁不义之嫌。如果征伐不利，会将好友变成仇敌。不如利用这个机会厚意待之，孙氏必然感恩戴德。"曹操听从其言，上表请封孙权为讨虏将军，领会稽太守。从此以后，孙权实际上在江东建立了割据的政权。

孙权为巩固在江东的统治，调兵遣将，开始征伐不服从自己的人。他先后将叛乱的庐江太守李术、孙权的叔伯哥哥孙辅及黄祖等人消灭了，巩固了在江东的统治。随后，他又将统治区内的山越人收服，使得自己的统治区域扩大至今广州一带。

这时，中原的形势又发生了变化。

曹操平定北方以后，公元208年，率领大军南下，进攻刘表。他的人马还没有到荆州，刘表已经病死。他的儿子刘琮听到曹军声势浩大，吓破了胆，先派人求降了。

曹操接受了刘琮等人的投降后，自江陵顺流东下。诸葛亮对刘备说："事情很危急了，请您派我向孙权求救。"刘备同意，诸葛亮便与鲁肃一同去见孙权。孙权十分焦急，见二人来，连忙迎接。

诸葛亮见了孙权，说："现在曹操攻下荆州，马上就要进攻东吴。将军如果决心抵抗，就趁早同曹操断绝关系，跟我们一起抵抗；要不然，干脆向他们投降，如果再犹豫不决，祸到临头就来不及了。"孙权反问说："那刘将军为什么不投降曹操呢？"

诸葛亮严肃地说："刘将军是皇室后代，怎么肯低三下四去投降曹操呢？"孙权听诸葛亮这么一说，也激动地说："我也不能将江东土地和十万人马白白地送人。不过刘将军刚打了败仗，怎么还能抵抗曹军呢？"诸葛亮说："您放心吧，刘将军虽然败了一阵，但是还有水军二万。曹操兵马虽然多，远道追来，兵士也已经精疲力尽。

再说，北方人不习惯水战，加上荆州的人对他们不服。只要我们协力同心，一定能够打败曹军。"

孙权听了诸葛亮的一番分析，就立刻召集部下将领，讨论抵抗曹操的办法。

正在这时，曹操派人送来书信。信中说："近来我奉天子之命讨伐有罪之人，刚刚挥戈南向，刘琮便束手投降。我现在正整顿水陆大军80万，想与孙将军在江南比武嬉戏。"

孙权把这封信递给部下看，大伙儿看了都刷地变了脸色，说不出话来。

张昭是东吴官员中资格最老的。他说："曹操用天子的名义来征讨，我们要抵抗他，道理上输了一着。再说，我们本来想靠长江天险，现在也靠不住了。曹军占领了荆州，又有上千艘战船，他们水陆两路一起下来，我们怎么也抵挡不了，我看只好投降。"

张昭这一说，马上有不少人附和。只有鲁肃在旁边冷眼旁观，一声不吭。孙权听着听着，觉得不是滋味，就走出屋子，鲁肃也跟着出来。孙权拉着鲁肃的手，说："你说说，该怎么办呢？"

鲁肃说："刚才张昭他们说的话全听不得。要说投降，我鲁肃可以投降，将军就不可以。因为我投降了，大不了回老家去，照样跟名士们交往。有机会还可以当个州郡官员。将军如果投降，那么江东六郡全都落在曹操手里，您上哪儿去？"

孙权叹了口气说："刚才大家说的，真叫我失望。只有你说的才合我的心意。"散会以后，鲁肃劝孙权赶快把正在鄱阳的大将周瑜召回来商量。

周瑜一到柴桑，孙权又召集文武官员讨论。周瑜在会上慷慨激昂地说："曹操名为汉朝丞相，其实是汉室奸贼。这次他自己来送死，哪有投降他的道理？"他给大家分析了曹操许多不利条件，认为北方兵士不会水战，而且老远赶到这陌生地方，水土不服，一定会生病。兵马再多，也没有用。孙权听了周瑜的话，站起来拔出宝剑，把案几砍去一角。他严厉地说："谁要再提投降曹操，就跟这案桌一样！"

当天晚上，周瑜又单独去找孙权，说："我已经打听清楚。曹操兵马号称八十万，这是虚张声势，其实只不过二十几万，其中还有不少是荆州士兵，不一定真心替他打仗。您只要给我五万精兵，我保管把他打败。"

第二天，孙权任命周瑜为都督，拨给他三万水军，叫他同刘备协力抵抗曹操。

周瑜领兵进军，在赤壁（今湖北蒲圻县西北）和曹军碰上。曹军士兵很多人不服水土，已经得了疫病。双方一交锋，曹军就打了败仗，被迫撤退到长江的北岸。周瑜率领水军进驻南岸，和曹军隔江遥遥相对。曹操的北方来的兵士不会水战，后来，庞统献连环计使曹操上当，说把战船用铁索拴在一起，船会平稳不少，曹操果然上当。周瑜的部将黄盖看到这个情况，向周瑜献个计策，说："敌人兵多，我们兵少，拖下去对我们不利。现在曹军把战船都连接在一起，我看可以用火攻办法来打败他们。"

周瑜非常赞同黄盖的计策，又在曹操派来打探虚实的使者面前，与黄盖合演了一出"苦肉计"，并借刀杀人，让曹操杀掉了熟悉水性的刘表降将。接着让黄盖派人送了一封信给曹操，表示要脱离东吴，投降曹操。曹操以为东吴将领害怕他，对黄盖的假投降，一点儿也没怀疑。黄盖叫兵士偷偷地准备好十艘大船，每艘船上都装着枯枝，浇足了油，外面裹着布幕，插着旗帜，另外又准备一批轻快的小船，拴在大船船尾上，准备在大船起火时转移。

隆冬的十一月，天气突然回暖，刮起了东南风。当天晚上，黄盖带领一批士兵分乘十条大船，驶在前面，后面跟随着一批小船只。船队到了江心，扯满了风帆，像箭一样驶向江北。

曹军水寨的将士听说东吴的大将来投降，正纷纷挤到船头看热闹。东吴船队离开北岸约二里后，黄盖命令士兵放火，前面十条大船同时起火，火借风势，风助火威。十条火船，闯进曹军水寨。那里的船舰，都挤在一起，又躲不开，很快地都延烧起来。一眨眼工夫，已经烧成一片火海。水寨烧了不算，岸上的营寨也着了火，曹军一大批士兵被烧死。还有不少人掉在江里，因不会泅水而淹死了。周瑜一看北岸起火，马上带领精兵渡江进攻。曹操拖着残兵败将从华容（今湖北潜江县西南）的小路上逃回北方。

经过这场赤壁大战，三国分立的局面已经基本形成。

孙权把都城从京口（今江苏镇江市）西迁至秣陵，筑石头城，改名建业（今南京市）。同时，他在通往巢湖的濡须口设立夹水坞，控制通向长江的水道，以防曹操南下。

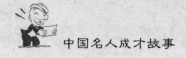

出尔反尔　夺取荆州

公元 219 年，刘备与曹操战事又起，驻守荆州的关羽也出兵攻打曹操的襄阳、樊城两地，并在樊城处水淹七军，威名大震。曹操无奈之下，便想到用孙刘两家之间的矛盾，与孙权攻打关羽。

刘备和孙权两家虽然结了盟，但是矛盾很大。鲁肃在世的时候，是主张吴蜀和好，一起对付曹操的。后来鲁肃死了，接替他职务的大将吕蒙，就和鲁肃的主张不同。

吕蒙是三国时东吴的著名大将，少时家贫，年幼从军，没有条件读书。赤壁大战，吕蒙因勇猛过人，战功显著，晋升为偏将军。吕蒙接替了鲁肃的职位以后，率军驻扎在陆口。他认为关羽有兼并东吴的野心，向孙权上书要求出兵对付关羽，说："刘备、关羽君臣，都是反复无常的人，不能把他们当盟友看待。"

正好在这个时候，曹操派使者来联络，要他夹攻关羽。孙权马上复信，表示愿意袭击关羽的后方。

关羽也听说吕蒙厉害，他虽然亲自率大军进攻樊城，但对在他背后的吕蒙这一头，可并没有放松防备，在蜀吴交界一带，他沿途设了多个烽火台，一旦吴军来攻，只要点燃烽火，关羽就可回师荆州。

吕蒙称病，孙权派了一个年青的陆逊去接替吕蒙。这个消息很快传到樊城。关羽也就放了心，遂抽调兵力去增樊城之围，不再以后方为虑。

借此机会，吕蒙把所有的战船都改装作商船，选了一批精锐的士兵躲在船舱里。船上摇橹的士兵扮作商人。就这样，一列又一列商船向北岸进发了。

到了北岸，蜀军守防的兵士一看都是穿白衣的商人，就允许他们把船停在江边。没想到晚上，船舱里的兵士一齐出来，偷偷摸进江边岗楼，把岗楼占了。

吕蒙大军神不知鬼不觉地占领了北岸，进占公安。

这时候，曹操派去的徐晃率领的援军，已到了靠近樊城的前线。关羽得知吕蒙袭击后方的消息，正在进退两难的时候，徐晃发起进攻，打败了关羽，使关羽不得不撤去对樊城的包围。

关羽到这时候，才知道对东吴的防备太大意，可是已经来不及了。他只好带了人马逃到麦城。孙权进军麦城，派人劝关羽投降。

关羽带着十几个骑兵往西逃走。孙权早已派兵埋伏在小道上，把关羽十几个骑兵截住，并活捉了关羽。孙权想不杀关羽，众人一齐劝谏。于是，孙权便杀了关羽父子，将荆州全部夺回。

高积粮　缓称王

公元220年，曹操病死，其子曹丕代汉称帝，建立魏国。孙权知道自己已夺回荆州，刘备必然出兵再争荆州。为避免两面受敌，他派使节向曹丕祝贺称臣。吴魏两国暂时保持了友好的关系。

曹丕受到迷惑，不再考虑出兵攻吴，孙权避免了魏的攻击，得以全力对付刘备，这时，刘备倾国来攻，孙权派陆逊前往抵御，陆逊设计火烧连营，将刘备大军击溃，取得全胜。

这时，吴蜀联盟彻底破裂。孙权表面上虽向魏国称臣，但并非出于真心。曹丕为加强对东吴的控制，再三要求孙权把儿子孙登送到魏国作人质，孙权自然拒绝了，于是魏吴之间战火又起。

公元222年，曹丕派三路大军向东吴进攻，孙权连忙调兵遣将、抵挡曹军。

这时，孙权意识到如果继续与蜀汉为敌。将有两面受击的危险，于是主动派人前往蜀汉，与其修好，蜀汉丞相诸葛亮也想继续执行联吴抗曹的策略方针，一心想先经营西南，然后再作其他打算。于是你有情我有意，吴蜀联盟重新建立，孙权也得以抽身对付南侵的魏军。他接受手下将领的建议，在长江南岸多树木桩，围上芦苇，涂上泥灰，建造假楼城，迷惑魏军，使得曹丕无可奈何地撤军北还。

这时，诸葛亮也带领蜀军，对魏国不断发动进攻。曹魏无法分兵东向，于是，孙权建国称帝的时机终于成熟了。

在群臣的屡次劝谏下，孙权屡次拒绝，并将心思用于发展江南经济，使江南社会生产力逐步上升，东吴的国力也越来越强盛。这时，孙权见曹魏幼主临国，不会有大的作为，吴蜀联盟关系融洽，国内统治十分稳固，便于公元229年称帝，正式建立吴国。

即位后的孙权，继续执行即位前的政治军事和经济政策，国力日渐增强。

孙权在用人方面很有一番心得，孙权恩威并重，以恩义为主，博取众将之心。正因为孙权能礼贤下士，爱才如命。天下之士才视孙权为圣君明主，望风而归，使东吴贤臣如林，猛将如云，故能保江东几十年基业。

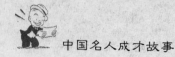

孙权还虚怀若谷，从善如流，对臣下的正确谏诤，勇于采纳。孙权与群臣曾在武昌临钓台饮酒，皆酩酊大醉。孙权还兴奋地说："今天晚上，大家都要畅饮，一醉方休！"老臣张昭沉默不语，起身走出台外，孙权派人将张昭叫回来，问张昭说："不过是一起作乐，你何必生气？"张昭答道："过去商纣王作酒池肉林，竟长夜之饮，当时也认为是作乐，而不觉得是作恶。"孙权听后，默然不语，思虑再三，深感惭愧，遂命罢酒。

不过孙权到了晚年，也难免犯了老人病，他刚愎自用，猜忌群臣，信用奸臣，排斥忠良，与前期英雄作为相比。简直判若两人。随着猜忌心的日益加重，孙权专门设置了校事、察战两职，用以监视文武百官。

公元252年，孙权病死。

岳 飞

历史上有一些英雄人物有着悲剧性的命运，这些英雄往往比其他人物更让后人肃然起敬。在美丽的西子湖畔，有一座岳武穆祠，千百年来朝代兴衰更迭，这里却总是香火鼎盛。这就是南宋初年抗击金国军队入侵的英雄岳飞的祠堂。

岳飞，公元1103年出生于汤阴（位于今河南）的一个农民家里，到了该上学的年龄了，家里太穷，没法供岳飞上学，母亲把家里仅有的一点钱给岳飞，对他说："孩子，家里穷，没钱让你去学堂上学，这点钱你拿着去镇上买纸笔，娘教你识字。"岳飞拿着钱去了镇上，过了一会岳飞回来了，他把钱还给母亲说："娘，纸和笔太贵，我没买，我到河边折了柳枝，挖了点沙子，您看，沙子摊在地上不就是纸吗？您就可以在上面教我写字了。"岳母欣慰地说："孩子，你从小就这么懂事，长大了一定会有出息。"岳飞就这样在沙子上学会了写字。过了不久岳飞已经认了许多字。

当时汤阴县来了一位叫周同的老先生，据说他精通十八般武艺，兵书战策也十分通晓，周围的小孩都纷纷想拜他为师，可是周同不轻易收徒弟，他还得看来拜师的孩子有没有学武的天赋，人品是否正直。有一天同村的几个孩子也想去拜周同为师，叫上岳飞一起去，周同看了看几个孩子的身架，试了试力气，最后他笑眯眯地问："你们学武是为了做什么？"孩子们有的说是为了将来能考上武举人，当大官；有的说为了打抱不平；还有的说是父母让来的；只有岳飞一言不发，周同听了大家说的只是微微地摇着头，他很和气地问岳飞："你为什么不说呢？"旁边有个心直口快的孩子抢着说："他家没钱供他学武！"周同说："没关系，只要是好孩子，我可以不收学费。"小岳飞朗声说道："国家太平，我在乡间可以帮助那些受欺压的穷人，如果边关有胡人入侵，我愿征战沙场，尽忠报国！"周同赞许地点点头。岳飞就在周同的精心指导下学习了十八般武艺，他的枪法尤其出众。岳飞白天苦练武艺，晚上还要在灯下研习兵书。到岳飞二十岁的时候，已经是能文善武的青年才俊了。

此时北方的金国逐渐强大起来，屡屡进犯宋朝边境，岳飞实现了他小时候的誓言，参加宋朝军队，由于作战勇敢又懂兵法，很快被提拔为将领。

宋徽宗不理朝政，国内的贪官污吏横征暴敛，老百姓生活十分困苦，农民起义此起彼伏。北宋靖康年间，金国趁机大举进军南犯。

金国的兀术大军势如破竹，直逼宋朝首都汴京（今河南开封）。宋徽宗慌忙把皇位让给太子，这就是宋钦宗。此时拱卫京畿的还有十多万军兵，各地的勤王军也正在赶往汴京，只要固守待援，很快就能击退金兵。但是朝里那些平时只知道贪赃枉法的昏官此时手足无措，致使军心动摇，汴京沦陷了。太上皇徽宗和刚即位的钦宗被掳往金国，金兵还掳走了大量珍宝。宋钦宗的弟弟康王赵构逃往杭州，在那里即位，史称南宋。

朝里主战派的宗泽被任命为东京留守，领导北方军民收复失土。岳飞投奔到宗泽的帐下，在战斗中岳飞指挥的队伍所向披靡，被岳飞打败的金国士兵一听到岳飞的名字就害怕。北方自发抗击金兵的起义军纷纷投到岳飞的麾下，岳飞的队伍渐渐扩大，麾下集中了许多猛将。"岳家军"在战场上屡败金兵。

公元1140年，岳飞率领岳家军北伐，三军将士同仇敌忾，都想早日收复失土，还于旧都，兵锋锐不可当，四十天内收复了包括洛阳在内的几十座大小城镇。金兵统帅兀术出动手下的常胜军——

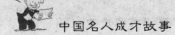

"铁浮图"和"拐子马"企图阻挡岳家军，两军决战于郾城，岳飞早就训练出一支准备对付"铁浮图"的钩镰枪手。郾城战役空前惨烈，这场恶战从午后一直鏖战到天黑。"铁浮图"被钩镰枪手歼灭，岳家军乘胜追击，金兵尸横遍野。岳飞手下的猛将杨再兴在战役中遭遇几十倍于己的金兵，陷入重围，力战身亡，后来从他身上取出的箭头多达两升！

此役之后，金兵精锐尽失，兀术已经准备渡过黄河退回金国。岳家军进驻离汴京四十多里的朱仙镇，准备一举收复黄河以北的失地。就在这时，昏庸的赵构听信奸相秦桧的谗言，怕岳飞收复汴京一举消灭金国，迎回他的父亲和哥哥——徽宗和钦宗，他自己坐不稳皇位，急急忙忙在一天里连下十二道金牌召岳飞还朝。接到金牌和圣旨，岳飞长叹一声："十年努力付诸东流，大宋河山再也没有机会恢复了！"

岳飞回到都城临安，遭到秦桧的诬陷，1142年1月27日，三十九岁的岳飞被秦桧以"莫须有"的罪名害死在临安风波亭。

之后南宋虽有数次北伐，都以失败告终，公元1279年，南宋终于灭亡了。

成吉思汗

成吉思汗（1162～1227年），即元太祖，名铁木真。中国古代蒙古首领、军事家和政治家。

1162年（金世宗大定二年，南宋高宗绍兴三十二年），蒙古乞颜部的酋长也速该的帐蓬里生下一个男孩，父亲也速该以一个俘虏的名赐给这个头生子，这就是铁木真。铁木真，在蒙语里是"精钢"的意思，由此表明也速该对儿子寄托的厚望。在铁木真9岁那年，也速该被塔塔儿人下毒药毒死。

蒙古部的泰赤乌氏族原来和孛儿只斤氏族关系很密切，常在一起游牧。看到也速该死后，孛儿只斤氏族衰落，泰赤乌氏族的首领们便撇下铁木真一家不管，自行迁走了。这时铁木真不到10岁，弟妹年龄更小，既缺乏牲畜，也缺少劳动力，"除影子外无伴当，尾子外无鞭子"，生活十分艰苦。幸亏他的母亲很能干，勉强维持生活。

泰赤乌的首领担心铁木真长大后东山再起，于是，他们对铁木真家的住地进行了一次突然袭击。捉去铁木真，套上木枷到处示众。铁木真利用泰赤乌人举行宴会之机，用枷锁打倒了看守人，在奴隶锁儿罕失剌父子的帮助下，逃回家中。为了防止再遭袭击，他把全家迁到肯特山去居住。

铁木真全家在肯特山居住下来几年后，便和孛儿帖结了婚，以便取得翁吉剌部的支持。可是婚后不久，蔑儿乞惕部落突然袭击了铁木真的营帐。在战乱中，铁木真虽然逃进了不儿罕山，但他的异母及妻子孛儿帖却被蔑儿乞惕部落人俘掳。

艰辛的生活，接连的打击，不仅没使铁木真灰心丧志，反而更增强了他的复仇决心。他决心积聚力量，恢复自己家族的势力，为此，他采取了一系列的行动。

铁木真知道，单凭自己的力量是不能战胜敌人的，只有利用蒙古各部之间的矛盾，取得一些部落奴隶主的支持，才能壮大自己的力量，打败敌人。

铁木真的父亲也速该生前和克烈部的首领王罕脱斡里勒汗是"安答"（结义兄弟），为了争取王罕的支持，铁木真忍痛把妻子带来的嫁妆黑貂裘献给王罕，并称他为义父。孛儿帖遭俘后，铁木真就前往王罕那里，请求他出兵，王罕欣然同意。铁木真召集过去属于自己家族的部众，又约了自己的"安答"，蒙古札答剌氏族首领札木合。三方联军，突袭蔑儿乞惕部。蔑儿乞惕部大败，铁木真夺回了孛儿帖，壮大了自己的力量。

没有多久，札木合的弟弟由于抢掠铁木真的马群被蒙古部人杀了，札木合以此为借口，纠集他所属的13部共3万人向铁木真发起进攻，铁木真也把自己的3万士兵分成十三翼迎战札木合。双方在克鲁伦河畔的答兰巴勒主惕展开了一场大战。这就是蒙古历史上著名的"十三翼之战"。铁木真以失败告终。

不久，塔塔儿部首领蔑古真反抗金朝，金朝大将军完颜襄约克烈部王罕脱斡里勒汗和铁木真联合出兵进攻塔塔儿，塔塔儿部大败，蔑古真被杀。

王罕和铁木真都掳掠了许多奴隶和财物。这次战斗，铁木真不

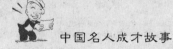

仅报了杀父之仇，还掳获了塔塔儿的部民和牲畜，从此，他的力量更雄厚了。接着，他又陆续并吞了几个部落，力量比十三翼之战以前更加强大了。

1201 年（金章宗泰和元年），铁木真和王罕联合，击败了札木合部。第二年，铁木真又全歼了残余的塔塔儿人，弘吉拉等部前来归顺。这样，蒙古高原东部的各部都已统一归并于铁木真的号令之下。

铁木真的势力不断扩大使王罕脱斡里勒感到威胁，于是，王罕和铁木真因利害冲突而开始恶化。1202 年春天，王罕骗铁木真赴婚宴不成，纠使札木合联合向铁木真发动突然袭击。铁木真失利，他退到班朱泥河（沼泽的意思）地方停下来。后来，铁木真一直退到贝尔湖以东的地方。这年秋天，他的军事实力又恢复了。王罕却骄傲麻痹，在自己的驻地欢庆胜利，整天欢乐歌舞，不加防备。铁木真暗暗派兵包围了王罕的驻地，突然发起进攻。经过三天三夜的激战，占领了王罕的金帐，完全消灭了克烈部，王罕逃到鄂尔浑河畔之后被乃蛮人杀死了。

强大的克烈部被消灭以后，蒙古高原上唯一还有力量与铁木真抗衡的，是西边的乃蛮部。1204 年夏天，两军遭遇，铁木真自己打前锋。当天夜里，乃蛮军纷纷逃散，第二天，没有经过激烈的战斗，阳塔罕就被蒙古军捉住了，后来被杀死。

乃蛮部灭亡以后，蒙古高原上再也没有可以和铁木真争锋较量的敌手，铁木真威名震动了蒙古高原。蔑儿乞人闻风丧胆，他们的首领逃到很远的地方；汪古部主动前来归附；到处逃窜的札木合，被他的部下绑了送交铁木真，最后被铁木真处死。这样，铁木真就完成了统一全蒙古的大业。

1206 年（金章宗泰和六年），全蒙古的贵族，功臣们在鄂嫩河畔举行忽里勒台（大聚会），大家一致推举铁木真为全蒙古的大汗，并且上尊号为成吉思汗。"成吉思汗"是蒙古语"强大"的意思。这一年，铁木真 44 岁。成吉思汗成为全蒙古的大汗，标志着蒙古族的历史进入了一个新阶段。在东起呼仑贝尔草原，西至阿尔泰山的辽阔地域内，操着不同语言和具有不同文化水平的各个部落，逐步形成了勤劳勇敢的蒙古民族。

成吉思汗统一全蒙古以后，建立了第一个蒙古政权——蒙古国。

他在军事、行政、法律、文化等各方面，都开创了一套新的制度。

　　成吉思汗对于军队的建设，可谓不遗余力。他在原"千户军"的基础上整编蒙古军，把全体蒙古牧民编为十户、百户、千户和万户，任命大大小小的奴隶主为十户长、百户长、千户长和万户长。成吉思汗还扩充了一支由他亲自指挥的1万人的护卫军，这支军队从人员的挑选、武器的配备到战术的训练等各方面都是非常严格的。

　　成吉思汗把蒙古各部统一起来，并通过一系列改革，使这个游牧民族进一步封建化了，并在中国和世界舞台上发挥了重大作用。这一巨大的历史功绩，使成吉思汗成了蒙古历史上当之无愧的民族英雄。

　　成吉思汗在1205年至1209年间三次洗劫西夏，迫使对方请和，并答应每年向蒙古纳贡。

　　1218年，成吉思汗派者别率领两万人进攻西辽，古出鲁克仓皇逃去，者别一直追到今天新疆喀什附近的地方，杀了古出鲁克。蒙古军队占领了西辽。1291年秋天，成吉思汗亲自率领20万军队进攻花剌子模。

　　这就是蒙古军队的第一次西征。1235年、1252年成吉思汗的子孙又发动了第二次、第三次西征，横跨欧亚，建立了"大蒙帝国"。

　　1227年初，成吉思汗占领了西夏都城的外围，使它成为一座孤城。这年8月25日，成吉思汗在清水县西江去世，终年66岁。元朝建立后，被尊为元太祖。

　　成吉思汗不仅成为草原上统一政权的领袖，而且以他的活动在历史上写下了重要的篇章。他的一生富有传奇性，确实可以称为"一代天骄"。

　　成吉思汗是蒙古族的民族英雄，对于蒙古族的形成和发展作出了重大的贡献。他打破了当时地方政权林立的局面，统一了塞外草原诸部落，改变了蒙古部族的落后状态，使一个被人轻视的、事迹不传的部族震撼了当时的世界。蒙古帝国后来虽然灭亡了，但蒙古民族却从此保持了它的独立性而永存下来。

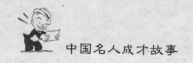

第三章 著名谋略家的故事

吴 起

　　吴起（约公元前440年~前381年），卫国左氏（山东定陶西）人。曾任鲁国将军、魏国西河郡守及楚国令尹。著有《吴起兵法》。他是我国战国时期著名的政治改革家、军事将领和军事理论家，与孙武齐名。史称"吴有孙武、齐有孙膑，魏有吴起，秦有商鞅，皆禽（擒）敌立胜，垂著篇籍"。郭沫若也誉他为"在中国历史上是永不会磨灭的人物"。

　　吴起出身于没有政治特权的"千金"之家，青年时即怀有在政治上飞黄腾达的强烈愿望，曾破家游仕，但未能达到目的。不仅家资耗尽，且遭乡邻耻笑。二十五岁时离家求学，并向母发誓，不为卿相，决不返家。先就学于曾申，攻读儒学。后因他敢于冲破儒家思想的束缚，不奔母丧，被曾申断绝了师生关系。当时各国之间战争频繁，极需军事人才。吴起遂适应形势要求，改学兵法。在齐国攻鲁时，鲁穆公姬显用吴起为将，命其率军抵御。他大破齐军，初露头角。但战功并未给他带来荣誉与地位，反而遭到贵族们的疑忌与排斥。他们散布流言，说任用吴起，对鲁不利。姬显听信谗言，将吴起辞退，吴起于是离鲁去魏。

　　魏国当时正进行变法革新运动。魏文侯魏斯（一说名都）曾向臣下了解吴起的为人。大夫李克说："起贪而好色，然用兵，司马穰苴不能过也"。魏斯是新兴封建势力的代表人物，在人才思想上认为不应以"小恶掩其大美"。吴起既有杰出的军事才干，就可用其所长，遂以吴起为将，命其率军攻秦，经过大约两年的时间，陆续攻占了临晋（陕西大荔东南）、元里（陕西澄城南）、洛阴（陕西大荔西南）、郃阳（陕西合阳东南）等地。秦军退守洛水，黄河以西至洛水的大部地区，为魏所有。据说以后还曾参加了超越赵国攻灭中山的战争，建立了巨大的战功。

由于吴起善于用兵，战功显著，又深得士心，在相国翟璜推荐下，魏斯任命吴起为西河郡（吴起攻占的黄河以西地区）守（军政长官）。西河是与秦国接壤的军事要地，南北狭长而东西纵深甚小，易受秦攻而难于固守，背后又阻于黄河，一旦发生战争，很难及时得到支援，必须独立作战。所以魏斯才在此建郡，并任命吴起为军政长官。

吴起治军以身作则，"卧不设席，行不骑乘，亲裹赢粮，与士卒分劳苦"。野营时，他仅以树枝遮顶，稍避霜露，不搞特殊。据说卒有生疮者，他为其吮脓，卒母得知后大哭。人问其故，她说："往年我丈夫生疮，吴公曾为其吸脓，不久即英勇战死，今吴公又为我儿吸脓，不知他将死何处！"这段故事，颇具传奇色彩，但不论细节是否属实，吴起带兵能"与士卒最下者同衣食"，因而深得军心，则是可以肯定的。吴起"爱兵"，是他治军的一个侧面；另一侧面，则是严刑峻法。据说在一次对秦作战中，一卒未奉命令就奋勇进击，斩获敌首两级而还，吴起不仅不赏，反而命立即斩首。军法吏劝谏说："此材士也，不可斩"。吴起说：材士不假，但不遵守我的命令，就必须处死。吴起的"爱兵"和"严法"，其目的都是要士卒"感恩"和"服威"，以为他卖命。

吴起在魏国创建了我国最早的、从应征人员选募常备军的兵役制度，为魏国建立了一支勇敢善战、体质强壮、行军速度及耐力都极好的"武卒"部队。成员全部经过严格的选拔考试，合格的标准是：全副甲胄，携带戈、剑、弩、矢和三日口粮，由拂晓至中午，必须行军百里。录取后按各人特长进行编组，将具有善使兵器、善于疾走、勇于冲锋等特点的人，各编一队。凡入选士卒，享受特殊待遇，不但免去全家赋税，而且另行分配土地房屋。这是我国军事史上，第一支具有职业化和专业化性质的军队。

吴起在西河期间，为了令出必行，曾采用了故意示信给赏的手段。据史载：秦军在与魏接壤处建一哨所（亭），吴起欲将其拔掉，

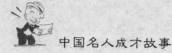

但又恐强攻不下反对附近农民耕种造成危害，而小小哨所，又不便征集军队，遂派人置一车辕于北门外，下令说："有能徙此南门之外者，赏之上田上宅"。有人照办，吴起立即按令给赏。又置一石柱于东门外，下令"有能徙此于西门之外者赏如初（如上次）"。群众争先搬取。吴起认为士心已可用，遂下令"明日且攻亭，有能先登者，仕之国大夫，赐上田宅"。至进攻时，人人争先，"于是攻亭一朝而拔之"。据《吴子兵法》说，吴起在魏，"与诸侯大战七十六，全胜六十四，余则钧解（胜负不分），辟土四面，拓地千里"。这可能有所夸大。但《史记》所记，"守西河而秦兵不敢东向"，则为事实。总之，吴起镇守西河郡时，确曾出色地完成了魏斯所赋予他的战守任务，建立了辉煌的战绩，证明他是一位非常卓越的军事将领。他的军事理论，也主要是在魏国的长期战争实践中总结出来的。

魏文侯五十年（公元前396年），魏斯病死，武侯魏击继位。一次吴起随魏击乘船沿黄河视察，魏击说：有如此险要的河山，国家焉得不强。大夫王错随口附和，说这是国家强盛的原因，"若善修之，则霸王之业具矣"。吴起斥责王错不应阿谀奉承，说"河山之险，信不足保也，是霸王之业，不从此也"。接着又用三苗、夏桀和商纣虽有河山之险，但因"为政不善"，终于为大禹、商汤和周武王所灭的事例，说明他们"城非不高也，人民非不众也，然而可得并者，政恶故也"。强调国家强弱"在德（好的政治）不在险，若君不修德则舟中之人皆敌国也"。吴起这段话，反映了他对战争的基本看法。他认为战争是"禁暴救乱"的手段，用以消灭桀纣那样的暴君乱政，并认为战争的胜败，在于为政的善恶（即战争的正义性与政治条件）。这比孙武"兵者国之大事"，"道者，令民与上同意也"的战争观，又前进了一步。

正当吴起在西河力图向外发展时，又遭到朝中贵族们的忌恨与反对。以王错为代表的一些大臣，终日在魏王面前诽谤吴起，终于使魏王产生怀疑，下令召吴起返朝，免去西河守职。吴起回魏都后，魏相公叔与王错等设谋陷害，吴起在为魏的强大尽心竭力地工作了二十多年后，为避祸，不得不逃至楚国。此时大约五十七岁。

楚悼王熊类久闻吴起才名，又正值谋求改革图强之际，遂任命吴起为北部边防要地苑（河南南阳）守。一年后，又升为楚国最高军政长官的令尹，辅佐熊类进行政治、军事改革。吴起改革的中心，是从政治、经济上打击、限制旧贵族势力，加强军队建设，"砥砺甲兵，时争利于天下"。其具体措施，主要有四：其一，针对"大臣太重，封君太众"，"上佰（逼）主而下虐民"，以致"贫国弱兵"的弊病，"使封君之子孙三世而收爵禄"。其二，针对楚国地广人稀的特点，变相收回旧贵族现有土地，强迫他们率其所属"往实广虚之地（迁至未垦地区）"。其三，"绝灭百官之禄秩，捐不急之枝官，以奉选练之士"，即裁减官吏，减少俸禄开支，用以建设军队。其四，取缔贵族招引、畜养食客，结党营私，制造反对改革的舆论，使全国思想、舆论统一于改革。在熊类支持下，吴起"罢无能，废无用，捐不急之官，塞私门之请，一楚国之俗"，将节约的大量财力、物力，用于建立一支"战斗之士"、"选练之士"的精锐常备军队。经过吴起的变法革新，楚国很快强盛起来，"南收扬越，北并陈蔡……兵震天下，威服诸侯"，不但击退了魏、赵、韩的进攻，而且于楚悼王二十一年（公元前 381 年），救赵攻魏，"战于州（河南温县东北）西，出于梁门，军舍林中（河南尉氏西），马饮于大河"，深入到黄河以北的地区。

正当吴起意气风发地为楚国的强大而积极经略之际，全力支持他的楚悼王熊类突然病死。因丧失特权和损害了既得利益的旧贵族们，乘机作乱，向进宫治丧的吴起发动袭击。吴起仓促遇变，自知不免，遂一面大呼"群臣乱王"，一面伏身王尸。贵族们箭射吴起，也射中了王尸。楚国法律有"丽兵于王尸者，尽加重罪，逮三族"的规定。楚肃王熊臧即位后，依法"尽诛射吴起而并中王尸者"，结果"夷宗死者七十余家"。战国末期人称赞说："吴起之智，可谓捷矣"。但吴起的尸体，也终被车裂肢解，吴起死时约六十岁，在楚共约四年。

吴起一生为鲁、魏、楚三国建立了巨大的功勋，但由于他是一个站在变法前列的改革者，所以在三国都遭到旧贵族的强烈反对和迫害，并终于为此而丧生。这正是社会大变革的战国前期，新旧两种势力相互斗争的反映。吴起虽然"身败"而死，但并未因此"名裂"。他在政治、军事上的业绩，一直为后人所景仰。例如他离开魏国后，公孙痤为魏将，统率吴起训练的部队击败韩、赵联军。魏击欲"赏田百万禄之"，公孙痤推辞说："夫使士卒不崩，直而不倚，挠拣而不辟者，此吴起余教也，臣不能为也"。后人称赞吴起统率和

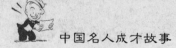

训练的军队团结巩固、纪律严明，说："食人炊骨，士无反北之心，是孙膑、吴起之兵也"。称赞他指挥艺术卓越，说："有提七万之众，而天下莫当者谁？曰吴起也"。此外，他的军事理论名著《吴起兵法》，也和《孙子兵法》一样为历代军事家们所推崇。早在战国末期，就已是"藏孙、吴之书者家有之"；西汉前期，也是"吴起兵法世多有"；汉武帝刘彻对霍去病就"尝欲教之孙、吴兵法"；东汉尚书仆射大将军鲍永，也曾"观孙、吴之策"；南北朝时前汉第一、二代皇帝刘渊和刘聪，都是自幼即诵孙、吴兵法；至宋代，更被编入《武经七书》，定为国家武学（军官学校）必读教材。在国外也有广泛的影响。日本奈良时代（约公元前750年前后）太宰大贰（官职）吉备真备，曾开课讲解《孙子》和《吴子》兵法，并运用书中原则，指挥军队，迅速消灭了惠美押胜的叛军，因而升为中卫大将。在近代，英、法、俄、德等国，都有《吴子兵法》的译本。

鬼谷子

　　鬼谷子是个很神秘的人物，战国中期的纵横家鼻祖，有说是齐国人，也有说是楚国人，也有说根本无此人，众说纷纭，莫衷一是。传统说法姓王，名之利，也有说姓刘名务滋。隐居于颍川（今河南禹县）阳城（今河南省登封县东南告成镇）的鬼谷，因自号"鬼谷子"。

　　最早记述鬼谷子的是司马迁。据《史记·苏秦列传》和《史记·张仪列传》载：苏秦者，东周雒阳人也，东事师于齐，而习之于鬼谷先生。张仪者，魏人也。始尝与苏秦俱事鬼谷先生。《太平御览·礼仪部》载，"周有豪士，居鬼谷，号为鬼谷先生。"苏秦、张仪去见他，他说："我将为你们两个讲述最精深的道法。"于是，二位沐浴更衣，不食荤酒，整洁口身，斋戒已毕，去见鬼谷子，鬼谷子向他们讲述了《捭阖》、《符言》等篇。王嘉《拾遗记》载，苏秦、张仪未发迹前，穷困潦倒，但却勤学不辍。他们在途中看到圣人之文，便将文章抄在手掌中及大腿上，晚上回到家再折竹为笔，将掌股中之文录于帛上。搜罗好书，无物可盛，便剥下树皮制成书囊。一天，一位先生出现在苏秦与张仪面前，询问他们为什么如此勤苦学习，苏秦、张仪反问："你是何人？"这位先生回答："我居住在山谷中，人们称我为鬼谷子。"后来，苏秦、张仪游说四方，再次遇到鬼谷子，并向他求教，鬼谷子从怀中掏出三卷书，教他们权诈之术，苏秦、张仪自此持鬼谷子之学终身。这位鬼谷子就是司马迁笔下的鬼谷先生。东汉王充《论衡》载，苏秦、张仪跟鬼谷子先生学了一段后，有一天，鬼谷子在地下挖了一个坑，说："下到里边去，什么时候道理说得我涕泣沾襟，你们到各国去游说国君，就能成就功名。"苏秦、张仪果然下到坑中，充满感情地向鬼谷子讲述纵横捭阖、争霸天下的道理，说得鬼谷子涕泣沾襟。苏秦、张仪得鬼谷子真言，果然成为战国著名的纵横家，成就了功名。

后来，二人又去见他，他正席地而坐，表情严肃地说："我告诉你们两个保全自身的道法。"苏秦说六国合纵，最后被反间致死。苏秦、张仪同师鬼谷子，但苏秦自己说本事不如张仪。张仪自己也说过自己的权谋不及苏秦。张仪在游说各国时，力陈苏秦合纵谋略的短处，以证明自己的连横谋略的正确，战国历史证明，最终是连横谋略取得了成功。在中国民间，也有传说鬼谷子是大军事家孙膑的老师。《尚友录》载，孙膑和庞涓同学兵法于鬼谷。正因鬼谷更赏识孙膑，把一部天书传给了孙膑，引起庞涓忌恨，才发生了一系列动人心魄的历史故事。

有一个人叫来鹄（不知何时人）说："鬼谷子教给人诡秘欺诈，言语便捷，富于鼓动性，发人阴私，奸邪刁滑，六国时期真正掌握此术的，只有张仪、苏秦而已。"例如《捭阖》、《飞箝》，捭阖是分化或拉拢之术，飞箝是揣摩人之好恶，待其竭情无隐，加以箝持之术。现实社会中的一些现象，是鬼谷子之术潜移默化，自然流传而形成的。

鬼谷子说："人之不善而能矫之者，难矣。说之不行，言之不从者，其辩不明也。既明而不行者，持之不固也。既固而不行者，未中其心之所善也。辩之明之，持之固之，又中其人之所善，其言神而珍，自而分，能入乎人之心，如此而说之不行者，天下未尝闻也。"刘向说，这是善于说辩的具体方法。

《鬼谷子》一书，虽然在《史记》、《说苑》等书中被引用，但

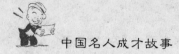

直到《隋书·经籍志》，才把《鬼谷子》录于目录。因而，有的学者认为它是苏秦假鬼谷之名而作，也有学者认为是后人伪书，但也有坚信《鬼谷子》绝非伪托的学者，千百年来，莫衷一说。虽然如此，《鬼谷子》一书自魏晋以来广为流传却是谁也不否认的事实。

而《鬼谷子》之所以能够流传至今，是与鬼谷子的"奇变诡伟"的谋略分不开的。不管鬼谷子是传说人物；还是实有其人，他都是一个古代谋略家。

立身御世，远害就利。从一定意义上讲，人类的行为都是为了远害就利，因而，远害就利是人类谋略的基本特征。《鬼谷子》告诉人们如何运用谋略，在政治斗争中立于不败之地，如何进行政治统治，以远害就利。《鬼谷子》认为，一种小小的缝隙，它会发展形成较大的漏洞，再进一步发展，就可形成为大缝隙。鬼谷子以此引申为政治斗争中的防患于未然。这是他关于在变幻不定的政治风云中，进行有效统治的重要思想。他说，始有征兆，可抵而塞，可抵而隙，可抵而息，可抵而匿，可抵而得。就是说，在缝隙刚要出现的时候，一定会有某种迹象，缝隙一出现，就要严严实实地把它堵塞，这刚出现的缝隙被阻住，使其发展蔓延的势头减弱并最终让它销声匿迹，经过这一番努力，缝隙被堵，隐患消除。这是堵塞缝隙的道理。他认为，政治统治的道理也是如此，能否有效防止社会动乱是关乎国家存亡的大事，必须给予极大的关注。"事之危也，圣人知之，独保其用。因化说事，通大计谋，以识细微。经起秋毫之末，挥之于泰山之本。其施外兆萌牙蘖之谋。意思是，当事态出现不稳定的迹象时，智慧过人者往往能先觉察。这些"圣人"能洞察事理，并能发挥他们独特的作用，根据事物发展变化的趋势，细致入微地阐明事理，施计用谋，采取有效的措施。任何事物，都有一个由小到大的发展过程，最鼎盛的时候恰恰是从不起眼的细小萌芽开始的。微不足道的力量可以发展到不可估量，甚至可以使巍峨的泰山发生动摇。"圣人"们教给人们防患于未然的谋略，正是从这种事理中悟出来的。这是治国理政，为君为臣必须牢牢把握的。人类社会分化离合，纷乱安定，都是常事，作为统治者，应该时时警惕，留心观察，那些深谙此道，并能审时度势，熟练运用这一谋略的人，可以称为上智贤明的圣人，是最优秀的统治者。面对复杂的局势，他们冷静观察，韬光养晦，不惊不乱，适时抓住遏制混乱局势的时机，筹谋划策。或者因势利导制止混乱，或者快刀斩乱麻，迅速收拾残局，以顺利实行自己的统治。《鬼谷子》毫不掩饰谋略的功利性和权谋术势的实用性，把政治谋略发展到相当的高度，当然，他关于政治谋略的论述，含有投机和诡密，这是不能苛求的。《鬼谷子》为纵横家提供了谋略理论和方法。苏秦、张仪正是在把握这些谋略的基础上，才长于权变，游说诸侯以成就功业的。

辩论的奇变诡谲是鬼谷子谋略艺术的另一大特征。他以独具风格的诡辩术极大地丰富了中国古代论辩理论，也为战国时期的"游士"、"策士"、"谋士"等游说权谋者提供了一套诡辩理论。苏秦、张仪是成功运用这种辩论术的典型。《鬼谷子》第一篇就是《捭阖》，"捭阖"，指开合，指战国时纵横家分化、拉拢的游说之术。鬼谷子把"捭阖"看作权谋之本，运筹帷幄，决胜千里的大谋略，大智慧，即计谋的最高法则。"纵横、反出、反复、反忤，必由此矣。"（《鬼谷子·捭阖第一》）《鬼谷子》中的《捭阖》、《反应》、《权篇》等等，都很深刻地论述了诡辩制胜的方法、原则。捭阖篇中说，"捭之者，开也、言也、阳也；阖之者，闭也、默也、阴也。"要想取得成功，就必须作周密的思考，其中最要紧的，是不可忽略哪怕是最微小的事情。用"捭"之术，要把对方的实际情况了解深透，用"阖"之计，就要使对方感到你与他同心同志，这样才能使计谋成功。因此，要注意观察对方，权衡轻重利弊，弄清对方采取什么计谋。"或捭而出之，或捭而纳之"；"或阖而取之，或阖而去之"，要灵活多变，不可生搬硬套。捭阖之术要求对事物变化作出正确的判断和预测。长生、安乐、富贵、尊荣、显名、嗜好、财货、得意、情欲等，都是可以公开向别人说的，为阳；而死亡、忧患、贫贱、屈辱、弃损、失利、失意、刑戮、诛罚等，是属于隐秘的，是阴，所有这些，都可以用来试探测知对方的志向与意志，欢乐与欲求，思虑与智谋，这就是运用"捭阖"之术的基本法则，是游说他人的谋略。由此可以看出，在磊落光明的人前，只能谈论崇高；与阴险狡诈的人，只能谈卑小。以下求小，以高求大。这样就可无所不出，无所不入，无所不克，可以游说于人，可以游说于家，也可以游说于国，游说于天下。

对于神秘人物鬼谷子的真伪，对于《鬼谷子》一书的真伪，是历史家研究的课题。千百年来，对《鬼谷子》一书所反映的谋略思

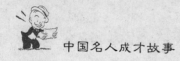

想和方法，褒贬各执一辞。从谋略研究的角度看，《鬼谷子》及鬼谷先生的各种传说，含有不可忽视的、丰富的谋略智慧，鬼谷先生将作为一个神秘的谋略家而受到谋略研究者重视。

孙　膑

孙膑，齐国人，生于阿（山东阳谷东北）鄄（山东鄄城北）之间，是孙武的后裔。原名不详，因曾受膑刑（去掉膝盖骨），故世人称之为孙膑。生卒年月史无记载，主要活动于齐威王、齐宣王在位期间（公元前356～前301年）。著有《孙膑兵法》，是我国战国中期杰出的军事理论家和军事谋略家。

孙膑青年时曾与庞涓同学兵法，后庞涓任魏国将军，嫉妒孙膑才能，设法把孙膑骗至魏国，借故处以膑刑。孙膑身残志坚，受辱不屈，暗自准备逃走。当齐国使臣来魏时，孙膑往见使臣，诉说自己的遭遇与见解，深为齐使所赏识，就秘密将他带回齐国，在齐将田忌家作门客。当时齐威王常和贵族大臣们一起举行马车赛跑。用重金赌输赢。孙膑见他们驾车战马的速度相差无几，而又分为上、中、下三等进行比赛。他就向田忌建议，用上等马对中等马；用中等马对下等马；用下等马对上等马的方法，谋取两胜一负的胜利。他这种符合运筹学博弈原理的方法，后人称之为"三驷之法"，田忌因此而看出孙膑的足智多谋，就把他推荐给齐威王。威王通过与孙膑谈论兵法，很赏识他的军事才能，就任命他为军师，参与战略决策，成为齐统治集团中的重要智囊人物。孙膑一生的战绩主要是辅佐田忌，在桂陵、马陵两次大战中，大败魏军，创造了"围魏救赵"与"减灶诱敌"两种战法的范例。

齐威王三年（公元前354年），魏将庞涓率军八万包围了赵都邯郸。次年，齐威王派将军田忌率军八万救赵。田忌本欲直趋赵国，孙膑劝阻他说："解乱麻不能生拉硬扯，劝斗殴岂能自己卷入。魏军主力精兵尽在赵国，国内多是老弱之军，在此情况下，应避实击虚，攻其必救，向魏都进军，以调动在赵魏军回师自救，而于其归途中与以截击，既可解赵之围，又可诱歼魏军，一举两得。"并建议"南攻平陵（河南睢县西）"。平陵是魏国东部平原地区的军事重镇，较难攻取，且有受魏军夹击被切断后方联络的危险。孙膑对此本来也很了解。他之所以决定向平陵进攻，就是为了使庞涓产生齐将指挥无能的错觉。田忌采纳了他的建议，挥军南进。当齐军接进平陵时，孙膑又建议只派一部兵力佯攻平陵，并指示他们，如果遭到魏军的夹击，就假装败退下来，进一步使庞涓产生齐军战斗力很差的错觉。此外，还另派一部轻车部队及少量步兵"西驰梁郊"，佯示袭击大梁（河南开封），以激怒庞涓，诱其急速回救，而将主力埋伏在判定魏军必经的桂陵（河南长垣北）附近。庞涓果然中计，尽撤邯郸之围，昼夜兼程南下，在桂陵遭到齐军主力攻击。经过在邯郸与赵军的长期对峙，魏军实力已大为削弱，加以长途跋涉，已成疲惫之师，突然遭到以逸待劳的齐生力军的截击，仓皇应战，终于惨败，遭到歼灭性的打击。

　　齐威王十四年（公元前343年），魏军攻韩，战于南梁（河南汝州南）。韩向齐求救。次年，齐派田与孙膑率军救韩，直趋大梁（魏国都，河南开封）。"魏将庞涓闻之，却韩而归。"魏惠王命太子申、庞涓率军十万，经宋国边邑外黄（河南民权西北）北进迎击。孙膑对田忌说："魏军素悍勇而轻齐，"正应利用其轻敌心理，"因其势而利导之"。于是采用了示弱诱敌、设伏聚歼的方针，由齐西境廪丘（山东郓城西北）地区进入魏境后，第一天做十万人饭灶，第二天做五万人饭灶，第三天只做三万人饭灶。进至煮枣（山东荷泽西南）一带时，知魏军已东进至外黄，即伪示不敢与魏军决战而退走。庞涓进至济阳（河南兰考东北），得知齐军撤退和逐日减灶的情报，向太子申说："吾固知齐军怯，入吾地三日，士卒即亡过半矣。"遂率轻锐，以一日走两日路程的急行军追击齐军。齐军退至齐边境之马陵（山东范县西南）时，孙膑据魏军行军速度预计当晚追至马陵。马陵道狭地险，两旁树木茂密，便于设伏。孙膑把主力隐蔽于预定伏击地域两侧，并在伏击地域的前方，用战车、大盾、蒺藜等构成野战壁垒以截断敌之进路；又派出万名弩兵，隐蔽于道路两侧森林中，按规定信号发起攻击。不出所料，魏军于孙膑预计时间进入设伏地域，陷入重围。齐军万弩齐发，魏军大乱，庞涓愤愧自杀，主帅太子申被俘，从此魏国一蹶不振，"诸侯东面朝齐"，孙膑也因之名扬天下。马陵之战后，齐统治集团内部矛盾激化，始终支持孙膑

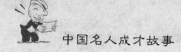

的田忌，在内部斗争中失败，被迫逃去楚国，孙膑从此也不知所终，仅有所著《孙膑兵法》传世。

《孙膑兵法》是继《孙子兵法》之后，我国古代的一部重要军事理论著作。它是孙膑及其后学所著。《汉书·艺文志》称之为《齐孙子》。据说原书共八十九篇，附图四卷。大约在东汉以后散失。直到 1972 年，才在山东临沂银雀山西汉墓葬中重新出土。一部竹书可惜仅存三十篇，而且残缺不全。

《孙膑兵法》不仅继承了《孙子兵法》光辉的军事思想，而且结合战国时期的战争特点，有所发展，有所创新，是先秦时期战争实践的总结，是我国古代军事理论的珍贵遗产。通过《孙膑兵法》，可以看出孙膑的军事思想。

李 斯

李斯，生年不详，死于公元前 208 年，战国末年楚国上蔡（今河南上蔡西南）人。他为秦始皇统一六国出谋献策，为秦帝国的建立和中国的大统一立下了功劳。但他为人品德不正，追名逐利，见利忘义，秦始皇死后，为赵高所收买，助秦二世胡亥为非作歹，最后祸及自身，被赵高陷害而死。不管李斯一生的功过如何，他都称得上中国历史上一位著名的政治谋略家。

李斯年轻时曾在楚国做过郡掌管文书的小吏。但他雄心勃勃，很不满足于自己的处境和地位。据司马迁《史记·李斯列传》）记载，他曾借老鼠在不同场合偷食时的表现作比喻，发出感慨说："人之贤不肖，譬如鼠矣，在所自处耳！"他的寓意是，做人就要做个像在仓库里偷食粮食的老鼠，为所欲为，尽情享受。为了达到飞黄腾达的目的，他弃掉小官不做，离开楚国，跑到当时学术气氛最浓的齐国，投拜荀卿为师。荀卿即荀子，他是当时名闻遐迩的儒学大师。但他的儒学和孔、孟的儒学是很不同的，他的基本思想很接近法家的主张，是研究如何治理国家的学说，被称为"帝王之术"。所以很适合战国末期的形势和新兴地主阶级的需要。李斯就是看中了"帝王之术"才投师荀子的。他曾说："诟莫大于卑贱，而悲莫甚于穷困。"可见他是一个不甘寂寞，有着强烈求仕欲望的人。由于他有明确的学习目的，因此读书认真，钻研精神很强，学业优良，成绩突出，很得老师荀子的赏识，日后亦成为荀子有作为的门生之一。

李斯学成之后，反复思考了自己的去向和用武之地，以实现梦寐以求的高官厚禄和荣华富贵。他经过审时度势，认为当时互相抗争的七国中，其他六国不是弱小，就是国王无所作为，唯独秦国最强，秦王政又很能干，将来天下必归于秦。因此，他断然决定投奔秦国去施展自己的才华。当他向老师荀子辞行时，荀子问他为何要去秦国，他毫不隐讳自己的思想观点，回答说："要想干一番事业，都有一个机遇问题，现在各国都在争雄，这正是立功成名的大好机会。秦国实力最强，雄心勃勃，正在奋力争夺统一天下，那里有用武之地，可以大干一场。一个人活在世界上，卑贱是最大的耻辱，贫困是莫大的悲哀。处于贫困卑贱的地位，就要为世人讥笑。不爱名利，无所作为，不是读书人的目的。所以我决定到秦国去。"荀子含首，送别了这个志向深远、雄心勃勃的弟子。

李斯为求功名，干一番轰轰烈烈的事业，千里迢迢，跋山涉水，不辞艰苦，到达秦国。他先投在相国吕不韦的门下作舍人，很得吕的赏识，任命他为郎官。但李斯岂能满足这样的地位，他只是把吕不韦为自己能够接近秦王政的跳板而已。果然，机遇不负有心人，秦王政终于认识了他。李斯便主动向秦王献计说："如果想要干成一番事业，必须要抓住时机。秦穆公时，虽然很强大，但未完成统一大业，原因是当时时机不成熟。经过秦孝公以来的努力，现在秦国的国力已很强大，各国都不如，加上大王你又贤德，因此打败六国有如扫除灶上的灰尘那样容易。现在是下决心完成帝业，统一天下的最好时机，千万不要错过呀！"秦王非常欣赏李斯的见解，器重他的才华，很快提拔他为长史。接着，李斯又为秦王出点子，让秦王派人持金玉珍宝出使各国，游说、收买、贿赂、离间六国的君臣，采取各个击破的办法，逐个加以消灭吞并。秦王采纳了李斯的策略，收到了很好的效果。于是重用李斯，提拔他为客卿。

但是，正当李斯在仕途上一帆风顺，积极为秦消灭六国，统一天下，出谋献策，施展才华之际，六国中的一些有识之士也并不示弱，他们纷纷给自己的国王献计献策，或以武力对抗，或派出间谍到秦国，采取各种方法削弱秦的力量。其中最著名的是韩国派出水利专家郑国到秦国游说，鼓动秦国耗巨资修建水渠，想以此削弱秦国的人力物力，牵制秦国东进侵韩。但在修渠的过程中韩国的意图暴露。秦国为之震惊，朝廷内外掀起了一场轩然大波，并演化成了秦宗室贵族与外来客卿之间的争权夺利斗争。贵族们对秦王政重用吕不韦、李斯等客卿早已怀恨在心，只是慑于秦王未敢发作。这次终于得到了机会，因而群起而攻之，要秦王赶走一切外来之客。秦王被迫无奈，下了一道逐客令。李斯自然亦在被逐之列。

眼看自己的追求和苦心转瞬之间要化为泡影，李斯岂能甘心！他有抱负，有智慧，也敢作敢为。他不怕犯颜获罪，直接给秦王写了一封信，劝秦王不要逐客，这就是著名的《谏逐客书》。《谏逐客书》不仅是一份情词恳切的求职书，而且还充分反映出李斯的才华和谋略智慧，它实际上是李斯贡献给秦王的一份广收贤才强国，进而消灭六国统一天下的政见谋略书。

秦王政是个有雄才大略的人，他看了李斯的《谏逐客书》后，明辨是非，果断地采纳了李斯的建议，立即取消了逐客令，再次重用李斯，提拔他为廷尉。

取消逐客令对秦国的作用很大，影响深远。秦始皇坚持接纳、任用客卿的政策，招揽了一大批贤将良才。如史书上著名的王龁、茅焦、尉缭、王翦、王贲、李信、王离、蒙恬等都是来自别国的客卿，他们都对秦国的政治、经济、军事、外交、文化等方面的发展，做出了卓越的贡献，在秦统一中国的事业中起过重大的作用。

李斯不仅为秦始皇消灭六国、统一中国出谋献策，而且对统一后的秦帝国，如何巩固和加强中央集权统治，也为秦始皇出了许多点子。

其一，实行郡县制。秦王政二十六年（前221年），秦国经过连年征战，消灭了六国，在中国的土地上建立起一个幅员空前广大，人口骤然增多的第一个大一统国家。此时，秦王政虽然改王称帝，自称为秦始皇，但对如何巩固和加强这个统一了的封建帝国的统治，秦王朝内部却发生了意见分歧。秦始皇在召集大臣讨论时，以丞相王绾为首的一大批大臣都主张承袭周代的分封制，封秦始皇诸子为王。只有李斯提出了不同意见。他以周代后期诸侯互相倾轧，不听周王朝的君令为例，说明分封制不可取，提出实行郡县制，由中央集权，加强统一，这样才能天下安宁。秦始皇也不主张把统一的国家，再立许多国，增加不安宁的因素，所以支持和同意李斯的意见。于是，发布诏令，把全国分为三十六郡，郡下设县。郡县制的确立，加强了统一的封建国家的中央集权，推进了历史的发展。

其二，焚书坑儒。事情发生在秦始皇三十四年（前213年）。在一次宫廷朝贺上，有个叫淳于越的儒学博士，对秦始皇没有按周制分封子弟发表批评意见，他借古谕今，要秦始皇赶快改行分封制，不然的话，天下不会长久。淳于越站在儒家的立场看待秦王朝的政治，因此同秦始皇坚持的法家思想和政策是格格不入的。秦始皇很不满意淳于越的批评，把他交给当时执掌相权的李斯处理。李斯虽从学于荀子，但他一向推行法家思想，主张严刑苛法。他认为朝野内外的儒家思想和主张，是对秦的统一和中央集权制的威胁；而儒生们的思想又源于读书。所以他借题发挥，建议秦始皇下令焚书。秦始皇赞同李斯的意见，并由李斯制定出残苛的焚书法令。法令规定，凡秦以外的史书和非博士（掌管文史典籍的官）所藏的诗、书、百家语等，除属医药、卜筮、种树之书外，统统烧毁。而且规定了对违背和抗拒禁书令的人处以各种刑罚，轻则"黥刑"劳改（修筑长城），重则处死"弃市"，直至株连九族。

焚书后的第二年，秦始皇又下令将咸阳京城里的四百多名儒生活埋。这就是史书上所说"坑儒"事件。

李斯才华横溢，智多谋深，但他的品行不好，是个利禄名位熏心的人。他曾为了自己不失宠，向秦始皇进谗言，杀害了智慧才华比他强的老同学韩非。为了立足进身，高官厚禄，他向秦始皇献了许多好谋略，为秦统一天下、巩固政权立下了汗马功劳。但是，李斯利禄之心太重，以至晚节不保。秦始皇死后，他在大奸佞宦官赵高的压力下，助纣为虐，为赵高、胡亥出了不少坏主意。结果不仅加速了秦的灭亡，连自己的身家性命也全搭了进去。

秦王政三十七年（前210年），秦始皇带着他宠爱的第二个儿子胡亥、大宦官赵高和丞相李斯，第五次出巡，这次的路线是南方各郡。他登上了会稽山（今浙江绍兴市南），祭祀大禹，刻石留念。秦始皇为求长生，曾派徐福带三千童男童女到蓬莱去寻找长生不老的仙丹妙药。因为世上根本没有长生不老之药，徐福等人不仅没有取回仙药，而且一去不返，下落不明。秦始皇更没有想到自己会死在巡视的路上，所以对身后的帝位承袭未作认真安排，只是在临死前才有意想让有才干的大儿子扶苏继位，并嘱托写了遗诏。但为时太晚了。秦始皇死在回归的路上（今河北钜鹿境内）之后，宦官赵高立即密谋篡权。他要让秦始皇的第二个儿子胡亥继位。因为胡亥无能，只会享乐游玩，而赵又是胡亥的老师，一旦胡亥登基，大权自

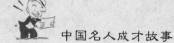

然就由赵高把持。可是按照惯例和秦始皇的遗嘱，胡亥不能继位。赵高是个野心勃勃、诡计多端的人，他为了办成这件事，就设法拉拢李斯。赵高知道，李斯身为宰相，计多谋深，又深得先帝秦始皇的宠信，在继位问题上举足轻重，而且赵高也深知李斯是一个不惜一切代价追求功名利禄的人，只要以此向李斯施加压力，李斯肯定屈服。果不出赵高所谋，李斯为了保住自己的地位和利禄，竟然与赵高、胡亥勾通，一起采取偷梁换柱的手段，篡改秦始皇的遗诏，逼迫应继帝位的扶苏自杀而死。同时还将支持扶苏的镇北名将蒙恬囚禁害死。于是秦二世在赵高、李斯的扶持下加冕登基了。

应当说，李斯与赵高的结合是被迫的。他对胡亥的昏庸无能也是看得很清楚的。但他为了保住自己的既得利益，却违心地投胡亥所好，为其出坏点子，起到了加速秦代灭亡的作用。"督责之术"就是李斯为胡亥设计的一套严刑酷法和君王专断的治国计策。所谓"督责之术"，正如李斯所说："彼唯明主为能深督轻罪，夫罪轻而督深，而况有重罪乎？故民不敢犯也。"其中心意思是，君主对臣下和老百姓要实行"轻罪重罚"，使人人害怕刑罚而不敢轻举妄动。李斯还主张君主对臣下要实行独断专行，要驾驭群臣，不能受臣下的影响。他认为只有这样，君主才能随心所欲，为所欲为，群臣不敢违抗，百姓不敢造反，君王的地位才能稳固长久。

李斯的"督责之术"的理论根据是他的法家思想。但是在当时秦二世对老百姓实行残酷统治的情况下，李斯抛出"督责之术"却起到了火上加油的作用。不过，李斯向胡亥进"督责之术"，不仅仅为了讨好胡亥，恐怕还隐藏着深一层的意思，那就是他与赵高两人，始终貌合神离，同床异梦，争权夺利，明争暗斗，都想把对方整掉。李斯想以此促胡亥摆脱赵高，削弱赵高的独宠专权。可惜李斯这一次未能如愿以偿。胡亥只接受了他的"严刑酷法"政策，大行苛捐杂役，奢侈腐败，滥杀无辜，无所不为；而对赵高则一如既往，偏信不疑，恩宠更甚。李斯非但没有削弱赵高，到头来还被赵高借故整死。李斯为了平息人民的愤怒和造反，规劝胡亥停建阿房宫，惹胡亥生气，下令将其捕押入狱。李斯在狱中上书胡亥申辩，都被赵高扣留。赵高还借机向胡亥进谗言诬害，编造罪状，说李斯与其子李由谋反。并用李斯所制定的"严刑酷法"，对李斯重刑拷打，逼迫其供认谋反。李斯经不起严刑，只得屈招。乃于秦二世二年（前208年）七月被杀死。

本书精选了中国历史上最具有代表性、最有影响力的名人成才故事，这些故事既有趣味性，又蕴含深刻的道理，能够带给我们深刻的启迪，是青少年课外不可缺少的精神食粮。

ZHONGGUOMINGRENCHENGCAIGUSHI **中国名人成才故事**

文学艺术思想家
成才故事

竭宝峰◎主编

辽海出版社

责任编辑：于文海　　孙德军

图书在版编目（CIP）数据

中国名人成才故事/竭宝峰主编．—沈阳：辽海出版社，2011.1
（2014.4 重印）

ISBN 978-7-5451-0645-9

Ⅰ．中…　Ⅱ．竭…　Ⅲ．名人—生平事迹—中国—青少年读物　Ⅳ
．K820-49

中国版本图书馆 CIP 数据核字（2009）第 095208 号

中国名人成才故事

文学艺术思想家成才故事

主编：竭宝峰

出　版：辽海出版社	地　址：沈阳市和平区十一纬路 25 号	
印　刷：三河市刚利印务有限公司	字　数：400 千字	
开　本：720mm ×960mm　1/16	印　张：33	
版　次：2011 年 1 月第 2 版	印　次：2014 年 4 月第 2 次印刷	
书　号：ISBN 978-7-5451-0645-9	定　价：89.40 元（全 3 册）	

如发现印装质量问题，影响阅读，请与印刷厂联系调换。

前 言

中华民族是一个有悠久历史的文明古国，在这个漫漫的历史长河中，为了中华民族的发展和兴旺，一批批优秀人物前赴后继，不懈努力，才换来了我们今天的幸福生活。这些卓越人物中有腹藏治国良策的政治家，有胸怀万卷兵书的军事家，有发明创造的科学家，有吟诗作画的文学家和艺术家，还有那些为建立新中国而奋斗的老一辈无产阶级革命家。在他们身上，传承着中华民族的优良传统，展示了中国人民的优秀品质。从他们身上表现出来的人格魅力，教育了一代又一代的炎黄子孙，同样也会继续激励我们为中华崛起而读书，为了祖国的繁荣和富强而奋斗！

从古到今，正是这些伟大的人物促进了历史的发展，带来了人类的进步。阅读他们的成长故事，有益于我们熟悉历史，认识社会，懂得道理，明白人生。

从他们身上，我们能够汲取激励人心，催人上进的力量。他们成功的人生之路，能够激发我们更高的人生追求。借鉴他们的成功经验，吸取他们前进道路上的教训，能够使我们事半功倍。在成长之路上，天赋固然重要，但人生的磨炼、社会的感染、环境的熏陶、自身的努力等，都影响着人生智力的发展和才能的表现。人与人的天生智力并没有多大的不同，但随着后天的学习与培养，不同的人就表现出不同的才智，只有把这种才智积极地运用于实践和创造活动中，才能发挥神奇的作用，才能创造出真正的社会财富。

中国名人成才故事

　　本套书精选荟萃了中国历史上最具有代表性的也最具有影响力的名人，编辑成了这套《中国名人成才故事》（共3册），即《政治军事谋略家成才故事》、《文学艺术思想家成才故事》、《科学发明企业家成才故事》等，这些故事既有趣味性，又蕴含深刻的道理，能够带给我们深刻的启迪，是青少年课外不可缺少的精神食粮。

　　以上图书设计精美，格调高雅，非常适合青少年阅读和收藏，也非常适合图书馆装备陈列。

目 录

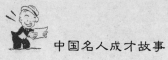

第一章 著名文学家的故事

曹 植

曹植（192～232），三国魏诗人。字子建，沛国谯县（今安徽诧州）人。曹操子。封陈王，谥号为思，世称陈思王。因很有才学，早年曾被曹操宠爱，并想立他为太子。及曹丕、曹叡相继为帝，备受猜忌，郁郁而死。诗歌多为五言，前期的作品多是抒写人生抱负及宴游之乐，也有少部分反映了社会动乱。后期的作品集中反映他受压迫的苦闷和对人生悲观失望的心情。其诗善用比兴手法，语言精炼而词采华茂，对五言诗的发展有显著影响。也善辞赋、散文，《洛神赋》尤著名。原有集，已散失，宋人编辑有《曹子建集》。

曹操有五个儿子：曹昂、曹丕、曹彰、曹植、曹熊。曹昂早年去世了，现在的4个儿子当中，曹植最有才华，也最赢得曹操的喜欢。

曹操喜欢曹植，使曹丕十分嫉妒。曹丕就想尽办法在曹操面前表现自己。一天，曹操让曹植出城去办一件事，但却没有告诉守城的官军。曹植走到城门，士兵们就是不让他通过，没有办法，曹植只好回去向曹操交代。路上，曹植碰到了曹丕，曹丕问："你这是干什么去？"曹植就把刚才的事告诉了曹丕。曹丕说："交给我吧，我去办这件事。"曹丕来到城门，对守城的官军说："我奉魏王的命令出城办事，哪个敢阻拦，就杀了他。"守城官军一听，只好放曹丕出城。这一次曹丕终于在曹操面前好好表现了自己一把。

在以后很长时间里，曹丕总能想方设法讨曹操的喜爱，而且办事得力，很受曹操赏识。曹操发现曹植虽然聪明过人，又有才华，但办事优柔寡断，胸无大志。曹丕为人忠厚老实，很会办事，就决定让曹丕来继承自己的王位。

曹丕当了魏王不久，便废掉了汉献帝，自立皇帝，改国号为魏。

曹丕继位以后，时刻担心曹植会威胁到他的位置，大臣华歆也说："曹植名气大，影响大，如果不赶快除掉他，将来一定会带来祸害。"于是，两人商量了一个计策，让曹植在七步之内做出一首诗，否则就杀了他。曹植以他俩亲兄弟为题当场作了一首："煮豆燃豆萁，豆在釜中泣。本是同根生，相煎何太急"。曹丕听完十分羞愧，就没杀死曹植，而把他贬为安乡侯。

曹植40多岁就郁郁而死。他的作品被编为《曹子建集》。著名的诗有《白马篇》，赋有《洛神赋》，文有《与杨祖德书》，在文学史上享有较高的地位。

陶渊明

陶渊明（365 或 372 或 376～427），东晋诗人。一名潜，字元亮，私溢靖节，浔阳柴桑（今江西九江）人。《晋书》、《宋书》都说他是陶侃曾孙，后人亦有怀疑这种说法的。曾任江州祭酒、镇军参军、彭泽令等，后去职归隐，绝意仕途。长于诗文辞赋。诗多描绘田园风光及其在农村生活的情景，其中往往隐寓着他对污浊官场的厌恶和不愿同流合污的精神，以及对太平社会的向往。也每写及时行乐、乐天安命的人生观念，有较多哲理成分。散文《桃花源记》，辞赋《归去来兮辞》、《闲情赋》都很有名。有《陶渊明集》。

下面就是陶渊明的故事。

在美丽的终南山下有一个很小的村子，村民们过着一种自给自足与世无争的生活。在这个村子的最东头有一户人家，两间茅草屋，外面围了一圈篱笆，园子里有一个老人在锄草。累了，他直起腰，擦擦汗望着远处的终南山，舒一口气，然后又继续劳作。这个人就是东晋时期著名的诗人陶渊明。

陶渊明的曾祖父是东晋名将陶侃，虽然做过大官，但不是士族大地主，到了陶渊明一代，家境已经很贫寒了。陶渊明从小喜欢读书，不想求官，他看不惯当时政治腐败。他常常是家里穷得揭不开锅，还是照样读书做诗，自得其乐。陶渊明的家门前有五株柳树，于是他便给自己起了个别号，叫五柳先生。

　　后来，家里越来越穷了，陶渊明靠自己耕田种地，也养活不了一家老少。亲戚朋友都劝他出去谋个一官半职，他没有办法只好答应了。当地官府听说陶渊明是名将后代，文才又好，便推荐他做了个参军。但是过不了多久，他就看出当时的官员将相互相排挤，心里感到很厌烦，于是要求出去做个地方官。上司就把他派到彭泽当县令。当时做个县令，官俸是不高的。而陶渊明一不会搜刮民财，二不懂贪污公粮公款，因此日子过得并不富裕，当然比他在柴桑家里过的穷日子，是要好一些的。况且，他觉得留在一个小县城里，没有多少官场应酬，也算是比较自在。

　　有一天，郡里派了一名督邮到彭泽视察。县里的小吏听到这个消息，连忙向陶渊明报告。陶渊明正在他的内室里作诗，一听到来了督邮，十分扫兴，只好勉强放下诗卷，准备跟小吏一起去见督邮。

　　小吏一看他身上穿的还是便服，吃惊地说："督邮来了，您该换上官服，束上带子去拜见才好，怎么能穿着便服去呢？"

　　陶渊明向来看不惯那些倚官仗势、作威作福的督邮，一听小吏说还要穿起官服行拜见礼，更受不了这种屈辱。

　　他叹了口气说："我可不愿为了这五斗米官俸，去向那号小人打躬作揖！"说着，他也不去见督邮，索性辞职不干回老家了。回到老家，陶渊明认为自己的志趣、理想与当时的时局相差太远，于是下决心从此以后过隐居的日子，有空的时间就写写诗歌文章，来抒发自己的心情。

　　回家不久他写了一篇《归去来辞》。在《归去来辞》中，陶渊明细致地描绘了回乡途中的思想情感。小船轻快地飞驶，微风缓缓吹动衣带，他心情顿时开朗起来。他心想：今后能够自由自在地生活了！这篇赋表现了他与官场决裂的态度。

　　陶渊明选择过田园生活之后，生活上十分清苦，朋友们看到他的难处，常常给他送来一些粮食、衣物等。朋友们知道陶渊明喜欢喝酒，而他又买不起酒，就经常自备酒食来找他一起喝酒。每次酒

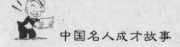

醉后陶渊明都会诗性大发，写一些诗抒发感情。

《归园田居》就是在这种情况下写成的。他描绘了田园生活的景象：深巷中传来狗的吠叫，鸡在桑树上咕咕叫着；房前房后绿树成荫，桃李满枝；农舍的屋顶上炊烟袅袅，远处的村庄依稀可见。可是他当时家里很穷，常常破衣烂衫，食不果腹。

贫困的生活反而更加激发了陶渊明的想象力。在《桃花源记》中，他虚拟了一个与世无争的世外桃源，那里的人们过着一种"不知汉""无论魏晋"的生活，根本不知道外面的世界是个什么样子。陶渊明通过这篇文章表达了对黑暗现实的否定和对美好的生活的憧憬。

陶渊明内心深处仍然有着不灭的激情，在《咏荆轲》中，他借用古代神话表达了与恶势力斗争到底的决心。这首诗一气呵成，感情真挚。

陶渊明是我国文学史上最伟大的诗人之一。唐代的王维、孟浩然在诗歌创作上都受到他很大影响。他的名字和李白、杜甫一样流传千古。

王　勃

王勃（650～677年），唐代著名文学家。字子安，绛州龙门（今山西河津）人。不到20岁就应举及第，曾任虢州参军，后因罪除名。在去交趾探望父亲的时候，在途中溺水而死。少时便显露出才华，与杨炯、卢照邻、骆宾王以文词齐名，为"初唐四杰"。其诗词意境较高，初步突破了宫体诗束缚。又长于骈文，《滕王阁序》尤为著名。有《王子安集》

王勃为我国罕见的神童，并以其文才被推为"四杰"之首。王勃6岁善文辞，会写文章。9岁读颜师古注《汉书》，写了《指瑕》10卷，即指出颜师古所注《汉书》的错误。表明了王勃非凡的敏悟天才和深厚的文学基础。

王勃听说新拜右相刘祥道在关内视察，便上书刘祥道，对国家大事提出建议，请刘祥道引荐。他上书的题目是《上刘右相书》。这是一篇大文章，其中陈述国家大事部分，一共提出了4条建议：一是指陈当时侵伐高丽战争的失误，建议用儒家的文德教化代替武力征伐。二是批评朝廷当时随意滥行赦令，建议遵照儒家古制，赏罚必信。三是指出当时币制混乱，商人乘机兼并土地，使农民无地可耕，主张"重农抑商"。四是建议选拔人才。

王勃从小就注重经世致用之学，关心国家政事，寻求机会以自荐。刘祥道看过他的上书后，非常惊异，连连赞曰："此神童也。"并上表力荐，但没有什么结果。

乾封元年（666年），唐高宗登泰山举行封禅大典，王勃又上《宸游东岳颂》。在刘祥道的力荐下，参加科举考试，高中及第，授朝散郎之职。这时的王勃，未满二十岁就及第受禄，真是春风得意光耀一时了。不久，沛王李贤招王勃入为修撰，受命撰写《平台秘略》。

《平台秘略》共分10大类：孝行、贞修、艺文、忠武、善政、尊师、褒客、幼俊、规讽、慎终。这部书基本上以儒家思想为核心，是作为皇子阅读修养所用的。

在此期间，王勃除写了一些歌功颂德、粉饰太平的作品外，还写了一些有名的抒情诗，如《送杜少府之任蜀州》：

　　　　城阙辅三秦，风烟望五津。
　　　　与君离别意，同是宦游人。
　　　　海内存知己，天涯若比邻。
　　　　无为在歧路，儿女共沾巾。

这首诗开始表现惜别的依依之情，马上又变为开朗豪放的乐观心情。让人感伤的心情为之一奋。诗的内容和形式，都突破了前代的框架，一千多年来脍炙人口，成为绝唱。不过，从此以后王勃仕途失意，开始了他的流亡生活。

这是因为王勃"恃才傲物"引起的。在王勃20岁的春夏之交，诸王子玩斗鸡游戏，王勃写了一篇游戏文章《斗鸡檄》，假托沛王鸡声讨英王鸡，高宗看了这篇檄文，大为震怒，认为是挑拨王子之间的关系，于是立即把王勃撵出了沛王府，削夺了官职。

五月，王勃丢官失禄，衣食没有着落，在长安呆不下去了，于是就告别长安，踏上了漫游西蜀的旅途。

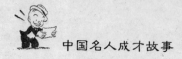

王勃到了西蜀之后，并无固定的安身之处，也无钱财。他漂泊各地，到处依靠人，过着流浪的生活。

后来到益州九陇县依靠友人、县令柳太易，并在那里写下了著名的《春思赋》和《益州夫子庙碑》。他在《春思赋序》中说：

虽弱植一介，穷途千里，未尝下情于公侯，屈色于流俗，凛然以金石自匹，犹不能忘情于春。则知春之所及远矣，春之所感深矣。此仆所以抚穷贱而惜光阴，怀功名而悲岁月也。

可以看到，《春思赋》不但怀春，而且伤春，道出了自己惜光阴、悲岁月的伤感之情。

《益州夫子庙碑》，在对孔子赞扬之外，却抒发愤懑："嗟呼！今古代绝，江湖路远，恨不得亲承妙旨，摄齐于游夏之间，躬奉德音，攘袂于天人之际。抚身名而永悼，瞻栋宇而长怀。呜呼哀哉！"他把抒情之意写进了歌颂孔子的颂词当中，文章写得得心应手，别具一格，堪称妙文。

唐高宗咸亨三年（672年），王勃结束了巴蜀三年的浪迹生涯，回到了长安。这时正遇上友人陆季友，陆劝他到虢州治所弘农（今河南灵宝），说那里盛产药材。王勃对医学比较感兴趣，便设法补上了一个"参军"闲职，到盛产药材的虢州上任了。但王勃在参军任上，仍未改恃才傲物的老脾气，个性直率，因而又为同僚所忌。到虢州后的第二年，因藏匿犯罪官奴，后又处死官奴，事情暴露后，被革除公职。他父亲因这件事受牵连，被迁徙到南方边地为交趾（治所在今越南河内西北）令。

上元二年（675年）春，王勃离开家乡龙门，南下赴交趾探望父亲路过江西，参加了洪州都督阎某为重修滕王阁而举办的宴会，在这次盛会上，王勃即席赋诗，并写下了流传千古的名作《滕王阁序》。

这篇序的主题思想在于记叙阎都督为饯别宇文刺史而举行的盛大宴会，并抒发作者自己远大的政治抱负及怀才不遇之情，委婉曲折地表达了作者对所谓的"圣君"、"明时"的不满情绪。文中虽含有宿命悲观的思想，但感情基调仍是健康的。作者表明自己的坚定态度：尽管自己时运不济、命途多舛，但仍要老当益壮，穷且益坚，胸怀青云之志。

本文突破六朝骈体文的旧格局，带有新气象。尽管文章在形式上沿用六朝的骈体，却没有六朝骈文喜好堆砌词藻的弊病。文中词藻虽然华丽，但不晦涩，而且某些别出心裁的佳句长期为人传诵，如"落霞与孤鹜齐飞，秋水共长天一色"，从庾信的"落花与芝盖同飞，杨柳共春旗一色"化出，却青胜于蓝。文中典故不仅用得恰当，而且善于将古代事典中传诵的美谈与眼前的情景巧妙地结合起来，比如"腾蛟起凤，孟学士之词宗；紫电青霜，王将军之武库"；"睢园绿竹，气凌彭泽之樽；邺水朱华，光照临川之笔"等等。

总之，《滕王阁序》这篇名作，内容充实，文辞华美，气势奔放，音调铿锵，具有雍容华贵的特征。

写完了这篇序后，王勃继续赶路，在广州渡海时，王勃落入大海中，溺水而死。年仅26岁，一代才子，英年早逝，引起后人深深的追思和同情。

李　白

李白，字太白，号青莲居士。出生于碎叶，5岁时举家迁至绵州昌隆县（今四川江油）。唐代伟大的浪漫主义诗人。他的诗歌善用比喻夸张的手法，想象奇特丰富，因之被人称为"诗仙"。

李白自小很佩服先秦时候的游侠，因此也喜欢练习剑术。有一段时间李白对学习产生懈怠的心理，于是离开学堂回家。

在回家的路上，他看见一位老太太正在磨一根铁杵，李白很奇怪，就问老太太究竟要干什么，老太太看了李白一眼，回答说要磨成一根针。李白听了深受感动，下决心回去完成自己的学业。自此李白博览群书，接受了儒道两家的思想。

大约在26岁时，李白离家开始他的漫游生活，畅游祖国的大好河山。李白以豪迈奔放的热情、驰骋天外的想象，把自己对锦绣自然热爱的情感，艺术地倾注于诗中，写出了一首首绝唱千古、无与伦比的绝妙篇章。

天宝元年（742年），李白来到京城长安，把他写的《蜀道难》进呈给担任太子宾客一职的贺知章。贺知章读后赞不绝口，说这样

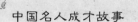

的文章应当是下凡的仙人所写，于是送给李白"谪仙"的美誉。由此，李白名声大振，倾动京城。

唐玄宗闻之李白的盖世才华，将他召入宫中，并且赐官供奉翰林。李白一身傲骨，看不惯深受玄宗宠爱的杨贵妃和玄宗身边的红人太监高力士。

有一次，边境小国派使者来大唐朝贡，所奉上的蕃文国书满朝文武没人能够看懂，更别说写回文了。玄宗想到了声名卓著的李白。当大臣将李白找来时，发现李白已喝得酩酊大醉。在金銮殿上，李白吐了一地。

玄宗命人取来自己用的毛巾给李白擦拭，又亲自给他喂醒酒的汤。等李白稍微清醒一点，就答应为玄宗写回文；不过提出条件，要杨贵妃为他捧着砚台，高力士为他脱掉靴子。正值用人之际，唐玄宗想也没想就答应了。

李白当下饱蘸浓墨，洋洋洒洒写下了《答蕃书》一文。李白的这些行为虽然没有遭到玄宗的怪罪，但是却深深得罪了杨贵妃和心胸狭隘的高力士。

唐玄宗尽管赏识李白的才华，但他所需要的只是让李白当个宫廷诗人，在他和杨贵妃饮酒观花的时候，叫李白赋诗几首以助兴。

在这样情况下，李白的政治抱负不得施展，再加上受到高力士等人的排挤打击，一身傲骨的李白越来越觉得在长安待不下去了。于是，李白在长安住了不到两年，就离开了这个是非之地，再次开始了自由自在的漫游生活。

李白漫游大江南北，行踪飘忽不定。

744年，李白在洛阳结识了伟大的现实主义诗人杜甫，从此结下了深厚的友谊。天宝十四年，安禄山在范阳起兵叛乱，"安史之乱"爆发了。为了躲避战乱，李白不得不向南方逃亡。

在流亡的途中，李白目睹了哀鸿遍野、民不聊生的情景，写出了《战城南》、《猛虎行》、《奔忙道中》等反映社会现实的作品。

肃宗至德元年（756年），永王李璘奉父亲玄宗之命，起兵讨伐安禄山。李白在浔阳（今江西九江）受聘为永王的幕僚。

不料肃宗怕兄弟争位，宣布永王是叛逆，用武力镇压。第二年，当李白在流放途中，走到夔州白帝城这个地方的时候，突然得到朝廷因为旱灾大赦天下的消息。

欣喜若狂的李白立即放舟东下，并写下了有名的《朝发白帝城》，以表达自己的心情。但是被赦之后的李白仍无立足之处，流落在洞庭、金陵间。

　　762 年，他在贫病交加中，死于族叔当涂县令李阳冰家，享年62 岁。

　　李白的一生，自由不羁，才华横溢，是继屈原之后又一伟大的浪漫主义诗人。李白的诗，能摆脱排律格调等形式上的束缚，吸收民歌流畅的语言，倾吐自己复杂的思想感情，具有积极昂扬的精神，对后世影响极大。

　　他的诗还被译成多种文字，成为世界文学宝库中的浪漫主义经典。

杜　甫

　　在唐代诗人中有两人的成就达到了诗歌创作的顶峰：一个是登上浪漫主义之巅的"诗仙"李白；一个是登上现实主义之巅的"诗圣"杜甫。

　　杜甫，字子美，因做过"检校尚书工部员外郎"的官职，后人又称他为"杜工部"。祖辈本是襄阳人，后来迁居到了河南巩义。他的祖父是唐初的著名诗人杜审言。杜甫从小受着严格的诗书教育，学习非常刻苦。7 岁开始学习写诗，到了 14 岁，就已经能够写出很好的诗了。20 岁以后，他曾三次出门游历，南到现在的江苏、浙江一带，北到河北、山东都有他的足迹。33 岁那年，杜甫在河南洛阳遇见了当时已经是很有名的诗人李白，李白比杜甫大 11 岁，两人一见如故，建立了兄弟般的友谊。这次见面，给杜甫很大的影响。第二年秋天，他们在山东分手，不久，杜甫到了京城长安。

　　杜甫的家族世代为官，到他这一代就衰落下来了。杜甫很小就有高远的政治理想，他抱着"致君尧舜上，再使风俗淳"的理想，期望为国家作一番事业。到长安后，杜甫参加了科举考试，想通过科考走上仕途，从而实现自己的伟大理想。可怜生不逢时，当时朝

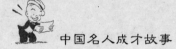

廷的权相李林甫是一个忌贤妒能的人，他向皇帝报告说参加考试的人没有一个称得上是人才的。并大拍皇帝马屁，说"野无遗贤"。不得已，杜甫只好找其他的途径。后来，杜甫又向达官显贵呈送自己的诗文，希望能得到他们的赏识，找到仕进的阶梯，结果是"朝扣富儿门，暮随肥马尘。残杯与冷炙，到处潜悲辛"。当时朝廷腐败，政治黑暗，统治阶级越来越奢侈腐化，杜甫虽然到处奔走，仍没有结果，生活越来越艰难。这时，他看到了社会的种种矛盾，思想上也更同情劳苦大众。

公元755年，杜甫凭着自己的才学，总算谋到了一个右卫率府胄曹参军的小官。但不幸的是安史之乱马上爆发了。在叛军攻陷长安时，杜甫一度成为了战俘，被关押在长安。不久，杜甫在别人的帮助下，历尽艰险终于逃了出来。一出来，杜甫马上打听到了皇帝的所在，于是衣衫褴褛地赶到了肃宗殿前。这次肃宗让他做了左拾遗。不久，因为营救已被皇帝罢免的宰相，杜甫惹恼了肃宗，被贬为华州司功参军。面对如此黑暗的现实，杜甫极为失望，愤而辞掉了官职，带着家小向西流转到了成都。在浣花溪旁，杜甫盖了一座草房，领着妻儿在里面居住。这就是有名的杜甫草堂，也称浣花草堂。在后来的日子里，杜甫除受人举荐做过几年的参军外，一直都是颠簸流离地过着日子，相当凄惨，从著名的《茅屋为秋风所破歌》中我们可见一斑。

半生的流离之苦使杜甫对当时的历史有了刻骨铭心的认识。统治阶级的腐朽，劳动人民的困苦，杜甫都有亲身的经历。在大量的诗作中，杜甫大胆地揭露了统治集团的穷奢极欲、荒淫无耻的生活。历代传诵的名句"朱门酒肉臭，路有冻死骨"就是对当时黑暗社会的极好描写。为剿灭叛军，唐王朝大肆拉夫征兵，使人民群众遭受了深重的灾难，连老人都不能幸免。杜甫在逃亡的过程中亲眼目睹了这些，并把这些情况写成《新安吏》、《潼关吏》、《石壕吏》和《新婚别》、《垂老别》、《无家别》等诗篇。这些诗篇采用了乐府体，通过对话和独白，把人物刻画得栩栩如生。"暮投石壕村，有吏夜捉人。老翁逾墙走，老妇出门看。吏呼一何怒，妇啼一何苦。听妇前致词，三男邺城戍，一男附书至，二男新战死。存者且偷生，死者长已矣！室中更无人，惟有乳下孙。有孙母未去，出入无完裙。"这是一幅多么悲惨的图画！老妇的控诉，悲惨凄凉，字字是泪，句句如血。"夜久语声绝，如闻泣幽咽。天明登前途，独与老翁别。"诗人的心与人民的心是相通的。

杜甫的诗，在风格上沉雄浑厚，感情真挚，语言锤炼凝重，达到了诗歌艺术上的一个高峰，尤其是他的七律诗更是成为后来人们做诗的典范，影响极为深远。

杜甫一生只断断续续做过几年小官，政治生涯也颇为短促，但作为一个伟大的现实主义诗人，他时时关心着政治，关心着社会，关心着人民。他最初的理想就是要"致君尧舜上，再使风俗淳"。后来又在《自京赴奉先县咏怀五百字》一诗中写道："穷年忧黎元，叹息肠内热"。直到他的晚年，也还是不改初衷，"不眠忧战伐，无力正乾坤"，正是这一心情的真实写照。他的政治理想虽然不能实现，但在他的诗歌中却有十分真切的反映。正因为如此，他的诗才伟大，才被人们称赞为"诗史"，他也被人们称赞为"诗圣"。

杜甫虽然一生潦倒，悲惨地离开了人世，但他对中国诗歌的贡献却永远为后人所称道。在我国现实主义诗歌的发展中，杜甫占着特殊重要的地位。《诗经》是我国现实主义诗歌的开端，中经汉乐府民歌、建安时期、初唐四杰等等，到杜甫时总结并发扬了我国现实主义这一优秀传统，并把它发展到了古代诗歌现实主义的高峰。他的现实主义创作精神，直接引导了中唐白居易倡导的新乐府诗歌改良运动，并一直影响到清代。这也就难怪韩愈会感叹"伊我生其后，举颈遥相望"了。

白 居 易

白居易是杜甫之后，唐朝的又一杰出的现实主义诗人，也是唐代诗人中作品最多的一个。

白居易字乐天，自号香山居士。他的先祖是太原人，后来迁居到了陕西。他的父亲是一个小官。白居易的幼年生活很不稳定，为躲避藩镇割据带来的战乱，他和家人到处流离。这一段生活经历，使白居易能够有大量机会接近劳动人民的生活，了解他们的痛苦，

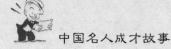

对社会现状也有了深刻的认识。

很小的时候白居易就酷爱学习，十几岁就能写出不少好诗，引得了别人的不少赞扬。为了使自己的诗文有更好的发展，十五岁时白居易带着自己写成的诗文到了长安，去向前辈诗人顾况请教。顾况看到白居易这个名字，感觉没什么印象，知道是个新手，笑着说了句"长安米贵，居大不易"的话。可是一打开白居易的诗稿，顾况就被其中的诗文深深地吸引住了。尤其是读到"离离原上草，一岁一枯荣，野火烧不尽，春风吹又生"的诗句时，不禁拍案叫绝，感叹地说道："能写出这样的诗来，居又何难？"顾况马上把自己发现的这个年轻才俊介绍到了当时京城的诗界，白居易这个名字也开始渐为人们所知晓。

到京城几年后，白居易考中了进士，经过选拔后走上了仕途。元和年间，他在皇帝身边作了一个谏官。利用自己接近皇帝的机会，他不断向皇帝进言，要求改革弊政，发展生产，减轻人民负担。这使他遭到了许多达官显贵的仇视，在与他们进行斗争的同时，白居易写了大量政治、社会讽谕诗，深刻地揭露社会的黑暗，无情抨击贪官污吏的无耻行径。所有这些做法，使白居易与朝中的许多官员关系紧张，他们时刻要对他实行报复。公元815年，机会来了。这年，宰相武元衡被刺客刺杀了。许多人都知道这是藩镇头领策划的事件，碍于他们的强横，都不做声，主张大事化小。可是白居易对此义愤填膺，不顾自己的身份向皇帝上书要求严惩凶手。这时的白居易官居东宫赞善大夫，本没有上述言事的权利。他的仇敌趁机抓住这一点对他大加攻击，说他越职言事，是藐视朝廷规矩。无奈白居易人微言轻，被贬到了江州，作了一个司马。

经过这次变故，白居易深受打击，政治热情消沉了许多。后来，他又先后做过杭州、苏州刺史，在任上大修水利，整顿吏治。据说现在西湖的白堤，就是白居易在杭州做官时主持修建的。白居易为官清廉，了解人民疾苦，处处为人民着想，很受爱戴。到后来，白居易作到了刑部尚书，但那时的他对做官建一番功业似乎已经兴趣不大了。

白居易在自己的一生中写下了不少的诗歌，是唐朝诗坛上作品最多的诗人。就是流传到现在的诗歌，也有三千多首。白居易曾经将自己的诗歌分为四类：讽谕、闲适、感伤、杂律。他本人最得意，价值也最高的是讽谕诗。这些讽谕诗，是和他的兼善天下的政治抱负一致的，同时也是他的现实主义诗论的实践。其中《新乐府》五十首、《秦中吟》十首更是有组织有计划的杰作，真是"篇篇无空文，句句必尽规"，具有高度的人民性和丰富的现实内容。他的讽谕诗主要包括了两方面的内容：一是广泛地反映人民的苦难。这其中有同情农民的作品，如《杜陵叟》；也有哀叹妇女命运的悲歌，如《上阳白发人》、《后宫词》等。二是深刻地揭露统治者的罪恶，如《卖炭翁》、《红绒毯》等。白居易认为，诗歌应该反映社会现实，他所说的"文章合为时而著，歌诗合为事而作"表达的就是这个意思。白居易所做的大量讽谕诗在当时就产生了很大的影响，为人们广为传颂。

在感伤诗里面，最为人们所知的就是《长恨歌》和《琵琶行》了。《长恨歌》是白居易的代表诗作之一，也是中国文学史上最著名的叙事长诗之一。这首诗的前半部露骨地讽刺了唐明皇的荒淫误国，后半部用充满同情的笔触写唐明皇的入骨相思。这样，诗的主题思想便由批判转为对唐明皇与杨贵妃坚贞专一爱情的歌颂。不过，歌颂和同情中仍暗含讽意。这是一首主题思想具有双重性的长诗，取得了很高的艺术成就，特别是后半部运用了浪漫主义的幻想手法，大大增强了该诗的表现力。人物形象生动，语言和声调优美，抒情写景叙事水乳交融，也是《长恨歌》的艺术特色。

《琵琶行》是中国文化界人人皆知的名篇。诗中虽有较浓重的感伤意味，但比《长恨歌》更具现实意义。诗人既表达了对"门前冷落车马稀，老大嫁作商人妇"的琵琶女的悲惨命运的同情，同时也寄托了对自己遭贬的悒郁、愤懑之情。"同是天涯沦落人，相逢何必曾相识"这流传千古的诗句，将琵琶女的命运和自己的身世紧紧地联系在一起。这首诗叙述层次分明，描写细致生动，比喻新颖精妙，被历代文人所称颂，诗语言确实达到了炉火纯青的境地。

白居易诗歌的一个重要特点是语言的简洁明白，相传他每写完一首诗，都要亲自读给一些不识字的老妈妈去听，征求她们的意见，看她们能不能听懂，只有在她们都听懂时，白居易才满意。也正因为这样，他的诗才得到了广泛的传播，在当时就是家喻户晓了。

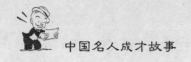

欧阳修

欧阳修（1007～1072），我国著名的文学家、史学家，字永叔，号醉翁、六一居士。庐陵（今江西永丰）人。他4岁的时候，父亲病死，母亲带着他到随州（今湖北随县）依靠他叔父生活。欧阳修的母亲一心想让儿子读书，可是家里穷，买不起纸笔。她看到屋前的池塘边长着草，就用草秆在泥地上写字，教欧阳修认字。幼小的欧阳修在母亲的教育下，很早就爱上了读书。

欧阳修10岁时候，经常到附近藏书多的人家去借书读，有时候还把借来的书抄录下来。一次，他在一家姓李的人家借书，从那家的一个废纸堆里发现一本旧书，他翻了一下，知道是唐代文学家韩愈的文集，就向主人要了来，带回家里细细阅读。

宋朝初年，社会上流行的文风讲求华丽，内容空洞。欧阳修读了韩愈的散文，觉得它文笔流畅，说理透彻，跟流行的文章完全不一样。他就认真琢磨，学习韩愈的文风。长大以后，他到东京参加进士考试，连考三场，连中第一。

欧阳修20多岁的时候，他在文学上的声誉已经很大了。他官职不高，但是十分关心朝政。当范仲淹得罪吕夷简，被贬到南方去的时候，许多大臣都同情范仲淹，只有大官高若讷认为范仲淹应该被贬。欧阳修十分气愤，写信责备高若讷不知道人间有羞耻事。为了这件事，他被降职到外地，过了4年，才回到京城。

这一回，欧阳修为了支持范仲淹新政，又出来说话，使朝廷一些权贵大为恼火。他们捕风捉影，诬陷欧阳修一些罪名，朝廷又把欧阳修贬滴到滁州（今安徽滁县）。

滁州四面环山，风景优美。欧阳修到滁州后，除了处理政事之外，常常游览山水。当地有个和尚在滁州琅珊山上造了一座亭子供游人休息。欧阳修登山游览的时候，常在这座亭上喝酒。他自称"醉翁"，给亭子起了个名字叫醉翁亭。他写的散文《醉翁亭记》，成为人们传诵的杰作。

欧阳修当了十多年地方官，宋仁宗想起他的文才，才把他调回京城，担任翰林学士。

欧阳修担任翰林学士以后，积极提倡改革文风。有一年，京城举行进士考试，朝廷派他担任主考官。他认为这正是他选拔人才、改革文风的好机会，在阅卷的时候，发现华而不实的文章，一概不录取。考试结束以后，有一批人落了选，对欧阳修十分不满。一天，欧阳修骑马出门，半路上被一群落选的人拦住，吵吵嚷嚷地辱骂他。后来，巡逻的兵士过来，才把这批人赶跑。

欧阳修改变了考场上华而不实，内容空洞的风气，促进了选拔人才的实用性。从此以后，文人都学着写内容充实和真实的文章了。

欧阳修的文学创作硕果累累。他是北宋古文运动的领袖，所作散文说理畅达，抒情委婉，是"唐宋八大家"之一；诗风与散文近似，语言流畅自然。其词婉丽，承袭南唐余风。曾与宋祁合修《新唐书》，并独撰《新五代史》。今有《欧阳文忠集》。

李清照

李清照（1084～约1151），号易安居士，山东济南人。她出身于一个富有学术空气的贵族家庭，父亲李格非是学者兼散文作家，官至礼部员外郎；母亲是状元王拱辰的孙女，亦知书能文。李清照自少就有诗名，十八岁时和宰相赵挺之子赵明诚结婚，生活优裕，婚姻美满，夫妇诗酒唱和、并共同致力于金石书画的搜集、整理和研究。靖康变起，他俩避兵江南，仓皇中丧失了大部分珍藏的金石书画，赵明诚又在赴湖州太守任时病死于建康（今南京），此后，李清照只身飘泊于杭、越、台州和金华等地，在凄凉孤苦中度过了她的后半生。

李清照是我国文学史上杰出的女作家，散文、诗歌都有成就，尤擅填词。她南奔后所写的《金石录后序》，是一篇出色的自传体散文。文中回忆了自己婚后三十四年间的忧患得失，将叙事和抒情有机地结合起来，笔墨疏秀，情文并茂，为我们了解和进一步研究女

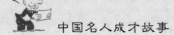

词人的生平事迹，提供了可靠的第一手资料。她的诗流传不多，大都是南渡以后的作品，多忧国伤时之作，如《送胡松年使金》、《和张文港读中兴颂碑》等。还有断句"南渡衣冠思王导，北来消息少刘琨"、"南来尚怯吴江冷，北狩应悲易水寒"；五绝"生当作人杰，死亦为鬼雄。至今思项羽，不肯过江东"等，都愤怒地谴责了南宋王朝苟安半壁江山的可耻行径，表现了强烈的爱国主义思想。其遒劲豪放的诗风和她的词风截然不同。

李清照早年写的《词论》，是宋代最早的系统评述词人创作的论文，对北宋词坛名家进行了大胆的批评。她提出"词别是一家"的独特见解。反对"以诗为词"，严格区分诗和词的界限，强调音律，崇尚典雅，这是传统婉约派的观点。

李清照的诗、文、词论虽有成就，但确定她在文学史上的地位的，则是她的词。她的词以南渡为界，可分为前后两个时期。

李清照前期的词，内容以抒写少女、少妇的爱情相思和对大自然的热爱为主，其代表作有《点绛唇·寂寞深闺》、《如梦令·昨夜雨疏风骤》、《一剪梅·红藕香残》等，其中尤以《醉花阴·九日》脍炙人口：

薄雾浓云愁永昼，瑞脑消金兽。佳节又重阳；玉枕纱橱，半夜凉初透。东篱把酒黄昏后，有暗香盈袖。莫道不消魂，帘卷西风，人比黄花瘦。

这首词以委婉、含蓄的手法表达了闺中的寂寞和离情，比喻新颖，形象鲜明、意境优美。后三句用黄花来比人的瘦，用瘦来表明长时间的痛苦相思，情不说破，而情愈深，刻划了一位多愁善感的少女形象，在艺术表现上有很大的独创性。历来为人们所称颂。

李清照生活的后期，国破家亡，飘泊沉沦，特别是赵明诚的死，使她陷入了极其痛苦的深渊，因而她后期的词作大多抒发身世之感，寄寓家国之思，通过个人的不幸遭遇和哀愁的心境，反映出时代的动乱和人情的淡薄，具有较强的社会意义。这些作品，基调凄苦低沉，笼罩着浓郁的伤感气氛，在艺术上达到了精工圆熟的地步。如《武陵春·风住尘香花已尽》，全词极力渲染一个"愁"字，写得缠绵哀苦，真挚动人。其中"物是人非事事休，欲语泪先流"两句，真切而具体地描绘了人们在极度悲痛而要倾诉衷肠时的情景，极言其悲愁之重，苦痛之深，富有特征性。又如《永遇乐·落日熔金》，是作者飘泊江南在元宵节日就其生活感受而写成的。通过今昔对比，抒发了作者饱经忧患后的苦寂心情，表白了作者对故乡故国的眷恋，隐含对屈辱求和、苟安一隅的南宋统治集团的不满和谴责。此外，如《菩萨蛮·风柔日薄春犹早》、《添字采桑子·芭蕉》等词，也都在对故乡故国的怀念中，表达了作者热爱祖国的一片赤子之心。

在李清照晚年的词作中，最为人们所称道的，是她的《声声慢》词：

寻寻觅觅，冷冷清清，凄凄惨惨戚戚。乍暖还寒时候，最难将息。三杯两盏淡酒，怎敌他晚来风急！雁过也，正伤心，却是旧时相识。

满地黄花堆积，憔悴损，而今有谁堪摘？守着窗儿，独自怎生得黑！梧桐更兼细雨，到黄昏，点点滴滴。这次第，怎一个愁字了得！

这首词抒发了作者经过国破、家亡、夫死的遭遇而产生的沉痛、凄楚、哀伤的感情，起句连用十四个叠字，全词九十七字，而用舌齿两声竟有五十七字，深刻、细致地显现了冷清凄苦的环境和抑郁悄恍的心情。语言工巧而无雕琢痕迹，流转如珠而富于音乐性，表现了作者高超的艺术才能。

李清照是词坛婉约派的大家。她长于抒情，善于用白描手法，创造性地塑造鲜明、完美的艺术形象。她反对以诗为词，但注意向民间学习，喜用口语，明白如话，充满了生活气息。她融书面语言和口头语言为一炉，词的语言精炼准确而又形象生动，浅白朴实而又富于音韵美。李词在婉约的风格中还带有豪放的一面，意境开阔，想象丰富。她的《渔家傲·天接云涛》则是一首洋溢着浪漫主义情调的豪放词。在两宋词坛，李清照另辟蹊径，独树一帜，被称之为"李易安体"，对后世产生了较大的影响。

苏 轼

苏轼，字子瞻、和仲，号东坡，眉山（今属四川）人。北宋著

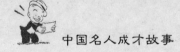

名文学家、书画家，"唐宋八大家"之一。

苏轼出身于书香门第，其父苏洵和其弟苏辙都是著名的文学家，父子三人都属唐宋"八大家"，世人合称"三苏"。

苏轼的母亲程氏，贤惠多才。苏轼从小就受着良好的家庭教育，与弟弟苏辙一起诵习诗文，博览经史。少年时的苏轼才华过人，十来岁就写出了"人能碎千金之璧，不能无失声于破釜；能搏猛虎，不能无变色于蜂虿"这样的警句。

年轻时苏轼更是才思敏捷，千言立就，随物赋形，洒洒洋洋。嘉祐二年（1057年），与苏辙同科进士及第。当时文坛领袖欧阳修对苏轼的文章给予高度的评价，"惊喜以为异人"，苏氏父子文名在京城广为传播。此后苏轼历任凤翔府推官、开封府推官，正式步入仕途。

神宗初年，王安石任参知政事，推行新法。王安石变法遭到了以司马光为首的守旧大臣的激烈反对。苏轼虽然不像守旧派那样以为新法概不可行，但在如何改革的具体问题上与王安石产生分歧，对变法做了全面批评。他写了《上神宗皇帝书》以及《再上皇帝书》和《拟进士对御试策》，抨击新党求治太急，并借试进士策之机讥讽时政。因此，苏轼被贬为杭州通判，以后又徙至密州、徐州、湖州等地。

豁达的苏轼对匆匆人生早已看透，对于宦海浮沉，他宠辱不惊，潇洒看待。他每到一地，不追求奢华的铺张，只求寄情山水，陶冶性情。在任上，苏轼嫉恶如仇，同情民间疾苦，民众由此得享太平。

元丰二年（1079年），苏轼一片赤诚写《湖州谢表》，忠告神宗要亲贤臣、远小人，但是就是这种忠直之言也使他卷入了一场排斥和打击异己的文祸之中。苏轼被御史台（又称"乌台"）诬陷为大不敬而被捕入狱，后经多方营救才免于一死，被贬为黄州团练副使，这就是北宋有名的文字狱"乌台诗案"。

贬官黄州五年，苏轼在文学史上获得了极大丰收。他以如椽之笔，把自己忧郁与放达、人世与脱俗的矛盾心境——寄于诗文，写下前后《赤壁赋》、《念奴娇·赤壁怀古》、《酒仙歌》等千古奇文。

哲宗继位后，旧党上台，苏轼被重新起用。一直升至翰林学士。但是耿直的苏轼认为王安石新法中也有一些合理部分，不同意司马光尽废新法，又一次开罪了旧党。

苏轼历朝都在唱反调，既得罪新党，也疏远了旧党，结果被排挤和打击。苏轼只得连上章疏，请求外放，终以龙图阁学士出任杭州太守。

第二次任官杭州的苏轼率领军民修水利、掘水井，改善人民生活，他还治理西湖，将清理出的湖底淤泥筑成西湖岸边的长堤，植柳其上，后人称为"苏堤"。

此后，苏轼宦海浮沉，出京入京，十分频繁。旧党当权，他转任颍州、扬州；新党上台，他为官英州、惠州，最后被贬到海南岛儋耳。苏轼遭到新旧两党排挤，但他达观高雅，并不为之屈服。苏轼贬官岭南整七年，终获准北归，不幸在途中染病逝于常州，享年65岁。

苏轼一生，饱经磨难而其心不改，钟爱百姓且诗文丰富。他为后人留下诗作数千百，词作三百余，散文近千篇，皆堪称绝妙。他还工书、善画，与蔡襄、黄庭坚、米芾并称"四大家"。一代文豪苏轼以其卓绝千古的诗、词、散文、书法成就，对后世产生了极大影响，必将百世留芳。

陆　游

陆游，字务观，号放翁，越州山阴（今浙江绍兴）人，南宋爱国大诗人。

陆游幼年时，正逢金兵焚掠江南，他时常听父老议论国事，见父辈言及形势危急时愤激慷慨的情形，对此他深受感动，从小就萌生了抗金之志。由于他长于兵间，有"儿时万死避胡兵"的惨痛经历，有与人民同患难、共命运的童年，因而产生了热爱人民的思想。他关心国家和人民的命运，爱好学习，喜读兵书，立志以身许国，恢复中原。

绍兴二十四年（1154年），陆游应进士试得第一名。但因为他议论抗金，得罪了权相秦桧，最终被除名。

秦桧死后，陆游才得以恩荫出任宁德（今属福建）主簿。由于

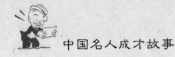
政绩斐然，并且抗金需要人才，后被召用为大理寺司直兼宗正簿。

宋孝宗即位初期，有志恢复中原，陆游被特赐进士出身，参与起草抗金文献，协助抗金名将张浚筹划北伐。不久，张浚在政治斗争中失势，抗金失利，陆游受此牵连，因鼓动抗金的罪名被免职。

陆游一生中被罢官多次。每被罢官后他就去闲居，但他抗金报国、收复失地之志始终不渝。应四川宣抚使王炎之召，已是中年的陆游至其幕中助理军务，后赴边防重地南郑（今属陕西）。陆游练兵习武，意气昂扬，跃跃欲试，壮志如云。然而在主和派把持下的南宋朝廷偏安一隅，不思进取，王炎不久就被调离出川，陆游马革裹尸的愿望也随之付诸东流。壮志未酬的陆游寄情山水，以排遣自己的愁绪。后来陆游还曾在蜀帅范成大幕中任参议官，但未能获得一展才华的机会。

陆游虽不能横槊上阵杀敌，但他以诗人自命，用千钧笔抒发雷霆之志。他一生力主抗击金兵、恢复失地，屡遭投降集团排挤打击，郁郁不得志，但他将一腔热情倾注到了诗歌创作中，创作了大量爱国主义诗作。

"衣上征尘杂酒痕，远游无处不消魂；此身会是诗人未？细雨骑驴入剑门。"以诗言志，充分表达了诗人念念不忘国事的心情。他在另一首诗中还写道："平生嗜酒不为味，聊欲醉中遗万事。酒醒客散独凄然，枕上屡挥忧国泪。"爱国之情溢于言表。

陆游在礼部郎中任上，见满朝官员文恬武嬉，这位爱国诗人又按捺不住满腔忠诚，向皇帝提出加强国防的建议，结果以莫须有的罪名被免职。看到国家衰败，陆游感慨万分："诸公可叹善谋身，误国当时岂一秦？"对卖国求和的投降派进行了猛烈的抨击。

陆游被罢职后长期在家乡山阴闲居，他接近下层人民，写下了《秋怀》、《春晚即事》、《游山西村》等反映农家生活和田园风光的诗篇。

陆游虽已年老体弱，但爱国热情丝毫不减。他积极支持韩侂胄的北伐计划，但不久韩侂胄北伐失败被杀，陆游也受到牵连。然而陆游依然爱国赤心如一，晚年弥留之际，仍留下了千古绝唱《示儿》："死后原知万事空，但悲不见九州同。王师北定中原日，家祭无忘告乃翁。"

陆游一生，创作诗作数万首，存世九千余，居古代作家首位。

诗大都抒写抗金报国、光复中原的情怀，风格雄浑，感情真挚，在中国爱国主义诗歌中占有突出地位；他的农村诗以清新秀丽见长，富于生活气息，词则兼有豪放、婉约的风格。

关汉卿

关汉卿（约1230～约1300年）号已斋叟，大都（今北京）人。中国古代戏剧创作的代表人物，生平事迹不详。元代钟嗣成的《录鬼簿》说他任过元末太医院尹。南宋亡之后，他不愿做官，便出入歌楼、戏场之中，为人倜傥不羁，滑稽多智，具有坚强不屈的性格。在元代杂剧作家中，他的创作活动开始得比较早，是元代杂剧界领袖人物。著名的女演员珠帘秀也和他是好朋友。他对人民疾苦甚为了解，爱好各种艺术形式。他擅长歌舞，精通音律，不但创作了大量为人民所喜爱的戏剧，而且能粉墨登场，亲自表演。他一生共创作六十三个剧本，保留至今的只有十五个。

关汉卿的主要作品有《窦娥冤》、《救风尘》、《望江亭》、《单刀会》等。其中《窦娥冤》被誉为世界十大悲剧之一。关汉卿一生创作了六十余部杂剧，他是我国戏剧的创始人，数量超过了英国的"戏剧之父"莎士比亚，被称为中国的莎士比亚。1838年《窦娥冤》的英译本在海外广为流传，1958年，世界和平理事会把关汉卿与达·芬奇等同列为世界文化名人。北京也隆重举行了关汉卿戏剧活动700年纪念大会。关汉卿的作品代表了元杂剧的最高成就，位于本色派之首。

元代是中国历史上第一个少数民族入主中原的朝代。蒙古人用他们的精兵铁骑征服了大半个欧亚大陆，吞并了腐朽的南宋王朝，统一了中国。蒙古人依种族将全国的人民分为四等：第一等是蒙古人；第二等称色目人，包括西域各族；第三等称汉人，指黄河流域原来受金国统治的人民；第四等是南人，即南宋统治下的人民。当时汉人和南人的地位低下，不能做官，很多事情都受限制。

元代的知识分子境遇更惨，他们与普通民众一样常常被掳掠为

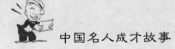

奴隶。因元代初年不设科举，士人失去了进身的机会，又没有谋生的能力，很多人混入勾栏瓦肆，成为戏子。

蒙古人十分蔑视汉人与南人，所有州县官员都由蒙古人或色目人充任，有的甚至世袭为官。然而蒙古人中有政治才能的人并不多，他们对于政治的理解，只停留在防止反叛与聚敛赋税上，统治的黑暗可想而知。官员颠倒黑白，社会道德败坏，民众生活的水深火热之中。当时社会的黑暗催生了《窦娥冤》这样描写与抨击社会现实的作品。

《窦娥冤》是中国古典戏曲悲剧中的典范，历来为人们所称道。窦娥短暂而不幸的一生，深刻地揭露了元代社会邪恶势力横行的情况。该剧强烈地表现了受迫害、受压迫阶层的人民对社会恶势力的反抗精神和对正义者取胜的热切渴望，它具有普遍的社会意义，所触及的社会内容之广泛，震荡思想感情之强烈，为其他元剧所不可比及。

该剧从元代产生到今天，仍活跃在艺术舞台上，久演不衰，为广大群众所喜爱；窦娥形象也在人们心中历千古而不灭。她的淳朴善良，坚贞不屈正是中国女性的典型代表。正如近代文论家王国维所说，《窦娥冤》"即列之于世界大悲剧中亦无愧色也"。（《宋元戏曲考》）

楚州（今江苏淮安）穷苦书生窦天章家境贫寒，终日苦读以求取功名。一日，家中因无米下锅，他借了蔡婆婆二十两纹银，第二年连本带息合为四十两，窦天章无力偿还。窦天章有一七岁的女儿，名叫端云，生得俏丽可爱，蔡婆婆很喜欢她。窦天章为了还债和筹措上京应试的旅费，只好同意将女儿端云送给蔡婆婆做童养媳。

窦天章走后，蔡婆婆待端云也如亲生女儿一般，并改了小名，起名为窦娥。窦娥十七岁时与蔡婆婆的儿子结婚，可惜不到两年，丈夫得病去世，窦娥成了寡妇。婆媳俩从此相依为命。窦娥的贤惠孝顺在邻居间传为美谈。

一日，蔡婆婆向城南开药店的赛卢医要债。这赛卢医乃江湖庸医，一直靠行骗为生。赛卢医正要对蔡婆婆下毒手时，被路过的张驴儿父子撞见。蔡婆婆被救下，赛卢医逃走。这张驴儿乃楚州的流氓，当他得知蔡婆婆家只有她们婆媳二人时，便要她们婆媳配与他们父子。蔡婆婆没有同意，张驴儿便要用绳索勒死蔡婆婆，以相威胁。为了保全性命，蔡婆婆只得将张驴儿父子带回了家。窦娥得知情况后，反对婆婆的承诺，坚决不同意嫁给张驴儿。而张驴儿见窦娥年轻貌美，便下了决心一定要得到窦娥。

一日，蔡婆婆生病，张驴儿以把柄在手威胁卖药的赛卢医，卖给他毒药，企图用毒药毒死蔡婆婆，使窦娥失去依靠，答应嫁给他。哪知恰好蔡婆婆作呕难受，让张驴儿的父亲吃了那药。老头儿当场便一命呜呼了。张驴儿当即诬赖是窦娥毒死其父，并以窦娥答应嫁给他作为不告官的条件。窦娥认为自己是清白的，宁愿见官，也不屈服张驴儿的要挟。

没有想到的是，楚州太守桃杌竟是个昏官，他只听张驴儿巧辩之词，认定窦娥有谋害之罪，对窦娥实行严刑逼供，又下令拷打蔡婆婆。窦娥不忍婆婆为她受皮肉之苦，只好屈招，因而被定为死罪，第二天斩首。在押赴刑场的路上，窦娥痛感满腹冤屈无处申诉，她指天骂地，控诉自己深重的冤情和世道的不公正。她请求监斩官带她走后街，怕前街的婆婆见了伤心。不料婆婆前来送行，她又再三叮嘱婆婆多保重。临刑时她对天发誓：我死后，一、血溅白练；二、六月降雪；三、三年大旱。果然，这三桩誓愿刑后一一应验，上天也证明了窦娥的冤屈。

窦娥的父亲窦天章功成名就做了官，四处打听窦娥的下落。窦娥托梦给父亲，痛诉冤情。窦天章立即替女儿主持公道，此案得到复审，张驴儿巧言难辩。沉冤得雪，张驴儿得到了应有的惩罚，窦娥冤屈终于真相大白。

施耐庵

施耐庵，其生平事迹，旧籍记载绝少，传说亦多参差，一说他原籍苏州，后迁淮安。我国元末明初著名文学家。所著《水浒传》是我国古典文学名著。深受人们的喜爱。

相传施耐庵出身船家，从小对水上生活比较熟悉。施耐庵自幼聪明好学，才华出众，19岁中秀才，29岁中举人。35岁考中进士

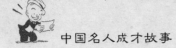

后，曾在浙江担任钱塘县官两年。由于当时是在元朝末年的残酷统治下，农民起义风起云涌，施耐庵深感自己与当道的权贵不合。决定归隐，闭门著书。农民起义领袖张士诚和朱元璋都曾请他出山，但他坚决不应聘。元至正二十六年（1366 年）冬，朱元璋与张士诚交战，他为避战乱，迁到老家兴化白驹场西十八里的地方定居。在他住的村子的西头有一芦苇荡，占地十余亩，当中芦苇繁茂，每到秋冬季节，野鸭成群飞来。荡口直通河溪，沟河交叉。荡中有一土墩，高露水面。施耐庵即以此为梁山水泊，他坐小船到此，登临土丘，以体验其境界，并开始从事《水浒传》的创作，最后终于完成巨著《水浒传》。

明洪武初年，施耐庵的好友刘基在明为官，封诚意伯。他钦慕施耐庵的才识，曾亲自到白驹场访施耐庵，想找他入朝为官，但被习惯自由生活的施耐庵谢绝了。不久施耐庵因病去世，享年约 75岁，葬于家乡施家桥。

《水浒传》这部脍炙人口的巨著，是在群众创作的基础上加工完成的。成书之前，水浒故事已在民间广泛流传，有人为之写作，有人为之画赞。宋末元初，水浒故事已经为杂剧、话本所广泛采用，如元刊《大宋宣和遗事》话本，记叙了从杨志押送花石纲到征方腊的比较完整的水浒故事。施耐庵把有关水浒的故事、人物通过加工整理，使之更加精练生动，创造出一部描写农民起义的优秀作品。

直到今天，水浒故事的题材仍在京剧和各种地方剧目中占据很大的比重。《水浒传》的艺术成就，也被后世优秀作家们学习、继承。充满反抗意识的《水浒传》对后世人民群众为反抗封建统治阶级而进行的斗争，也产生了深远影响。有些农民起义军往往从《水浒传》中吸取斗争的经验。因此，对人民群众来说，《水浒传》不但是精神食粮，也是斗争的武器。

《水浒传》之所以成为我国文学史上影响巨大的佳作，还在于作者通过对各阶层人物及他们之间关系的描绘，把一幅活生生的北宋社会生活的图景逼真而又清晰地呈现在读者面前。在这幅图景面前，可以看到社会各阶层的情况及当时的风土人情等。

过去，封建统治阶级视《水浒传》如洪水猛兽，把它列为"禁书"，遭受到他们的痛恨、诬蔑和禁毁。但它在人民群众中间却流传不绝，这足以证明它影响的深度和广度，证明了它是一部深受广大人民群众欢迎的作品。施耐庵的名字也伴随着《水浒传》的影响而在我国长期地流传着。

作为我国第一部长篇现实主义小说的《水浒传》，不仅在我国家喻户晓，妇孺皆知，并早已走出国界，被列入世界名作之林。作为世界文学的一个组成部分，它是当之无愧的。它的作者施耐庵同罗贯中、吴承恩、曹雪芹这几位大文学家一起作为对我国社会影响极大的人物也是当之无愧的。

罗贯中

罗贯中，名本，字贯中，别号湖海散人，山西太原（一说钱塘）人。元末明初著名文学家。他的杰作《三国志通俗演义》（即《三国演义》）是我国长篇章回小说的开山之作。

罗贯中生活的元代中后期，是一个民族矛盾和阶级矛盾更加尖锐的时代。罗贯中抱着不与元朝统治者苟合的态度，置身于下层人民之中，从群众文化里汲取营养。

罗贯中一生中的大部分时间是在杭州度过的。在杭州定居，对他后来成为小说家、戏剧家有重要的影响。

元朝时的杭州是南方的贸易港口、经济中心，这里的市民文化相当发达。元代后期，杂剧作家大多集中在杭州。在这样一个环境里，罗贯中细心观察和揣摩着，其卓越的文学才华在民间艺术园地里得到锤炼、升华。

《隋唐五代史演义传》是罗贯中的早期著作之一，它的艺术成就不能同他后来的作品所达到的高度相比，但它由逐年叙述历史事件向着重塑造人物形象的转变，是我国长篇叙事作品逐步成熟的表现，这也是罗贯中对我国古典长篇章回小说艺术发展的贡献。

在元末轰轰烈烈的农民大起义爆发后，一直关注现实社会问题的罗贯中作出了一生中最重大的政治决定：投身起义军，担任了起义军领袖张士诚的谋士。

罗贯中不是一个循规蹈矩的传统知识分子，据史书记载，他曾

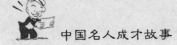
经"有志图王"。从罗贯中加入张士诚的义军来看，他是有自己的政治抱负和雄心的。直接投身于武装斗争的洪流，使罗贯中强烈地感触到时代的脉搏。

通过罗贯中的杂剧《宋太祖龙虎风云会》这部著名作品，我们可以窥见他的政治抱负和社会理想。在《风云会》一书中，作者塑造了一个文武双全、智勇兼备、胸怀天下、心念万民的圣君形象——赵匡胤。由此可见，他理想中的明君应该是这样的。也正是基于此，当他发现现实中的张士诚不是这样一个圣主时，罗贯中离开了张士诚，结束了他短暂的政治活动。

结束了农民军生活的罗贯中把满腔的热切倾注到文学中，通过小说创作出丰富的文学形象表达他对人生、对社会的见解。

据传，罗贯中曾写过《十七史演义》，但可惜的是，流传至今的仅剩下《三国志通俗演义》、《隋唐两朝志传》、《残唐五代史演义传》、《三遂平妖传》等数种。其中，最为著名的是《三国志通俗演义》。

罗贯中的《三国志通俗演义》是在长期流传的三国故事的基础上创作的。但是，他不是简单地将原有的三国故事连缀成篇，而是以自己的思想为指导，构建出全新的三国世界。

罗贯中从民间故事中汲取养分，注重去伪存真、去粗取精。在这部小说中，他成功地处理了历史真实与艺术虚构的关系，借助艺术表现，赋予历史人物以血肉，因此前人称这部小说是"七分实事，三分虚构"，应当是很恰当的。

在《三国志通俗演义》中，罗贯中以其宏大的手笔、惊人的艺术表现力，为我们描绘了气势磅礴的战争场面以及形象鲜明的各色人物。《三国志通俗演义》的问世，标志着中国文学史上一个新的里程，把我国的长篇小说艺术推向了成熟。

罗贯中在明初生活了十多年后于75岁时逝世。在中国文学史上，他是一位占有显著地位的文学家，他的《三国志通俗演义》与《西游记》、《红楼梦》、《水浒传》并称为中国四大古典名著，经久不衰，有着永恒的艺术魅力。

《三国演义》是中国章回小说的开山作品，它是由我国宋代和元代的讲史话本发展而来的。讲史话本是一种通俗文学，是说书人讲书的底本。每次开讲之前，说书人要用题目向听众揭示故事的主要内容，这就是明代以后章回小说回目的起源。

到了元末明初，城市经济的高度发展，资本主义萌芽的出现，为明代文学创作的繁荣提供了新的因素和有利条件。适应市民文化娱乐需要的通俗文学特别昌盛，从而孕育了章回小说的诞生。

《三国演义》同其他稍后一些的章回小说一样，是在民间长期流传，经说书人或戏曲艺人补充，内容逐渐丰富，最后由作家加工改写而成的。它们的篇幅比讲史更长，主要是供读者案头阅读的。

初期，一部作品分为若干卷，每卷又分若干节；到了明代中期以后、也就是我们现在看到的各种版本的古代章回小说：每部小说明确地分为多少回，回目也由单句最后发展成为工整的对句。

《三国演义》的故事很早以前就已经在民间流传了。宋元时代通过艺人的表演说唱，三国故事更为流行，元代以三国故事为题材的平话小说《全相三国志平话》中"拥刘反曹"的倾向已很鲜明，刘、关、张等人都富有草莽英雄气息。可见从晚唐到元末，在民间流行的三国故事，内容愈来愈丰富，为以后《三国演义》的创作提供了充分的历史条件。

罗贯中在杂记、遗闻佚事、野史小说、民间传说及民间艺人创作的话本、戏曲的基础上，运用正史陈寿的《三国志》及其注释材料，结合他在创作上的才华，融会贯通，重新创造，写成了这部规模宏大、影响深远的古典历史名著《三国演义》。

演义是以一定的历史事件为背景，以史书及传说的材料为基础，增添一些细节，用章回体写成的小说。它要求所写的故事和人物要生动形象，细节可有所虚构，但基本情节不能违背史实。

有关三国的故事很早就流传于民间。据杜宝《大业拾遗录》记载，曹操谯水击蛟、刘备檀溪跃马等故事，在隋炀帝时期的水上杂戏中就有。刘知几《史通·采撰》记载，唐初时有些三国故事已"得之于道路，传之于众口"。李商隐《骄儿》诗说："或谑张飞胡，或笑邓艾痴"。晚唐时，三国故事已经到了童叟皆知的程度。

宋代通过艺人的表演说唱，三国故事更为流行。根据《东京梦华录》载，北宋时已出现了"说三分"的专家霍四究，同时皮影戏、傀儡戏、南戏、院本也有搬演三国故事的。这时的三国故事已有明显的尊刘贬曹倾向。

苏轼《东坡志林》记载："王彭尝云：涂巷中小儿薄劣，其家

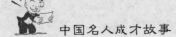

所厌苦，辄与钱，令聚坐听古话。至说三国事，闻刘玄德败，频蹙眉，有出涕者；闻曹操败，即喜唱快。"

宋元时代三国故事更是经常被搬上舞台。金元演出的三国剧目有《三战吕布》、《赤壁鏖兵》、《隔江斗智》等三十多种，在这些剧本中，继续表现出"尊刘贬曹"的倾向。由此可见以三国故事为题材的白话小说，可能很早就产生了。

现存早期的三国讲史话本，有元至治年间所刊《三国志评话》，不仅拥刘反曹的倾向十分鲜明，而且刘、关、张等人都富有草莽英雄气息，张飞的形象最为生动，诸葛亮的神机妙算也写得很突出，但情节与史实相违，民间传说色彩较浓；叙事简略，文笔粗糙，人名地名多有谬误，显然没有经过文人的修饰。

与此同时，现存三国故事的戏剧目即有四十多种：桃园结义、过五关斩六将、三顾茅庐、赤壁之战、单刀会、白帝城托孤等重要情节。此后罗贯中"据正史，采小说，证文辞，通好尚"，创作出杰出的历史小说《三国志通俗演义》。

它在民间文学的基础上加入了文人心愿。充分运用《三国志》和裴松之注等史籍所提供的材料，重要历史事件都与史实相符；又大量采录话本、戏剧、民间传说的内容，在细节处多有虚构，形成"七分实事，三分虚假"的面目。

《三国演义》洋洋七十余万字，结构宏伟，人物众多，情节错综复杂，生动地反映了从黄巾起义到西晋统一这九十多年中，各封建统治集团间的政治、军事斗争，再现了三国时期的历史面貌。

但《三国演义》不是历史书，而是一部文学巨著。作品中那些脍炙人口的故事，像桃园结义、古城会、三顾茅庐、借东风、群英会、空城计等几乎是家喻户晓的；那些闪烁着艺术光辉的典型人物，如诸葛亮、刘备、关羽、张飞、赵云、曹操、周瑜等，几乎是老幼皆知的。

在中华文学史上，像《三国演义》、《水浒传》、《西游记》、《红楼梦》等长篇巨著，都是长期深受读者喜爱的优秀作品。

《三国演义》描写战争的艺术非常高超。

全书描写上百次各种类型的战争，但都不重复。从单刀匹马的厮杀到千军万马的混战；从战场上的斗智斗勇到营帐里的用计设谋，写得有虚有实，各具特色。小说在金戈铁马的争斗中，又不时穿插描写大江明月、饮酒赋诗、山林贤士等抒情场景，从而使故事有张有弛，跌宕起伏，扣人心弦。

能够把战争写得如此有声有色，千变万化，这在世界文学宝库中，也是不多见的。

作品构思之雄伟、活动场面之广阔、人物形象之鲜明、艺术水准之高超，在世界古典小说中均无与伦比。

统治者因该书"拥刘抑曹"的正统倾向而大加推崇，并从中汲取统治之术；布衣百姓则从中领略军事智慧，并对故事情节津津乐道；农民起义领袖却奉该书为军事宝典，从中学习战略战术；饱经世故之人又视该书为谋略宝库，潜心钻研保家安身之道。该书中的故事和人物深入人心，在社会上产生了极其广泛而深刻的影响。

同时，随着中外文化的交流，《三国演义》也远播于海外，被译成朝、越、日、英、法、德、俄等几十种文字传遍世界各大洲。俄国汉学家称赞该书是"一部真正丰富人性的杰作"；法国学者认为"在历史小说中，《三国演义》是最著名的一部"；在崇拜英雄的美国社会，人们夸奖"《三国演义》是描写英雄业绩的一部早期的杰作"；英国学术界一致推荐《三国演义》为"史诗般的作品"；在日本，《三国演义》拥有最广泛的读者群，甚至超过日本原创小说。

吴 承 恩

吴承恩，字汝忠，号射阳山人，淮安府山阳县（今江苏淮安）人。明朝著名文学家。他的作品除了家喻户晓的《西游记》外，还有一本《射阳先生存稿》。

吴承恩出生于一个小商人家庭，祖上曾做过小官，到他父亲吴锐时，家道已中落，只能靠做些小本生意维持生活。

少年吴承恩天资聪颖、机智善辩，据说他读书一目十行，过目不忘，还写得一手好文章。

吴锐很注意对儿子的培养和教育。首先，他很注意言传身教，虽然他是个小商人，但他酷爱读书，常用古代优秀人物的事迹鞭策

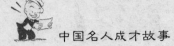

自己，这给少年吴承恩以很大影响。其次，吴锐做生意时力求买卖公平，童叟无欺，这种正直厚道的品德给了吴承恩最直接的人生教育。

少年吴承恩除了勤奋好学之外，还有一个不同于其他孩子的特点，就是他特别喜欢神仙鬼怪、狐妖猴精一类的故事。他经常瞒着父母看一些《玄怪录》之类的野史小说。这些经历对他创作《西游记》有着不可低估的影响。步入青年时代的吴承恩，变得狂放不羁轻世傲物，他因此而受到了社会上的一些非议。

封建社会的知识分子大都要过科举这一关，少年时代被誉为神童的吴承恩在嘉靖十年和嘉靖十三年的连续两次乡试都以失败而告终。这位誉满乡里的才子，因此经受了很大的精神压力和社会压力。一再的科场失意，吴承恩对科举制度产生了明显的不满情绪。

这时的吴承恩开始深刻地考虑社会人生的问题，并且用自己的诗文向不合理的社会抗争。他用自己的作品发表对现实社会的看法，或褒或贬，无不显出作者鲜明的爱憎。

嘉靖二十九年，吴承恩被淮安府呈为贡生，但进京选官又空手而归。这样的情况下，吴承恩只得以贡生的资格进入太学读书，当上了一个年纪不轻的太学生。

倭寇对中国东南沿海的侵扰从元末明初时就已开始了。嘉靖三十八年，倭寇逼近吴承恩的家乡淮安，淮安人民奋起抵抗。吴承恩投笔从戎，协助沈坤组织了一支富有战斗力的民兵乡勇，吴承恩是这支队伍的参谋。他积极进行宣传工作和组织工作，出谋划策，设计布防，为抗倭斗争的胜利作出了贡献。

吴承恩曾作过两年的小官，后罢官回到淮安。

吴承恩晚年主要靠给人写寿启、墓志铭等应酬文字换取报酬来生活。这个时候他虽已是暮年，但锐气不减当年，他早就有把满腹神怪故事写成一本书的欲望，这时终于有时间来实现了。

经过深思熟虑，吴承恩选择了当时广泛流行的唐僧取经的故事作为主题来创作《西游记》。吴承恩以此为主线，参照我国古代其他神话故事和他在现实中搜集到的"神怪"故事，运用天才的想象力，将它们创造性地组合，终于完成了我国神话巨著——《西游记》。

《西游记》是古典四大名著之一，是一部在中国文学史上产生过巨大影响的长篇神话小说，是中国古代神魔小说的代表作。它那令人回肠荡气的宏伟结构，是吴承恩在对传统题材改造的基础上创作而成的。吴承恩在《西游记》中所表现出的蔑视皇权的精神，也正是当时思想解放潮流在文学创作上的缩影。当时，明代统治阶级腐朽没落，社会矛盾日趋尖锐，是政治上十分黑暗的时期。吴承恩对这种政治腐败和世风堕落十分愤慨，在这样的社会现实中，作者笔下斩邪除妖的英雄人物出现了。他敏锐地感受到与封建专制制度相矛盾的时代气息，因而形成了他创作的思想基础。

《西游记》的故事经历了一个漫长的演变过程：《西游记》所写的唐僧取经故事是由玄奘的经历演绎成的：唐太宗贞观元年，和尚玄奘不顾禁令，偷越国境，费时十七载，经历百余国，只身一人前往天竺（今印度）取回佛经六百五十七部。玄奘向其弟子辩机口述西行见闻，并由他整理写成《大唐西域记》。他的弟子慧立、彦琮又写成《大唐大慈恩寺三藏法师传》，记述玄奘取经事迹；为了宣传佛教并颂扬师父的业绩，他们不免夸张其辞，并插入一些带有神话色彩的故事，如狮子王劫女为子、西女国生男不举、迦湿罗国"灭坏佛法"等。此后取经故事即在社会上广泛流传，愈传愈离奇。在《独异志》、《大唐新语》等唐人笔记中，取经故事已带有浓厚的神奇色彩。南宋的说经话本《大唐三藏取经诗话》，开始把各种神话与取经故事串联起来，书中出现了猴行者：他原是"花果山紫云洞八万四千铜头铁额猕猴王"，化身为白衣秀士，来护送三藏：他神通广大、足智多谋，一路杀白虎精、伏九馗龙、降深沙神，使取经事业得以"功德圆满"。这是取经故事的中心人物由玄奘逐渐变为猴王的开端——猴行者的形象源于我国古代的志怪小说，《吴越春秋》、《搜神记》、《补江总白猿传》等书中都有白猿成精作怪的故事。而李公佐的《古岳渎经》中的淮涡水怪无支祁的"神变奋迅"和叛逆性格同取经传说中的猴王尤为接近。书中的深沙神则是《西游记》中沙僧的前身，但还没有出现猪八戒。到元代，又出现了更加完整生动的《西游记子话》，其主要情节与《西游记》已非常接近。由宋至明，取经故事也经常出现在戏曲舞台上。宋元南戏有《陈光蕊江流和尚》，金院本有《唐三藏》，元代吴昌龄有《唐三藏西天取经》杂剧，元末明初有《二郎神锁齐天大圣》杂剧和杨景贤的《西游记》杂剧。在吴承恩创作《西游记》以前，取经故事已经以各种形式在社会上广为流传。

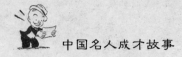

吴承恩就是在这些传说、平话和戏曲的基础上，创作出这部规模宏大的长篇神话小说《西游记》的。

《西游记》在我国文学史上取得了很高的地位，它创造了一个神怪世界。明清两代，以它为蓝本的神话小说层出不穷，舞台上改编的西游故事也不可胜数。《西游记》还早早地流传到国外，在国际上也享有很高的声誉。

《西游记》完成不久，吴承恩就离开了人世。作为一个杰出的文学家，他给人们留下了丰厚的文化遗产，除了《西游记》外，他还留下了大量的诗、词、散文。

汤显祖

生于公元 1550 年，卒于公元 1616 年。中国明代戏曲作家。字义仍，号海若、若士，别署清远道人。临川（今属江西）人。汤显祖出身于书香门第，12 岁时即已显出非凡的文学才华，21 岁中举。曾多次参加进士考试，因拒绝宰相张居正的延揽而落选。直至万历十一年（公元 1583 年）始中进士。在南京先后任太常寺博士、詹事府主簿和礼部祠祭司主事等职。汤显祖对明朝的社会现实有较清醒的认识，他一生蔑视封建权贵，常得罪名人，拒绝与当时执掌朝政权贵周旋。万历十九年上《论辅臣科臣疏》，因抨击朝政，被贬为广东徐闻县典史。万历二十六年弃官回家，自建玉茗堂，专心从事戏曲创作。

汤显祖在古文诗词上有很高深的修养，他的古文长于议论，颇有"好辩"特色。他的书信写得很富感情，文笔流利，为后人所推崇。他还长于史学，修订过《宋史》，惜未完稿。

汤显祖的主要创作成就在戏曲方面，代表作是《牡丹亭》（又名《还魂记》），它和《邯郸记》、《南柯记》、《紫钗记》合称"临川四梦"或"玉茗堂四梦"。

《牡丹亭》情节取白话本《杜丽娘慕色还魂》，描写杜丽娘和柳梦梅的爱情故事，但与话本相比，《牡丹亭》不仅在情节和描写上作了较大改动，而且主题思想有极大的提高，表现青年男女对自由的爱情生活的追求，显示了要求个性解放的思想倾向，反对封建礼教和封建家长对青年一代婚姻自由的束缚。此剧在艺术上采用浪漫夸张的手法，让杜丽娘魂游后园，和柳梦梅再度幽会。柳梦梅掘墓开棺，杜丽娘起死回生，两人结为夫妻。这样浪漫主义的写法，使此剧别具一格。《牡丹亭》文词以典雅著称，剧中的《惊梦》的几支曲子一向为人称道，《牡丹亭》有着极为感人的艺术力量。《牡丹亭》问世后，盛行一时，使许多人为之倾倒。

《紫钗记》是由汤显祖 28 岁时作的第一部传奇《紫箫记》改写而成。男女主角李益和霍小玉明显来自唐代蒋防的传奇小说《霍小玉传》，但情节略有不同。

《邯郸记》是根据唐代沈既济的传奇小说《枕中记》改编。《南柯记》本事根据唐代李公的传奇小说《南柯太守传》改编。汤显祖的作品在当时和后世都有很大影响。《牡丹亭》中个性解放的思想倾向，影响更为深远，从清代的《红楼梦》中也可看出这种影响。汤显祖在艺术思想上重性灵反对复古摹拟，重内容反对格律束缚，为"临川派"的领袖，他还留下两千两百多首诗歌和文赋。

蒲松龄

《聊斋志异》的作者蒲松龄（1640 年～1715 年），字留仙，又字剑臣，号柳泉居士，世称聊斋先生，山东省淄川县（今山东淄博）人，清代杰出小说家，在中国乃至世界文学史上有极高的声誉。蒲松龄自幼聪慧好学，十九岁参加科举考试，县、府、道三考皆第一，名闻乡里，他热衷功名，但后来却科场不利，直到七十一岁时才成岁贡生。为生活所迫，他曾给宝应县知县孙蕙做了数年幕宾，一生大部分时间在官宦人家做塾师，前后将近四十年。他将自己的怀才不遇、穷困潦倒，反对当时社会现实的思考，倾注于笔端，集成《聊斋》一书。除《聊斋志异》外，蒲松龄还有大量诗文、戏剧、俚曲以及有关农业、医药方面的著述存世。计有文集十三卷，四百

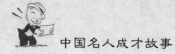

余篇；诗集六卷，一千余首；词一卷，一百余阕；戏本三出（《考词九转货郎儿》、《钟妹庆寿》、《闹馆》）；俚曲十四种（《墙头记》、《姑娘曲》、《慈悲曲》、《寒森曲》、《翻魇殃》、《琴瑟乐》、《蓬莱宴》、《俊夜叉》、《穷汉词》、《丑俊巴》、《快曲》、《禳妒咒》、《富贵神仙复变磨难曲》、《增补幸云曲》）；以及《农桑经》、《日用俗字》、《省身语录》、《药崇书》、《伤寒药性赋》、《草木传》等多种杂著，总计近二百万言。

《聊斋志异》取材广泛，想像非富，虽然情节曲折多变，但它叙次周密、构思奇妙，且意境瑰丽，"用传奇法，而以志怪"，艺术风格独特。

《聊斋志异》中作者对人物的刻画十分成功。它谈鬼说狐，写仙描神，百幻并作，无奇不有，展示出一个个神奇莫测的迷人境界。这些想象，大大增强了故事情节的感染力。

《聊斋志异》的语言很有特色。作者创造性地运用了古代的文学语言，同时又大量提炼和融会进了当时的方言俗语，从而形成了一种既典雅俏丽又生动活泼的语言风格。无论是抒情写景，还是叙事状物，都绘声绘色，多彩多姿。显出深厚的文化功底。人物语言雅中有俗，俗中见雅，雅俗结合，更生动活脱，谐谑有趣。只是古语过多，增加了读者的困难。至于书中短篇，文字虽不似长篇出色，然叙事简洁明快、下笔文雅、清新，使读者百看不厌。

《聊斋志异》约包括500篇小说。它的故事来源也非常广泛，或出自作者的亲身见闻和离奇的想象，或借鉴于过去的题材，或采启民间传说，或为作者自己的虚构。有些故事，虽有模拟的痕迹，但作者以丰富的想象和生活经验，推陈出新，使这些故事的内容更加丰满。

《聊斋志异》一书揭露了当时社会的黑暗。政治腐败、官贪吏虐、豪强横行、生灵涂炭，都在《聊斋志异》中有所反映，揭示了人民痛苦生活的原因主要来自贪官污吏。

《聊斋志异》在暴露统治阶级贪暴不仁的同时，还写出了被压迫人民的反抗斗争，对他们表示深切的同情。其中有"大冤未伸，寸心不死"的席方平（《席方平》）；有最终变成猛虎，咬死仇人的向杲（《向杲》）；有直入阴间、杀死两吏卒的王鼎（《伍秋月》）。这些具有反抗精神的人物形象在激发被压迫者的斗争意识方面，有一定的积极作用。

《聊斋志异》的另一重要内容是揭露了科举考试的种种弊端。蒲松龄才华过人却名落孙山，他对科场的黑暗、试官的昏聩、士子的心理等都非常熟悉，所以写起来能切中要害，力透纸背。通过一些梦幻的境界，作者嘲笑了那些醉心功名利禄的士子。与这些醉心于科举的士子相对照，书中还写了一些不肯"易面目图荣显"的人物。如《贾奉雉》中"才名冠一时"的贾奉雉，屡试不中，终于"遁迹山丘"，弃家出走。还有《三生》中的兴于唐、《素秋》中的俞慎和俞士忱等，他们都有真才实学，却"困于名场"，"怀才不遇"。作者给予他们极大的同情。

描写爱情婚姻的故事，在《聊斋志异》中数量最多。有的是人和人的恋爱，有的是人和狐鬼精灵的恋爱。一些叙述青年男女真诚相爱、自由结合的故事，写得十分动人。如《青凤》写耿去病与狐女青凤相爱，对青凤感情恳挚；青凤也不畏礼教闺训，爱慕耿生，终于获得幸福结局。在封建礼教盛行的年代里，作者借此表达了广大青年男女对真正爱情的向往和憧憬。

在爱情主题作品中，作者塑造了许多"情痴"、"情种"的形象，刻画了他们对爱情的坚贞专一，描写了他们以"知己之爱"为基础的爱情生活。《连城》写乔生与连城相爱，遭到连父的阻挠，连城含恨而死，乔生也一痛而绝，二人在阴间相会。还魂前，他们惟恐再发生变故，便先结为夫妻。

《聊斋志异》中还有一部分作品抨击了浅薄的社会风气，歌颂了高尚的道德情操。如《镜听》写"贫穷则父母不子"的人情世态，《罗刹海市》写"颠倒妍媸，变乱黑白"的社会恶习。《聊斋志异》中还有其他一些含义深刻的篇章，有的故事颂扬女子超人的才智，如《颜氏》、《狐谐》和《仙人岛》等；有的故事描写儿童的胆量和智谋，如《贾儿》等；有的写了民间艺人高超的技艺，如《偷桃》、《口技》等；有的则富有寓言意味，能够启发读者领悟某些生活道理，如《画皮》、《黑兽》、《禽侠》、《狼三则》、《大鼠》、《螳螂捕蛇》等。

以下介绍其中著名的篇章：《贾奉雉》：贾奉雉才华横溢，写一手好文章，考试却屡屡落榜。后来，郎秀才指点他写了一些狗屁不通的文章交给考官，却考中举人。贾奉雉以为耻，决心随郎秀才赴

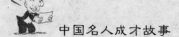

深山修行。只住一夜，就因情欲未绝被师父赶出来。哪知仙境一天，世上已百年。贾奉雉回到家，儿子都老死了。家里穷困，二孙子又不孝，贾奉雉无奈，只好再去应试考取功名，中进士，做了侍御史，却因姓格耿直被奸臣陷害，革职充军。贾奉雉此时才知荣华的场所原来都是地狱的境界。充军途中，贾奉雉被仙人接走。

《促织》：皇帝有一个奇怪的嗜好——斗蟋蟀，每年都要从民间征集蟋蟀。老实人成名，在女巫的指点下，才捉到一只蟋蟀，但却被爱子弄死。儿子害怕被责骂，投井自尽。成名对儿子弄死蟋蟀悲痛万分，得知儿子死去，又悲恸欲绝。后来儿子复活，魂魄化为一只善斗的蟋蟀，才免去一家濒于毁灭的厄运。皇帝得了蟋蟀，龙心大悦，成名的一家也因此过上了好日子。

《青凤》：荒芜的耿家大院庭里常出怪事，不信鬼神的书生耿去病决意去探个究竟。不料与异类的青凤同坠爱河，却被青凤的叔父——黑狐活活拆散。一日去病在上坟的路上救起一只被狗追逐的小狐，原来这小狐就是自己朝思暮想的青凤，自此二人恩爱相处。一日，青凤的叔父遇难，其子向耿去病求助。青凤的叔父得救后，感谢去病的搭救之恩，并为自己以前的行为感到后悔。

《阿宝》：六指的孙子楚看中了美丽的员外之女阿宝，阿宝开玩笑说，如果孙子楚截去手指，那么就嫁给他。孙子楚信以为真，用斧头砍断了自己的手指。后来在见到阿宝时，魂魄竟随阿宝而去，又化作鹦鹉依偎在她身边。阿宝虽生于富贵之家，贵家子弟争相结姻，却深深爱上了这个出身贫贱却感情笃诚的"孙痴"。从此两人甜蜜地生活在一起。

《翩翩》：罗子浮生性风流，眠花宿柳。他偷了叔父的钱，跟了娼妓到南京。钱花光了，又生了一身脓疮，被娼妓赶走。罗子浮一路乞讨，回到家乡附近，但无颜回家。夜晚遇到翩翩，随翩翩到了深山的洞穴。翩翩治好了他的脓疮，并用芭蕉叶做成锦蜜衣服，用云做棉花，用树叶剪的鸡和鱼，与罗子浮做了夫妻。罗子浮只要一恋其女色，动了邪念，身上的衣服就会变成棉花和枯叶，飞到天上。从此，罗子浮不敢再生妄想。后来翩翩为其生一男孩，就从此消失了。孩子聪慧过人，后来做了大官。

曹雪芹

　　"红学"是一专门学问，五四运动以后，"红学"更成了显学，而且形成了不同的学说和学派。"满纸荒唐言，一把辛酸泪"的《红楼梦》，赚取了多少人的眼泪，引发了多少人的情思是根本无法统计的。

　　曹雪芹是我国清代伟大的文学家，世界文学之林中的第一流小说家，他的代表作《红楼梦》自问世以来所引起的广泛深远影响，在中国文学史上是前所未有的。人们对它进行评论、研究所达广泛深入的程度，更是文学史上的突出现象。

　　目前对"红学"的研究更是出现了新的高潮，专著、专刊、专论纷纷行世，而且方兴未艾，日趋发展。《红楼梦》的影响也远及国外，在1942年就被译成英文。此后，英文、俄文、德文、法文、意文、日文、越文、荷兰文等外文译本陆续出现，不下一二十种。除翻译原著外，国外又出现了很多关于"红学"的研究论著。《红楼梦》享有世界名著的崇高声誉。

　　然而《红楼梦》的作者却不像他的作品那样举世皆知。他生前没能享有应得的声誉和荣誉，死后他的事迹也不见经传。以至今天，连他的生卒年月，父母是谁，一生主要有什么活动还是争论的问题或仍在探索阶段。

　　人们一般认为曹雪芹一生经历了康熙、雍正、乾隆三个朝代。他的祖先自高祖曹玺起经祖父曹寅，到他的父亲，相继做了六七十年江宁织造，是当时财势熏天的"百年望族"。

　　康熙年间是曹家鼎盛时期，祖父曹寅当过康熙的"侍读"。康熙的"南巡"，其中就有4次是以曹寅在任的江宁织造署为行宫。但好景不长，到了曹雪芹的父辈，由于雍正上台后排除异己，以亏空款项等罪被革职、抄家，曹家因此急剧走向衰落。到了乾隆时期，又因事遭到一次打击，从此一蹶不振，彻底衰败。

　　这种特殊生活经历对曹雪芹的一生产生了深远影响。一方面，家庭由极盛到极衰的变化，使他清醒认识到封建社会的炎凉世态，以及政治的黑暗，社会的腐朽，从而更深刻地认识到了封建阶级的本质。另一面，他的家庭又是一个同皇室有直接勾结的、典型的贵族官僚家庭，集中体现了封建统治阶级的腐朽、黑暗，也集中反映了复杂的阶级矛盾和封建伦理道德。这些都为曹雪芹的日后创作提供了生活基础和题材源泉。

在被抄家以后，曹雪芹随家一起迁居北京，在北京城内度过了他的青壮年时期。

关于这一阶段的生活情况，史书上未见记载，只是后人在他的朋友敦敏、敦诚兄弟所作的诗句中了解到，他大约是做一些文墨抄录之类的杂事。《红楼梦》的创作，大约就开始在北京城内生活的后期。

曹雪芹逝世前十几年的晚年生活，是在北京西郊度过的。他晚年生活贫苦困顿，极其艰难，过着"满径蓬蒿花不华，举家食粥酒为赊"的生活，靠卖画和亲友的接济过日子。

在这种状况下，曹雪芹仍以顽强的毅力继续写作《红楼梦》。有人说他"作书时，家徒四壁，一几一杌一秃笔外无它物"。曾有一个传说提到，曹雪芹写书时，没有钱买纸，就把旧年的皇历拆开，字写在皇历的背面。就是在他身处危险的情形下，也没有停止过写作。"字字看来皆是血，十年辛苦不寻常！"没有一定的胆量、信心、毅力，在如此艰难的环境里要写出这部"怨世骂时之书"是不可能的。

正当曹雪芹奋笔疾书，《红楼梦》快要完成的时候，意想不到的灾难降临了，他唯一的爱子染上痘疹，不幸夭折。

意外的打击，使曹雪芹痛苦万状，以至感伤成疾，年未五旬，竟一病不起，终于在一个晚上"泪尽而逝"。

《红楼梦》原名《石头记》，曹雪芹在世时，就在少数亲友中披阅评论。曹雪芹逝世后，这部作品盛行于世。最初传抄的都是80回本，到了1791年，程伟元和高鹗对在社会上流行20年，但"无定本"的《红楼梦》，进行了一番整理，并且增补了后40回，使之成为一部故事完整的作品。

《红楼梦》这部作品描写了广阔的生活和复杂的矛盾冲突，内容非常丰富。人物的众多，事件的纷繁，超过了以往的任何一部长篇小说。它以贾宝玉和林黛玉的爱情悲剧为主线，描写了贾、史、王、薛四大封建家族的兴亡过程，深刻和生动地反映了封建大地主阶级的残酷的阶级压迫和激烈的阶级斗争，揭露了封建统治的腐败和黑暗。它反映社会生活的广度和深度也是空前的。从历史发展的大形势到日常生活的细支末节无不包罗殆尽。

《红楼梦》的作者曹雪芹像一位杰出的统帅登坛布阵那样，调遣得宜，安排有节，把几百个人物和纷繁的事件组织成了一个完美的艺术整体，把小说艺术推向了新的阶段，是高度艺术性和深刻思想性的完美结合，达到了我国古典小说历史上的最高峰。

《红楼梦》自问世至今200余年，一直广为流传，显示了它巨大的艺术生命力。谈"红"说"红"蔚然成风。曹雪芹的名字伴随着贾宝玉、林黛玉的爱情故事，在我国早已是家喻户晓，人人皆知。曹雪芹又是一名世界文学大师，在文坛上享有着崇高的国际声誉。在世界大文学家的排名表上，他与莎士比亚、巴尔扎克、狄更斯、托尔斯泰齐名并排，万古流芳。

鲁　迅

鲁迅，原名周树人，字豫才，浙江绍兴人。中国现代著名的文学家、思想家、革命家，新文化运动的伟大旗手。

鲁迅1881年出生在浙江绍兴的一个地主家庭，家乡的传统文化给他以滋润，他十分景仰故乡的历代先贤，并努力搜求有关祖先的资料。

鲁迅13岁那年，家里遭遇了一场很大的变故。他的祖父周介孚因为涉嫌科场舞弊被判重刑。这件事不仅使周家的声誉扫地，而且花钱疏通官府使周家经济上陷入了困境。

这场变故使周家的境遇日益糟糕，年幼的鲁迅也因此领略到世态的炎凉、人情的淡薄。就在祖父下狱的同时，鲁迅的父亲又染病在床。少年鲁迅承担了家庭的重任，常常奔波于当铺和药铺之间。这些经历在鲁迅的心灵上造成了不可磨灭的创伤。

1898年，鲁迅来到南京，先后在江南水师学堂和矿路学堂学

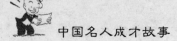

习。在这里，他看到了《天演论》这样的进步书籍，并于1902年被选派赴日本留学。

到日本以后，鲁迅抱定学习医术、治病救人的信念到仙台医专学医。学习期间，尽管功课繁忙，鲁迅还是读了大量书籍，尤其是文学作品。一次偶然的机会，鲁迅认识到单单医治人的肉体不能改变一个国家民族的面貌，只有通过改造人的精神才能起根本作用。在此情况下，鲁迅作出了弃医从文的决定。

1909年，鲁迅回到绍兴，先后在浙江两级师范学堂和绍兴府中学堂担任教师。辛亥革命的风暴波及到浙江，绍兴光复了，鲁迅出任绍兴师范学校校长。但是，辛亥革命后一些守旧派纷纷掌权，鲁迅对此产生了困惑。1912年，鲁迅来到北京，在北洋政府教育部任职。

1918年，鲁迅在《新青年》杂志上发表了中国新文学的奠基之作《狂人日记》，向"吃人"的社会提出了强有力的控诉。

五四运动爆发后，鲁迅站在新文化运动的最前线，他的小说集《呐喊》充分显示了五四新文化运动的实绩，其中收有他的名作《孔乙己》、《阿Q正传》、《药》等。

后来，鲁迅又出版了小说集《彷徨》，里面收录了《祝福》、《伤逝》等名篇。

1925年，北京兴起了轰动一时的女师大风潮，鲁迅旗帜鲜明地支持被压迫学生反抗校长杨荫榆倒行逆施的正义斗争。鲁迅和学生肝胆相照，风雨同舟，大大温暖了学生们年轻的心。

在这场斗争中，鲁迅被免去教育部佥事一职，他难以抚平心中激荡的感情，奋笔写成了《野草》一书。

"三·一八惨案"后，鲁迅写出了战斗檄文《纪念刘和珍君》。反动当局准备通缉鲁迅，鲁迅离开北京，来到南方。

随着蒋介石发动"四·一二"反革命政变，广州也发生了反革命大屠杀。鲁迅和夫人许广平离开白色恐怖笼罩的广州，来到上海，开始了"十年携手共艰危"的战斗生活。

鲁迅积极组织参与了在中国共产党建议下成立的左联，这是中国新文学史上的一件大事。他站在左翼文艺战线的最前线，以坚定的无产阶级立场、鲜明的政治态度，与形形色色的非无产阶级文艺派别进行了针锋相对的斗争。在这些斗争中，鲁迅把杂文当作投枪、匕首，准确地刺中敌人的要害，有着重要的作用。这一期间，鲁迅写出了具有时代意义的作品《故事新编》。

1936年，鲁迅病逝于上海。上海民众代表把一面写有"民族魂"的白底黑字旗轻轻地覆于棺上。

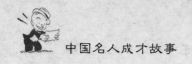

第二章 著名艺术家的故事

卫 铄

如果问许多人卫铄是干什么的？有的人可能不知道，但一提卫夫人，他们却能立即回答：卫夫人是著名的女书法家。卫铄就是卫夫人，她是东晋杰出的女书法家。卫铄字茂漪，河南安邑（今山西夏县）人。卫铄出生于一个书法世家，她的曾祖父卫凯、祖父卫罐、叔父卫恒都是大书法家，在书法史上颇有影响。她从小就受到家庭的熏陶，在父亲、叔父的严格要求下，终于自成风格，成为我国古代杰出的女书法家。

卫铄擅长隶书和楷书（正书）。虽然她深受书法世家的影响，但她师承的却是钟繇的笔法。据《法书要录·传授笔法人名》说，蔡邕传之崔瑗以及他的女儿蔡文姬，蔡文姬传之钟繇，钟繇传之卫夫人。相传楷书创始于汉代，到了钟繇手里，书写法度已臻完备，为楷书之祖。卫铄则继承了钟繇书法的精妙。钟繇看到卫铄的书法以后，十分赞赏，说她的书法是"碎玉壶之冰，烂瑶台之月，婉然芳树，穆若清风"。是说卫铄的书法像玉壶里的碎冰一样冰清玉洁，像瑶台的月光一样灿然夺目，柔婉处如芳树一般，严整处又如清风拂画。有令人赏心悦目、清爽怡人的感觉。唐人韦续在《墨薮》中对卫铄的书法更是推崇倍至，称赞说："卫夫人书，如插花舞女，低昂芙蓉，又如美女登台，仙娥弄影。又若红莲映水，碧沼浮霞。"

东晋大书法家王羲之年少的时候，曾经随卫铄学过书法。当时卫铄的书法很受名家推崇，名气很大。太常王策有一个儿子叫王羲之，已经7岁了。十分喜好书法，他就找到卫铄，要她教自己的儿子学习书法。

卫铄见到王羲之聪明好学，而且悟性很高，就一口答应了。王羲之练字的劲头很大，无论什么季节，什么天气，发生什么事，他都一概不管，不到三年的功夫，他写出的字就用笔有力，顿挫生姿了。卫铄见了很高兴，称赞说："这孩子书法长进真快，将来一定比我还要有名。"

王羲之12岁的时候，发现父亲枕头底下藏有一本前代《笔论》，便拿出来偷偷阅读，并且按照书法所写的，苦心揣摩练习，书法水平大有进步。事情当然瞒不过他的老师卫铄。卫铄对王羲之的父亲说："这孩子一定是发现并研究过笔诀，我近来觉察到他的书法已经开始老练起来。"她断定，王羲之一定是在她面前保守秘密，把那本前代的《笔论》的书名隐瞒了。王羲之的父亲回去一问，果然是王羲之看了《笔论》，并且在不断学习，可见卫铄对书法的技巧和理论是十分熟悉的。尽管王羲之青出于蓝而胜于蓝，书法造诣超过了卫铄，然而从他的书风中仍然可以明显地看出卫铄风格的痕迹来。

卫铄不仅书法名冠一时，而且对书法理论也有独到见解。她的著作有《笔阵图》一卷传于后世。该书是论述写字笔法的著作，阐述执笔、用笔的方法，并列举了七种笔画的方法。在《笔阵图》里，她首先提出了"多力丰筋"说，这是一个重要的见解。她说："善笔力者写出的字多骨，不善笔力者写出的字多肉。多骨微肉的字，叫做筋书，多肉微骨者，只能叫做墨猪"。多力而且丰筋的字是好字，无力无筋的字是病字。这一创见对后代书法家有很大影响。例如唐代书法家颜真卿、柳公权的字就被人称作"筋柳骨"，即是称赞他们的字多骨丰筋。后来王羲之写了一篇《题卫夫人〈笔阵图〉后》的文章，对卫铄的理论又加以进一步的阐述。

卫铄的儿子李允，在他母亲的教导下，后来也成了书法家。大概是由于长年练习书法，修身养性，卫铄很长寿，她生于公元272年，死于公元349年，活了78岁。

陆 羽

陆羽（733～约804），唐学者。字鸿渐，自称桑苎翁，又号东

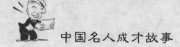

冈子，复州竟陵（今湖北天门）人。性格幽默诙谐，闭门著书，不愿为官。一度曾为伶工。与女诗人李季兰、僧皎然颇友好。以嗜茶著名，并对茶道有精深研究，撰有《茶经》，旧时被视为"茶神"。又能诗，但传世者仅数首。

陆羽的家世现已无从考证，传说他幼小时被父母遗弃，是一僧人把他收养的，他长大后，不想当和尚就逃离了寺庙。

离开了寺庙，陆羽漫无目的地走在大街上，这时他看到很多人围着看热闹，走近一看，人围里正玩杂技：吞刀吐火，扛鼎走索，劈砖钻碗，钻圈驯兽……看得人眼花缭乱。这些功夫，令他兴奋不已，简直着了魔。陆羽被这伙杂耍艺人深深地吸引住了，他们走到哪里，陆羽就跟到哪里，完全忘记了自己是一个逃出寺院无家可归的人。

等到天黑了，小陆羽向戏班的班头哭诉自己无家可归，想随杂耍戏班学艺，戏班师父十分同情他，便收留了他。从此，陆羽成了杂耍戏班中的一员，走街串巷，四处奔波，风餐露宿。

陆羽演技渐渐成熟了。演戏之余，他熟读前人传下的脚本，慢慢地自己开始学着编脚本写唱词。他先后写了《谑谈》三篇，写了《教坊录》，对戏剧作过一番研究和探讨。他很快在同行中脱颖而出，成了师父级的人物。

天宝五年（746年）春天，竟陵郡的官员们为给新任太守接风洗尘，命陆羽所在的戏班为他们表演戏剧。那天，陆羽的演技，赢得阵阵喝彩声，很受观众的喜欢。

演出完毕后，新任太守亲自召见了陆羽，赏赐他一些诗书，还给了他一个说书的书场，陆羽在说书攒了一些钱后到火门山拜邹墅为师学习儒家经文。

邹墅，是位饱学经书的老夫子，才华横溢，情操高洁，一生隐居不仕，名望极高。

火门山紧连龙尾山。陆羽来到火门山邹墅居处后，便潜心向邹墅学习。在诵读诗书之余，他常常到山上去采撷野茶，为邹墅烹制。对于陆羽的煮茶技艺，邹夫子十分赏识。火门山下有一眼山泉，泉水清澈，水质甘甜。陆羽用此泉水煮出来的茶，馨香醇厚。邹墅赞不绝口。有了邹墅的鼓励与支持，陆羽对茶事的兴趣更浓了，他除了实践之外，还进一步加以考察和研究。

五年以后，陆羽告别邹墅，开始了考察茶事的旅程。

陆羽先抵达义阳（信阳），到车云山、震雷山、云雾山、天云山、脊云山、黑龙潭、白龙潭等茶叶产区访问茶农，了解茶叶制作工艺、山区的土质以及天气的状况。他对于茶树的一芽二叶，白毫锋苗，都要亲口品尝，然后采集一部分制成标本保存。

陆羽接着又到光州（河南潢川、光山一带）、舒州、黄州、泰州和淮南各地茶区去考察那里的制茶工艺。第二年春天，陆羽又兴致勃勃地登上了巴山，采集了茶树标本，并为提高茶叶产量和质量想出了许多办法。

至德二年（757 年），陆羽渡江南下，遍访长江中下游和淮河流域各地，沿途考察茶树的生长环境和生产情况，搜集了大量关于采茶、制茶的工艺。

庐山种茶历史悠久，东晋时，庐山已遍种茶树。到了唐代，庐山茶叶已远近闻名。"奇秀甲天下"的庐山茶浓醇鲜甘，滋味清爽，是上等的好茶。在五老峰下，陆羽品尝了它。

拜别庐山，陆羽又慕名拜访了名重江南的湖州诗僧皎然，并和他经下了深厚的友谊。

皎然，俗姓谢，字清昼，湖州人，是南朝山水诗人谢灵运的十世孙。生卒年不详，生活于上元、贞元年间（760～804 年）。皎然曾游历三江五岳，遍访古刹名寺，学识渊博。

皎然当时住在湖州南郊的杼山妙喜寺（也称妙峰寺），是妙喜寺主持。

妙喜寺四周木树参天，茶林遍山，环境幽雅。陆羽在妙喜寺居住期间，常外出寻访山寺茶区，同皎然烹茶论诗，作诗谈画，过着悠闲的生活。

不久，陆羽在朋友们的帮助下，在湖州城郊将军山麓的苕溪旁，盖了一间房子，从此便定居下来。

宝应二年（763 年），陆羽又到苏州，随皎然看望了贬谪南巴后北归苏州的刘长卿。刘长卿很会写诗，皎然与他有文字之交。陆羽、皎然和刘长卿，在苏州一起游历了虎丘。在虎丘，陆羽品尝了清润甘甜的观音泉，并题写了"天下第五泉"五个大字。

清明时节，陆羽为弄清钱塘（今浙江杭州市）的茶叶品质，专程游览了美丽的西子湖，品尝了"龙井茶，虎跑泉"的好茶好水，并记下了当时杭州茶叶的制作过程。

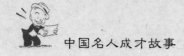

无锡惠山上的泉水无色透明，含矿物质少，水质优良。煮茶后色泽明亮，滋味鲜甘。陆羽品尝后，誉此为"天下第二泉"。此后，"天下第二泉"之名为历代文士名流所公认。当地人为纪念陆羽，在泉上建了一座陆子祠堂。

贞元八年（792 年），年届花甲的陆羽又千里迢迢来到湖州的青塘别业，看望好友皎然；重游他往日去过的旧地。除此而外，便是闭门著书，他先后写成了《茶经》、《吴兴历官记》（三卷）和《湖州刺史记》（一卷）等。

贞元二十年（804 年）冬天，茶圣陆羽在湖州的青塘别业去世，终年 71 岁。

陆羽一生足迹遍布大江南北，著《茶经》，吟诗文，为中国的茶文化发展作出了卓越贡献，千百年来不知有多少文人墨客前往妙峰寺陆羽坟前去凭吊他，尊奉他为"茶圣"。

王羲之

王羲之（321～379，一作 303～361，又作 307～365），东晋书法家。字逸少，琅琊临沂（今属山东）人。出身贵族。官至右军将军、会稽内史，人称王右军。因与王述不和辞官，定居会稽山（今浙江绍兴）。精工书法，早年从卫夫人（铄）学，后改变初学，草书学张芝，正书学钟繇，并博采众长，精研体势，推陈出新，一变汉、魏以来质朴的书风，妍美流便的新体。其书备精诸体，尤擅正行，字势雄强的变化，为历代学书者所崇尚，影响极大。书迹刻体甚多，散见宋以来所刻丛帖中。行书保存在唐僧怀仁集收《圣教序》内最多。草书有《十七帖》等。真迹无存，唯有唐人双钩廓填的行书《姨母》、《奉橘》、《丧乱》、《孔侍中》及草书《初月》等帖。

公元 353 年农历三月初八，这一天春暖花开，阳光明媚，一切都是那么美好。王羲之和他的朋友谢安等人说说笑笑地来到了会稽山的兰亭，他们一起吟诗作对，举杯畅饮，欣赏着美丽的景色。干了几杯之后，王羲之已经有些醉了，这时他的朋友谢安对他说："今天景色怡人，大家玩得这么高兴，你可要写一篇字来助助兴？"王羲之正有此意。他拿起笔，兴致勃勃地挥毫疾书，为诗集写了一篇序，这就是著名的《兰亭集序》。《兰亭集序》共28行，324字，全文用行书写成，成为历代书法家认可的行书的绝代佳品。王羲之也被称为"书圣"。

王羲之的书法艺术吸取了汉魏以来许多书法家的精华，摆脱了前人的束缚，开辟了一种新的意境。人们常用"飘若浮云，矫若惊龙"来形容他的字。

王羲之的书法能达到如此高的水平和他从小勤学苦练、刻苦钻研是分不开的。据说他7岁的时候就非常喜爱写字，平时在他走路的时候心里都在想着字体的结构、笔势和如何下笔收笔。想着想着，手指就不自觉地在衣服上比划着，天长日久，连衣服都被划破了。这个传说虽然有些夸张，但却形象说明了王羲之刻苦学习的精神。

王羲之出名以后，很多人都想得到他的字。相传，在山阳地方有一个道士，很想求王羲之给他写一本"黄庭经"。他早就准备好了笔墨纸砚，只是担心王羲之不会答应。后来，他听说王羲之平常最喜欢鹅，就特地养了一群十分逗人喜爱的白鹅，以便见机而动。终于有一天，王羲之坐着船路过那里，当他看到河里一群美丽的白鹅在游动，心里说不出的喜爱。他停下船，看了又看，一直也不舍得走开。于是他找到道士，要求道士把鹅卖给他。道士说："这么好的鹅我是不想卖的。不过你要是能给我写一本经书，我就把这些鹅送给你。"王羲之一听，马上答应了，当即兴致勃勃地用了半天时间写了一卷楷书"黄庭经"交给道士。道士把那一群鹅装在了笼子里，让王羲之随船带走了。这个故事就是人们后来传颂的"书法换白鹅"。

现在王羲之的真迹已经很难见了，故宫博物院至今珍藏着冯承素描摹的《兰亭集序》，北京北海公园的阅古楼也只保存着一些王羲之真迹的石刻板。但是王羲之的书法艺术魅力却永远留传。

王献之

王献之，字子敬，是王羲之的第七子。东晋书法家，他继承家

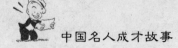

法，并有所创新，与其父并称"二王"。

王献之小时候聪慧过人，言行举止都像大人，他性格高傲豪迈，狂放不羁。有一次他和哥哥王徽之、王操之一起去拜访谢安。两位兄长见了谢安大多谈一些庸俗家常的事，王献之除了见面寒暄，并不插话。他们走后，在座的客人问谢安，王氏兄弟哪个最好？谢安说，年纪小的好。客人问原因，谢安说："贤人寡言少语，因为他说话少，所以知道他好。"

王献之曾经和王徽之同住一间屋子。一日晚，屋内忽然起火，王徽之连鞋子也顾不得穿，就慌忙逃出。王献之却神色坦然，不慌不忙地唤来仆人，扶他出去。

谢安非常赏识王献之，聘请他为长史，进而又封为"卫将军"。谢安曾经问王献之："您的书法与令尊相比怎么样？"王献之回答："本来就不相同。"谢安说："外面的议论不是这样。"王献之回答："别人哪里知道。"表现了他豪迈不羁的个性。

王献之七八岁时就跟着父亲学习书法。有一次，王羲之偷偷地从背后夺他的毛笔，没有夺下来，感慨地说："这孩子日后会有很大名声的。"王羲之从他执笔牢固，知道他练字确实是专心致志，一意于书，这对一个儿童来说是难能可贵的。

王献之虽然跟着父亲学习，师承家法，但他却并不以此为满足，而是追流溯源，直接学习钟繇、张芝的书法，因为王羲之本人也是从钟繇、张芝的书法中吸取营养的。

正因为王献之能够突破家法的规矩，追流溯源，所以才能对王羲之的书法既有继承，又有变化发展。这是王羲之的几个儿子都善书法，而王献之的书法成就最高、最有影响的原因之一。不仅如此，他还学习秦篆笔法，这是他的高妙之处。

王献之的楷书字画秀媚，用笔劲利瘦硬，笔势外拓，神态萧疏，毫无俗气。可以说，楷书发展到王献之时代，已经变得比较纯正。

王献之的行书和草书，初学家父，后法张芝。他不仅兼容了二家之长，而且凭着自己的才能见识，于行书、草书之外别创一体。这种书体既像草书那样流便简易，又像行书那样转折顿挫，即今天所谓的行草书。东晋之时，行书和草书一般都是章草体，王献之新书体的创制，在当时确实是大胆之举，许多人对此都难以接受。比如非常欣赏王献之的谢安，对他的行草书就十分厌恶。但是王献之的变革经受了时代的检验，逐渐为人们所看重。它符合审美情趣，又具有很高的实用价值，故影响越来越大。

王献之的书法深受父亲王羲之的影响，到后来，王献之的艺术创作逐渐成熟，并最终形成了自己与众不同的艺术风格。由晋末到梁代的一个半世纪中，王献之的影响一度超过了父亲。

王羲之的楷书融入他的平生所博览的秦汉篆隶的不同笔法，因此显得古质瘦劲。相比之下，王献之的书法用笔妍润圆腴，颇多世俗之风。

在草书上，王羲之虽称今草，但大多字字独立，没有完全摆脱章草的笔法体势；而王献之将今草连绵不断的气势与流美便易的行书结合起来，创造出一种比较流便的行草体，从而适应了社会发展的要求，最终完成了从章草到今草的变化。王献之的这种行云流水般的"一笔书"，直接开启了唐代狂草艺术的先河。

王献之在楷书、今草和行草书的发展过程中起了重要的作用，得到后世的公认，因此与其父并称"二王"，其书法合称"王体"。

顾恺之

顾恺之，生于约公元345年，卒于公元406年，是中国东晋杰出的画家。顾恺之字长康，晋陵无锡（今属江苏省）人，出身高门士族，曾任桓温、殷仲堪参军、散骑常侍。他多才艺，工诗赋，尤精绘画。擅长画肖像、历史人物、道释、禽兽、山水等。顾恺之青年时期在建康（今江苏省南京市）瓦官寺作《维摩诘》壁画，轰动一时。作裴楷像，颊上添三毫，更觉神采奕奕。画谢鲲像以岩壑作为背景，借以表现其志趣风度。他曾画过《桓温像》、《桓玄像》、《谢安像》、《晋帝相列像》、《荣启期》、《七贤》、《桂阳王美人图》、《列女仙》、《列仙画》、《三天女图》、《庐山会图》、《凫雁水鸟图》、《笋图》、《山水》等。

顾恺之的人物画，不满足于外表形似，强调传神，注重点睛，要求表现人物性格特征和内在深度。在我国绘画史上首次提出"以

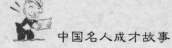

形写神"的绘画理论。这些论点实为谢赫六法论的先驱，对后来的中国画创作和绘画美学思想的发展，有很大的影响。顾恺之的笔迹紧劲连绵，如春蚕吐丝、春云浮空。流水行云，皆出自然，乍看似乎平常，实则寓刚健于婀娜之中，将遒劲藏于婉媚之内，通称为高古游丝描。他着色则以浓色微加点缀，不求藻饰，格调淡雅、俊逸。他善于用睿智的眼光来审察题材和人物性格，加以提炼，因而他的画具有一定的思想深度，耐人寻味。

顾恺之是继东汉张衡、蔡邕等以来所有士大夫画家中成就最突出的画家。与他同时代的谢安对他的评价极高，认为"顾长康画，有苍生来所无"。顾恺之总结了汉魏以来民间绘画和士大夫画的经验，把传统绘画向前推进了一大步。顾恺之作品真迹没有保存下来。相传为顾恺之作品的摹本有《女史箴图》、《洛神赋图》、《列女仁智图》等。《女史箴图》，绢本，淡设色，内容系据西晋张华《女史箴》一文而作，原分12段，每段题有箴文，现存九段，自"玄熊攀槛"开始，到"女史司箴敢告庶姬"结束，是了解顾恺之绘画风格比较可靠的实物依据。多数人认为现存的是唐代摹本。《洛神赋图》，绢本，今存宋摹本5种，内容根据三国时曹植《洛神赋》一文而作。此画卷以丰富的山水景物作为背景，展现出人物的各种情节，人物刻画意态生动。构思布局尤为奇特，洛神和曹植在一个完整的画面里多次出现，组成有首有尾的情节发展进程，画面和谐统一，丝毫看不出连环画式的分段描写的迹象。顾恺之的画论现存仅三篇，即《魏晋胜流画赞》、《论画》、《画云台山记》。

怀 素

唐代大书法家怀素，俗姓钱，湖南零陵人。他是书法史上领一代风骚的草书家，与唐代另一草书家张旭齐名，人称"张颠素狂"或"颠张醉素"。所谓"醉素"，缘由这位出家人嗜酒成性，醉后"草圣欲成狂便发"，敢从破体变风姿，字字笔走龙蛇，"风骤雨旋"，笔下气势磅礴，着实给人以"剑气凌云"的豪迈感。怀素的草书用笔圆劲，"使转如环"，所学对象不拘一格——大自然、长辈、再传弟子，甚至在公孙大娘的舞剑中也能颖悟笔法，此种精神，正是这位大书家成大器的奥秘所在。

据《高僧传》记载，怀素的曾祖父钱岳，唐高宗时做过纬州曲沃县令，祖父钱徽任延州广武县令，父亲钱强做过左卫长史。怀素的伯祖父释惠融也是一个书法家，他学欧阳询的书法几乎可以乱真，所以后来乡中称他们为"大钱师，小钱师"。怀素生得眉清目秀，自幼聪明好学，做事少年老成，10 岁时"忽发出家之意"，他的父母听说后极为惊慌，百般阻挠，终于说不过他，让他进入了佛门。当了和尚后，他改字藏真，史称"零陵僧"或"释长沙"。

怀素很小就学习书法，因为家里穷，买不起纸，只好在寺里的墙上、衣帛上、器皿上练字。他还在故里种了一万多株芭蕉，剪其叶以供挥洒。后来又做了一块漆盘和一块漆板，写了擦，擦了写，以致把盘、板都写穿了。正是因为怀素"弃笔成冢，盘板皆穿"的勤学苦练精神，后人才评价他"有笔如山墨作溪"。

怀素草书的名气，在青少年时代已经远近闻名。当时有位朱逵处士，听说少年和尚草书有名，特从远处赶来衡阳，拜访怀素，并赠诗道："衡阳客舍来相访，连饮百杯神转王。""笔下唯看激电流，字成只畏盘龙走。怪状崩腾若转蓬，飞丝历乱如回风。……于今年少尚如此，历睹远代无伦比……"永州太守王邕也亲自登堂拜望怀素，并赠诗道贺。

怀素不光擅长书法，还会作诗，与李白、杜甫、苏涣等诗人都有交往。由于他才华横溢，留下了不少士林佳话。

唐肃宗乾元二年，怀素 22 岁。这年李白已 59 岁，在巫峡遇赦后，从长流夜郎乘舟回江陵。在南游洞庭潇湘一带时，被怀素找到求诗，两人于是成为忘年之交。李白精神十分振奋，当即写了一首《草书歌行》赞扬他："少年上人号怀素，草书天下称独步。墨池飞出北溟鱼，笔锋杀尽中山兔。……起来向壁不停手，一行数字大如斗。恍恍如闻神鬼惊，寸寸只见龙蛇走。左盘右蹙如惊电，状同楚汉相攻战。湖南七郡凡几家，家家屏障书题遍。王逸少，张伯英，古来几许浪得名。张颠老死不足数，我师此义不师古。古来万事贵人生，何必要公孙大娘浑脱舞。"这使怀素大为高兴。

有一天，怀素看见几块浮云，像棉花团似的一朵朵分散着，映

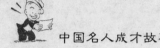

照着温和的阳光，云块的四周射出金色的光辉，太阳已被浮云遮蔽住了，不禁令他忆起"总为浮云能蔽日，长安不见使人愁"的李白诗句。一会儿这些积云又很快地消散了，它们又成为扁球状的云块，云块间露出碧蓝色的天幕，远远望去这些白云就像草原上雪白的羊群，一会儿像奔马，一会儿像雄狮，像大鹏，有的像奇峰。忽然乌云密布，雷电齐鸣，风雨大作。这时候他恍然想起一个"悟"字，我何尝不可把这些夏云随风的变化运用于狂草之中呢！从此怀素的狂草，有了一个飞跃，冲破了王羲之、王献之受章草的影响束缚，创造性地形成了他自己的狂草风貌。

与张旭一样，怀素在看了公孙剑器舞后，大受启发。由此他的狂草在画形分布、笔势往复中增强了高昂回翔之态；在结体上也加强轻重曲折、顺逆顿挫的节奏感。因此他的名气越来越大。

怀素40岁至京兆，向颜真卿求教笔法，并请作序以"冠诸篇首"。怀素是通过颜氏而学到张旭笔法的。张旭曾举出"十二笔意"授给颜真卿，颜真卿把"十二笔意"即"平谓横、直谓纵、均谓间、密谓际"等传授给怀素，又问怀素道："你的草书除了老师传授外，自己有否获得感受？"怀素道："贫僧有一天傍晚，曾长时间地观察夏云的姿态。我发现云朵随着风势的转化而变化莫测，或如奇峰突起，或如蛟龙翻腾，或如飞鸟出林，惊蛇入草，或如大鹏展翅，平原走马，不胜枚举，美妙无穷。"颜真卿说："你的'夏云多奇峰'的体会，是我闻所未闻的，增加我的见识，'草圣'的渊妙，代不乏人，今天有你在，后继有人了。"

怀素留下的草书有：《四十二章经》、《千字文》、《自叙帖》、《苦笋帖》、《圣母帖》、《论书帖》、《去夏帖》、《贫道帖》、《逐鹿帖》、《酒狂帖》、《食鱼帖》、《客舍帖》、《别本六帖》、《藏真帖》、《七帖》、《高座帖》、《北亭草笔》等。

吴道子

吴道子，又名道玄。阳翟（今河南禹县）人。我国唐代杰出的画家，他以卓绝的绘画成就被后人称为"画圣"。

吴道子出身于贫苦人家，自幼穷困孤苦。但是处于逆境当中的吴道子少有壮志，好学不懈，特别喜欢画画。他的才华被同样爱好艺术的官员韦嗣立赏识，收他做手下的当差，从此吴道子有机会跟随韦嗣立来到四川，四蜀绮丽的风光、雄奇的山水，启迪着他的创作才华。吴道子不拘泥于古法，大胆探索，终于自成一家，创出了山水之体。

后来吴道子担任兖州瑕邱尉，繁琐的公务使吴道子无法安心作画，于是他决定弃官而去。20岁时，吴道子来到东都洛阳，专心从事绘画艺术。他向张旭、贺知章学习书法，他的同学中有后来被尊为"塑圣"的著名雕塑家杨惠子。由于对绘画的痴迷，吴道子后来干脆放弃书法，一心扑在绘画上。

正因为对绘画艺术的钟爱，吴道子作画充满了激情。他作画时意守丹田，全神贯注，胸有成竹，心中早有了全幅画的构思，因此无论他画多大的画像，无论落笔是从头开始，还是从手开始，或是从脚开始，都能画出惟妙惟肖的作品来。吴道子为当时很多寺院画了壁画，一时间声誉溢于四方。

唐玄宗李隆基是位颇知风雅的皇帝，他本人就精通音律，也善书画。他听闻吴道子的大名，于是就把他召入长安（今陕西西安），让他专为宫廷作画。入宫以后，随着身份、地位的提高，吴道子有机会随皇帝巡游四方，而且可以结交各地名流，浏览四方古迹。这对开阔吴道子的眼界、形成他的画风有重要作用。

吴道子还善于从生活中寻找艺术灵感。他曾看过当时著名剑术名家裴曼将军舞剑，裴将军潇洒自如、行云流水般的剑舞让吴道子深受启发。他观后心潮澎湃，援笔绘画，所画之作如有神助，栩栩如生。

吴道子的绘画技艺突破了前人的技法。他所画的人物、佛像，虽然不是丝缕必备，但是神韵却很充足。吴道子善于运用线条的飘动变化和力量，来表现人物灵活多姿的形象。他画的人物，衣角飘飘，盈盈若舞，形成了"吴带当风"的独特风格。这种逼真的绘画效果使得他的画名噪一时，被称作"吴家样"。吴道子绘画不仅讲求逼真，而且讲求传神。

吴道子的绘画技艺，在当时就广为人知。每当他在寺中作画，

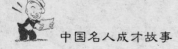
围观的人就里三层、外三层，像墙一样围住他。吴道子画佛像头顶的圆光，不用思虑，信手一挥，一个圆弧就出现了，令围观的人叹为观止。吴道子具有丰富的想象力，即使人物千百，他也能画得毫不雷同。这一切，都得益于他绘画方面的天赋，更重要的是平时的苦练。吴道子的画和张旭的草书、裴曼的剑术，被誉为当时的"三绝"。

天宝年间，吴道子被派往四川绘嘉陵江景色。这次故地重游，吴道子心情舒畅无比，两岸青山绿水，一一收于眼底。回到京城后，吴道子在大殿上展开长卷，将川江三百里胜景，一日之间就画好了。唐玄宗看后称赞不绝，他说别的画家要几个月完成的事，吴道子一天就可以做完。吴道子高超的山水、人物画技艺为他赢得了"画圣"的美誉。他的同学杨惠子本来在绘画上也很有成就，但看到吴道子的画后自叹不如，从此放弃绘画，专攻雕塑，终成一代"塑圣"。在当时的画坛，吴道子享有极高的声誉，后辈画师纷纷奉他为师，一时间弟子成群，影响深远。

"安史之乱"后，唐王朝由盛转衰，此时已近垂暮之年的吴道子晚景也很冷落，不久他就在孤寂无闻中溘然去世。然而他所创立的绘画技法对后代产生了巨大的影响，不仅在中国，而且对朝鲜、日本的画坛影响都是不可磨灭的。他的著名作品《送子天王图》、《高僧图》、《地狱图》等是价值连城的稀世之宝。

颜 真 卿

颜真卿是唐代杰出的书法家。他刚正秉直，曾高举义旗，抗击安、史叛军，后来为维护大唐的统一，坚贞不屈，英勇就义，其事迹被后人所称颂。他的书法端庄雄伟、气势宏大，展示着盛唐的时代风格，被后人尊称为"颜体"，对后世有深远的影响。

书学在唐代为鼎盛时期，只要说到楷书，人们言必称虞、欧、褚、颜。颜真卿即是其中最富革新精神的大书法家。颜真卿，字清臣，京兆万年（今陕西西安）人。他出身名门，是著名学者颜师古的五世孙。颜真卿为人笃实耿直，向以义烈闻名于官场，曾为四朝元老，宦海浮沉，不以为意，后奉命招抚谋反的淮西节度使李希烈，为李所杀。

颜真卿从小就继承家学，热爱书法艺术。孩时因家贫，买不起纸笔，就以黄土扫墙学习书法，成年后在做醴泉县县尉时，习武之余，潜心学书，但总感到长进不大。当时"草圣"张旭名扬海内，颜真卿慕名毅然辞去官职，在张旭门下学书。张旭并没有给颜真卿讲很多，仅仅作了一些示范，勉励他勤奋学习，下功夫临写，在临写中体会笔法。大约有两年的时间他为了学书不辞辛劳来往于长安和洛阳之间，经常请教张旭。颜真卿恳切地请求张旭给他讲授笔法要诀。张旭看他学习勤奋，态度诚恳，就单独传授笔法规则给他。传说《张长史十二意笔法记》就是颜真卿根据他和张旭谈笔法时记录整理的。在这个时期他还结识了张旭另外两个弟子怀素和郭彤，并经常在一起讨论笔法，所谓"屋漏痕"就是他和他们讨论笔法时提出来的。颜真卿的书法，经过张旭的传授和本人的勤学苦练，潜心钻研，有了长足的发展，为形成自己的独特艺术风格，在理论和基本功训练上作好了准备。唐代是我国书法艺术发展史上一个新的繁荣时期。唐初的书风，是沿隋代南北书风融汇而来的。由于唐太宗李世民大力推崇和提倡王羲之的书法，唐初的书法一直在"二王"书风的笼罩之下。唐初楷书的碑直传六朝碑版之意，字形严肃而凝重，富于所谓金石气，但同时姿态众多，在凝重之中含有流美飞扬的风韵。唐初"四家"都宗师二王书法，又具有各自的风貌。这除了艺术因素外，还有一个很重要的因素，就是当时楷体作为一种文字现象，它的结构、形体和书写形态，在各家书法创作中仍有不小的分歧。这恰好说明初唐楷书还处在成熟前的酝酿阶段。经过初唐到盛唐中期这近130年的时间推移，楷体形体变迁历程步入最后结束的前夜。人们的审美观此时也有较明显的变化，社会力量要求有反映盛唐时代风貌的新的艺术风格出现。颜真卿顺应时代要求，担负起发展中国书法艺术的重大使命，以自己的艺书成就，继王羲之以后树起了又一块丰碑。"颜体"出现后，汉字的楷体字体在结构形态乃至书写外观上，便有了固定的字体形态。一代宗师颜真卿，传世碑刻、拓本和真迹有70余种之多，最著名的是《多宝塔碑》、《麻姑仙坛记》和《颜勤礼碑》，成为世界文化宝库的稀世珍品。

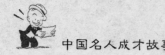

　　颜真卿的一生，政名和书法名气一样显赫，在政史和书法史中他都是流芳百世的一代名臣和宗师。他的一生，一半是在沙场、在朝廷的错综斗争中度过的。他把全部忠心献给了唐王朝，真正做了一位忠贞清廉的大臣。而另一半是在书斋中度过的，他钻研艺术、文学，酷爱书法，这是他一方宁静的天地。他又自强不息地走向一代书法家的峰巅。在中国书法艺术史上，艺术生命力最强、影响最深、使后世书法家受教益最大者，莫过于王羲之和颜真卿。"颜体"出现于唐代，成为一面楷书书法艺术的旗帜，他的影响之广甚至超过了王羲之，因为"颜体"更能被广大民众所接受，初写颜字的人要比写王字的多。在深度上，许多著名的书法家都受到颜书的影响，唐代晚期的柳公权得"颜体"精髓，而使唐代楷书书法艺术达到另一高度。宋代四大书家的苏轼、黄庭坚、蔡襄、米芾都深受颜书的影响。宋代发明了活字版印刷术后，在印刷体中多采用颜体，宋时刻本的字体多仿颜体，可见颜书在当时风行一时。元代的几位书法大家，如赵子昂、鲜于枢等人也都学过"颜体"。明清的许多书家以学"颜体"为入门者不在少数。颜真卿谢世已1200多年，"颜体"的艺术风范犹存，影响了几乎所有后代书家，这在中国书法艺术史上是不多见的。史学家范文澜说到唐书，称"盛唐的颜真卿，才是唐朝新书体的创造者"。颜的楷书，反映出一种盛世风貌，气宇轩昂；而他的行草，使宋代米芾也心仪斯书，原因是那些书帖往往是在极度悲愤的心境中走笔疾书的，读者可从书中领略个中滋味。情融于艺，艺才生魂，历史上大凡优秀的艺术，均不违背这一准则。

　　颜真卿一向喜欢结交有学问的读书人。他在湖州与张志和的结识，历来被传为佳话。张志和是金华人，学问渊博，能诗善画，曾经做过官，后来隐居江湖，自号烟波钓徒，又号元真子。大历九年（774年），颜真卿请他到湖州来做客。拿了一卷绢请他作画，张志和提起笔来很快就画好了一幅山水画，旁观的人对他的艺术才能都非常钦佩。张志和、颜真卿还和宾客们在一起饮酒、作诗词，写了几十首《渔歌子》。张志和的歌词流传了下来，其中最为人们所喜爱的一首是："西塞山前白鹭飞，桃花流水鳜鱼肥。青箬笠，绿蓑衣，斜风细雨不须归。"颜真卿看到张志和坐的渔船又小又破，就替他换了一条新的。张志和回去后，颜真卿很想念他，写了一篇《浪迹先生元真子张志和碑铭》记述他的事迹，还劝勉他不要在烟波江上终老一生，应该出来好好地干一番事业。

总之，颜真卿其人其书都是后人学习的典范。

柳 公 权

大唐文化瑰丽堂皇，书法艺术名家辈出。初唐有欧、虞、褚、薛；盛唐有张旭、颜真卿、怀素诸人；中晚唐有柳公权、沈传师诸大家。柳公权从颜真卿处接过楷书的旗帜，自创"柳体"，登上又一峰巅。后世以"颜柳"并称，成为历代书艺的楷模。

柳公权，字诚悬，今陕西耀县人。官至太子太师，世称柳少师。柳公权从小就喜欢书法，发愤练字。民间流传出有这样一个柳公权发奋练字的故事：

有一天，柳公权和几个小伙伴举行"书会"。这时，一个卖豆腐的老人看到他写的几个字"会写飞凤家，敢在人前夸"，觉得这孩子太骄傲了，便皱皱眉头，说："这字写得并不好，好像我的豆腐一样，软塌塌的，没筋没骨，还值得在人前夸吗？"小公权一听，很不高兴地说："有本事，你写几个字让我看看？"老人爽朗地笑了笑，说："不敢，不敢，我是一个粗人，写不好字。可是，人家有人用脚都写得比你好得多呢！不信，你到华京城看看去吧。"

第二天，小公权就独自去了华京城。一进华京城，他就看见一棵大槐树下围了许多人。他挤进人群，只见一个没有双臂的黑瘦老头赤着双脚，坐在地上，左脚压纸，右脚夹笔，正在挥洒自如地写对联，笔下的字迹似群马奔腾、龙飞凤舞，博得围观的人们阵阵喝彩。小公权"扑通"一下跪在老人面前，说："我愿意拜您为师，请您告诉我写字的秘诀……"老人慌忙用脚拉起小公权说："我是个孤苦的人，生来没手，只得靠脚巧混生活，怎么能为人师表呢？"小公权苦苦哀求，老人才在地上铺了一张纸，用右脚写了几个字："写尽八缸水，砚染涝池黑；博取百家长，始得龙凤飞。"

柳公权把老人的话牢记在心，从此发奋练字，终于成为了著名书法家。

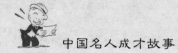
柳公权的字在唐穆宗、敬宗、文宗三朝一直受重视，他官居侍书，仕途通达。文宗皇帝称他的字是"钟王复生，无以复加焉"。有一次，穆宗帝问他怎样用笔最佳，他说："用笔在心，心正则笔正。"这句名言被后世传为"笔谏"佳话。

柳公权在唐代元和以后书艺声誉之高，当世无第二人。当时公卿大小家碑志，不得柳公权手笔的，人以子孙为不孝。而且柳公权声誉远播海外，外夷入贡，都另出资财，说："此购柳书"。皇帝的重用，大臣的推崇，固然可以转移一时风气，但这并非柳公权声誉鹊起的主要原因。柳体以创造一种新的书体美，征服了当代，也赢得了后代的推崇，"一字百金，非虚语也"。苏轼说："自颜、柳没，笔法衰微。"

柳公权先学颜字，但能自创新意，世称"颜筋柳骨"。他们书法的不同点在于，柳字避开了颜字肥壮的竖画，把横竖画写得大体均匀而瘦硬。他又吸取了北碑中方笔字斩钉截铁棱角分明的长处，把点画写得好像刀切一样爽利深挺。他又吸取虞世南楷书结体上的紧密，颜真卿楷书结体的纵势，创出了独树一帜的柳体。世人颜柳并称，一是楷书艺术到颜真卿、柳公权时已大成，柳同颜一样以楷书嘉惠后学；二是柳与颜一样以人格和书艺相结合，成为后世书家的楷模。确实，"柳体"与"颜体"已成学习书法之津筏；"心正笔正"之说，为书法伦理标准之一；"颜筋柳骨"已是书法审美的一种类型。人们瞻仰这丰碑时，景行仰止，重其书，慕其人，故书与人永垂不朽。

柳氏的一生，除了少许时间在外任官，基本上都在皇帝身边，一直在不断地为皇家，为大臣，为亲朋书碑。柳公权颇像一只关在禁笼中的金丝雀。这样的生活使他缺少壮阔的气度、宽广的视野、浩瀚的生活源泉。颜体不断地发展，柳体在其成熟后变化较少；颜真卿像奔腾咆哮的洪流，柳公权却似流于深山老林的涧水。这是两种不同的格调。

柳公权作为又一代书杰，他高耸的丰碑有多重意义。其代表作有：《李晟碑》（石在陕西高陵）、《大达法师玄秘塔碑》（石在西安碑林）、《荷嶙碑》（柳碑中最完全者）、敦煌石室藏旧拓《金刚经》、《神策军碑》等。

王 冕

王冕从小就很聪明。据说他一岁时就会说话，三岁便能与大人对答如流，五六岁时智力已明显高出一般儿童，村里人都称他是神童。

王冕求知欲很强，但由于家里穷，上不起学，七八岁时就开始帮助家里人干活，每天牵着牛出去放牧。有一天，他放牛走过村里的私塾，听见里面传出朗朗的读书声，非常羡慕。他将牛拴在野地里吃草，自己悄悄地溜进私塾听学生们念书，听一句，记一句。就这样，一连听了好多天。有一次，他听书听得太入迷，不知不觉太阳已经落山了。他急忙跑回拴牛的地方一看：糟了，牛已经挣断缰绳逃跑了。他到处寻找，也没找到，回到家时被父亲狠狠地揍了一顿，但父亲并没有叫他再去找。又过了好几天，他听外面有牛叫声，他出门一看，原来是牛自己跑了回来。

可是，对王冕来说，读书的诱惑力实在太大了，没过几天，他却又忍不住跑去私塾听书了。牛没人看，跑了好几次，王冕也因此挨了父亲好几次打。还是母亲看他可怜，劝解他父亲说："孩子这样痴心，打他也没用，不如就让他念点书吧！"于是给他买了两本书，让他一边放牛一边读书。

转眼几年时间过去了，王冕一边放牛一边读书，遇到不懂之处就向别人请教。人渐渐长大了，书也越读越多，懂得了很多道理。有一年夏天的一个下午，王冕放牛来到湖边，忽然乌云密布，下了一场雷阵雨。他牵着牛躲进了湖边的一座小庙里。等雨停了，他走出小庙，只见空中黑云边镶嵌着白云，云正在渐渐散开，太阳从云缝里放射出万道金光，照得湖面闪闪发亮。湖里有一片荷花经过这番雨水的冲刷，更显得娇嫩鲜艳；荷叶上滚着晶莹的水珠，绿得似碧玉一般；金灿灿的湖水衬托着那一片片红花绿叶，真是美丽极了。王冕看得入了迷，心里想：古人说"人在画图中"，真是一点都不错。可惜这儿没有一个画家，要能把这些荷花画出来该有多好啊！转念又一想：天下哪有学不会的事情，难道我不能也学着画画吗？

王冕打定了学画画的主意。从此以后，他把聚积的零花钱用来托人到城里买纸墨颜料，而不再用来买书。他每天把牛牵到湖边来放，先怕自己画得不好，就用石头和树枝在地上画，画得不怎么好，但他不泄气，仍然天天画。过了几个月，他画得荷花已经特别好了，他开始用笔往纸上画，他画的荷花越来越好，颜色精神无一不像，于是开始有人来买他的画。渐渐地他在诸暨城里有了名气，就专以卖画为生，后来终于成了元代有名的画家。

米 芾

米芾，字元章，号鹿门居士、襄阳漫士、海岳外史或人称米南宫，是北宋著名的书画家和鉴赏家。米芾言行举止异于常人，具有玩世不恭的个性，为中国艺术史上少有的有趣人物。书史称"苏胜在趣，黄胜在韵，米胜在姿，蔡胜在度"。在书法上，他和蔡襄、苏轼、黄庭坚合称为宋四大书法家，但又首屈一指。其书体潇洒奔放，又严于法度，苏东坡盛赞其"真、草、隶、篆，如风樯阵马，沉着痛快"；另一方面，他又独创山水画中的"米家云山"之法，善以"模糊"的笔墨作云雾迷漫的江南景色，用大小错落的浓墨、焦墨、横点、点簇来再现层层山头，世称"米点"，为后世许多画家所倾慕，争相仿效。他的儿子米友仁，留世作品较多，使这种画风得以延续，致使"文人画风"上了一个新台阶，为画史所称道。米芾究竟是以书为尚，还是以画为尚，后人各有侧重。

米芾的母亲阎氏是皇后的乳娘，所以幼时生活在宫廷里。他从小聪慧，七八岁时开始学书法，十多岁时就能书碑刻，长大后更是强闻博记，古文诗词，无所不涉，艺道大进。但是他喜议论，而且心高气傲，虽然具有前程万里的良好背景，因为愤世嫉俗，举止颠顽，时而装疯作颠，身在宋朝却好穿唐代服装，所到之处都是多人围观。当为州官时，他见了巨大奇石而大喜，整衣冠拜揖呼之为"兄"等，这种违世异俗的行为，在封建社会里，既超越礼法规矩，又不能与世随和，故在执政者看来，当然就不是什么"堂庙之材"。

所以，他一生在仕途上并不得意，只得"三加勋，服五品"而已。

米芾集书画家、鉴定家、收藏家于一身，收藏宏富，涉猎很广，加之眼界宽广，鉴定精良，所著皆为后人研究画史的必备用书，有《宝章待访录》、《书史》、《画史》、《砚史》、《海岳题跋》等。

米芾平生于书法用功最深，成就以行书为最大。虽然画迹不传于世，但书法作品却有较多留存。南宋以来的著名碑帖中，多数刻其书法，流传之广泛，影响之深远，在"北宋四大书家"中，实可首屈一指。康有为曾说："唐言结构，宋尚意趣。"意为宋代书法家讲求意趣和个性，而米芾在这方面尤其突出，是北宋四大家的杰出代表。米芾的书法是以临摹许多名家的作品，融会贯通而自成一家的。这被有些人称为"集古字"，常引为笑柄，但却从一定程度上说明了米氏书法成功的来由。

米芾书法成就完全来自后天的努力，丝毫没有取巧的成分。他30岁时在长沙为官，曾见岳麓寺碑，次年又到庐山访东林寺碑，且都题了名。元佑二年还用张萱画六幅、徐浩书二帖与石夷庚换李邕的《多热要葛粉帖》。看他的书法，24岁的临桂龙隐岩题铭摩崖，略存气势，全无自成一家的影子；30岁时的《步辇图》题跋，亦使人深感天资实逊学力。到了后来，已是自成一家了。米芾富于收藏，宦游外出时，往往随其所往，在座船上大书一旗"米家书画船"。

米芾爱石，相传他出任涟水军时，因涟水距灵璧较近，视灵璧石如珍宝，每得必藏，所藏很多，并一一鉴赏取名，终日闭门不出醉心赏玩。一日，杨次以按察使身份来到涟水巡视工作，见米芾不理政事，终日闭门不出，便正色质问他："朝廷把距京千里之县交付给你治理，你哪能整日玩弄石块，而不问政事？"米芾从左袖中取出一块灵璧石来，只见该石小巧玲珑，色泽清润，状如峰峦，仔细看去小峰上还有一洞壑，真是浑然天成。米芾说："这么好的石头怎么能不惹人喜爱呢？"杨次接过来仔细端详，果然好石，随手放入自己的袖中。米芾又取出一块灵璧石，但见层峦叠嶂，山色苍润，奇巧无比。杨次接过来端详之后，随即又纳入袖中。米芾再取出一石，其石造型奇特，集瘦、透、漏、秀于一体，色泽如墨玉，击有悦耳之声，真乃巧夺天工，为神雕鬼镂之作。米芾对杨次说："如此美石，怎能不惹人喜爱呢？"杨次答道："不只你一个人喜爱它，我也喜爱它。"说毕，从米芾手中夺过该石，径直朝门外走去，出了门便

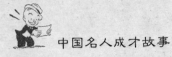

登车远去。米芾见杨次夺石而去，心中大为不快，几个月都郁郁不欢，多次致函杨次索还心爱之石，最终未能追回，米芾为此懊悔不已。

柳　敬　亭

　　故事发生在明朝。有个15岁的少年为"避仇流落江湖"，一日，他流浪到安徽敬亭山下，又困又乏，就躺下睡着了。朦胧中，少年似乎觉得有人在追赶他，又似乎感到母亲在轻抚他的双颊，他顿时惊醒，却原来是几枝柳条随风飘拂着他的脸，再细看周围，是满眼的绿柳。他突发奇想："为摆脱仇人的追捕，我何不更名改姓呢？就姓这遍地柳树的柳吧。"于是，少年慨然长叹一声："咳，从今天开始我改姓柳了，号就叫敬亭山的敬亭吧！"后来，这个改名叫柳敬亭的少年为了谋生，向艺人学习说书技艺，再后来，他成了著名的说书艺人。

　　柳敬亭，本姓曹，名逢春，江苏苏北泰州人，生于明神宗万历十五年（1587年），18岁学习说书，先后到过扬州、苏州、杭州、南京、北京等地。擅长说《隋唐》、《水浒》等，有很高的声望。曾同明末复社中的人相往来，后为左良玉幕客，明亡后，随清漕运总督蔡士英北上。

　　柳敬亭的说书生涯开始于江北的一个叫盱眙的小镇（今江苏省）。那时他从家乡逃出来已有三年。盱眙这地方虽小，但还算热闹，当时已有艺人在这里说书，柳敬亭对此很感兴趣，只要有艺人作场献艺，他都要在旁边聚精会神地听，专心致志地看，并用心揣摩书中人物的刻画及艺人的表演。看的时间长了，他也能照猫画虎地说上一两段。对说书艺术的爱好，也是为了生存而谋得一技之长，柳敬亭暗下决心做个说书艺人。

　　开始时，柳敬亭只是自己偷偷地练，自己说给自己听，到后来，他就硬着头皮到市面上去说，没想到竟赢得了许多听众。他说书不仅绘声绘色，更主要的是内容新颖不落俗套。

初步的成功使他有了信心，因而越说越好，但他已不满足盱眙这个小地方了，他渴望有名师指点。于是，他跨过长江，到了江南。在这里，他邂逅了一位老先生名叫莫后光。

莫后光是云间（今江苏松江）的一个儒者，他虽然不是说书艺人，但却对说书艺术有独到的见解，对说书理论有较深的研究。兴趣来了也能说段《西游记》、《水浒传》之类。有一次他无意间听柳敬亭说书，被他妙趣横生、新鲜别致的表演所吸引。莫后光暗忖："这个后生是个难得的说书人才，孺子可教啊。"于是就主动收了柳敬亭这个学生。柳敬亭运气不错，他能结识莫老先生，也实在是他一生中的重大转折。

莫后光谆谆告诫柳敬亭：如果想把说书技艺提高到一个新的境界，首先要熟悉各地的方言、风俗、习惯，并要对它们进行认真观察，细心揣摩。其次是把观察搜集到的资料进行分析研究，选择适用的，扔掉不适用的，选好题材。

说书艺人最重要的是如何把故事说得动听吸引人。说书技艺多种多样，有时可以从容铺叙，一路引来，直达胜境；有时可以说得简捷明快，穿插恰到好处；有时则不妨故意露出点破绽，让听众恍恍惚惚，直盼最后结局。总体说来，说书要掌握轻重、缓急，件件事都有交待，使听众首尾了然，欢喜赞叹而去。

莫后光还教导柳敬亭，说书艺人最理想的境界应达到：献艺时要忘记自己的事，忘记自己的貌，忘记座上的宾客，忘记时在今日，忘记自己姓甚名谁，做到我即古人，古人即我，古人笑，我也笑，古人哭，我也哭。要和书中人物打成一片，使听众也忘记自己是谁，忘记是在书场听书，也和书中人物打成一片。

柳敬亭是个异常聪明的人，老师的教诲，他一一记住，又经过勤学苦练，他的说书技艺有了明显的提高。但老先生唯恐柳敬亭满足现状，达不到艺术上的最高境界，就经常批评他，找他的毛病，令他不断改进，终于使柳敬亭的说书技艺达到了精湛圆熟出神入化的境界。

告别了恩师，柳敬亭先到扬州发展，以后又到过苏州、杭州等地，最后落脚南京。在南京他有了一个固定的说书场所，听众如云。当地的公卿显宦们也争相邀请他应堂会，人多时还要预先排队。

有记载说，柳敬亭"长身方额，面著黑子，须眉苍然，词辩锋

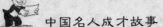

出。""居常喜著火浣布，醉后频歃绿丝帻。"百姓们亲切地称柳敬亭为柳麻子，说他虽麻子脸黧黑，但口眼波俏，眼目流丽，衣服整洁，不为人讨厌。清末扬州画家王素临本柳敬亭画像的形象是：手执一把折扇，头上带一方巾，白发飘然，一身明人装束。

柳敬亭说书技艺精湛。无论是什么样的书，一到了他的嘴里定能被说得活灵活现。他最拿手的是《西汉演义》、《隋唐演义》、《三国演义》、《水浒传》、《说岳全传》等。

在《水浒传》中，柳敬亭为武松塑造了一个全新的英雄形象，他凭借丰富想象力作出合乎情理的夸张，出人意料又在情理之中；十分注意烘托武松这一主角的戏剧性，时常高潮迭起，张岱形容柳敬亭说书是"叱咤叫喊，汹汹崩屋。武松到店沽酒，店内无人，蓦地一吼，店中空缸空甓皆瓮瓮有声。闲中著色，细微至此"。柳敬亭把自己变成了武松，使整个情感都融入到了情景之中，书场上一片"纵横撼动，声震屋瓦，俯仰离合，皆出己意"。

柳敬亭说书灰谐幽默，妙趣横生。表现人物十分生动，"以滑稽说古人事，掉头摇舌，灰谐杂出"。如说三国《当阳长板坡》一回，当说到张飞大吼一声，吓退曹军时，柳敬亭右手拿矛，指着听众张大嘴巴，半天不说一字也不闭上。有的听众问他这是为什么？柳敬亭幽默地说："张飞大吼一声就把曹营的人马全部吓退了，如果我真的学张飞大吼，那你们在座的人还不从座位上掉下来？"

柳敬亭说英雄好汉时就"危坐掀髯，音节顿挫"，说到战斗场面就"咤叱作战之声"，把疆场上两军战斗描述得淋漓尽致，大家说他"英雄盗贼最传神"。当说到闺阁儿女脂粉香时，他又能把小儿女们的切切私语，一颦一笑，嘤嘤啜泣之情，表现得温柔细腻，生动感人。

柳敬亭说书"能令千古事长新，一往从何辨假真"，达到了出神入化、随心所欲的最高境界。正如当时诗人朱一是《听柳敬亭词话》诗云："突兀一声震云霄，明珠万斛错落摇。似断忽续势缥缈，才歌转泣气萧条。檐下猝听风雨人，眼前又睹鬼泣立。荡荡波涛瀚海迴，林林兵甲昆阳集。座客惊闻色无生，欲为赞叹词莫吐。"明末遗老阎尔梅对柳敬亭的说书技艺也给予了极高的评价。他在诗中写道："发言近俚人人情，吐音悲壮转舌轻。唇带血香目瞪棱，精华射注九光灯。狮吼深崖蛟舞潭，江北一声彻江南。忽闻田间父老筹桑麻，村社鸡豚酒帘斜。忽闻三峡湍迥十二峰，峰岚明灭乱流中。忽如六月雨骤四滂沱，倾檐破地能漩涡。忽如他乡嫠妇哭松坟，忽如秋霄天狗叫长空，忽如华阴土拭太阿锋，忽如嫖姚伐鼓贺兰山，忽闻王嫱琵琶弄萧关。忽如重瞳临阵叱楼烦，弓不敢张马倒翻。忽如越石吹笳向北斗，胡儿垂涕连营走。忽如西江老禅逗消息，一喝百丈聋三日，亦有忠臣孝子抑郁无聊之啾唧。"

柳敬亭说书技艺高，人品也十分好。诗人吴梅村说他："只有敬亭，依然此柳，雨打风吹絮满头。"柳敬亭自己经常处于贫困之中，可他仍不忘时时接济比他还困难的人。有一年中秋节，诗人杜溶穷困得没饭吃，柳敬亭听说后就省下些自己的酒食委托别人送去，还附一短笺："不要给来人脚力钱。"杜溶很是感动，后来写诗云："中秋无食户双扃，叩户为谁柳敬亭；亟送酒钱乃送酒，真教明夜也休醒。封题凛凛太周祥，醉后重看笑一场……"

柳敬亭喜好交往，朋友很多，如大文学家钱谦益、诗人龚鼎孳等都和他往来密切。

柳敬亭一生说书献艺不止，从 18 岁一直说到 80 多岁，不断追寻着艺术的崇高境界。但他仍难以逃脱艺人们晚景凄凉的结局。有力气说书了，临终前身无分文。还是著名文人、他的好友钱谦益为他发起了墓葬，许多好心人为他料理了后事。

郑板桥

郑板桥，名燮，字克柔，1693 年出生于一个破落地主家庭，生活相当贫困。在他三岁时他的母亲就生病去世了。后来父亲又续娶了郝氏。继母是个善良的人，对他很好。可是，在他 14 岁的时候，继母又病逝了，板桥又一次失去了母爱。万幸的是，他的养母一直陪伴着他，给他以母爱。

郑板桥天资聪明，3 岁识字，5 岁读书背诗，6 岁读四书五经，至八、九岁已在父亲的指导下作文对联。幼年的郑板桥除了跟父亲学习外，还常聆听外祖父的教导。郑板桥的外祖父有着奇才博学，

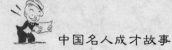

却过着隐居不仕、放荡不羁的生活，对郑板桥的性格、气质影响很大，郑板桥曾自称"文学性分得外家气居多"。

大约在20岁左右，郑板桥考取秀才。23岁，郑板桥与徐氏结婚，育有两男一女，为了养家糊口，不得不到真州（今江苏仪征）的江村设私塾教书。但当地农民生活十分贫苦，他的生意并不好。郑板桥30岁时，他父亲去世，生活更加艰难，几乎无以为继。郑板桥被迫到扬州卖画为生，他自我解嘲是"实救困贫，托名风雅"。但是，由于他的画立意高雅，能欣赏他字画的人并不多。

在扬州卖画十年期间，先是一个爱子早逝，39岁时，妻子徐氏也不幸去世，郑板桥更加潦倒。幸亏遇到一位朋友慷慨解囊，资助了他一千两银子，才算暂时摆脱了贫困。

雍正十年（1732年），郑板桥40岁时，赴南京参加乡试，中了举人。1736年，乾隆元年，44岁的郑板桥终于考取进士，取得了当官的资格。他后来刻了一方印章，曾对自己的科举生涯作了风趣的总结："康熙秀才、雍正举人、乾隆进士"。

乾隆六年（1741年），郑板桥49岁时，他被选为七品县令，去山东范县就任。郑板桥上任的第一件事，就是叫人把县府衙门的墙壁打了百来个洞，说是为放出前任县官的恶习和俗气。因为在郑板桥看来，县衙与外面隔着厚厚的墙，新鲜空气进不来，他需要自由自在与入交往，打破县令与百姓间的隔膜。不久，郑板桥便微服出访，接触社会，了解民情。由于郑板桥不摆官架子，办事公道，廉洁爱民，范县百姓都把他当作是个循循善诱的长者来敬重他。乾隆十一年（1746年），54岁的郑板桥被调到潍县当县令。像在范县那样，他常常穿着便衣到潍县四乡去访察民情，关心着民间疾苦，救济灾民。

由于郑板桥秉性耿直，在处理诉讼案中，也不袒护地方富豪。尤其是在灾荒之年，为救灾民而开仓放粮，没把上司放在眼中，又命令城内大户设立粥厂，救济难民，这就更直接侵犯了豪商富贾的利益。所以在乾隆十八年（1752年）春，郑板桥竟被诬告有趁赈灾贪污之嫌，而被撤职。

郑板桥早就不想当这个县官了，12年的官场生活，两袖清风的郑板桥亲眼目睹了社会的黑暗和民间的疾苦。他的宏图无法实现、才智无处施展，对现实极端不满，早就有告老还乡的想法，最后落得个如此结局，虽然冤枉，倒也满足了他的心愿。自此后他告别官场，先回老家兴化呆了些日子，然后来到阔别多年的扬州，以卖画为生，直到终老。

张维屏间《松轩随笔》中说："板桥大乏有三绝，曰画，曰诗，曰书。三绝之中又有三真，曰真气，曰真意，曰真趣。"郑板桥三绝诗书画，一生中在诗词、书法、绘画、篆刻等方面都达到了很高的成就。而在为官期间，郑板桥无论是吏治还是诗文书画方面都达到了新的高峰。

郑板桥是我国艺术史上一位重要的画家，他的画以兰、竹、石、松、菊、梅等为主要描绘对象，而尤工于兰竹，将墨竹推向极致。梅、兰、竹、菊历来被称为"四君子"，再加上坚硬、经久的石头，在文人们心目中象征着坚贞、高尚的美德和傲岸、洒脱的为人，所以常被用做入画的题材。

郑板桥的竹画达到了炉火纯青的艺术境界。他笔下的竹子千姿百态，多而不乱，少而不疏，体貌疏朗，笔力劲峭，是其人倔强的人格的写照。他善于通过简洁生动的线条勾勒，为我们展现出竹枝的坚韧和勃勃生机。他的画没有用彩晕色染的归画法，而是纸本水墨，在酣畅淋漓的墨色中传达出竹子的青翠或饱经风霜，韵味隽永，意境美妙，令人回味无穷。同时他的画，将自己具有狂怪风格的诗掺以书法用笔的画、掺以绘画用笔的字、放纵跌宕的印章结合起来，并熔为一炉，形成了与众不同的绘画艺术，开一代之画风，对后世有着巨大的影响。

郑板桥的诗词带有狂怪的特点，但也正是这种独特又生动的狂怪雄风，使他的诗词在清代的文坛上发山奇异的光芒。他的诗作内容广泛、思想深沉，形式上丰富多样，比如《逃荒行》、《还家行》、《诗钞》、《词钞》等。他的散文创作也饶有风味，如广为传颂的《家书》。

他的"六分半书"纵横错落、瘦硬奇峭，具有很鲜明的艺术特色，主要表现在以下两个方面：一是以画笔入诗，恰到好处地将绘画用笔的高度成就吸收到书法当中去。乾隆时有名的词曲家蒋士铨评曰："板桥写字如作兰，波磔奇古形翩翩。板桥作兰如写字，秀叶疏花见姿致。"说明他的书、画相互借鉴。二是他的行款布局如"乱石铺街"。陈书良在《郑板桥评传》中说得很好：板桥的字常常不是直写到底，而是大大小小，方方圆圆，正正斜斜，疏疏密密，浓浓淡淡，一眼望去如马路上乱铺的石子，但细玩之下，却又发现有着音乐一般的节奏和韵律感。

1766年1月22日，73岁的郑板桥病逝，葬于故乡兴化城东。

郑板桥在书法、绘画、诗文、印石等方面均有建树。他在自己的领域里，大胆探索，推陈出新，给清代文坛、画坛增添了一丝生气，对后世产生了广泛而深远的影响。而他的为人、做官与他笔下的兰、竹、石一样，高洁傲世，从不妥协，一句"难得糊涂"，更是被无数人引为至理名言。

第三章　著名思想家的故事

老　子

老子是中国古代春秋时期思想家，道家学派的创始人。全世界最早具有朴素辩证法思想的伟大哲学家。有关他的生平事迹已难详考。老子姓李、名耳、字聃。是春秋时期楚国苦县人（今河南鹿邑县）。

据考证，老子曾做过东周王朝的"守藏室之史"，即主管王室藏书的史官。由于这样的原因，老子不仅熟谙典章制度，对政治上的兴亡治乱也多有见闻。

老子感到周王朝的衰亡已在所难免，于是便弃官西走，据说他西出函谷关，骑着青牛，到过我国西北沙漠以西的地方。后来不知所终。

老子经过函谷关的时候，关令尹喜知道他将隐去，请老子著书，于是老子写下了五千字，这就是他惟一的著作《老子》。他的思想主张，大部分也就保存在《老子》这本书里。《老子》共八十一章，分上下两篇，一共只有五千多字。后来的人又称它为《老子道德经》，因为这本书所讲的是道与德的问题。另外又有称它为《道德经五千言》、《老子五千文》的。

目前学术界倾向这一观点：《老子》一书并非老子亲手所著，其中的主要思想都是老子的。它的成书时间不会晚于战国中期。

《老子》一书，文词简短，但比较艰深难懂。后人作了许多注解，最通行的有汉河上公注、魏王弼注和清魏源的《老子本义》等等。虽然经过后人的增订补充，但《老子》一书中的主要思想仍然是老子的创见。通过《老子》这本书，可以了解老子的哲学、政治思想和他在中国历史上的地位和影响。

古人以为宇宙间的事物都有神在统治着，最高的神就是天，或者称为天帝。天帝是有意志的，它有知识，能喜能怒。

到了春秋时期，这种"天帝"观念开始起了变化。因为一些进步的思想家对于天帝统治人民的威力有了怀疑，老子就是较早地从哲学方面有意识地、明确地否认天帝的思想家。

老子否认天帝的存在之后，接着提出了一个"道"是天地万物本源的学说。

老子认为一切都在"道"中，不过在一切还没有从"道"分化出来的时候，只在一种细微原始的状态下存在。

老子认为万物的形成和发展有四个阶段。即"道生之"、"德畜之"、"物形之"、"势成之"。在这些阶段中，"道"和"德"是基本的，"万物莫不遵道而贵德"，"莫之命而常自然"。《老子》中说："生而不有，为而不恃，长而不宰"。这些论点都表明，万物的形成和变化不是受超自然的意志支配的，也不是有某种预定的目的。这是老子最早的唯物主义和无神论的思想反映。

老子学说的精髓，是他的辩证法思想。

老子从观察天地万物的发展变化，社会历史与政治方面的成与败、存与亡、新与旧、福与祸等对立物的双方面的相互关系的角度，发现了事物内部所具有的一些辩证规律。

老子首先认识到，宇宙间的事物都是在运动变化之中的。

按照老子万物皆生于"道"的自然观，老子却又认为事物的运动变化只是一个反复的循环而已。

而且，老子还认为万物的生灭变化是没有穷尽的。

他又认识到，事物都有它的对立面。接着又提出，对立的双方是互相转化的。

《老子》一书还深刻地论证了物极必反的道理。

老子还初步意识到量的积累可以引起质的变化。

老子发现并了解事物的矛盾性要比一般的古代哲学家更广泛更深刻。但是，另一方面我们也应该看到老子的辩证法思想是不完备的、自发的、朴素的。老子的思想中，仍然有形而上学的观点。

在认识论上，老子分别提倡"为学"与"为道"两种方法。《老子》中说"无为而无不为"。无为并不是说什么事情都不干，而是要无所为而为，就是要顺乎自然。

老子从他的认识论出发，在《老子》一书中提出如何治理国家的政治主张，描绘了他所认为的理想世界的图景。

老子反对任何进步的东西，他把历史前进的产物看作是"有为"。不仅在理论上反对"有为"，并且认为"有为"在实践上必然失败，即《老子》中说："为者败之，执者失之"。"取天下常以无事，及其有事不走以取天下"。

为了反对"有为"，老子主张"无为"。他认为"有为"是从"无为"堕落而来。《老子》中说："为无为，则无不治"。

他就认为应该用这种无为而治的办法来治理国家。他认为理想的统治者治理国家，是让人民去过自由自在的生活，不要去干涉他们。用无所作为听其自然发展的办法，来达到治理好国家的目的。

在老子看来，虚无的东西才是最有用的东西。道本身就是空虚而不见的东西。

老子反对用刑、礼、智这些东西来治理国家。他反对重税，反对强大的兵力，反对工商业，反对知识和文化。认为这些都是违反了无为而治的原则。

老子告诫统治者，如果违反了无为而治的原则，就会引起人民的变乱，以至无法维持自己的统治。

老子又主张愚民政策。

从无为而治的观点出发，老子所追慕向往的理想世界，乃是小国寡民的原始社会。《老子》中说："小国寡民。使有什佰之器而不用；使民重死而不远徙；虽有舟舆，无所乘之；虽有甲兵，无所阵之。使民复结绳而用之。甘其食，美其服，安其居，乐其俗。邻国相望，鸡犬之声相闻，民至老死，不相往来"。

老子的这种理想社会，是远古的原始社会，这自然是不可能出现的。老子的幻想，在一定程度上反映了在春秋战国之际，战争频繁，生活动荡不安，人民迫切要求休养生息和减轻剥削的愿望。但是，小国寡民的理想，是违反社会历史发展规律的。它是一种保守落后的思想。

老子否认天命的存在，打破了天帝的崇高地位，提出"道"来作为天地万物的本源，并且把天地万物的生长、运行和灭亡，看成是自然的作用，并没有什么神的意志在支配。这种思想对我国古时的"神造万物"说是一个很大的冲击，这在当时无疑是一种很大的进步。

老子提出的对立双方互相转化及物极必反等辩证的思想，在我国古代哲学史上是极为光辉的思想火花，是值得我们特别珍视和骄傲的一份历史遗产。

老子的无为而治和小国寡民的理想社会，是一种与社会历史发展规律背道而驰的幻想，还有他的哲学思想中形而上学的东西，都是他思想体系中的不足。但不能因此否认老子的成绩和历史地位，老子仍然是我国古代伟大的哲学家。老子是道家学派的创始人，道家学说对我国封建社会思想的发展有很大的影响。《老子》一书也是中国封建时代知识分子喜欢阅读的著作。

我国古代哲学家，研究人生的问题比较多些，而对于生活的态度、道德的修养等问题，注意的则较少。老子关于道的学说，第一次提出了比较系统的宇宙观，对后来的哲学家有很大的影响。

在政治方面，汉朝初年的黄老学说提倡休养生息的政策，就是以老子无为而治的思想为内容的一种政治学说。历代的封建统治阶级也常常采用老子所阐明的驾驭臣民的法术，来加强他们的权力，巩固他们的统治。

老子的道家本与张道陵创于汉末的道教互不相干，道家是哲学派别，而道教是一种宗教，但张道陵为了吸引群众的注意和信仰，尊老子为"太上之君"，《老子》也成为了道士们诵读的经文。

孔 子

圣人出世

在一个美丽如画的秋日，叔梁纥和他妻子颜征在，在邻居曼父娘的陪伴下来到了尼丘山，祈祷山神、皇天保佑早生贵子。

也许是他们的诚心感动了山神。自从尼丘山求神以后，颜征在果然有了身孕。

叔梁纥有三位夫人，第一位夫人施氏生了9个女孩，第二位夫人生的儿子是跛子。为了体面和继承父业，叔梁纥不得不在晚年又取了颜征在为妻。

鲁襄公22年（公元前551年）8月27日，一个小生命降生了。因祷于尼丘山而生，又是老二，因此他父亲便为其取名孔丘，字仲尼。

老来得子，后继有人，叔梁纥就像老牛舔犊一般地爱护他。

刚刚出生的小仲尼，活泼可爱。在父母亲精心的培育下，这株幼苗一天天茁壮成长着。

夫妇俩时常在心中描绘着小仲尼的未来。于是，日子就在期待中一天天过去。但好景不长，在仲尼3岁那年，叔梁纥不幸逝世了，终年72岁。

叔梁纥的去世，对一家人来讲就像是房子折断了大梁。颜征在顿感依靠无人，哭干了泪水，哭碎了心肺，哭哑了嗓子，她们孤儿寡母，往后可怎么过啊！

丧事办理完毕，施氏对征在更加百般虐待，处处挑剔，事事不满。征在实在无法忍受，只得带着3岁的儿子，迁居到曲阜城。

曲阜是鲁国的都城。南北宽5华里，有7条大街，东西长7华里，有11条大街。城里周公庙一带殿宇巍峨，是鲁国的中心。

在曼父娘的帮助下，母子俩在城西北平民区安顿下来。

孔氏母子在曲阜定居后，生活当然是十分艰难的。但是，当时的孔子，虽然物质生活十分贫困，精神生活方面，却有许多新奇的东西令他目不暇接。

鲁国是周公的封国。所以西周的礼乐文献保存得最多，鲁国素来有礼仪之邦的美称，而鲁国的礼乐文献大多集中在都城曲阜。曲阜是当时仅次于京师洛邑（今河南洛阳）的礼乐文化中心。征在选择鲁国都城曲阜定居下来，其用意，除了这是娘家故乡，更重要的是为了利用这里的文化氛围来教育儿子孔丘。

作为孩童的孔子，自然会得以有机会目睹这些规模浩大、礼仪规范的活动。

孔子除了学习礼仪外，在稍微年长之后，便通过一定的途径，学会了识字并读到了当时的一些典籍，例如《诗》、《书》。

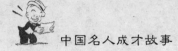

《诗》，又名《诗三百》，是西周以来中国古代诗歌的一部总集。后被称为《诗经》。《书》，是春秋中期以前的中国历史文献汇集，后称《尚书》或《书经》。

《礼》、《乐》也都是孔子最为倾心的书籍，少年时期的他对这两本书爱不释手，不忍丢弃。

生活是艰难的，但是孔母颜征在是坚强的。她把生活艰辛的苦水咽入肚中，忍住丧夫的悲痛，尝试过各种营生。她在门前开垦了一小块荒地，种上五谷杂粮和一些蔬菜，总算勉强维持生计。她还给人家洗洗补补，做些零活。冬天夜长，就在菜油灯下编织草鞋，也可以赚些零花钱用。就这样，征在节衣缩食，苦苦支撑着，惟一的希望和安慰便是她的儿子——孔丘。她一定要把儿子抚育成才，将来光宗耀祖、重振家业、实现丈夫的遗愿。

母亲的坚韧和家境的艰难促使孔子更加发奋读书。儿子孔丘在学习上显示出来的无比聪敏和极为认真的态度，使征在从心里感到满意。与此同时，她也感到了自己学识有限，常常被儿子问得张口结舌、无言以对。

征在决定把他送到外祖父那里接受教育。外祖父颜襄满腹经纶，通今博古。早年曾做过官吏，告老后亦潜心治学。如今颜老虽已须发皆白，老态龙钟，但他精神矍铄身体健康。

颜老平时就非常喜欢孔丘这个小外孙。如今听女儿说外孙越来越聪颖好学，学而不厌，便欣然收下了一生中最后一个弟子。

孔丘师从外祖父苦学3年，在此期间，颜老把几十年积累的学问全部传授给了孔丘。

快乐的学习生活伴着孔丘的成熟，促使孔丘有了很大进步。但不幸又一次降临到仲尼的头上。

有一天，颜襄正在给孔子讲课。讲着讲着，颜老忽然一阵头晕目眩，精神恍惚。他自知不妙，生命已到尽头，恐怕不能支撑多少时候了，便让孔丘扶他在躺椅上休息了一会儿，稍稍缓解以后，艰难而又深情地对孔丘说："我已经把我的全部学识传授给了你……要做一个德才兼备的人……时机到来，就要竭尽全力报效国家……要成大器……人生在世，要成就一番事业，让后人景仰和效法……若能做到这一步，不但可以光宗耀祖，老夫我也可以含笑九泉了……"

颜老死去以后，征在失去了娘家经济上的资助，生活更加举步维艰。由于长年的操劳，征在的身体已经越来越瘦弱，有时还通宵达旦咳喘不止，不能安眠。

这一切，都深深刺痛了孔丘的心。他恨自己不能为母亲分担家庭重担，排解心中的忧愁。经过长期的思考，终于作出了决定：他要边学习边赚钱，养活母亲和自己。

于是他开始了打工的生涯。他跟隔壁邻居学会了赶车，他还去农家放过羊。在家里，他也总是帮母亲干一些家务。

终于，一次偶然的机会使母亲知道了儿子的事。满心盼望着儿子出人头地的征在心如刀割，对这个懂事的孩子又爱又气。

赴宴受辱

一晃孔子19岁了，他奉母命与宋国兀官的女儿结婚了。第二年便有了一个儿子。

此时的孔子，已在鲁国官府里担任着小小的官职。为了维持一家人的生活，他辛勤地劳作着。

仲尼官职很低，甚至让人感觉有些微不足道。他的职务原来是看管粮食仓库，但这个低贱的工作并没有埋没孔子的才华。他的博学被当时鲁国国君所知，当他喜得贵子之时，国君还送给仲尼一条大鲤鱼表示祝贺。

孔子为了感恩国君，便给儿子命名为"鲤"，字"伯鱼"。

学识渊博的孔子，渐渐地闻名遐迩，于是有很多人主动求上门来请求进入师门，拜孔子为师。

这样，仲尼一边做官，一边教书。后来，由于弟子逐渐增多以至忙不过来，就索性辞去官职，专门搞教学工作。

教书的生活是清苦的，为了更好地传授知识给弟子，他不断地加强自我修养，研究学问。

在治学的同时，他还注重实践，在实践中不断总结，努力做个"君子"。

长年含辛茹苦，被生活重担压得未老先衰的颜征在终于一病不起，年纪轻轻便匆匆地结束了她的一生。孔丘悲痛欲绝，一头昏倒在母亲身上。

但不能一味地悲痛，怎样入殓？怎样殡葬？这次仲尼可遭遇到了难题，按照古礼，父母死后一定要合葬。但是，他不知道父亲的坟墓在什么地方。

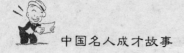

母亲生前只告诉孔子说：父亲葬到了一个叫防山的地方，从没有告诉孔子具体的地址。另外，春秋时期的风俗是墓地不立碑。所以，如果没有参加葬礼的人，很难知道孔父究竟葬在了什么地方。

日影在移动，时光在逝去，看热闹的人不少，就是没有能指点的人。

突然，一位中年妇女来到这里。当她问清了棺木里的人是谁后，放声大哭起来。原来，她就是叔梁纥夫妇的故友——曼父娘。在她的指点下，孔丘找到了父亲的墓地，孔丘终于合葬了父母亲。

把母亲的灵柩安葬好以后，仲尼跪拜了良久才离去。

孔丘殡葬母亲之后，按照母亲平时的教诲，仍旧努力学习，等待时机，施展才能，光宗耀祖，报效国家。一天，老朋友颜路跑来告诉孔丘说："鲁国大夫季武子季相国要举行招待士的宴会了，你有没有被邀请呢？"

鲁国社会中的士，在当时是贵族的最低一级。但是它的地位虽比其他贵族低下，却是进入上层社会的起点，士的人数众多并接受过系统教育，是政府选拔人才的重要来源。因此，鲁国的执政者利用宴会，招贤纳士，选拔人才。而文人学士则通过宴会，聚在一起，可以演习礼仪，切磋技艺，也可借此接近上层，结识社会名流。

孔子虽未受到邀请，但他希望通过这次机会扩大在社会中的影响，他认为自己懂得一些礼仪知识，去参加"士"的宴会是够格的，何况自己在曲阜已小有名气呢！

当时的鲁国，国君是鲁昭公，但他只是名义上的国君，不掌实权。真正的大权落在了三家大夫的手里，他们是季孙氏、孟孙氏、叔孙氏。

其中季孙氏实力最强，权力最大。他担任了鲁国首席执政官，那时称为相国。人们又以冢宰相称。鲁国的读书人要想争得一官半职，当然得通过季孙氏这一关了。

在孔子的期盼之中，宴会终于举行了。一大清早，身高9尺6寸的孔丘就穿戴整齐了。一件青色衣衫，一顶"章甫"帽，孔丘正在服丧期，腰间扎一条白麻带子。他潇洒英俊，文质彬彬，兴冲冲地朝相国府走去。

相国府高墙大院，森严雄伟。那一天，大门洞开，门前车水马龙，人来人往，孔丘随着众人一脚跨进门去。哪里料想到，恰巧在这个时候，门内闪出一个人来，一把拉住了他。

"且慢！"一声吼，把孔丘吓了一大跳，孔丘抬头一看，这个人不是季孙大夫家的家臣阳虎吗？

其实，这个人的本名叫阳货，就因为他凶猛像老虎，所以人称阳虎。这个人的长相和孔丘颇有几分相似，只是阴险而又诡计多端，因此是一脸的凶相。眼下阳虎正在走红。当时的鲁国，季孙氏控制了鲁国国君鲁昭公，而阳虎控制了相国大夫季孙氏。这是人所共知的。

阳虎凶狠狠地问："孔丘，你到这里来干嘛？"

孔丘答："季孙大夫宴请鲁国的文人学士，我来赴宴。"

"季家宰设宴招待士人，士是贵族，可您没有被邀请啊！"阳虎满脸讥讽地说。

"我是贵族之后……"孔丘面带怒色，声音发抖。

"什么贵族？是放牛贵族还是吹唢呐的贵族？哈哈……哈哈……"

孔丘拂袖转身而去，心情懊丧、万般无奈地回到了家中。

这是孔丘想进入贵族社会时遭遇到的当头一棒啊！

面对难堪的羞辱和打击，孔丘只好默默承受这一切，把苦涩吞进了肚里。但这一番挫折并没有使他灰心丧气。

在年轻的孔丘的心灵深处，对贵族的等级制度并没有任何的抵触和反抗，他是以一种膜拜的敬畏之心，由衷地顺从和接受了。

通过这一次受辱，他更深深地认识到像他这样的年轻子弟想挤进贵族的行列，挤身仕途，靠的只有知识、学识和本领，还有精通六艺。从此，他更加不知疲倦地发奋学习。他一面钻研礼乐书教，一面练习射和御。

功夫不负有心人，孔丘的努力再加上天生的智慧使他的学识越来越广博，越来越多的人都来拜他为师。

发奋苦读

春秋时期，凡是上流社会的贵族，都必须学会礼、乐、射、御、书、数这六项称之为"六艺"的基本功。因此，六艺是孔子学习的主要内容，他学习的方法是刻苦地自学和虚心地向别人请教。所谓："三人行必有我师焉"。

一次偶然的机会，孔子听说郯子有非常丰富的历史文化知识，

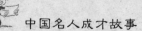

他十分钦佩，真是天赐良机，千万不能失去这次学习的机会。

一大清早，孔子就穿戴整齐毕恭毕敬地守候在郯子下榻的馆舍门前，恳求郯子赐教。可是，没想到郯子出去赴宴了。

炎炎烈日下，孔子站在馆舍前，自觉头昏眼花，眼冒金星。真是熬煞人也，但这并没有改变孔子的求教决心。

宴会结束后，郯子乘车回到馆舍，郯子望着眼前这个风度翩翩、气宇轩昂的青年人，不觉心生喜爱之情。再看看那经烈日熏晒而汗流浃背湿透的衣衫，又不觉心生怜惜之情。

恰巧这时候，陪送郯子一起回馆舍的鲁国仲孙大夫走下车来，见是孔子，便向郯子引荐，于是孔子随一行人来到馆舍里面，分宾主而坐。

孔子开门见山，提出了他的问题，说："孔丘听说贵国特别重鸟，以鸟作官名，不知是什么原因，冒昧求教，不知能赏脸否？"

郯子见孔子如此虚心好学，很受感动，不顾疲劳，娓娓谈了起来："从前黄帝用云纪事，故百官都用云来命名，炎帝以火纪事，故百官都用火来命名，共工氏以水纪事，故百官都用水来命名，大吴氏以龙纪事，吾郯国祖先少障氏立国时，有凤凰立于梧桐树上，先祖以为是吉祥之兆，所以用鸟来命名百官，以鸟命官的制度就这样确立了。"

孔子感谢郯子的认真赐教，又询问了一些别的问题，郯子也都一一回答，孔子再三道谢，告辞而去。

孔子有着超群的音乐天赋。各种乐器到他那里，一练便会，无师自通。但是，他知道自己好多地方都未能得其要领，更谈不上登堂入室，所以决心求名师指点。

春天，孔子整理好简单的行装，出门远行。他要到晋国去拜师襄子为师，讨教音乐方面的问题。

在那里，孔子虚心请教，从不满足，领悟到了音乐的真缔。

转眼间，孔子已经来到这1个多月了。在此期间，孔子和师襄子终日论琴谈曲，成了知音。在两人即将离别之际，孔子深情地对师襄子说："全仰仗夫子教导！使我如在黑暗中遇到了光明。我不虚此行啊！"孔子再三道谢，方恋恋不舍地告别离开。

鲁国的太庙是学习、了解西周历史、鲁国历史以及各种礼仪制度的理想场所。勤学好问、学而不厌的孔子，怎能放过这样的学习条件呢?

孔子在太庙里所见到的,有的是他熟悉的,他从小便在郊祭活动中见识过,自己还仿效着演练过;还有很多是陌生的,要深究起来,他还有很多不懂的地方。不懂就问,这是孔子的性格。于是等祭礼完毕,参加祭礼的人大多散去后,孔子便向赞礼官提出了各种各样的问题:

"请问什么情况可以用八佾舞?什么情况用六佾舞?"

"祭周公的祭典上能奏《韶》乐吗?"

赞礼官是一个50多岁、知道得很多的长者,他对孔子提出的问题,耐心地一一作了回答,并且以赞许的口吻对孔子说:"先生很虚心好学啊!"

孔子上前作揖道:"听君一席话,胜读十年书。晚辈在这里谢谢您了。"

孔子沿着勤学好问的自学道路不厌不倦地学习,他的礼乐知识达到了博大精深的程度。他的射、御、书、数这四门技艺也样样精通。

没过多久,孔子的名气便传开了,许多有识之士纷纷慕名前来拜师学艺。

京师洛邑是春秋时期全国最大的政治文化中心,周天子所在的地方,收藏着全国最丰富的文物典籍,保存着最完备最典型的国家礼仪制度。随着教学工作的不断展开,孔子觉得有必要不断开阔自己的视野,丰富自己的学识。所以,他决定去京师洛邑求学。

马蹄声声,车轮滚滚,装饰一新的马车,在阳光照射下,放射出欢乐的光亮,车上坐着孔子、南宫敬叔以及御者三人,从鲁国曲阜出发,向西南奔驰而去。

当时正是暮春时节,是一年中最美的季节。出了城门,顿时觉得天也宽了,地也广了,蓝天白云,万里晴空。路旁有杨柳轻摆腰肢,好像在跟过往的行人打招呼。各色野花一点点、一簇簇,像天上的星星在眨着眼睛。

望着眼前的美景,孔子不禁想起含辛茹苦的母亲,慈祥而博学的外公。往事一幕幕浮上心头、历历在目。孔子心里默念着:

"妈妈、外公,丘儿不会辜负你们的期望。我的人生才刚刚开始,我要继续完善自己,不断磨练自己,好成为一位优秀的教师。

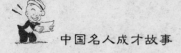

你们在天上保佑我吧。"

孔子这一次到京师去，可以说是他走向社会以来最愉快的时期：兴办学堂的成功，鲁国贵族的赏识，鲁昭公的支持，都使他对未来充满了信心。他希望更加丰富君臣礼仪方面的知识，以备有朝一日进入上层社会。

坐在他身旁的南宫敬叔还未满20岁，英俊潇洒、风华正茂、谦虚谨慎、聪明而热情。对于这个新入门的弟子，孔子很是赞许。他夫子长夫子短地问这问那，对什么都感兴趣。孔子对这位朝气蓬勃的年轻弟子所提出的问题，有问必答，滔滔不绝，恨不能把自己的所知、所学一下子都倾注给他。

经过几天的奔波劳碌，孔子终于到达了洛邑。

到底还是京师啊！街上人来人往，车水马龙，大大小小的店铺，各种各样的商品，琳琅满目，让人应接不暇。

敬叔长这么大，还是第一次来到这么大的城市，对什么都觉得好奇，兴奋不已。此时的孔子也满怀喜悦，笑语盈盈。

孔子师徒二人最先参观的是明堂和太庙。

明堂是周天子议事和宣政的地方，所有朝令、庆赏、选士等大典都在这里进行。明堂从外面远远望去，是一群布局严谨的建筑群，既古朴，又高大。师徒二人到了里面，只见四周墙壁上画着许多画像：尧、舜、禹、桀、纣、周公、成王……，这些画像都是彩绘。各个人物神态不同，栩栩如生。从画像不同的形态、神情都能体现出其人的善恶好坏。譬如尧、舜和禹的画像，魁梧高大，慈眉善目，和善可亲，而夏桀和商纣的画像却是另一幅模样：横眉竖目，既丑且陋，而且他们都坐在一个妇女身上，以妇女为坐骑，更加显得狰狞残酷。

所有画像中最让孔子着迷的是画在东面墙上的"周公相成王"图。周公身材高大，面目表情严肃，端坐在屏风后，辅助年幼的成王接见别国使臣觐见。孔子认真地看了一会儿，回过头来对南宫敬叔说：

"你看，有周公在后面，年幼的成王都显得威仪了。"

孔子在他心目中最崇敬的周公画像面前，凝神注目，激动得久久不肯离去，要不是敬叔在一旁催促，他大概真要乐而忘归了。

师徒二人又接着参观了周公的祖庙——太庙，孔子依照春秋的礼节，恭敬地行了礼。礼毕，只见台阶上有一尊铜像，背面刻着一句话：

"无多言，多言多败。无多事，多事多患。"

这句话明显袭用了道家的用语。

孔子回过头对敬叔说：

"做人要出言谨慎，为人处世要考虑周全，不可轻易说话。古人说的话，要记住啊！"

孔子停了一会儿又说："话虽如此，然而又似乎太过。掌权的人暴戾，世道不公，如果人人缄口不语，无人仗义直言秉公进谏，如何又能纠偏？又如何能改错？"

南宫敬叔听了，感叹地点了点头。

孔子在京师洛邑的另一个重要活动，就是同老子会见。

老子是道家学派的创始人，当时担任东周政府的守藏室史（国家博物馆负责人）。要比孔子年长一些，是一位学识渊博、社会经验丰富，精通古代礼制而又对礼持严峻批判态度的老者。孔子拜会他的目的，一是参阅他收藏的文物典籍，二是请教礼仪制度。因此，在洛邑期间，他们交往颇多，还一同给人家办过婚礼大典。孔子与老子结下了深厚的友谊。

一次，孔子去老子那里聊天。

孔子向老子说："鄙人对各种礼制做过一些研究，但终觉得不能融会贯通，还望长辈指教。"

老子说："礼制关系到国家的治乱兴衰。周文王、周武王以及周公都能按照礼制实行仁政，所以国泰民安、民心归顺，夏桀、商纣都废礼制，毁仁政，弄得民不聊生，最后群起而攻之，落了个身败名裂的下场。所以大凡古代圣明的帝王都能替天行道，救国救民。"

老子这番意味深长的谈话，孔子一直记在心里，后用这番话教育弟子，并说这是以前老子亲口向他讲的。

老子还向孔子传授具体的礼仪制度。老子对孔子谈到：

"天子或诸侯去世时，由太祝把各宗庙的神主放到太祖庙里，以表示各位祖先为国丧而会聚一起。等到要安葬而率哭之后，又把神主放回到各自的庙里。如果君王出国，就由太宰取出各庙神主与君同行。至于合祭时，则由太祖取二昭。穆的神主合食于太祖庙。凡迎接神主出庙或回庙，都要排列仪仗队，不许闲人走动。"

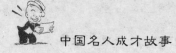

孔子又向老子请教礼仪制度。例如：出丧的时候遇到日蚀怎么办？其他小孩子死了该葬到近处还是远离家门？国家办丧事的时候不避战争对不对？战争的时候应该把国君的牌位带着出征，还是不带等等。老子对孔子提出的问题都作了具体而详细的回答。

孔子对礼仪制度有关知识的求知欲，体现了他来日踏上上层社会时在政治和教育方面的需要。但是，对老子来说，孔子这种对政教礼乐的热心，使他逐渐感到这位年轻人身上有一种十分有害的倾向。在他看来，孔子热衷的这些东西，都是浮华不实之学，应该绝对放弃。礼仪的繁文褥节使人容易丧失淳厚朴实的天性。而人一旦没有了纯真的天性，就会产生虚伪、争斗的邪念，给社会带来许多消极的影响。所以说："礼是忠信的功劳簿，却是祸乱的罪魁祸首。"

当孔子最后一次请教古礼或前圣古训的时候，老子有些不耐烦了，答道：

"你说的那群人，连尸首都化成了灰，只留下了一些只适应当时情形的话而已。作为君子，如果生能逢时，倒可以出门讲讲排场，摆摆阔气，如果生不逢时，就应像是草一样随风飘转而无所追求。我听说，会做生意的人，往往把自己的货物囤积起来，装做一无所有的样子，德行深厚的人，表面看上去像一个大傻瓜。你应该去掉身上的骄气、贪心、自我表现和一切妄想，这对你没有什么好处。我要回答你的，我能回答你的，就是这些。"

孔子听了后，陷入深思。

孔子准备动身返鲁之前，他和敬叔到老子那里告别。老子深情地说："我听说古人为朋友送行，大多要赠送礼物。我就送你几句话吧。"

"聪敏深察者接近死亡，因为他喜欢议论是非，雄辩博学者危害自身，因为他喜欢揭发别人的坏处。为人子者不要与人相争，为人臣者不要与人相争。"

老子的话语重心长。孔子再三道谢后，和南宫敬叔登车返鲁。

潜心教学

30岁那年，孔子从洛邑归来，在学业各方面都已打下了坚实的基础，因此，孔子仍思考着以后该走什么样的道路。

进入30岁以来，这两个问题一直是他挥之不去的思虑，孔子想起了越来越多的人向他求教，越来越多的年轻人要求他设坛授徒。

那么，收徒讲学，兴办学堂究竟可为不可为？孔子思潮澎湃，心中像翻卷的浪花，又像一团乱麻，充满了矛盾的碰撞。孔子为礼崩乐坏的天下局势而忧心忡忡，为自己后半生人生道路的抉择而烦躁不安。

孔子头晕目眩，又捱过了一个不眠之夜。

早饭过后，颜路来拜访孔子，并请教他一些问题。经过孔子耐心地开导，颜路顿觉豁然开朗。

于是，颜路便拜孔子为师，并提出要求孔子办学堂。

等颜路离开之后，孔子认真思考了起来：为了改变这礼崩乐坏、天下动乱不安的局面，收办学堂，这是一条路子。是的，既要培养出具有"六艺"的人才，又要培养出忠君爱民的贤臣，帮助君王实现仁政德治，恢复文、武、周公时的政治局面，重现太平盛世！

打定主意，孔子决定不再犹豫，马上选个黄道吉日，开工收徒。

那一天，孔子为办学堂办了两件大事：

第一件事，他争得仲孙大夫的同意，并申请一些经费，为办学堂作物质上的准备。仲孙大夫一向推崇孔子的为人和学问，相信凭他的名声和才干，一定能办好学堂。

第二件事，招集几个青年人来垒土筑讲坛。

自从孔子兴办学堂的消息传播出去后，那些早就向孔子求教的人，还有那些崇拜孔子学识、才能的人都欣喜不已。

开学那一天，风和日丽，春光明媚，孔家院子里喜气洋洋，热闹非凡。颜路、曾点等三四十个青年人聚集在讲坛周围，他们每一个人都手捧"束修"（一束肉干），一个挨一个地参拜孔子，行拜师大礼。

孔子是我国历史上第一个创办"私学"的人，他开创了一种新的教育体制。那时候，只有贵族子弟才有资格进"公学"接受教育。孔子说："我办学堂有教无类，不分年龄、贵贱、贫富，只要想学习，交上束修就可以入学了。"

这样，远近一些平民家的孩子纷纷来投靠孔子，拜师学习。加上孔子此时在社会上的名声已经不小，深得广大百姓的信任，也都乐意把孩子送到他门下来学习。

不久，孔子就收下了一大批学生。

相传，孔子的弟子有3000人之多，这当然是指在一生里先后向

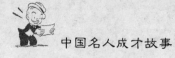

他求教的总人数来说的。

自从孔子 17 岁赴宴受辱，被阳虎拒之于门外，到如今权贵之人主动送子上门求学，整整过去了 17 年。想到这 17 年奋斗中所尝到的种种酸甜苦辣，以及今天所取得的成功和荣誉，他不禁感慨万千！

抨击权贵

孔子 35 岁那年，鲁国政局发生了变化，鲁大夫孟孙、叔孙、季孙势力膨胀，严重削弱王室权力，鲁昭公这个国君名存实亡。

一年一度的祭祖活动，是各个家庭最重要的事情。由于大权旁落，昭公祭祀祖先时，只能草草地安排：乐团是求来的，舞师也只有两个人。这对于一个王室来说，实在是寒酸极了。

与此形成鲜明对照的是：季孙子祭祖的时候，场面壮大，极尽奢华，简直让人瞠目结舌。

祭祖活动结束后的一天，孔子师生分散在讲坛周围休息。忽然子路从外面闯了进来，走到孔子身边，对孔子气呼呼地说：

"老师，我们在这里讲礼、学礼、演礼，可是除了我们师生几个，举国上下，早已礼崩乐坏，还有谁在讲究周礼呢？"

孔子正要批评子路讲话没有分寸。子路接着又说下去："老师不是讲过八佾舞是周天子专用的乐舞，就连一般诸侯也只能用六佾舞吗？他季孙子，一个卿大夫却在自家的殿堂里舞起了八佾，这是合乎周礼的行为吗？"

学生们听了子路这一番慷慨激昂的话，纷纷围过来议论起来：

"季平子只能用四佾。"

"这是僭礼。"

"他那里哪能舞得起八佾？他家的舞队只有 32 人。"

"他把鲁公室的舞队调去了，跟他自家的舞队合在一起，所以演出了'八佾舞于庭'的场面。"

"听说祭祖撤奠的时候还唱了只有天子祭祖时才能用的《雍》歌呢！"

"祭祖那天，季家宰府上的声势着实气派呢。相比之下，鲁君祭祖的时候，不但无声无息，而且舞队被季家调走了三分之一，连舞也跳不成了，真叫惨呐！"

大家正七嘴八舌地议论，忽听孔子一声长叹说："季平子用八佾舞于庭，是可忍，孰不可忍！"

孔子气得脸色发青，手抖个不停。他的弟子们第一次看见老师气成这个模样，一个个你看看我，我望望你，都闭了嘴，全场突然一片肃静。

季平子如此专横，使鲁昭公很难堪。昭公把这事看在眼里，气在心头。

那年的9月，在君臣之间，各当权派贵族之间展开的大博斗却是从一次斗鸡比赛开始的，因此，鲁历史上称它为"斗鸡之变"。

比赛的这天早上，斗鸡场上挤满了看热闹的人，万头攒动，人声嘈杂，盼着好戏早点上演。

比赛开始了。开始的几轮比赛，都以那家（反对季平子的一个大臣）公鸡惨败来结束。因为季家公鸡的翅膀上敷了能使敌鸡致瞎的辣椒粉。

"魔高一尺，道高一丈"。后来，反对季平子的大臣家便在鸡爪上装上了事先准备好的锋利的铜钩。这样，反过来季家的鸡又无一例外地被抓瞎了眼睛，抓破了脖子，总是以失败告终。

季平子觉得尽失颜面，气呼呼地返回府去，决定第二天采取行动伺机报复。让他料想不到的是，就在当天深夜，昭伯率领大队人马，把相国府围得水泄不通。

季平子从梦中惊醒，还来不及弄明白发生了什么事便急匆匆地跑到看台上，昭伯又杀气腾腾地追上了看台。

此时，季平子身边只有七八个人，自知寡不敌众，不如假意求饶，蒙混过关为好。想到这里，他急忙躬下肥胖的身子，连连作揖说："昭伯大人，我们同是鲁国大夫，又都是主公的臣子，您饶了我吧，看在主公的份上，放我走吧！"

"你休想走掉！"季平子闻声看去，不好！鲁昭公率领一队人马前来。

顿时吓得他魂不附体，长跪在地，一边磕头一边向鲁昭公哀求道：

"主公救我！微臣有罪！请主公开恩！臣和主公本是同祖同宗，看在老祖宗面上，饶我一命吧！"

鲁昭公眉头一扬，恨恨地说："平日里，你大权独揽，专横霸道、飞扬跋扈。你身为相国，却不问政务，终日斗鸡走狗，闹得朝堂人心涣散，国势日衰，你知罪吗？"

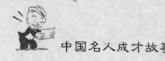

　　眼看着季氏人头就要落地，退无可返的时候，孟懿子的一个家丁冲到看台之上，手起剑落，把正在步步进逼的昭伯斩为两段。众兵见主将一死，便四散逃命，吓得鲁昭公面如土色，两腿发软，在贴身随从的护卫下，跨上一匹马，逃命国外去了。

　　昭公最后逃出了鲁国，奔往北邻的齐国。

　　孔子原来做过季氏的家臣，维持着跟季氏不算坏的关系。但是，孔子供职于季氏，只是想通过他这块跳板达到辅佐君王的目的。却不料季平子竟干出了跟国君兵刃相见的勾当。

　　在与昭公相抗衡中取得胜利的季平子，更是不可一世。他篡夺了鲁君的王位，肆无忌惮地行使国君的权利。

　　在乱臣贼子的统治下，孔子知道自己的才能难以发挥，便追随鲁昭公而去。

　　孔子带着子路、颜回等几个弟子，来到了齐鲁交界的泰山脚下。

　　忽然，听到一位妇女的啼哭声，孔子叫子路看个究竟。子路回来把妇女一家三代为逃避苛捐杂税被老虎咬死的悲惨遭遇告诉了孔子。孔子听了，遥望着苍天，半天不语。最后，才无限感慨地对学生说：

　　"你们要记住这件事：苛政猛于虎也。"

　　孔子师生怀着沉重的心情，在前往齐国的路上继续奔波。

　　这一天，孔子师生终于来到了齐国都城临淄（今山东临淄）。高高的城墙，壮美的城阙。啊！多气派的大城市！孔子眼前一亮，心情也随之起了变化。

　　孔子在此第一次聆听了齐国太师演奏的《音召》乐后，十分欣赏，便埋头学习这首乐曲，沉醉于乐曲美妙的韵味中，以至于在好几个月中，连吃肉也觉不出肉的味道了。

　　来到齐国后，孔子慢慢看清楚了齐国当时的形势：高氏、国氏、田氏势力极大，君权受到威胁。

　　齐景公眼看国情恶化，忧国忧民，痛心疾首。所以，他看到孔子来访，就问道：

　　"5年前夫子劝谏寡人的一番话，使寡人获益匪浅，今朝夫子来齐国，寡人正有很多问题要向夫子请教呢！请问夫子，怎样才算政治清明呢？"

　　孔子毫不犹豫地说出："君君，臣臣，父父，子子。"

孔子的回答强调了理顺君臣、父子关系，切中了齐国的时弊，并且提出了匡救时弊的根本对策。

已经上了年纪的齐景公对孔子这段话所包含的批评齐国君臣的内含似乎没有听懂，只觉得很有道理，称赞孔子说：

"您说得多好啊！如果君不像君，臣不像臣，父不像父，子不像子，即使粮食再多，我能吃得着吗？"

鉴于当时齐国的形势，高氏、国氏、田氏这些大家族的势力正日趋膨胀，这势必使君权受到损害。孔子主张维持应有的君臣、父子关系的学说，自然很对齐景公的胃口。

过了几天，齐景公又召孔子进宫，问："寡人在位多年，爱抚百姓，选拔良才，却始终不能继承先君齐桓公的霸业，这是为什么呢？依夫子之见，寡人应如何为政？"

孔子答道："政在节财。"

孔子的言论，使齐景公意识到孔子的思想观点很适合于自己整顿齐国政治，保护君权的需要。因此，便认为孔子是一个不可多得的政治人才。由此，齐景公便萌生了任用孔子实现其政治抱负的想法。

于是，景公决定，要将尼裂之田赐给孔子，拉开重用孔子的序幕。

但是，齐相晏婴阻止了景公欲封孔子这件事。

作为老练且务实的政治家晏婴，对孔子的思想有更深入的认识。孔子只能是一位在政治上充满理想主义的思想家，他的学说并不适宜当时齐国的社会情况。所以晏婴在孔子的任用上，投了反对票。

其后，景公就在对孔子官职任用上持模棱的态度，只是偶尔请孔子参与一点政事。同时，孔子的先进思想损害了部分士大夫利益，因此齐国的大夫要杀害他，他不得不离开了齐国。

孔子参政

孔子回到鲁国后，公元前510年（鲁昭公三十二年）被赶出鲁国的鲁昭公在晋国去世。鲁定公顺理成章地继承王位，然而他也只是一个傀儡，政权仍由季平子把持着。

可世事难料，公元前505年（鲁定公五年），季平子逝世，他的儿子季桓子继任，可季桓子还是没有斗过家臣阳虎，于是，鲁国成了阳虎的天下。

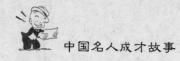

此时，政局不稳，各派势力都想拉拢孔子以壮大自己的势力，但都被孔子拒绝了，阳虎亦阴谋造反。

阴谋造反之事败露后，季桓子联合孟孙氏和阳虎展开战斗。

双方战斗得死去活来，后来阳虎有些力不从心，败下阵来。

鲁定公派武将申句须和东顺各带兵车 100 乘，前去追杀阳虎。经过几次拼搏、追杀，终于将阳虎的士兵击溃。阳虎扑灭三桓的阴谋破产了。

阳虎单枪匹马，逃到齐国。定公九年，鲁国派兵讨伐阳虎。阳虎又奔齐、奔宋，不久逃到晋国，被赵简子收留。

阳虎事变之后，鲁国政局仍然十分不稳。鲁国统治者为了稳定国家的政局，发展国家，聘请了孔子做中都宰，后任司空，再后来任大司寇，直接参与内政外交，代行相国职务。

孔子就任官职后，锐意改革政治，极力实施礼治政策。

孔子的礼治政策实施之后，成效卓著。鲁国的社会风气焕然一新，犯罪行为日益减少，百姓们礼貌且文明。其它国家听到这件事后。也都纷纷效仿，改变治理国家的策略。

孔子为官虽然为期不长，从鲁定公九年到十三年前后不过 4 年，但却是孔子一生中最难以忘怀的一段日子。

就让我们一起走进孔子这段美好的记忆之中吧！这还得从鲁国政府为什么要聘用孔子，请孔子出任说起。

当时鲁的相国是季桓子。正当季桓子踌躇满志出任之时，他遇到了阳虎事变，几乎命丧黄泉。死里逃生的季桓子需要物色贤能之才，辅佐他处理内政外交的事务，巩固自己的地位，他想到了孔子。

季桓子从心里想聘用孔子。委以重任，于是他向鲁定公提出了这个想法。

鲁定公早已听说孔子是一个有学识的君子，而孔子到齐国两年，深得齐景公的信任，但最后还是没有得到任用，可见他的政见不怎么高明。犹豫之下，经过一番推敲，便决定先让孔子到地方上试试，如果确有雄韬大略，再提升到朝中任用不迟。就这样，鲁定公委任孔子为中都宰。

中都是鲁国西北部的一个城邑，离曲阜不远。中都宰是中都邑之长，相当于现在一个县的县长。虽然职位不算高，但是孔子还是挺珍惜这次实践自己愿望的机会，决定尽心竭力把事情办好。

孔子上任之前，带了子贡、颜回等几个弟子深入民间，体察民风民情。只见中都城外一片荒芜、杂草蔓延，人们纷纷出城讨饭，路旁饿死鬼的白骨成堆，好不悲惨啊！孔子简直是痛心疾首。

　　进入中都城内，城墙四处倒塌，房屋矮小破旧，街道狭窄泥泞。街上游民流荡，乞丐成群。

　　为了进一步了解中都的民情，孔子先后拜访了三老、乡绅和当地名流，探询解决问题的方案。经过详尽地调查和研究，孔子开始制订治理的措施和方略。

　　孔子首先召集书史差役开会。告诉他们，全体留用不动，以1个月为期限，在这1个月内办事公正认真、为人廉洁诚实的留下，偷懒消极、贪赃枉法的除名。孔子还宣布了6个方面的改革措施：

　　1. 发动全邑农民，加固堤防，开渠凿井，预防水旱灾害。

　　2. 设立多个工场作坊，安置无业游民和乞丐。

　　3. 以仁德教民，改良地方风气，组织人员到下面讲仁、讲义、讲礼、讲德，讲居家要父慈子孝、兄友弟恭、夫唱妇随。

　　4. 劝导工商小贩做生意买卖要诚实守信。

　　5. 提倡节俭，要求衙署役吏一律穿布衣，戴布帽，出外一律步行。

　　6. 在金邑四乡添建学堂，让少年一律入校读书。

　　孔子这6条措施实行了1年以来，收效显著。中都迅速从百废待兴，发展到百业兴旺。百姓们过上了温饱的日子。社会治安也得到了很大的改善，人们讲究礼仪，知廉耻，上敬老，下爱幼。社会一片祥和、安定的局面。中都大治的消息像春风一样传遍鲁国内外、中原大地。

　　一天，孔子正执行公务之时，一纸差令打断了孔子的聚精会神。展开绢帛一看，上面赫然写着：

　　"孔卿，政绩卓著，寡人欲委以重任。即返都城，速速勿误。"

　　孔子喜出望外，收拾行装，踏上回归曲阜的行程。

　　他刚走出自己的屋子，就被眼前的情景惊呆了。只见门外挤满了前来送行的男女老少。他们当中有与孔子共事的差役，有富甲一方的乡绅，更多的是普通的黎民百姓。他们你推我挤地往前拥，手捧着自己珍爱的礼物，争着要给孔子送礼物。

　　孔子站在屋前，涕泪纵横。

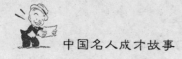

回到都城后，孔子马上进宫见鲁定公。

鲁定公对孔子的政绩非常满意，又见孔子对自己的雄才大略十分自信，便委任为大司寇。

大司寇是鲁国的最高司法长官，相当于现在的公安司法部部长。大司寇是跟司徒、司马、司空三卿并列，位同卿大夫。孔子作为一个非贵族出身的平民，被提升为如此高的职位，这在当时是极其罕见的。

刚刚上任大司寇的孔子，面对着堆积如山的案件，不急不慌，有条不紊地清理长期未了结的官司。

古时候的春秋时代，法律条文规定得并不明确，长官只是凭借个人主观意志判定案件。可是孔子当司寇，却一改往日旧的常规。每次在判决之前，总是详细了解案情——向有关此案的人征求意见。孔子根据大家的意见，做出最后的裁决。孔子这种民主办案的精神，真是难能可贵啊！

孔子执法，虽然对触犯刑律的人加以惩罚，甚至处以重刑，但更重要的是以仁德、以礼教教化人民。让老百姓知道什么是对，怎样做符合"礼"，什么是光荣，什么是耻辱。

孔子任大司寇期间，待人谦恭，与大臣们紧密配合，使政通人和，全国上下对孔子十分满意。

孔子任大司寇以来，鲁国发展迅速，邻国争相仿效。这给齐景公称霸的梦想以沉重一击。

一天，齐景公遇到太宰黎且献计夹谷结盟。于是黎修下一封国书。邀请鲁君于6月15日，在夹谷（今山东省莱芜县）举行友好大会，永结两国盟好。

做为弱国的鲁国收到齐景公的国书，搞不明白齐景公为什么会有如此举动，事关重大，马上召集大臣商量对策。

对于此事，季桓子、叔孙州化、阵孙何忍和孔子都发表了不同观点，最后决定按孔子的想法去办。鲁定公并邀请富有学识、勇敢、机敏的孔子一同前往。

孔子踌躇间想到：如何避免齐国的威逼要挟，为鲁国保全声誉，确实难度极大。会盟也可能是一个大大的陷阱，名为两国盟会，实则暗藏杀机。但是身为国君重用的大臣，应以社稷为重，哪能只考虑个人的安危与否？荣辱与否？既然大家如此信任我，就接受命令吧！思考到这里，孔子向定公及大臣们施礼道：

"微臣感谢主公、各位大臣的器重。臣领命！"

公元前500年（鲁定公十年）6月15日，申句须和乐颀率领战车500乘，经过两天的跋涉，护卫着鲁定公来到了夹谷会场。

齐国方面的代表，是齐景公和宰相黎。

齐景公和鲁定公朝南落座，其他代表也都各就各位。

互相行礼后，齐国的司仪便出来向景公报告说："请奏四方之乐。"

景公点头说："可以。"

乐声一停，两国国君各自烧上3炷香，齐君以东道主身份致欢迎词：

"齐鲁两国，世代友好。齐欣闻鲁国大治，国泰民安。特聚会以示祝贺。并约请鲁国永结同盟，亲如兄弟。齐国有难，鲁国相救，鲁国有难，齐国也不会袖手旁观。天地作证，决不毁盟。"两国相礼登坛，祭拜天地，卫士准备好祭酒，歃血为盟后，将酒饮尽后又重新入座。

黎："齐鲁会盟是两国盛事，不可无乐无舞，臣已备好乐舞前来助兴，请两位国君观赏。"

于是，附近一群莱人手持旗旄以及矛、戟等兵器鼓噪而至。他们一个个手持剑戟、旗旄，在定公面前摇来晃去，如群魔乱舞，奔走咆哮，吓得定公面如土色，浑身颤抖。

孔子一看，觉得情形不对，怒发冲冠，双目圆睁，也顾不得礼仪，三步并作两步跃上台去，登上台阶说：

"两国君主友好相会，而裔夷之俘用武力来捣乱，您齐国国君一定不会用这种手段对待诸侯吧？周边地区图谋中原，夷人扰乱华人，俘虏侵犯盟会，武力威胁友好，这对神灵是不祥，在德行上是失义，对人是无礼，您齐君不会这样做吧？"

齐景公听了孔子这番有理有据的谈话后，自觉心虚理亏，不能作答，连忙命令莱人立刻离开。

盟会结束后，景公设宴款待定公，但孔子很是不放心，担心齐国另有图谋，可能在宴会上拨弄一些是非也未可知。因此，孔子立刻对景公的近臣说：

"齐国和鲁国的旧典，您难道没有听说吗？事情快要结束，而又

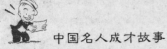

设享礼，这只能使办事人员徒劳。而且牺尊、象尊这些礼器不宜拿出国门，钟、磬等嘉乐不能在野外合奏，在此设享而动用这些东西，是很不合礼法的，这也有辱于贵国君主的名誉。所以，依我看来，这宴会还是不要举行的好，请您向景公谏言。"

景公听到孔子传来的话，不觉有点惭愧，决定把宴会取消了。

晚上，景公君臣二人默默相对，终于，景公开了腔："我怎么责怪你才好呢？你看，孔子是遵循古人礼仪引导他的国君。而你为什么只知道用夷狄之道来向我建议？让我尽失颜面？"

黎仍默不作声，今天输了的，明天一定赢回来，想着想着，他一拍大腿，说："有了。"

第二天，是齐鲁双方正式订阅盟约的良日，盟约初稿共 9 款，是由齐国一方事先拟订好的。初稿交到鲁定公手里，他逐行细看，突然发现有这样一款：

"齐国出征时，鲁国须出兵车 300 乘相随，否则是破坏盟约。"

"这分明要鲁国自己接受齐国附庸国的地位！岂有此理！"孔子不住地在颤抖。

会上，孔子一再要求齐景公对这一款做出解释。齐景公自觉理亏，憋了半天才从牙缝里挤出了一句："齐鲁既已结盟，就应来相助。"

孔子赞许地说："这道理讲得好啊！那么，同样，过去齐国侵占我鲁国的土地，若不归还鲁国也是破坏盟约。"

齐景公无言以对，被迫答应把过去侵占鲁国的全部土地归还鲁国，并且把它写到盟约之上。

这就是历史上著名的"夹谷会盟"。

夹谷会盟的胜利，不仅与孔子的博学多才有关，更体现了孔子政治家、外交家的才智。

夹谷会盟为鲁国立下了汗马功劳。于是，他受到了鲁定公的重用。

鲁定公十二年的夏天，孔子在政治上已有相当的基础。他想利用这阵和煦的春风，进行大刀阔斧的内政改革。

他进一步想，要使鲁国政治走上正轨，必须削减三大夫政治权势。

在孔子看来，当时鲁国最大的弊病就是鲁定公有名无实，只有虚位。卿大夫"三桓"专政，掌握实权。而三桓又被他们各自的家臣控制，三桓对他们的家臣也都无可奈何。因此，整个鲁国的统治集团，名与实颠倒，这就是"君不君，臣不臣"，这就是礼崩乐坏。而这种混乱局面，突出表现在"三桓"势力过大。

要想彻底改变鲁国政治的混乱局面，必须"强公室"，就是要树立国君（公室）的绝对统治权；必须"抑三卿"，要削弱季桓子、叔孙懿子、孟孙何忌这三家世袭大夫的实力，要他们（尤其是季桓子）严守臣道，不得超过君臣之礼。总之一定让鲁国循着周礼，按着贵族等级制度治理国家，使人民安定。然后以"仁政"、"德治"的鲁国为基础，推而广之，扩大影响，尊天子，服诸侯，统一天下。这就是孔子的政治理想和抱负，也是他一生追求奋斗的目标。

但是，公开提出"强公室"、"抑三卿"无异于引火烧身，以卵击石。三桓是断断不会同意的。

颇有政治智谋的孔子深入分析了鲁国各方面的力量，他抓住了三桓与各自家里之间的矛盾，决定从这里入手解决问题。

春秋时期，国君为了奖赏诸侯、大臣，实行分封制度。诸侯各国的卿大夫都有自己的封地，称为"邑"，或称"采邑"。这些卿大夫连同他们的家属都住在都城，他们把采邑派给家臣管理。在他们的封地内建立城堡，组织起武装分队，有的城堡还发展成规模很大的军事要塞，鲁国季氏的费邑，叔氏的邑，孟氏的成邑就是这样的要塞。

三桓费尽心力地经营三邑，本来是为了加强实力，但结果却搬起石头砸了自己的脚，原想受其益，乐得清闲，不料反受其害，被一些野心勃勃的家臣所利用。一些家臣以城堡为据点，扩张实力，以至发生叛乱。虽然一些叛变事件被平定，但家臣势力仍很大。

根据三卿与各自家臣这种尖锐的矛盾，孔子秘密地制订了"拆三都"的计划。

"拆"是拆毁的意思，三都指季氏、叔氏、孟氏三家大夫的家臣所盘踞的三个城堡。"拆三都"就是要拆毁被三卿家里分别盘踞的费都、都、成都三个城堡。孔子思忖再三，决定以"贬家臣"为名，进行"强公室"、"拆三都"的实际活动。

这些计划孔子一直等待一个合适的时机，向鲁定公禀明，并赢得他的支持。

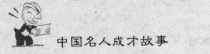
一天，鲁定公召孔子进宫问政。鲁定公看了看孔子，满意地说："寡人有爱卿辅佐，如今的鲁国可以说是既无外忧，又无内患，风调雨顺，国泰民安。"

孔子故意提高声调说："居安思危啊！鲁国当前的政局依然很严峻，可以说已经是危机四伏了。"

鲁定公不以为然地说："爱卿不必危言耸听，故做惊人之语。"

孔子严肃地说："三桓的家臣势力越来越大，他们飞扬跋扈，犯上作乱早有预谋。随着他们实力的扩张，其兵马越来越多，城墙越筑越高。三桓扶植的私人势力，与公室分庭抗礼。主公，您不会忘记当年的阳虎之乱吧？这些家臣的贼心不死，这些祸患不除，国家就没有安宁的日子。"

鲁定公说："那么，应该怎样防备才好？"

孔子说："按周朝的古制，'大臣家不藏甲（甲指军队），大夫没有长度超过300丈、高1丈的城邑。现在，费都、都、成都的城墙早已超过了规定。这些城池坚固，家有甲兵之藏，最危险的事，臣的叛变，大都是由此而起。最好是把城池拆掉。"

鲁定公不听则已，一听吓得目瞪口呆，重复着孔子的话，问道："拆毁三家城邑的城墙？那季孙氏、叔孙氏、孟孙氏肯定不答应。"

孔子说："不答应，但他们最后会同意的，理由有二：

第一，城墙太高，违背周礼；

第二，这是更重要的，目前盘踞费都的公山不狃，盘踞都的侯犯正蓄意与季孙氏、叔孙氏为敌。主公此时可以抓住这个机会联合三家，一起发兵，制止叛乱。三家求之不得，哪有不同意的道理。"

鲁定公听完之后，心虽放下了一半，但仍惴惴不安地说："如果他们不听命，如何是好？"

孔子斩钉截铁地回答道："那我们就派军队强行拆毁。"

孔子"计拆三都"的计划终于得到了鲁定公的支持。与此同时，季桓子和叔孙氏正急于消除叛逆的家臣，因此也积极配合这一行动。

"计拆三都"这一宏伟的计划分三大步骤实施。

首先，计拆都。叔孙施子自告奋勇，亲自率领军队，拆掉了都的三尺城墙。而都的叛徒侯犯两年前就已叛逃在外，虽又重新杀了回来，却得不到本邑百姓的支持。因此，计拆都的计划执行得非常顺利。

计拆三都，首战告捷，大获全胜。

按计划执行第二步：计拆费都。

计拆费都的举动惊动了盘踞在费都的公山不狃。他为了逃避被拆毁的厄运，先发制人，提前率领军队进攻曲阜的王公。叛军来势汹汹，箭如雨下，好几支箭都射到鲁定公的身旁，情况万分危急，众人急得如热锅上的蚂蚁，惊慌失措，孔子却镇定自若。因为对此他早已作了防备。

忽听有人大吼一声："叛贼哪里逃?"只见申句须、乐颀两位大将率领部下，组织反击。公山不狃终因势单力薄，最后实在支持不下去，逃出了国境，到了齐国。

于是子路率领军队乘胜来到费都，把费都的城墙削低了三尺。

最后一步，就是计拆成都。

成都是孟孙氏的都城，它靠鲁国北边的边境和齐国邻接，所以孟孙氏的家里有人反对拆城，他们的理由是说把城池拆掉了。就没有了防备，假如这时齐兵来进攻的话，就没有抵挡的力量了。孟孙氏考虑到这一点，决定不拆城。

鲁定公见孟孙氏不拆城，想用兵强制执行，于是派子路率军全力攻成都。孟孙氏早有准备，只见守城战士个个骁勇善战，滚石俱下，子路的部下伤亡惨重。

转眼间，12 月来了，天气转冷，鲁定公亲自率兵攻城。但鲁定公本人受不了寒冷的气候、简陋的营帐，想起此时宫内炉火正旺，并有歌舞作乐，于是便不顾孔子屡次进谏，径自班师回朝，回宫寻欢作乐了。

至此为止，计拆三都虽取得了些成就，但终因不彻底而以失败告终。

孔子计拆三都以失败告终，这是由于在进行过程中，三桓逐渐认识到孔子的目的是"强公室、抑三卿"，与他们的"弱公室、强自己"的想法背道而驰。

三桓在此之后，仿佛变换了一副面孔，每次见到孔子都很冷淡，尤其是季桓子的变化最为明显。

上文我们提到过，由于夹谷会盟的胜利，孔子的威望提高了许多，由此鲁国的实际执政者季桓子也极其赞赏和信任孔子。于是，

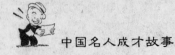

在鲁定公十二年，孔子受季桓子的委托，处理鲁国的许多重要政务，担任了鲁国的大司寇。

其实，在小小的鲁国，在贵族统治集团中，除有名无实的鲁定公和掌握实权的季桓子，这时的孔子已跃居为第三号人物了。

但孔子和季氏之间的"蜜月"毕竟是不稳固的、短暂的。尤其是计拆三都之后，他们之间的矛盾就显露出来了，"蜜月"当然也就消失了。

命运的转折是如此突然，眼前的事态发展超乎孔子的想象，就像前不久提升大司寇一样那么突然。孔子此时有了一种"谋事在人，成事在天"的无奈。

孔子是一个坚定的人，他不会为权贵而改变自己的政治主张，屈从苟安。既然合作破裂了，又不肯听从季桓子的摆布，那只有辞官离鲁这条路了。

对此，他的弟子们各执一词。

子路说："先生，您经常教育我们要做一个有骨气的人，不能为利益而放弃自己的思想主张。"

再有争着反驳他说："树立自己的政治观点是为了有一天能将它付诸实施。如果你的思想不得以实施，你的想法只能变为一纸空文，毫无意义。现在，我们暂且后退一小步，稍稍妥协一下。以后，我们得到机会，就能把自己的想法变成现实了。"

正在孔子对此犹豫不决时，邻国的一个拙劣的政治阴谋，终于促使孔子下定决心，辞官离鲁。眼望着鲁国的繁荣，邻近齐国的担心与日俱增。夹谷会盟的诡计没有得逞，齐景公和相国等大臣还是不甘心。

于是，齐景公召集了家臣商讨预防鲁国称霸的大策。

最后，他们利用美女和良马来收买鲁定公和季桓子，孔子反对定公沉迷美色之中，从而离间了孔子与鲁定公的关系。自此定公一有机会便与美女鬼混，逐渐丧失了大夫们对他的信任。

孔子彻底绝望了。于是，一声不响地率领弟子们离开了故国。

途中，定公派师已追上孔子师徒，一再挽留，孔子没有明确回答，只以歌委婉地劝定公不应爱美人而不顾江山。

师已听了孔子的歌，了解孔子的意思，无法回答。

孔子基于济世救人的心理，还是期望定公能幡然悔悟，不要再沉迷于女乐与文马之中。但定公却还没有回心转意。孔子只好坚持行程。

就要离开父母之邦了，看着故乡的山山水水，想起留在这里的妻子、儿女、学生，回忆着出位以来的风风雨雨，孔子不禁感慨万千。父母之邦让他难以实现抱负和理想，他仍舍不得离开他深爱着的这片热土。孔子下车，俯身抓起一把土，遥向家乡，深施一礼，然后重又登车赶路。

此次出走，孔子开始了 14 年的漫漫周游列国的旅途。

游说列国

孔子师徒首先到达了卫国，卫国在今河南省境内，人口稠密，经济发达。

卫国位于华北平原中部，有几条河流流经全境。可以称得上水利资源充足，土地平坦、富饶，是农业生产和人类繁衍栖息的肥沃之邦。

孔子一行又渡过濮水，进入郊遂，即被沿途人烟繁盛的景象所吸引。

孔子认为在满足人们经济生活需要之后，要对他们施以礼教，这是孔子从鲁国出走后畅谈的第一条政见。

几年来的从政经历，让孔子更加关注政治经济环境对实施礼乐教育的重要性。他难以设想，当国家战争频繁，苛赋沉重，人民处于饥寒交迫之时，又如何讲究礼仪呢？不讲礼仪，又如何使国家繁荣而又充满文明、诚意祥和的气氛呢？"仓廪实则知礼节，衣食足则知荣辱"，他从前在齐国听到的这句话，此时此刻又回响在耳畔。

师生一行人又走了一些天，终于到达了卫国的都城帝丘（今河南滑县）。他们准备在子路的妻兄颜仇申家住下。

子路向颜仇申说明了来意，颜热情地表示，请他们留住在他家，并且对孔子说："难得夫子光临寒舍。夫子英名，四海皆知，明天早朝我便奏明主公，他定能重用。"

经过几十天的焦虑、奔忙，疲惫不堪的孔子终于可以轻松下来。这一晚，他睡得又香又甜。

卫灵公听说孔子来了，十分欣喜。他很早就仰慕这闻名于诸侯国的先生。为了赢得一个"礼贤下士"的美名，便非常热情地接待了孔子一行。

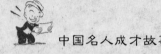

孔子走访灵公，卫灵公已经年近70岁，五短身材。见了孔子，说："夫子博学多才，天下闻名。辅佐鲁君治理鲁国，成绩卓著。又有众多弟子，也都多才多艺，出类拔萃。今日来到卫国，我很是欣幸。"

卫灵公又问道："您仕鲁期间一年拿多少俸禄呢？"

孔子回答道："俸粟6万。"

灵公也照例给孔子6万。

一年6万俸粟，当然是一笔很可观的收入，这足以保障孔子一行近10人的生活所需。有这样一笔收入，他们完全可以有自己的馆舍而不必再寄宿于颜仇申家了。

孔子客居卫国，可以说是来逃难的，却得到如此的礼遇，不禁受宠若惊。孔子一再拜谢，感谢卫灵公的美意。

卫灵公说："卫国自从先祖文公大治以来，历经6代而始终未能强盛起来。夫子来此，寡人必委以重任，请辅佐寡人，使卫国富强。"

孔子来卫之初，正值鲁定公十三年（卫灵公三十八年）。4年后，卫灵公去世。这段时期，卫国的政局和鲁国一样，也很不平静。

孔子来卫的第一年，就发生了公叔成事件。公叔成是已故贤大夫公叔文子之子，继父职任卫大夫。此人富甲一方又骄纵，卫灵公一向很讨厌他。

这一年冬天，公叔成试图清除灵公夫人南子的党羽而被南子告发。第二年春天，卫侯驱逐公叔成及其同党，公叔成逃到他的采邑蒲（今河南长垣县）。在那里发动了叛乱，不久又逃到了鲁国。

孔子非常欣赏公叔成的父亲公叔文子，对他多有赞辞。还曾经采访过他的言行，以教育自己的弟子。公叔成也向孔子的学生请教过有关丧礼方面的知识。

公叔成的问题败露后，一些无聊的人，开始根据这些情况告发孔子等人与公叔成交往甚密。对于这些谗言，卫灵公竟全部相信了。所以，卫灵公派一个叫公孙余假的人到孔子住所进进出出，窥探监视。

孔子去哪里，公孙余假便如影随行，似幽灵一般。虽然孔子自认为行得正、坐得端，但这种被监视的生活，还是让孔子寝食难安，心境难平。

孔子师徒来到卫国已10个月了，虽拿灵公俸禄，却受百般猜忌，不能施展抱负，并且卫国政局不稳，于是孔子决定另谋出路。

离开卫国，孔子师徒一行赴着金秋艳阳踏上了去陈国的道路，一路上五彩缤纷的景致，给单调乏味的旅途生活增添了无限乐趣。

忽然，一辆马车从对面呼啸而来，大家的注意力自然全都集中在这辆马车上了。

来人是一个20多岁的年轻人，看起来既斯文又善良。此人名叫公良孺，复姓公良，名孺，字子正，陈国人。他慕孔夫子大名，想找到他拜他为师。一个月前，他到鲁国，听说孔夫子到了卫国，等赶到卫国，又听说夫子又离开了。于是他便追到这里来了。

孔子看看这位生气勃勃，英俊而又有礼貌的青年人，从心里喜欢他，当即答应收他为徒。

于是孔子一行人又多了一个活跃的弟子。奇怪！还是那个金秋的季节，还是那个色彩缤纷的田野，还有黄土飞扬，还有那吱吱呀呀的车轮声。可是，被公良孺的幽默、愉快所感染，大家都欢快起来。再抬眼望望，山岭之上，层林尽染，一片艳红，道路两旁，菊花点点，酸枣压枝，飒爽的秋风拂面，新鲜的空气，吹拂得人人舒畅，个个轻松。

再看看眼前这个师徒队伍，一行人分坐在7辆车上，成行成队，马足得得，威风凛凛，好不气派！

但是，在到陈国途中有一个叫"匡"的地方，孔子因长相与昔时在此为非作歹的阳虎相似，引起当地居民误会，遭到匡人的围困。后来，人们发觉他们言谈举止似乎不对，同时孔子一行人歌唱仁义和礼教，经多方打听才证实原来并非阳虎，实是孔子，便热烈地欢迎了他们。

孔子师生经历了匡地的灾难后，惊魂未定。于是，决定改变计划，不往陈国，调回头，重返卫国。这次卫灵公态度转好，表示热烈欢迎，孔子便想安定下来，暂不作远游。

孔子率众弟子住到了通伯玉家。平日里，孔子与通伯玉说古道今，给学生们谈诗论书，操琴授课，倒也逍遥自在。

鲁定公十四年（公元前496年）春，孔子正在给学生讲周公制作礼乐的功德，公孙余假来到，说卫灵公夫人南子约见，请夫子速速登车进宫。

南子，宋国女子。婚前与家公子有私情而受到宋人讥讽，但为人聪慧机敏，年轻美貌，深受卫灵公宠幸。南子也因卫灵公对她宠爱有加，而对朝政有很大的干预力。她也景慕孔子的名望，想看看这位名人是个什么样子。因此，提出约请。

孔子虽犹豫不决，但最终还是去了。南子答应，竭力向主公禀明为其谋一份职位，可是冬去春来，一切如故，孔子只不过是陪卫灵公读书，谈古论今和踏青罢了。这引起了人们对孔子的议论，孔子感到万分失望，离开了卫国。

孔子一行告别了通伯玉、颜浊邹等老朋友，告别了前后居住过5个年头的卫国帝丘城，奔向宋国。宋国是孔子祖先生活过的地方，也是他妻子的故乡。孔子作的这个决定，弟子们也都赞同。

连行数日，车马劳顿，终于来到了宋国境内，那是一个夏日的清晨，阵雨过后，空气清新，凉爽宜人，风尘仆仆的师生顿觉心旷神怡，放眼望去，一派生机盎然的景象，有孩童在嬉戏，农民在锄草，妇女们在织布。这情景，与卫国风云突起的气氛正好形成鲜明的对照。孔子在车上舒展了一下身子，脸上绽开了久违的笑容。

天气酷热，于是大家把车赶到了一棵大樟树下，各自找个荫凉的地方歇息去了。

过了一会儿，孔子见大家有了些精神头。于是对大家说："这里地面平坦，凉风习习，我们就在这里演练礼仪如何？"

可是当他们刚坐定，一个名叫桓魁的人带了50多个武士来砍倒大樟树，将孔子师徒驱走了。孔子一行忙逃往郑国，司马桓鹏等人在后虚张声势，假装追赶。

孔子一行人在郑国汇合后，由子贡求见郑声公，可是此时年方20的郑声公却无心政事，成天沉迷于声色文马之中，看宫妓乐舞。郑君的昏庸让孔子师生失望而去，前往陈国。

陈国是南方的一个小国。相传国君是舜的后代，都城在宛丘（今河南淮阳）。孔子到了宛丘，便直奔陈大夫司马贞子府上。经过司马贞子推荐，第二天，陈国国君缗公便派使臣来请孔子进宫。

陈缗公以贵宾之礼相待，并与孔子谈论了国家强盛与否的问题，孔子认为国家强盛与否绝不取决于疆域的大小。

陈缗公听得很有兴致，又向孔子提出了许多问题，孔子都耐心地作了解答。陈缗公对孔子的为人才学佩服得五体投地，在场的大臣也频频点头，交口称赞。

陈缗公惊叹孔子的才能，正巧司马贞子祖传九曲明珠的线已断了，孔子在缗公的许可下，将珠带走，约定 3 日后归还。

孔子带着九曲明珠去找泄庄的采桑女。其实，穿珠的方法很简单，"以蜜汁润珠眼，以蚕丝粘蚂蚁尾，同放在匣中，只需一夜功夫，蚂蚁定能引线穿珠。"当孔子还珠时，满朝惊叹！

自此以后，缗公时常请孔子到宫中求教各种问题。孔子便滔滔不绝地论讲天下事，陈缗公也从心里赞佩孔子。

陈缗公对孔子虽然十分敬重，但是，陈国毕竟只是一个小国，夹在楚吴之间苟延残喘，孔子的宏图难以施展，只得天天讲"礼"谈"乐"，研究学问，搜集各种资料，为以后的著书立说作些准备。

但是，好景不长，后来邻近的晋国、楚国及远在南边的吴国都相继来犯，陈国一片混乱。孔子在这种环境中，自觉长此待下去，也不是良策，决定离开陈国。

孔子打算应佛肸的邀请到中牟去。

佛肸，晋国范氏中行氏家里，任中牟宰。中牟为范氏中行氏采邑，离卫西北边境不远（今河南鹤壁市西约 15 里）。

鲁哀公元年（卫灵公四十一年）11 月，赵轶率领军队讨伐朝歌（今河南鹤壁市南约 70 里）进攻范、中行氏。这时，佛肸中牟发动叛乱，归倾卫国，并向孔子发出邀请。孔子考虑应邀前往。

前往晋国去，这一直是孔子的心愿。晋是春秋时期最有影响力、号召力的大国，在那里从政，介绍自己的学说，其影响远非它国可以比拟。

孔子早在仕鲁之前，就对晋国的政局十分关心。眼下赵、魏、韩、知四族与范、中行氏的宗派斗争处于相持阶段，他期望会见担任执政的赵轶，能够为缓和、平息晋国的动荡局势及其未来发展提供帮助。大约在 11 月，孔子便携带子贡等人赴晋。

卫与晋是邻国。从卫都东行，渡过黄河，再往西南，便至晋边境。使孔子意外的是，当走到黄河东岸，还没有离开卫境，就听到赵轶杀害了两位贤人窦鸣犊和舜华的消息，他感到十分懊丧，于是决定不去了。

师徒一行，继续奔波在周游列国的旅途之中。这次目的是楚国。

一天，孔子师徒来到陈蔡之间方圆 800 余里的广漠地域。此地

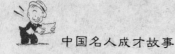

由于战争频繁，人烟又稀少，实际上是一片废墟。因此，当他们来到这里时，立即陷入了前不挨村，后不着店的困境。他们随身携带的粮食已经在路上吃掉了一多半，只有采些野菜，掺合着米粒煮粥充饥罢了。

突然有一伙人把他们包围在那里。原来这支队伍乃是陈缗公派来逼孔子回陈的。陈缗公在孔子走后非常后悔当初没有把师徒留下来。君臣经过一番商议，才决定派出一伙人来，只围困，不伤害。等到孔子师徒饥渴难忍，实在熬不下去的时候，再逼孔子改变决定，放弃赴楚的想法。

在半饥半饱的熬煎之下，孔子师徒被围住了3天。到了第三天，粮食早已经被吃得颗粒皆无，就全靠野菜野果应付了。孔子却坚持照常跟学生们讲学、诵诗、弹琴，他用心良苦，用圣贤的道理教导学生、古人的范例激励学生，也想用自己的情绪去感染学生。其实，孔子也是凡人，只是他想用自己的信仰体现对学生的热爱，一再地抑制自己罢了。

第四天，子路气呼呼地从外面回来。

孔子从子路和其他一些弟子情绪低落中感受到一种危机。一种比绝粮更严重的思想危机在动摇自己的后继者。他把子路叫来说：

"《诗》里说："不是野牛，不是老虎，徘徊旷野，是何缘故？'我的信仰不对吗？为什么在此受困？"

子路说："我们在鲁国被驱逐，在陈国也没有受到重用，在宋国遭到了伐树之难，目前又跑到这里来挨饿……究竟是为什么呢？难道是老师的仁德不够，人们才不相信老师？难道是老师的智慧不够，人们才不按老师的主张去做？"

孔子瞪起眼睛上上下下，左左右右地打量着子路，仿佛要重新认识他这个一直追随他30年的弟子，仰天长叹一声说："怎么能这么说呢？你以为每个有仁德的人都会有好下场吗？如果每个仁者一定会得到信任，伯夷、叔齐就不会饿死在首阳山上；如果每个智者必然得到重用，那么王子比干就不会横遭剖心之祸。所以，一个有修养，有仁德的人决不会因为一时的穷困而改变气节。"孔子就是这样，明明知道有了大学问、好品德不一定被赏识，但他仍然要"知其不可而为之"。

孔子后来又把颜回叫到了身边，把刚才对子路、子贡所说的话重新说了一遍。

颜回沉思片刻说："老师的思想太理想化了，达到了至高无上的程度，因此不被世人所容纳。老师的高尚恰恰在于正确的主张不被人家所采纳，但自己仍坚持下去，方显示出君子的修养。这也越发能表明老师的思想境界高，老师是德高望重的君子。"

经过这番谈话，孔子觉得颜回和他志趣相投，希望颜回成为暴富，自己好给他管家。

孔子师徒被围的第七天。

忽然，一阵呐喊声传过来，一些雄姿勃发的士兵冲杀过来。这些人把围困在孔子师徒周围的兵卒打退了。

原来，这是驻守在楚国的边邑大夫叶公，听说孔子被围困，派军队来搭救。楚军后来又护送他们到达了楚国的负函（今河南信阳县）。

孔子师徒又闯过了一个险关。

叶公名叫沈诸梁，只因为他的封地在叶，所以人们称他为叶公。叶公请孔子担任当地的文化顾问，并经常跟孔子请教国家大事。

有一次，叶公向孔子问政，孔子说："政在来远附迩。"

意思是说，政治如果要好，要做到使离你近的人能附和你，远方的人也能来归顺你。

因为，孔子了解到叶公苛税沉重，得不到人民的爱戴，甚至有很多人丢弃自己的故乡离开叶国，搬到他国去居住。所以，孔子这句话正好说中叶公的要害。

但叶公为人顽固。不易接受别人的劝告，还自吹自擂地说："我们叶国虽然还没有做到那种地步，可是，我们的人民都是正直守法的。"

孔子说："是吗？但愿如此。"

过了些日子，孔子离开负函，踏上了返卫的征途。

当时卫国国君是卫灵公的孙子卫出公，掌握实权的是孔子文子。恰巧这时卫国正当多事之秋，内无贤才相助，外有世子树敌，正盼老友还朝，解决疑难呢！

于是，第二天，卫出公模仿祖父生前的做法，率领文武官员迎接圣人。回宫后，又设盛宴为孔子师生接风洗尘，并仍旧每年发给俸粟 6 万。卫出公的所作所为也不过是为买一个"尊贤"的美名，

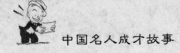

中国名人成才故事

而不给孔子任何实权，只是一个摆设而已。

从这以后，孔子师生又在卫国住了5年。

春秋时期，诸侯国之间不断发生以强凌弱，以大欺小的不义之战。鲁哀公十一年（公元前484年）春，鲁国刚击退吴国的侵犯。到了夏天，强邻齐国又发兵攻鲁，夺走了鲁国的城池。

此时，孔子弟子冉求早已被季康子召请回鲁，担任季康子的总管，深受信用。

冉求英勇善战，最后打败齐军，取得了胜利。

宰相季康子非常喜欢冉求，问他说：

"真不愧为孔夫子的高徒，一身的军事本领，真让人羡慕。"

冉求微笑着说："您应该羡慕恩师才是！"

季康子又问："孔子是个怎么样的人物？"

冉求很坦率地说："他是一个伟大的政治人才。如果实行他的政治主张，立刻能使国富民强。"

季康子便决定任用孔子，问道："我想任用他，可以吗？"

"这没问题。老师是一个讲究礼的人，千万不要把他当作一般的人去对待。"

于是，季康子差人赴卫国去迎接孔子。

孔子在外颠沛流离14年，行仁政德政的政治理想的结果是到处碰壁。如今，他已经68岁了，多年的归国愿望突然变成现实，孔子自然很高兴，便率领弟子们满怀希望地踏上了归途。

沿途，孔子一边教育弟子，一边在欣赏美景之时计划着回到故国之后的事。

经过一路的颠簸，孔子和弟子们坐的马车，在暮色苍茫的黄昏时候，返抵曲阜门外。

孔子终于回到了阔别14年的祖国！回到了家！但是江山依旧，人事已非，14年阔别之后回到家来，贤慧的妻子已经离他而去。人去室空，14年的分别，竟成为了永别！孔子面对青灯，孤零零一人，不免心酸。周围的亲朋好友，邻里乡亲，很多人老的老，死的死，走的走。不过，天地万物，新陈代谢，生生不息，老的凋谢了，新的又萌发了嫩芽。小孙子子思长得眉清目秀，聪敏颖悟，才智过人，看到自己事业后继有人，这对孔子的晚年生活是极大的精神安慰。

孔子回鲁国后，因与季康子观点不同，故没有直接参政，只是偶尔拜访谈论一下自己的观点而已。

重振学堂

孔子回国后，重振冷清了 14 年的学堂，慕名而来的人数超过了以前任何时候。如果说，从 30～35 岁开始收徒讲学为孔子集中讲学的一个高潮时期，37～50 岁的孔子自齐返鲁到从政仕鲁为孔子讲学的第二个时期。那么，自从 68 岁晚年归鲁以后到 73 岁逝世这 5 年，是孔子教学的第三个高潮。

相传孔子前后招收弟子 3000 人，身通六艺者 72 人，其中一部分是他晚年归鲁后招收的。

一个月朗星稀的夜晚，孔子师生在学堂庭院中赏月述志。孔子问曾参道：

"参，你平时注意修身，为什么不谈谈你的看法？"

曾参有些腼腆，不好意思地说：

"我每天检查三次我的所作所为：

1. 我在为别人做事时，是否做到了尽心尽力；

2. 我与朋友交往是否忠诚守信；

3. 老师传授我的学业是否认真复习了。"他还引用夫子的话说："反躬自省，正义应在我身，即使对方是卑鄙之人，我也不会去恐吓他，反躬自省，正义在我，对方即使千军万马，我也要上前去较量。"

孔子听了，夸奖他做得好，说："这三条反省得好，若能天天这样检点自己，何愁成不了君子！"曾参所提倡的"吾日三省吾身"的修身之道，被后来的学者广为传颂，大家都纷纷遵循仿效。

后来，孔子的孙子子思便是由曾参教导成才的。子思又收孟柯（孟子）为徒，可见，曾参是孔子学说的主要继承人，他是承前启后的关键人物，为孔子学说的发扬光大起到了不可磨灭的作用。因此，被后世儒家学派的人尊称为曾子。

孔子的弟子中人才济济。孔子从教 40 多年，培养出了大量学者和大批优秀的政治、军事、外交人才。这些人才，孔子曾按他们的品行和专长分为 4 科。他们的优秀代表是：

德行科：颜渊、闵损、冉伯牛、仲弓。

言语科：宰予、子贡。

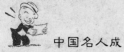

政事科：冉有、子路。

文学科：子游、子复。

也恰恰因为孔门弟子中有这些多方面的人才，也使一些国家对他感到恐惧。

同时，孔子对待学生因材施教，充分发挥了不同学生的潜能。弟子们十分感谢佩服自己的老师。

又是一个山花烂漫的秋日，孔子与弟子们一起出去领略大自然的风光。

沁水就在曲阜北门外。出了城门，便看见泗河之水蜿蜒流淌，两岸芦苇摇曳，白鸳飞舞。此情此景，此时此地，没有颠簸流离，没有争权夺利，没有尔虞我诈，师生尽情享受着大自然的清纯之美。

走了一阵，游览了一会儿，他们便三三两两分散活动。孔子见颜回和子路在身边陪着他，便对他二人说："你们二人说说你们的志向，让老师听听。"

心直口快的子路马上开腔说道：

"我愿把我的车马和衣服贡献出来，供朋友们一同使用。用坏了也不生气。"

颜回听了，想了一会儿，慢慢地说："我希望自己不炫耀自己的善良，不表白自己的功劳。"

孔子满意地点头称许。

子路转向孔子说："请夫子也谈谈您自己的志愿行吗？"

孔子微笑着说："使老人安逸幸福地度过晚年，使朋友互相信任，让青年相互关怀，这就是我的志愿。"

孔子又对颜回说："听说你最近写了一首歌，能唱给大家听听吗？"

颜回欣然应允，边弹边唱道：

有利剑兮匿于鞘中，

有美玉兮藏于泥土。

虎落平壤兮反不如犬，

凤凰落地兮被鸡啄伤。

生不逢时兮玉石不辨，

不遇明主兮骥锁厩房，

用之则行兮闪闪发光，

舍之则藏兮不卑不亢。

曲罢，孔子赞美他唱得好，他夸奖颜回说：

"用之则行，舍之则藏！能这样做到的只有你和我两人吧！"

子路觉得老师一味夸颜回，把自己撇在一边，心里很不是滋味。心里藏不住一点儿事的子路直率地问老师："夫子，如果您要统率三军出征，您将让谁来陪同呢？"

等了许久，孔子说了这几句话："空手打虎，徒步过河，死了都不后悔的人，我不想和他做同一件事。我所共事的人，一定是遇到事情非常谨慎，善于思考而能谋划大事的成熟之辈。"

这分明在委婉地批评子路勇而无谋，遇事不求甚解，意气用事，经常碰壁。听出弦外之音的子路低下了高昂的头，他心里面翻开了五味瓶：有惭愧，有感激，也有不小的委屈！

岁月的年轮转向了第二年春天，绿草如茵，花香阵阵，杨柳抽出了嫩条，小鸟在枝头唱歌，孔子带领弟子到舞雩台游览。

这一年，鲁国有些旱情，舞雩台要举行祭曲。天气晴和，万里无云，温度适宜，孔子和弟子们早早地就上路了。

等他们赶到舞雩台时，祭礼已经开始了。围观的人把台前的空场围得水泄不通。台上有一队女巫正在一面跳舞一面祷告。舞巫仪式之后祭曲结束，一群青年男女又围在了一起，自发地跳起娱乐性的歌舞。孔子师生也挤进了人群之中，有的甚至挤到了歌舞人群的最中间，随着节拍，欢舞起来。直到最后，跳得大家两脚酸疼，两腿发木，肚子也咕咕叫唤了，师生们才停下来。

他们来到树阴下的一块大青石上，拿出随身携带的饼子饭团，不顾一切地大嚼大吃起来。饭后，孔子靠着树根闭目养神。这时，参加祭典的人们已经离开了，树叶在阳光的照耀下闪闪发光，凉风习习，孔子感受到了一种融身心于大自然中的逍遥之乐。休息了一会儿。弟子们都向老师围拢过来，交谈着。

挨孔子坐得最近的几个弟子：子路、曾点、冉有、公西华等。大家闲聊了一会儿之后，孔子稍稍提高一点嗓门说："我们何不各言其志！"又说："我的年纪虽大，又是你们的老师，但不要因此有什么拘束，希望大家能畅所欲言，各言其志吧！你们平常老是说没有人赏识自己，那么如果有人赏识了你，并起用了你，你会做些什么呢？"

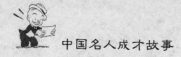

子路第一个抢先说：

"一个拥有千军万马的国家，夹在几个大国之中，外有敌国侵扰，内有天灾人祸，如果让我治理，不出3年，就可以使人民不但勇于冲锋陷阵，而且懂得礼仪。"

孔子微微一笑，又问：

"冉有，你呢？"

冉有说：

"一个六七十里见方，或者五六十里见方的国家让我去治理，只要3年时间，就可以让人民丰衣足食，至于礼乐教化，就得再请高明了。"

孔子指指公西华，问：

"华啊，你打算怎么样呢？"

公西华答道：

"我不敢逞能，我只愿学着干罢了。例如祭祖，或者与外国会盟这一类的事情，我只能身穿礼服，头戴礼帽，或者去做个小小的司仪而已。"

孔子又问："点呀，你怎么样？"

正在弹琴的曾点正陶醉在乐声悠扬之中，一曲将近尾声之时，听老师点到自己的名字。轻轻放下琴，站起来慢条斯理地回答说：

"我的志趣可没有他们三位讲的那么好啊！"

孔子说："但讲无妨！不过是各人谈谈自己的理想而已。"

曾点说："我希望在暮春三月，穿上新买的衣服，约上自己志同道合的朋友，到郊外游览。在沂水之滨洗脸沐浴，在舞雩台上吹风乘凉，游兴既尽，一路唱着歌，悠闲漫步而归。"

曾点的话，为大家描绘了一幅欢乐祥和的太平盛世之景，这也正是孔子梦寐以求的社会。孔子听了曾点的主张之后，长叹道："曾点的心愿正是我的抱负啊！"

孔子学生中，最有名的三位代表是子路、颜回和子贡。子路为人耿直，有勇力才艺，一生忠于孔子；颜回学识渊博，品格高尚；子贡很有才华，是一位善言辞的外交家，曾靠三寸不烂之舌挽救了鲁国，乱齐破吴使强晋更强，同时也帮助越国。

谈仁论礼

孔子在晚年时，过着安静的日常生活。

孔子的人格经过长时间的修养，已经达到了圣贤的境界。他在与一般人交往之时，非常谦虚温恭，让人觉得他不善辞令。

可是，当孔子一来到宗庙或朝廷，孔子的谈吐便头头是道，非常善于论辩而又谨慎、谦恭。

和上大夫们谈话之时，孔子的态度是严肃、公正的样子，和下大夫们说话时，他和悦地侃侃而谈。

进入公门之时，他一定恭敬地鞠躬如也。

奉君命去迎接宾客时，他一定谨谨慎慎地进退有度，符合礼仪。

在饮食上，孔子亦很有节律。每餐的食物都是有定量的，酒量虽没有一定，但都能适可而止。

吃东西时，不和人说话，夜晚，就寝后也不说话。

遇有朋友或弟子们逝世时，没有亲人料理丧事，孔子便自动地去帮助料理。

孔子这种日常的生活态度，是很值得我们仿效的。

"仁"是儒家思想的核心学说。有一天，孔子给学生讲"仁"。

子贡问："如果有人能博施于民，能济众，这样的人能不能称得上仁？"

孔子说："这岂止是仁，简直就是圣人了。我想，就是尧舜禹这样的人恐怕也难做得到！"接着又说："仁者，己欲立而立人，己欲达而达人。"

子贡听得很入神，而且一听就懂。可是，子游却不理解，缠着子贡要他解释。子贡说："立是立身，立足的意思。'己欲立而立人'的意思是：你如果想在社会上立足，也要使别人在社会上立足。立，也可以解释成职位。那么，'己欲立而立人'的意思就是：你如果想要自己取得职位，也要使别人取得职位。'己欲达而达人'也跟这个意思相近。"子游抢着回答说：

"你如果想自己显达于世，也要让别人显达于世。"

子贡回答了子游的问题之后，又陷入了沉思之中。

这时，子舆大声喊道：

"老师，除此之外，我们还应该怎样做？"

孔子略微停顿了一下，接着又说："己所不欲，勿施于人。我们学会'恕'。"接着，又自己补充说："我们要由自己想到别人，做对自己有利的事情，也要做对别人有利的事情。我们遇事都要设身

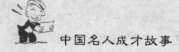

处地地为别人着想，推而广之。由于爱自己，爱自己的亲人而爱他人，因为自己的立、达而使他人立、达，因为不想让别人施暴于自己而不去施暴于别人，因为维护自己国家的安宁而不去侵犯别的国家的安宁。总之，自己所要的，也是别人想要的，把它给别人；自己所不想要的，也不要对别人施行。这种推己及人的做法，就是实现仁的基本方法。"

这时，子贡突然觉悟到，对孔子说："老师，我懂了，仁就是爱人。"

孔子说："对了，入则孝，出则悌，泛爱众而亲仁。"

弟子宰予对老师关于尽孝的说法有点不理解，问道："父母死后，守孝3年，我认为时间太长了。3年之中，我们能做许多事情。比如，我们可以学习礼仪，学习弹奏琴瑟……如果3年之中一点也不学习，就会荒废，3年不奏琴瑟，琴瑟就会忘掉……我觉得，守孝一年就足够了。"

孔子问："父母亲去世后，不到3年就过上锦衣玉食的生活，你心里舒服吗？"

宰予回答道："那有什么不舒服的。"

孔子说："你如果这样做，觉得舒服，你就去做吧。本来，做为一个君子，在居丧时期吃美味不觉得甜，听音乐不觉得快乐，住在家里不觉得安全，因此不能那样做。"

宰予退下后，孔子感叹说："可怜天下父母心。子女出生3年，父母亲精心抚育。反过来，为父母亲守孝3年，当然也是天经地义的了。"

孔子认为守孝3年是子辈对父母亲养育之恩的一种报答，而且十分重视。

这时，另外一个弟子插进了一句话："老师，您的意思是说：孝悌是仁之本，是这样的吗？"

孔子说："对啊，我讲的正是这个意思，孝、悌是仁的基础。所以，如果我们能做到入则孝，出则悌，从爱自己的父母兄弟出发，推而广之，做到爱更多的人，能做到爱大众是十分高尚的，这就是仁。"

"那么，什么是爱呢？"樊迟问。

孔子说："爱，虽然会由于亲疏尊卑而有所不同。但是，如果他不是十恶不赦的人，都应该给以爱和关怀。即使是奴隶，他们的生命也应受到关爱。"

这样看来，孔子提倡的"仁"，爱的不仅是自己的父母兄长，不仅是自己熟识的亲朋好友，而且还要推而广之到社会上更多的人，甚至也包括奴隶。

礼，在孔子思想中，是仅次于仁的。孔子推行的是遵循周礼。

周礼是周族在长期社会实践中形成的传统的典章制度、仪节、习俗的总称。它从生产、生活的各个方面，具体而详尽地反映了社会成员相互之间，成员与集体之间关系的准则。

孔子对春秋末期的"礼坏乐崩"抱着惋惜的态度，把破坏礼的行为看成是不可容忍的事情。

陈桓杀了齐章公，孔子斋戒沐浴而后，他朝见了鲁哀公，他请求哀公出兵讨伐陈桓。"臣弑君"当然是最严重的以下犯上，这种破坏"礼"的作为更是孔子所不能容忍的。

为什么孔子这样地维护"礼"呢？因为在他看来："不知礼，无以立"（《论语·尧曰》），意思是说如果不懂得"礼"，不按"礼"来办事，那就无法进行统治。上下尊卑的等级制度破坏了，那岂不"君不君，臣不臣，父不父，子不子"了？这当然是不行的。

所以，当齐景公向孔丘问政治时，孔子说："国君要像个国君样，臣子要像个臣子样，父亲要像个父亲样，儿子要像个儿子样。"

这就是孔子的"正名"思想。

景公听了之后说："讲得可真有道理呀，如果国君不像国君样，臣子不像臣子样，父亲不像父亲，儿子不像儿子，即使有粮食，我能吃得着吗？"

齐景公倒是很坦白，公然把维护上下尊卑的等级制的"礼"的作用。同他自己的切身利害联系起来。"正名"就是要不同等级地位的人，都要安于他们已有的社会地位，不要有非分之想。

有一次季康子向孔子问政治，孔子说："政治就是正人，如果以正义作为表率，领导众人，谁敢不服从你呢？"

季康子听到孔子的这句话，不觉陷入了深思之中。孔子又接着说："你如果使自身正义，你在从政的时候对你就很有利，你如果不能使自身正义，你能正人又怎么样？"

在孔子看来，如果人人都按他的社会地位去做应该做的事，那

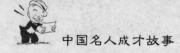

么就没有什么你争我夺，社会也就长治久安了。

季康仿佛一下子领悟到了，于是他脱口而出："国君对臣子以礼相待，臣子就能用忠诚事俸国君。如果我们执政者都能按'礼'办事，对老百姓的治理也就好办了。"

孔子点了点头，表示同意季康子的说法。

孔子在春秋末期"礼乐崩坏"的情况下来维护"礼"，他自然要随着这个时代的变迁，给"礼"注入某些新的意义。

春秋末期，天下大乱，奴隶和平民的暴动，奴隶的逃亡时有发生，情况极其严重，而且臣子杀自己的君主，儿子杀死自己的父亲这样的现象也很普遍。

据历史书上记载，这一时期，有36个君主被杀死，52个国家灭亡，各个诸侯也纷纷逃跑，丢弃他们应该保护的国家。看来，当时破坏"礼"制的并不仅仅是奴隶和平民，而往往是倡导礼的执政者们。

孔丘对此看在眼里，急在心上，终日反复考虑，怎样才能改变这种让人心痛的现状呢？

孔子想：以前我注重的只是礼的形式，并没有根据这个时代的状况，赋予礼以新的意义。这是我今后要思考的。

经过一番深思熟虑，孔子把"礼"和"仁"联系在一起，他曾对弟子们说："人如果没有'仁'的品德，'礼'又有什么用呢？"

他还对弟子们说："我们不能把'礼'只当成一种形式，如果有礼没有仁，就等于把礼和礼的作用相近的乐，变成了普通的玉帛和钟鼓之类的形式，失去了它真正的作用。"

关于用仁去解释礼的问题。有一次，子夏问孔子说："有酒窝的脸笑得美呀，黑白分明的眼睛转得媚呀，洁白的底子上画着花卉呀。这几句诗是什么意思呢？"

孔子说："先有白底子，然后画花。"

子夏说："那么，是不是礼、乐的产生在仁义以后呢？"

孔子称赞子夏："你真是启发我的人呀，现在可以同你讨论《诗经》了。"

这说明，孔子把"仁"看得比"礼"更根本，要用一种"仁"的精神来讲"礼"，这就是他所说："克己复礼为仁。"

孔子把"礼"的范围限制在"仁"的范围之内。

这里面，"克己"是讲人要学会克制自己，要有自觉性。对于不符合礼的事物，不要去看，不要去听，不要去说，不要去动。

如果不是自觉地来实行"礼"，那是没有意义的，"礼"就仅仅是形式，是"玉帛"之类。

从此，孔子"礼"的思想深入人间，被人们看作是为人的准则。

整修古籍

孔子年青时，看到博大精神深的文化典籍正在遗失，他就立志要搜集整理。

如今，年近古稀的孔子，明白自己再也不被鲁公所重用，便把全部精力投入教育弟子，投入文献整理工作。

曾有人问孔子："为何不从事政务？"

孔子回答说："只要能对政治产生影响，便是政治。何必非要出仕为官呢？"

孔子创办教育，整理古籍，正是为了要使礼乐文化传之后代，要把儒家思想传下去，使自己无法实现的政治抱负交给以后的人去完成。因此，孔子把培养人才和整理古籍都看作是政治。

一天晚上，孔子召集子夏、子游等几个文学功底很棒的学生，向他们说明了自己在教书的同时，要抓紧时间整理古籍的打算。

孔子说："我国古代的典籍浩如烟海，以《诗》、《书》、《礼》、《乐》、《易》、《春秋》最为重要，合称'六艺'，被各诸侯国选作学堂的教材。但是，这些古籍目前散失、缺欠都极为严重，我要力争在有生之年完成修订'六艺'的工作。"

在整理"六艺"之时，孔子以"仁"为核心，贯穿始终。以"礼"为形式，以"中庸"为方法。具体的做法是这样的：

1. 是要尽量保持古籍中原来的内容和文辞，"述而不作"。

2. 是要删去那些荒诞的无稽之谈，即"不语怪、力、乱、神"。

3. 是要批判不正确的议论，排斥一切反对中庸之道的议论。

整理六艺要有一套治学的方法，更重要的是有恒心、毅力，吃得了辛苦，耐得住寂寞。

孔子极为勤奋，起早贪黑，废寝忘食，把心思都扑在了整理"六艺"之上。

一天，颜回因为要帮孔子整理资料，便没有回家就寝。半夜醒来，见孔子书房里依然灯火通明。他担心老师这么大的年纪还为此

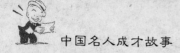

劳累，会累出病来。他轻声推门进去，想去替老师分担更多的工作。当他悄然走到老师身边时，老师却没有发觉，正在凝神工作。一会儿翻看资料，一会儿提笔写字，一会儿沉思。颜回实在不忍心打搅老师，又蹑手蹑脚地退了出去，给老师做了些稀饭。

当他再次推门进书房时，老师似乎一直没有挪动过身子，仍在那样聚精会神地翻看书简、写着、思索着。颜回把饭轻轻放到桌上，没想到老师突然抬起头来，放下书简，站起身来，伸了个懒腰："回啊，是你吗？"颜回劝老师说："老师累了，歇一会儿吧，趁热吃点吧！"

孔子端起饭来，有滋有味地吃了起来，"真有点饿了呢，好吃！"

此时，雄鸡报晓，东方微白，天快要亮了，又过了一个不眠之夜。颜回走过去吹灭了油灯，推开向阳的窗子。灿烂的阳光照进这屋子，也温暖了师徒二人。晨风习习，吹进来，又吹得师徒二人神清气爽。

颜回吃过早饭再次回到书房，帮助老师收拾屋子。看到堆在房里的竹简一捆捆，一堆堆，其中有文学、天文历法、医药、农桑、工艺、民歌、神话、历史等等文献资料的各种书籍。

颜回非常感慨：这么多堆积如山的文献资料还不足以作证，看起来整理六艺，谈何容易？这是多么浩大的工程啊！除了夫子，当今天下恐怕绝对无人再能肩负如此重任！

孔子最早动手整理的是《诗经》。

诗原只是人们的口头歌唱。有了文字以后，人们把它记录下来，有的还配上音乐，到了周代，天子组织了乐队，专门演唱诗。为了满足祭祀等盛典的需要，太师必须经常去征集、编写和整理一些歌词，这样，渐渐积累下来就形成《诗经》。

但是，由于各国的方言迥异，要相互传抄和整理时，难免会有缺漏和差错。孔子一向极为重视《诗经》，所以从青年时代起，便开始搜集《诗经》的各式抄本。即使在周游列国、忙于政务之时也不忘此项工作。因此，到他晚年整理《诗经》之时，他已抄录了3000多首诗。

孔子让子夏帮助整理《诗经》。子夏以对问题理解、分析的深度成为孔子的得力助手。一天，子夏问孔子：

"老师，弟子以为《诗》中有爱情之作，似嫌太多，要不要酌为删减？”

孔子听了子夏的话，失声笑了起来，说："真的多吗？不多呀！吾道的核心即是仁，仁就是爱人，泛爱众和亲仁。禽兽还尚有雄雌之爱，何况万物灵长的人呢？男女青年应当享受爱情。"

说着，他打开《诗经》，轻声唱了起来：

关关雎鸠，在河之洲。

窈窕淑女，君子好逑。

参差荇菜，左右流之。

窈窕淑女，梦寐求之。

求之不得，梦寐思服。

悠哉悠哉，辗转反侧……

孔子唱完说："这首诗讲述的是一个青年倾心于一个美丽女子，相思难眠，辗转反侧。其内容乐而不淫。我认为此诗感情纯真、热烈，应当把它列为《诗经》之首。"

子夏领悟到老师的意思，接着说："有一首诗：'巧笑倩兮，美目盼兮，素以为绚……'也并非单纯描写女性之美。以弟子之见，素隐喻仁；绚，隐喻礼，'素以为绚'含有礼在仁之后的意思。"

孔子满心欢喜地夸奖子夏说："后生可畏，焉知未来之不去今也。"

《诗经》，又叫"诗三百"，是孔子从收集的许多首诗中选的305篇精品，配以乐曲达到了完美境界。

愤著《春秋》

孔子71岁那年，鲁国正是鲁哀公十四年（公元前481年）时期。

鲁哀公率领满朝文武官员出曲阜城围猎。那个时候，国君的狩猎被视为国家的盛典。出猎规模之大，人员之众多，胜过以往。放眼这支壮大的队伍，剑刀映辉，旌旗飘飘，仪仗盛大。到了大野山下，君臣换上了战马，兵分几路飞进山林里。猎犬在前边带路，走卒在四处呐喊，整个山野一片喧闹。

经过一场激烈的追逐射击，还不到两个时辰，等各路人马重新聚拢到山脚下时，大家都有了自己的收获。看着被此收获的兔、狐、山鸡、野猪等，大家谈论着、夸耀着、说笑着。

一会儿，叔孙大夫的人马回来了，只见两个壮汉抬着一头似小牛般大小的野兽，气喘吁吁地紧随在叔孙大夫后面，见了鲁哀公，叔荆氏说："臣获得一只怪兽，特来献于主公。"

哀公仔细看着，那兽身子像獐，尾巴像牛，额像狼，四蹄像马，身高大约二丈，身上有彩纹，腹下呈黄色。大家都纷纷议论道："怪哉，怪哉！非牛非马，非驴非鹿，四不像也……"他望着周围的大臣问道："众位爱卿，有人认识这种怪兽吗？"

众大臣面面相觑，最后都低下了脑袋。

季康子眼睛一亮，提醒鲁哀公说："何不请孔老夫子来认认？"哀公于是命请夫子。

孔子年迈衰弱，又忙着整理六艺，本不想随同前来，无奈身为大夫，只好前来。

孔子仔细辩认了一会儿，对鲁哀公说："此兽为叫麒麟。这是'仁兽'，只有太平盛世才会出现……"

孔子刚说到这里，季康子超前一步，躬身行一礼，向鲁哀公说道："恭贺主公大喜，天降仁兽。"

王公大臣们也仿效相国，纷纷跪在地上，齐声祝贺起来。鲁哀公自然也非常欣喜，说："多依仗各位大臣辛劳，感动了上苍。"

在众人争相贺喜之时，孔子却退了回去，几位弟子立刻随之下去。走到寂静的地方，孔子坐在山石上，禁不住掩面痛哭起来：

"麒麟为什么要来啊！如今真是太平盛世吗？"

弟子问老师：

"仁兽出现，是吉祥之兆，为什么要如此伤心？"

孔子叹了一口气说："从前天下如有圣人受命，必有好的预兆，有时是凤凰出现，有时是麒麟出现。麒麟是太平之兽，属圣人之类，而现在这个圣兽被人抓到了，这是不祥的预兆，天在告知我，吾道将穷矣！"

孔子一副挺悲伤的样子。一会儿，叹着气说："难道，就没有人知道我？"

子贡在旁边听了，觉得惊讶，就问："老师，怎么说无人知道您？"

孔子说："不，其实也没什么，我不受用于世，但不怨天，也不尤人。只是我认为天总会知道我的。"

孔子自觉得年老体弱，余年所剩不多，已没有什么行道的机会，所以说:"我死后,吾道也不行啦!我如何把吾道传于后世呢?"

孔子伤心极了。

在这种悲愤的心情下,他决意作《春秋》,为后世留下时代的烙印。

《春秋》,这里指《鲁春秋》,就是鲁国的历史,是鲁国史官依照时间先后逐年逐月逐日记载下来的大事记。积累时间长了,便成了一部编年史。

孔子要整理鲁国的《春秋》,需要许多的参考书。除了本国的资料外,他还需要查看周天子的及其他诸侯国的史书来充实其内容,考证其真伪,纠正其误差,才能编成一部前所未有的史料翔实的新《春秋》。

孔子派子夏等14人到周天子的藏书库去借阅图书,子夏一行不远千里到了洛邑,诚心感动了那儿的官员,终于借得了《百二十国宝书》。这些宝书名为鲁文,实际上是诸侯各国的综合编年史,涉及各个诸侯国的各种人物和事件。这在当时条件下,完全凭借个人的力量,在短短几年的功夫里编修而成,实在不容易。

为了编纂此书,孔子一直工作在书房,吃喝在书房,困了乏了,又"曲肱而枕"地睡在书房。冬天,寒气逼人,书房里滴水成冰,冻得又红又肿的手,握笔困难,也依旧坚持写书。夏天,天气闷热难耐,孔子堆满书简的屋子,更是透不进风。到了晚上,还有蚊虫叮咬。

虽然孔子的几个弟子要求做一些辅助性的工作,但孔子仍坚持按自己的想法自己写,拒绝弟子们提意见、动手写一个字,硬是坚持独立完成。

鲁哀公十六年(公元前479年)2月11日,一颗巨星陨落,中国历史上伟大的思想家、政治家、教育家,人类历史上的文化巨人孔夫子与世长辞,终年73岁。

孔子的葬礼由他的学生们操办。按照孔子的遗训,丧礼简朴节约,但是规模之大,规格之高却大大超过了任何一个诸侯。陪灵的、吊丧的、送殡的,有上大夫,有王公贵族,有各国使者,也有平民百姓,还有生前的好友。鲁哀公也前来吊唁,并在葬礼上宣读了悼词。

孔子的一生是伟大的一生,尤其是他的思想历程,可以用下面这句话来概括:

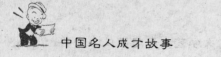

"吾十有五而志于学，三十而立，四十而不惑，五十知天命，六十而耳顺，七十而从心所欲不逾矩。"

墨　子

墨子，名翟，战国时期宋国人，后长期住在鲁国。墨子是战国时期伟大的思想家、教育家，墨家学派的创始人。

墨子出身于小手工业者，精通器械制造，技术与同代著名的公输盘（即鲁班）齐名，他们都曾用木料制成鸟，能飞上天空，三天三夜落不下来。由此可见，作为一个手工业者，墨子在当时享有盛名。

墨子后来从手工业者上升为"士"，成为一个知识分子，开始了讲学生涯。三四十岁时，墨子就有了北方圣人之称。他一生在各国奔走，上说教于诸侯，下教授于弟子，极力宣传他的政治主张。由于墨子长期生活在小生产者中间，广泛接触下层劳动群众，所以能深切地体验和同情他们的疾苦和愿望，因而他身上也保持了劳动群众勤劳节俭、反对不义和邪恶的精神。这些都体现在他的著作中。

墨子长期授徒，逐渐创立了墨家学派。这个学派是一个有严密组织和纪律的学术团体。墨家的多数成员都是具有自然科学知识和技术的工匠。墨家成员被人称为"墨者"，他们有自己共同信仰的领袖，称为"巨子"。大多数成员都同属小生产者阶层或出身于小生产者阶层，因此他们的主张是代表这一阶层的。

墨子的学说记录在《墨子》一书中。这部书在汉代原有七十一篇，到今天只剩下五十三篇。这本书不是墨子一个人的著作，很可能是他的学生根据他们的笔记整理的。

儒家和墨家相互驳难，揭开了先秦"百家争鸣"的序幕。在整个战国时期，墨家是和儒家并驾齐驱的"显学"。作为这个学派创始人的墨子，无愧于我国古代的伟大思想家。

孟 子

孟子，名轲，字子舆，邹国（今山东邹县东南）人，中国战国时期杰出的思想家，是继孔子之后儒家学派最有权威的代表人物。

孟子3岁时父亲就死了，他在母亲仉氏的抚养下长大成人。他的母亲很懂得教育之道。早年，他家住在墓地附近，送葬的人忙忙碌碌、挖坟掘土，孟母觉得这样不利于孟子成长，就把家搬到集市附近。但是集市上叫卖声不绝，吸引了年幼的孟子，孟母又把家搬到学宫附近，每天可以接触到很多读书人——这就是有名的"孟母三迁"。

孟子小时候学习不用功。有一次，孟母织布时，孟子正好放学回来。孟母问他学习怎么样，孟子满不在乎地说："和以前一样，不好也不坏。"听了这话，孟母举起一把刀，一下就把刚织好的布割断了，并语重心长地说："学习就跟织布一样，布断了再也接不起来，学习时不用功，就永远也学不到本领。"孟子深受教育。

在母亲严格的教育下，孟子受到了良好的教育，这对他以后在思想上和学术上的发展影响很大。

孟子后来拜孔子的孙子子思的门人为师。在学习中，孟子对孔子思想产生了浓厚兴趣。他认为自有人类以来，没有比孔子更伟大的人了。孟子的学说和子思的主张有很多相通之处，所以后人将他们合在一处，称作思孟学派。

孟子为了适应战国形势的需要，将孔子的思想进一步发展。孔子仁学思想的主要内容是"复礼"，就是维护周礼。到孟子生活的时期，周王朝已完全衰落，所以孟子抛弃了维护周礼的一些内容，支持当时已经掌权的地主阶级。

孟子还反对兼并战争，但并不反对统一，他认为统一是使天下安定的根本保证。这也是孟子适应时代的发展，在思想上有所进步的体现。不过，孟子认为只有实现仁政，用"仁"的力量使天下归服才是真正的统一，这是他继承儒家思想的表现。

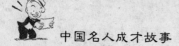

孟子学成之后，为了宣传儒家学说，他也像孔子那样，带领学生去各国游说。

孟子先后游历过齐、宋、滕、鲁、魏等许多国家，晚年做过齐国的卿相。当时齐、魏是大国，对于战国形势有决定性的影响，所以这两个国家是他重点游说的对象。

孟子第一次到齐国，齐威王崇尚武力，对孟子的主张不感兴趣。但为了尊重士人，准备赠送他金子。孟子认为一个君子不能被钱收买，所以坚决不受。

后来齐宣王即位，孟子再次来到齐国，被封为客卿。但孟子的王道仁政对企图争霸天下的齐王来说是远水解不了近渴。最后齐国直接攻燕，大行暴政，导致孟子对齐国彻底失望，终于在公元前312年左右离开了齐国。

孟子宣传的爱民的王道仁政，在统治者看来不是当务之急，因此一直未被采纳。

孟子70多岁时，带领学生万章、公孙丑等回到了家乡。

在以后的十几年里，孟子和学生们一起整理了《诗》、《书》等儒家典籍，同时将自己当年游说时的言论编纂成书，即今存的《孟子》七篇。书中反映了孟子的思想，除了仁政学说外，还有性善论以及民贵君轻等思想。孟子同时还是一个教育家，特别强调认识过程中的主观能动性。根据这个观点，他提出了学要专心有恒，要注重独立思考，教学要循序渐进等许多教与学的原则。

孟子的思想，在当时不为人看重，但在中国长期的封建社会中，特别是宋以后，他的著作《孟子》一书却被奉为经典，对于中国历代社会的政治、思想、文化、道德传统产生了很大影响。后世统治者特别抬高孟子，把他作为儒家"正宗"，奉为"亚圣"，后人把他和孔子的思想并称为"孔孟之道"。

庄 子

庄子，名周，战国时期宋国的蒙地（今河南商丘东北）人，我